考古学リーダー4

東日本における古墳の出現

第9回　東北・関東前方後円墳研究会　研究大会
《シンポジウム》東日本における古墳出現について
　　　開　催　記　録

2004年2月28日・29日

【共催】西相模考古学研究会
　　　　川崎市市民ミュージアム
【後援】神奈川県教育委員会

東北・関東前方後円墳研究会　編

はじめに

　昨年2月に川崎市の市民ミュージアムで開催しました東北・関東前方後円墳研究会によるシンポジウム『東日本における古墳出現』の記録が、六一書房の考古学リーダーの第4冊としてまとめられました。

　わたしたちは東北・関東前方後円墳研究会大会の開催県としてのしんがり（第9回）を務めることになり、その課題を「東日本における古墳の出現」としました。近年、神奈川県が古墳文化の関東における窓口として、千葉県とともに重要な役割を担っていることが明らかにされだしてきました。とくに海老名市秋葉山古墳群の重要性を認識するわたしたちはこれらを積極的に後世に残せるよう願いを強めているところです。秋葉山古墳群の地元での開催はかないませんでしたが、これまでとは違う川崎の地から、北西側から神奈川の古墳を考えることができたことは、神奈川の古墳研究に大きな刺激を与えたと思います。

　当日は多くの市民、研究者が参加され篤い熱気の中で議論が進行しました。その気分は本書に溢れています。シンポジウムで講演された小林三郎先生、今尾文昭先生はじめ、基調報告・資料報告をいただいた諸先生と、協力を惜しまなかった西相模考古学研究会の会員、会場を提供され共催した川崎市川崎市民ミュージアム、本書を刊行した六一書房に感謝申し上げます。そして本書は企画の段階から東奔西走した西川修一会員の熱い思いの成果であることを明らかにしておきたいと思います。

　秋葉山古墳群を今後も議論の対象として活性化させなければなりませんが、多くの人が現地を観察できること、その情報を引き出すことのできるような環境に整えられることを期待したいと思います。そのためにも本書が一人でも多くの研究者、愛好者に読まれることを願って刊行のご挨拶とします。

研究大会実行委員会代表

岡　本　孝　之

例　言

・本書は、2004年2月28日・29日に川崎市市民ミュージアム（映像ホール）で開催されたシンポジウムの開催記録である。

　当日口頭発表のテープ起こしと発表要旨資料を基に、各報告者が加筆修正したものを西川修一が編集した。

・挿図等の出典は各発表の末に、その他の文献は巻末に一括して掲載した。

・シンポジウムの日程は次のとおりである。

2月28日（土）
12：30～12：40　挨拶・趣旨説明
12：40～13：40　小林　三郎　記念講演「東日本の古墳出現期の研究会史回顧と展望」
13：40～14：40　今尾　文昭　基調講演「オオヤマト古墳群における古墳出現期の様相」
（休　　憩）
14：50～15：30　山口　正憲　基調報告①「相模湾岸―秋葉山古墳群を中心に―」
15：30～16：10　青山　博樹　基調報告②「編年的整理―時間軸の共通理解のために―」
16：10～16：40　青木　一男　基調報告③「円・方丘墓の様相―中部高地を中核に―」

2月29日（日）
9：00～ 9：40　田中　　裕　基調報告④「副葬品―剣・鏃・鏡などを中心に―」
9：40～10：20　古屋　紀之　基調報告⑤「土器・埴輪配置から見た東日本の古墳出現」
（休　　憩）
10：30～10：50　酒巻　忠史　資料報告①「房総半島―市原・君津地域を中心に―」
10：50～11：10　日高　　慎　資料報告②「関東平野　東北部」
11：10～11：30　今平　利幸　資料報告③「関東平野　北部」
11：30～11：50　深澤　敦仁　資料報告④「関東平野　北西部」
11：50～12：10　八重樫由美子　資料報告⑤「北陸―富山・新潟―」
12：10～12：30　黒田　篤史　資料報告⑥「東北南部」
（休　　憩）
13：30～13：50　吉野真由美　資料報告⑦「関東平野　南部―川崎地域を中心に―」

13：50～16：30　シンポジウム「東日本における古墳出現について」

・なお関連する内容や最新情報について、8本のコラム執筆を各氏に依頼し、併載した。

・当日、使用した冊子資料集『東日本における古墳出現について』も併せてご参照いただきたい。

目　次

開会挨拶……………………………………………………………………………… 3

I　記念講演・基調講演
　　基調報告・資料報告

記 念 講 演　東日本の古墳出現の研究史―回顧と展望―　　小林　三郎　　9

基 調 講 演　オオヤマト古墳群における古墳出現期の様相

　　　　　　　………………………………………………　今尾　文昭　31

基調報告１　相模湾岸―秋葉山古墳群を中心に―　…………　山口　正憲　57
基調報告２　編年的整理―時間軸の共通理解のために―　…　青山　博樹　73
基調報告３　円・方丘墓の様相―中部高地を中核に―……　青木　一男　80
基調報告４　副葬品―剣・鏃・鏡などを中心に―　…………　田中　　裕　98
基調報告５　土器・埴輪配置から見た東日本の古墳出現　　　古屋　紀之　111

資料報告１　房総半島―市原・君津地域を中心に―　………　酒巻　忠史　139
資料報告２　関東平野東北部―茨城県を中心に―…………　日高　　慎　155
資料報告３　関東平野　北部………………………………　今平　利幸　169
資料報告４　関東平野　北西部……………………………　深澤　敦仁　181
資料報告５　北　　陸―富山・新潟―　………………　八重樫由美子　200
資料報告６　東　　北　　南　　部……………………………　黒田　篤史　220
資料報告７　関東平野　南部―川崎地域を中心に―………　吉野真由美　236

II　総合討議　　司会・進行：立花実・西川修一・浜田晋介

東日本における古墳出現について……………………………………………… 257

東日本における古墳出現期に対する「評価」について
　　―あとがきにかえて―……………………………… 西川　修一　305

引用・参考文献 ……………………………………………………………… 308

コラム

1	古墳出土土器は何を語るか 　―オオヤマトの前期古墳調査最前線― ……………	小池香津江	53
2	前期古墳の時期区分………………………………………	大賀　克彦	131
3	群馬県太田市所在・成塚向山1号墳 　～新発見の前期古墳の調査速報～ ……………………	深澤　敦仁	196
4	新潟県の方形台状墓～寺泊町屋舗塚遺跡の調査から～	八重樫由美子	216
5	北縁の前期古墳～大塚森（夷森）古墳の調査成果概要～…	大谷　　基	232
6	埼玉県の出現期古墳―そして三ノ耕地遺跡― …………	石坂　俊郎	245
7	廻間II式の時代………………………………………………	赤塚　次郎	251
8	畿内「布留0式」土器と東国の出現期古墳……………	青木　勘時	301

【第9回 東北・関東前方後円墳研究会 大会実行委員会】
岡本孝之（実行委員長）池田 治／伊丹 徹／稲村 繁／植山英史
遠藤秀樹／太田博之／大谷 猛／小澤重雄／押方みはる／柏木善治
車崎正彦／小泉玲子／志村 哲／高橋 和／立花 実／土生田純之
浜田晋介／広井 造／藤沢 敦／北條芳隆／山口正憲

西川修一（事務局）

シンポジウム
「東日本における古墳出現について」

第9回　東北・前方後円墳研究会　研究大会
2004年2月28日（土）～29日（日）

会場：川崎市市民ミュージアム　映像ホール
共催：西相模考古学研究会・川崎市市民ミュージアム
後援：神奈川県教育委員会

開会挨拶

岡 本 孝 之

(研究大会実行委員会代表)

皆さん、こんにちは！

　東北・関東前方後円墳研究会の第9回研究大会の開会にあたり、主催者、実行委員会を代表して挨拶を申し上げます。まず、会場を埋め尽くす大勢のご参加をえたことをお礼申し上げます。

　今回の大会は、神奈川県海老名市にある秋葉山古墳群への関心を広く高めようという願いから始まっています。私を含めて西相模考古学研究会が全面的なバックアップを買って出ています。関東で千葉県の神門古墳群、高部古墳群がもっとも古いものとされてきましたが、神奈川県でもそれと対比できる古い古墳が確認されました。それが海老名市の秋葉山古墳群の3号墳です。本来は秋葉山古墳群のある海老名市で開催したかったのですが、いろいろな都合で川崎市市民ミュージアムを会場にして開催することになりました。市民ミュージアムに篤くお礼申し上げます。

　それと同時にこれまで神奈川県では、神奈川県だけではありませんが、古墳文化の成立というと、近畿の奈良県などを中心とした古墳や文化との対比に関心が集中し、西に目が偏り勝ちでしたが、今回は海老名市を離れて神奈川県でも東北の隅にあたる川崎の地から逆に見ることになり、これまでとは違った視点が確保できそうです。そして、何よりも東北・関東前方後円墳研究会の研究大会ですから、関東だけでなく、東北の宮城県や山形県あたりま

でを視野に入れた議論を展開する予定になっていますので、私自身にとっても非常に興味をもっています。弥生文化と古墳文化との関係だけでなく、南関東の弥生文化と東北の弥生文化が同じといえるのかどうか、問題が確認されるのではないかとひそかに期待しています。

本日は明治大学の小林三郎先生にこれまでの古墳研究の流れをお話し願い、ついで奈良県立橿原考古学研究所の今尾文昭さんに奈良の発生期の古墳などについて、最新のお話を伺います。お二人の先生と最新の研究発表をお願いした発表者の皆さんにお礼申し上げます。

きょうとあす、盛りだくさんで長丁場ですが、ぜひ古墳の発生の問題について、お楽しみ願いたいと思います。さあ、始めることにしましょう。

（おかもと　たかゆき／慶應義塾大学）

甘　粕　　健

（東北・関東前方後円墳研究会代表）

皆さんこんにちは。今日は東北・関東前方後円墳研究会にご参集いただきましてありがとうございます。研究会代表の甘粕です。本日は大勢の方々がお集まりいただき、感謝しています。

本研究会も今回で第9回目となりますが、「東日本における古墳出現について」と題してシンポジウムを開催することとなりました。

開催にあたりまず会場となりました川崎市市民ミュージアム、および実行委員会の方々に篤く礼申し上げます。

ところで、本日会場を提供していただいた市民ミュージアムの加藤有次館

開会挨拶

長が、昨年急逝いたしましたこと、心よりお悔やみ申しあげます。私は加藤先生には、公私ともに色々とご指導いただいて参りまして、先生が本博物館の設立に並々ならぬご努力を傾けて参られたご努力が偲ばれます。本日のシンポジウムで、お顔を拝見できないのは、残念ですが、是非とも有意義なシンポジウムにしたいと思います。

ではシンポジウムに先立ち、明治大学教授の小林三郎先生から「東日本の古墳出現期の研究史回顧と展望」と題した記念講演をしていただきます。

小林先生は、明治大学の大塚初重先生とともに、一貫して東日本の古墳研究を推進して来られ、特に鏡の研究で学会をリードされてきました。現在も明治大学の考古学代表教授として活躍されています。

先生は茨城県勅使塚古墳、同虎塚古墳など、研究史のうえで欠くことのできない重要な研究成果を挙げられておりますし、考古学協会の運営や埋蔵文化財の保護の立場でも力を盡してこられました。本日は数多くの古墳の調査に関する逸話なども含め、現在の研究に至る総括的なお話しをいただけると期待しています。

シンポジウムを含め今日と明日の2日間ですが、おつきあいいただきたいと思います。

では、小林先生どうかよろしくお願いします。

(あまかす　たけし／新潟大学名誉教授)

I

記念講演・基調講演

基調報告・資料報告

記念講演　小林三郎

記念講演　東日本の古墳出現の研究史 − 回顧と展望 −

小林　三郎

はじめに

　本シンポジウムのタイトルに出現期とうたっていますが、私の講演のタイトルでは「期」を取ってあります。それは、それなりの意味があるわけで、少なくとも1960年から70年代の初めぐらいまでは、時期そのもの、あるいは実年代については、それほど気にしていなかったという背景があります。

　それでは第1表に従って、お話をさせていただきます。これを見ていただきますと、いくつかの研究上の画期があることにお気付きと思います。戦前、あるいは、戦中の研究はここに代表的なものしか載せてありません。東日本では昭和10年代の松林山（しょうりんざん）古墳の発掘調査、それから偶然の発掘ですが東京の蓬莱山（ほうらいさん）古墳の発見、あるいは、これも偶然に近いですが、平塚市の真土大塚山（しんどおおつかやま）古墳の三角縁神獣鏡の出土。計画的に発掘調査されたものとして、日吉・加瀬白山（かせはくさん）古墳などが、古い時期の代表的な調査事例として挙げられると思います。

　西日本の例は、煩雑になりますので、空欄にしてありますが、当然たくさんの発掘調査、梅原末治先生を中心とする古墳の調査が行われていたことは言うまでもありません。

　古墳の出現・発生という問題について議論が本格化したのは、第二次大戦以後になろうかと思います。年表にも掲げてございますが、後藤守一先生による1947年の能満寺（のうまんじ）古墳の発掘、大場磐雄先生による1949年の常陸鏡塚古墳の調査、1952年のこれも後藤先生と大塚初重先生によります、茨城県の常陸丸山古墳の調査などが目立った古式古墳の調査として挙げられます。

後藤先生は明治大学の『駿台史学』という雑誌の中で、1953年に「古墳の発生」という論文をお書きになって、その中で「古墳の定義」について、当時の研究状況から「ガイドライン」を規定しています。その中で、古墳というのは、まず「墳丘を持つこと」、それから「埋葬主体構造を持つこと」、そして「埋葬主体が墳頂に近いところに造営されているということ」、また「副葬品を伴うということ」、外部施設として「葺石・埴輪、濠が付属すること」という、5点の要素を持つものと定義しています。

　大変に幸せなことでありますけど、私が学生の時はまだ後藤先生がご存命でありましたので、その話を直に聞くことができました。この基本概念は、河出書房から『日本考古学講座』という講座本に生かされています。また昭和40年代に出版された河出書房新社の『日本の考古学』の中にも、部分的に生かされております。さらに1970年代、角川書店の『古代の日本』では、地域別に考古学と古代史とを結びつけるような内容のシリーズが刊行されましたが、こういったシリーズにも生かされています。

　こうした一連の日本考古学に関する概説的といいますか、地域史に関わるような論文集が刊行されましたのが、1950年代の後半から1960年代の後半にかけての約10年間に起こった現象でございます。それは特に、古墳時代に限ったことではなく、総合的な概説書として次々と出版されたということは、皆さんもよくご記憶のことと思います。

前方後方墳研究の成果

　そうした学界全体の流れとは別に、1960年代に始まった「日本列島の改造」論、これによって日本全国でいわゆる緊急調査が異常に多発しました。その結果、非常にたくさんの資料が我々の目の前に提示されることになりました。しかし、一方では大学や研究所が一定の目的やテーマを持って発掘調査を進めてきたわけでございます。そのひとつに、後藤守一・大塚初重両先生が手掛けてきた前方後円墳・前方後方墳の研究がございます。

　茨城県の常陸丸山古墳は、地元から発掘調査の要請があって調査が行われましたが、群中の1基を選定して調査をしました。これは偶然なことかもし

記念講演　東日本の古墳出現の研究史―回顧と展望―（小林）

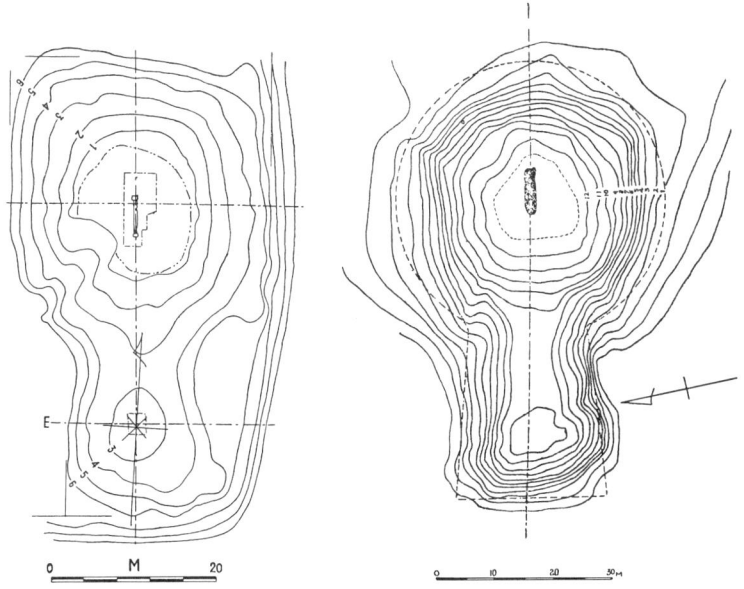

第1図　常陸丸山古墳（左）と能満寺古墳（右）（後藤・大塚 1957、大塚 1949）

れませんが、それがたまたま前方後方墳でした。粗雑というとちょっと語弊があるかも知れませんが、簡略化された木棺直葬の内部主体と少量の副葬品が発見されました。そこで、後藤先生の指導もあり大塚先生は、その時から前方後方墳の調査・研究に携わることになります。こうして大塚先生の一連の仕事の中で、いくつかの前方後方墳の発掘調査あるいは、測量調査が行われました。当然、表面採集や、それから既知の古墳の再確認の成果として、「前方後方墳の成立とその性格」という論文が1956年に発表されるわけです。

これは大塚先生の1つの研究段階を提示したもので、決して結論ではなかったと思います。なにしろ当時は、まだ前方後方墳は、全国的に30基あまりしか認識されておりませんでしたから、なるべく材料を増やしたいということで、これ以後1950年代後半以後、積極的に全国を行脚して、各地方の資料の増加に努められたという経緯がございます。その中で、西日本は別にして、東日本、特に関東地方では、前方後円墳に先行して前方後方墳が築造さ

11

東日本における古墳の出現

第1表 東日本の古墳出現に関する調査・研究年表

	東日本における調査史	備考および研究史	西日本関連事項
1931	静岡県松林山古墳	戦前における前期古墳の調査	
1934	東京都宝来山古墳 　　　　（不時発見調査）		
1935	神奈川県真土大塚山古墳		
1937	神奈川県加瀬白山古墳		
1947	千葉県能満寺古墳		大阪府紫金山古墳発掘調査（1947）
1949	茨城県常陸鏡塚古墳		
1950	宮城県雷神山古墳 　　　　（測量調査）	←東北における巨大前方後円墳の測量	福岡県一貴山銚子塚古墳発掘調査 　　　　　　　　　　　　　（1950） 大阪府和泉黄金塚古墳発掘調査 　　　　　　　　　　　（1950-51）
1952	茨城県常陸丸山古墳	※これ以降、前方後方墳の調査が各地で増加	
1953	栃木県那須八幡塚古墳		京都府椿井大塚山古墳不時発見調査 　　　　　　　　　　　　　（1953）
1954	群馬県前橋八幡山古墳 　　　　（測量調査）		
1955	福島県桜井古墳 　　　　（測量調査）	○大塚初重「前方後方墳の成立とその性格」（1956）	岡山県備前車塚古墳副葬品不時発見 　　（1956） ○小林行雄「初期大和政権の勢力圏」 　　（1957）
1959	千葉県北ノ作1号墳	←古式土師器の良好な一括資料が出土	
1961	茨城県勅使塚古墳		
1964	福島県会津大塚山古墳 東京都宇津木向原遺跡 長野県森将軍塚古墳	←東北における三角縁神獣鏡の発見 ←方形周溝墓の発見	岡山県宮山遺跡発掘調査（1963） 福岡県平原遺跡発掘調査（1963） ○近藤義郎・春成秀爾「埴輪の起源」 　　（1967）
1968	群馬県前橋天神山古墳		
1971	宮城県今熊野遺跡	←東北における方形周溝墓の発見	京都府元稲荷古墳前方部発掘調査 　　（1970）
1972	千葉県東間部多2号墳	←低墳丘前方後方墳墓の調査	奈良県纒向石塚古墳発掘調査 　　（1972・75・76） 島根県神原神社古墳発掘調査（1972）
1973	千葉県手古塚古墳		
1974	栃木県駒形大塚古墳 長野県弘法山古墳 富山県杉谷4号墓	←北陸における四隅突出型墳丘墓の発見	
1975	千葉県神門4号墳	←出現期古墳の調査	

12

	東日本における調査史	備考および研究史	西日本関連事項
1976	千葉県飯合作1・2号墳 群馬県下佐野遺跡 Ⅰ地区A区4号周溝墓	←主体部のある低墳丘墓の調査	岡山県楯築墳丘墓発掘調査(1976-89)
1977	宮城県安久東遺跡	←東北における前方後方形周溝墓の発見	岡山県黒宮大塚墳丘墓発掘調査 (1977)
	群馬県下郷遺跡	※この頃より前方後方形周溝墓の調査例増加	
1981	千葉県神門5号墳 　　　　（再測量調査）	シンポジウム『関東における古墳出現期の諸問題』 日本考古学協会（1981）	香川県鶴尾神社4号墳発掘調査 (1983)
1983	千葉県神門5号墳 　　　　（墳形確認調査）	○田中新史「出現期古墳の理解と展望」(1984)	○近藤義郎『前方後円墳の時代』 (1983)
1985	愛知県廻間遺跡		京都府広峰15号墳発掘調査（1986） 京都府芝ヶ原古墳発掘調査（1986）
1987	千葉県神門3号墳		福岡県津古生掛古墳発掘調査（1986）
1988	福島県男壇遺跡	シンポジウム『定型化する古墳以前の墓制』 埋蔵文化財研究会（1988）	○寺沢薫「纒向型前方後円墳の築造」 (1988) 奈良県弁天塚古墳発掘調査（1988）
			兵庫県有年原・田中1号墳丘墓発掘調査（1988）
1989	静岡県丸ヶ谷戸遺跡	○赤塚次郎「前方後方墳覚書89」(1989)	兵庫県権現山51号墳発掘調査（1989）
1990	山形県蒲生田山古墳群 福島県杵ガ森古墳・稲荷塚遺跡 長野県北平1号墳 愛知県西上免古墳		京都府園部黒田古墳発掘調査（1990） 岡山県矢藤治山墳丘墓発掘調査 (1990-92)
1991	岐阜県美濃観音寺山古墳		
1992	千葉県高部古墳群		
		シンポジウム『東日本における古墳出現過程の再検討』 日本考古学協会（1993）	奈良県中山大塚古墳発掘調査（1993） 京都府大田南5号墳発掘調査（1993）
			奈良県箸墓古墳周溝発掘調査（1994）
		○大村直「東国における古墳の出現」(1995)	
1997	神奈川県秋葉山3号墳		
			奈良県ホケノ山古墳発掘調査 (1999-2000)
		○小沢洋「房総の出現期古墳」 (2000)	

れた可能性があるということに、既に1960年代の初め頃にお気付きになられたわけであります。

　皆さんご存知と思いますけれども、戦後まもなく出された『考古学集刊』という雑誌の中に、千葉県能満寺古墳の発掘調査の概要が報告されております。私たちが学生の頃だったと思いますが、その墳丘測量図を見て「大塚先生、これは前方後方墳じゃないですか？」という疑問を投げかけたことがありました。大塚先生も図面をよくよく眺め「そうかもしれない…」ということになり、先生がポケットマネーをはたいて能満寺古墳の再測量をいたしました。それは1960年代の後半だったかのように思います。測量した結果、やはり前方後方墳ではなく前方後円墳であるということがはっきりわかったわけです。

　能満寺古墳は、後円部の中心にいわゆる木炭槨が営まれていました。木炭槨というと、木棺を木炭で包んだ構造のものをいうわけですが、報告書をよく読んだり、図面を見たりいたしますと、「槨」というにふさわしくないなと、つまり中に木棺が内蔵されていたという痕跡が極めて薄いと思っています。むしろ木炭で遺骸を直に包んでいたような構造ではないかと、私には感じられます。同時に常陸丸山古墳で発見された木棺直葬の主体部構造を見ると、木棺があったとすればその前後両端、あたかも木棺の小口部分を押さえるような形で粘土塊が置かれているという構造でした。従って木棺そのものが存在したという保証は、実はありません。

古墳の埋葬主体と出土土器

　それから昭和36(1961)年に、これも長年の夢であった、茨城県勅使塚古墳の発掘調査をいたしました。ここで我々が目にしたものは、やはり同じように木棺直葬に相当するかもしれませんが、やはり主体部構造が不明確なものでありました。木棺が置いてあるような場合、木棺が腐って墳頂が陥没していることは普通のことであります。しかし勅使塚古墳では、上は真っ平で、3cmと沈んでおらず、そういう陥没の跡がほとんど見えませんでした。調査を進めると、ちょうど墳頂部の中央部に土器が壊されたような状態で出て来

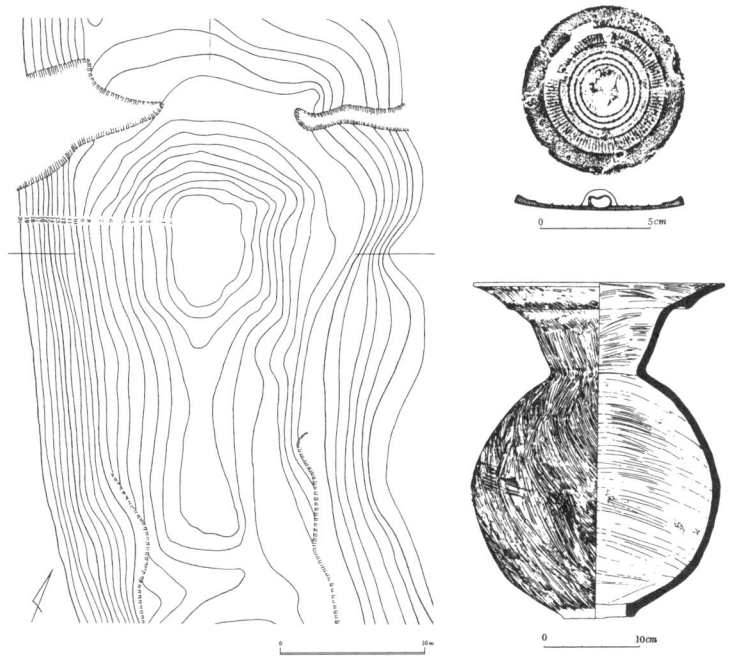

第2図 茨城県勅使塚古墳と出土遺物（大塚・小林 1964）

てきました。非常に浅いところで、土器がパラパラとまかれたような状態で出土しました。全体を復原しようと思っても、接合がほとんど不可能な状態で、高杯と壺形土器の一部、そうしたものが主体部の上で、散見されたという表現が適当だと思います。

埋葬主体の構造はよくわかりません。地山に相当する粘土質の土層を浅くU字型に掘り込んだ、その上から鏡とわずかな鉄製品が出てきたに過ぎません。木棺の痕跡はございませんでした。先程お話したように上面で、陥没は確認できませんでした。よく「木棺直葬」と表現しておりますけれども、むしろ木棺を使わない方法であった可能性が高いと感じました。

そこで、東日本の初期の古墳と呼ばれているものについて、土器が主体部の上から出ているかどうかということを再確認しました。常陸鏡塚は100m

を越える大前方後円墳で、立派な粘土槨で、粘土床があって木棺の痕跡も明瞭に確認され、主体部の構造には問題はないようです。実際の発掘調査時の状況などを大場磐雄先生や、また小出義治先生・下津谷達郎先生に、「土器はないのでしょうか？」とうかがったことがあります。報告書には土器出土の記載はありませんが、実際には墳丘の一部に土器があったようです。たぶん、今でも國學院大学に保管されているか、あるいは常陽記念館に保管されているだろうと思いますが、私は実見していません。

　つい最近になって茨城県の在住の方から常陸鏡塚の後円部のちょうど真後ろになりますが、ここから地元の方が耕作中に壺形土器1点を偶然発見したとうかがいました。その出土状況は既に現地が変形しておりますので、確認はできませんが、壺形土器は、後円部の後ろに転落していたようです。そういう事例があるということが、1つ加わりました。

　1952年の常陸丸山古墳の再確認調査でも、後方部の墳頂部でも同じように、主体部上で土器が散見される事実がわかっています。このころ私は、『土師式土器集成』の中に、「古墳出土の土師器」について書き、古墳から土器が発見されている事実について触れました。

　このように勅使塚古墳の調査を境にして、私たちは初期の東日本の古墳には、前方後円墳もあるし、前方後方墳もあるという認識を持つことになりました。また主体部の構造は、粘土槨、あるいは木棺直葬、あるいは遺骸を直接木炭で包むというような、非常に簡素な主体部構造であるという点も、私たちの認識の中に芽生えました。おそらく戦後の東日本の古墳出現にかかわる調査研究については、このへんが出発点であったというように、今、考えています。

三角縁神獣鏡・埴輪の研究成果

　日本考古学協会が設立されて、その中に古墳文化総合研究特別委員会ができました。西日本では、その委員会が中心になって発掘調査をしたものに、重要な古墳が2つございます。1950年、福岡県の、現在は前原市になっておりますが、旧糸島郡一貴村銚子塚古墳の発掘調査、これは小林行雄先生が指

導され発掘されたものです。それから末永雅雄先生、それから森浩一先生、その他の先生方が関わった大阪府和泉黄金塚古墳です。この２つが日本考古学協会が主催した大きな発掘調査です。もう１基は三重県石山古墳ですが、詳細が未報告です。

　ご存知のように一貴山銚子塚古墳の仿製三角縁神獣鏡は、小林行雄先生の同笵鏡研究の一番もととなる部分を形作った資料として有名です。それから、和泉黄金塚古墳は、粘土槨が３つ並んだ前方後円墳で、その中に「景初三年」という銘を持つ画文帯神獣鏡が含まれているというところで、昭和20年代の初めに大変話題になりました。これは『魏志倭人伝』と関連して、この和泉黄金塚古墳が「卑弥呼の墓」ではないだろうかという議論まで出たということは、記憶に新しいところです。そのような新聞記事等で出たことに対して、それを真っ向から否定したのが末永先生です。末永先生は古墳の編年に基づいて、和泉黄金塚古墳というのは、５世紀代あるいは、４世紀代末くらいの築造になるものであると、しかし、中に入っている鏡は「景初三年（239年）」、その時間的なズレを指摘されております。末永先生は古墳の編年研究と、副葬品の研究というのは、本来別々にやった上で時間的な齟齬がある場合には、様々な歴史的要因を考えなければならないことを後になって表明されております。

　1950年代のもう１つ大きな発見は、これは表中に書いてありますが、京都府椿井大塚山古墳の偶然な発見でしょう。現在はJRですが、旧国鉄奈良線の拡幅工事によって後円墳にある石室の一部が露出して、鏡が30数面出土しました。すぐに樋口隆康先生たちが現場に赴いて、遺物の回収にあたったと聞いています。合計で34面以上の三角縁神獣鏡、その他の鏡が４面分発見されたと報告されております。その椿井大塚山古墳の発見によって多量の三角縁神獣鏡が出た。この発見を契機として、前から三角縁神獣鏡の同笵関係を研究をしておられた小林行雄先生は、1957年に「初期大和政権の勢力圏」という重要な論文をお書きになりました。小林先生は京都大学の先生ですので、一連の論文はほとんど『史林』という雑誌に書かれていますが、「同笵鏡論再考」という論文は國學院大學の『上代文化』という雑誌に掲載されて

います。これも大変貴重な研究論文でございます。

　そういう動きが1950年代の中頃に生まれました。ちょうど私が大学の2～4年ぐらいの時で、非常に鮮明に覚えておりますし、その同笵鏡研究に強い影響を受けたことは間違いのない事実です。

　それから後、1963年に福岡県前原市の平原(ひらばる)遺跡が、原田大六(だいろく)さんたちによって調査されました。今でいうと、方形周溝墓になるでしょうか。方形にめぐらした溝の中から、鏡が集中的に出るという遺跡が発掘されました。これは、発掘当初ほとんど東日本には知らされませんでした。新聞にも出なかったのかもしれません。われわれがその情報を得たのは、発掘調査が終わって3年位経てからで、原田大六先生の所に行って、遺跡・遺物を見せていただきました。その時の記憶が頭の中に、生々しく残っております。

　西日本では、ちょうどその頃に、岡山大学による総社市宮山遺跡の調査がありました。ここでは「遺跡」というふうに表記されていますが、実は前方後円形をした古墳です。後円部の中心に主軸にそった形で、竪穴式の石室が1基あります。周辺に円筒棺、その他の埋葬施設を伴っています。こんにち宮山型と言われている円筒形の特殊器台はくびれ部で見つかっています。細かな発掘調査のデータが示されておらず、詳細はわかりません。

　当時私たちは、広島大学と共同して帝釈峡(たいしゃくきょう)遺跡群の調査に行っておりました。その調査の最中にこの情報がもたらされまして、広島県の山の中から車で遺跡へ赴き、現場を見せていただきました。これも生々しく記憶に残っております。

　それよりも数年前に遡ります。これも年表に書いてございませんが、1958年頃だったと記憶しておりますが、現在岡山にいらっしゃる高橋　護さんは、実家が岡山県の向木見(むこうぎみ)という所にあり、春休みに帰省をされ、周辺を歩かれて、特殊な文様を持つ土器片を採取しました。春休みを終わると同時に高橋さんは私たちに示してくれました。それが現在、「向見木型特殊器台」の認識につながっていくことになります。高橋さんは、これを『考古学手帖』という雑誌に発表されています。このような成果を総合して、近藤義郎先生、春成秀爾先生の「埴輪の起源」という研究論文が発表されるという段

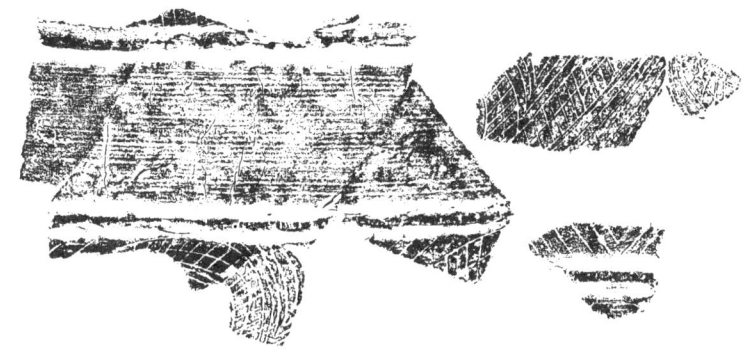

第3図　岡山県向見木遺跡発見の特殊器台形土器片（高橋 1960）

取りとなりました。

　特殊器台などの研究は、西日本では古墳に附属するいくつかの要素の中で、重要な意味を持つということで、研究され続けてきました。これは同笵鏡とは、また別な意味を持っているわけであります。

　1956年に岡山県の備前車塚古墳が発見されています。これも不用意に地元の方が、石室の天井をずらして、中に入って合計多数の鏡を持ち出したわけですね。2面が三角縁でない鏡、あと11面が全部三角縁神獣鏡ということで、警察に届け出たということのようですが、倉敷考古館におられた鎌木義昌先生の所に情報が伝わりました。鎌木先生はすぐに、警察に赴いて、出たという場所、それから出た物についても調書を見せてもらい、その後、もう一度見たいということで警察にお願いしたら、再び発見者に連絡を取って、先日の鏡をもう一度警察に持って来てもらった。そうしたら、前に持って来た鏡と違う鏡を持って来た。「おかしいだろう」というので詳しく調査をしたら、全部で13面の鏡がわかったというのが1958年のことです。

　この事実は、すぐに小林行雄先生の同笵鏡研究の中に組み込まれて、全体の構図ができ上がったということになります。小林先生の東方型、西方型、中央型という同笵鏡の分布論は、備前車塚がないとできあがらなかった理論です。現在は、東方型、西方型、中央型という人はほとんどいなくなりました。それほどまでに、三角縁神獣鏡には個性がなくなったと言えるのかもし

東日本における古墳の出現

図表Ⅰ　同氾鏡の分有関係（1）

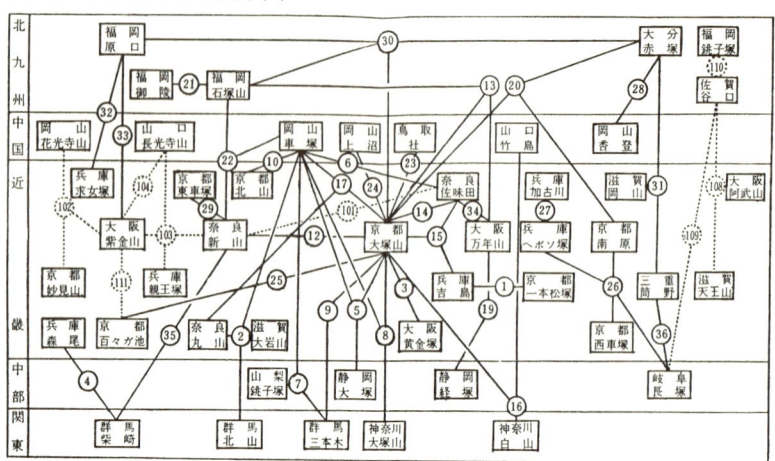

図表Ⅱ　同氾鏡の分有関係（2）

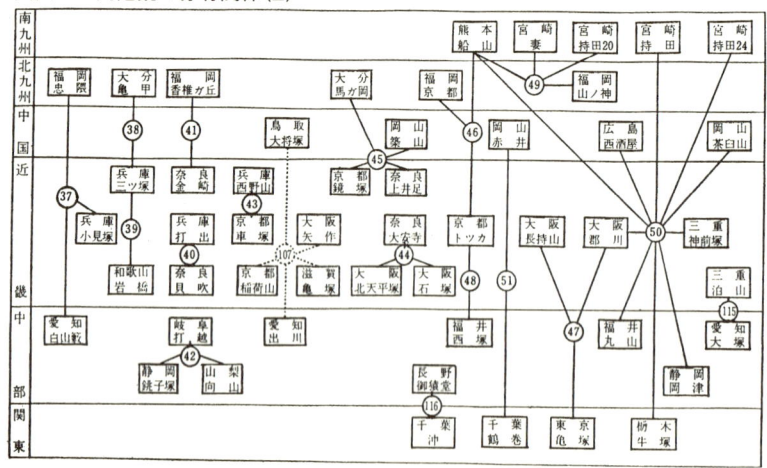

第4図　三角縁神獣鏡の「同范鏡」の分有関係（小林 1961）

れません。

方形周溝墓の発見と古墳研究

　当時、ちょうどそういう時期の1964年、大場磐雄先生の調査団が、八王子市宇津木向原という所で、今まで見たことのないような方形遺構、後に方

形周溝墓と命名されますが、大発見をいたします。ここから鏡が1面出ておりますが、その鏡の出土状態について、報告書でもやや不明確のところがございます。いずれにしても周溝に囲まれた中央部にある埋葬主体から出たということではないようだということだけは確かなことであります。やはり、溝の中から出てきたように思います。

この宇津木向原の方形周溝墓の発見によって、これ以後、この種の遺構が急激に増加をいたします。これはおそらく開発行為の領域がそれだけ広がっていった結果、今までわからなかった所に、開発が入ってきて、しかも大規模な面的な開発であったことが、要因の1つと思われます。それまでの開発は規模はそれほど大きくなかったし、平野の真ん中を通る

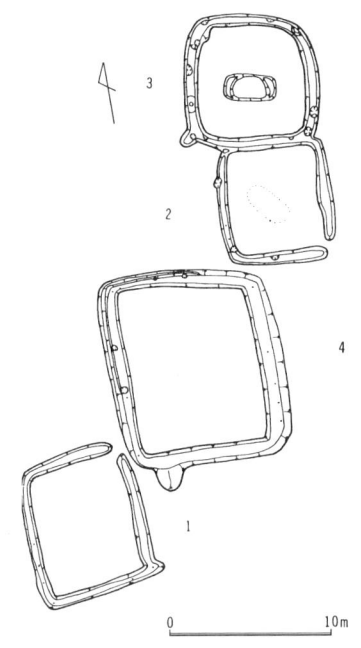

第5図　宇津木向原遺跡の
　　　　方形周溝墓群
　　　　（大場他 1973）

ことがあっても、あまり大規模ではありませんでした。主に道路工事、あるいは鉄道工事だったんですが、これが面的に広がってきたというところで、遺跡の発見される規模や種類が、大分変わってきたと言えると思います。

この方形周溝墓という形で命名された墓制が、宇津木向原の調査以後、「あっ、ここにもある。あそこにもある」という形で、それまで、いわば「お蔵入り」になっていた遺跡も次々と名のりをあげて、どんどん報告されるようになります。1969年に大塚初重・井上裕弘両氏がまとめあげた「方形周溝墓の研究」（『駿台史学』第24号所収）は、そうした流れの中で、それまでの全国的な事例をほとんど網羅するという、かなり難しい仕事をやられたものです。方形周溝墓というのは、いろんなタイプのものがあるけれど、平面的な周溝の形によって前後関係は論じられないし、地域差もその中から見出す

ことはできないというのが両氏の見解でありました。つまり方形周溝墓というのは、出土する土器によってある程度は年代を推定できるが、土器がなかったら、年代の決め手はきわめて少ないということだろうと思います。

このように「方形周溝墓」が認識されるようになると、調査をする人々の注意の向け方が変わってきました。それまでせいぜい関東平野で止まりではないかと思われていた方形周溝墓の広がりは、東北地方南部まで、仙台平野まで広がっているということがわかってまいりました。時期的には弥生時代の中期後半から、関東地方などでは、そのほとんどが後期から古墳時代の初期段階にかかる時期であることが、わかってまいりました。

そうして方形周溝墓は、弥生と古墳時代の墓制をつなぐ重要なカギではないかという認識が出てきました。

墳丘墓と古墳

そして1970年代になり、千葉県神門4号墳などが調査されます。それに先んじて千葉県の手古塚古墳という前方後円墳が調査されて、三角縁神獣鏡が出たということで、大騒ぎしたことがございます。この手古塚古墳が発見された時にも、東日本では三角縁神獣鏡の出土例は、極めて少なかった。群馬県の前橋天神山古墳で1968年に発見された三角縁神獣鏡と共に大いに注目されました。それまでは、新古に関する多少の論議はあったとしても、結局は「東日本の古式古墳というグループ」で一括されていたこれらの古墳に対する論議が深まる契機となったと言えると思います。

1975年に神門4号墳を含んだ神門古墳群が発見されて、周溝墓、あるいは周溝を持つだけではない「ある程度の墳丘を持つ墓」が認識されるようになりました。ただし、これは「低墳丘墓」という認識で、つまり低いけれども墳丘はあるという理解です。それ以前に発見されている方形周溝墓群についても、この時期に再評価がされるようになります。それは方形周溝墓にも、もともとは墳丘があったのではないかという議論です。これはあくまでも推定の域を出なかったものですが…。この神門古墳群の調査成果の1つは、低い墳丘を持っている墳墓の発見、しかも平面的には前方後円形を呈してい

記念講演　東日本の古墳出現の研究史―回顧と展望―（小林）

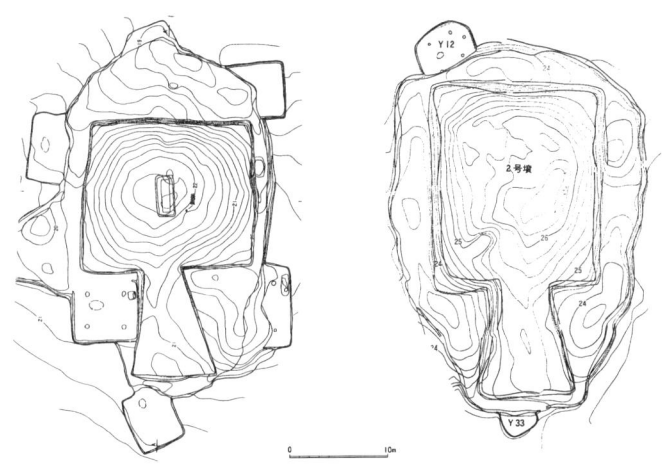

第6図　飯郷作1号墳（左）・2号墳（右）（沼沢 1978）

るということでした。しかし、いまだに報告書をまとめきれない難しさが、この古墳には含まれています。

　次に1976年の千葉県飯合作1・2号墳(最近の『県史』(白石編 2003)では「飯郷作」と改称されているようです)をあげてあります。これも低墳丘墓ですが、しかし明らかに墳丘の中に埋葬施設を伴うものです。しかも前方後方形を呈しているという点が注目されます。ただし、飯合作の場合は、出てきている土器が、それほど古くない状況ですので、今では特に古い古墳として取りあげられないのかもしれません。しかし再検討すべき重要な古墳であるということは間違いありません。この頃から、前方後方形周溝墓が注目されるようになりました。これは、発掘調査が増えて発見例が増えてきたということと共に、それまで「お蔵入り」になっていたものも再評価されるようになったということのようです。これらは埋蔵文化財研究会の資料集などとして成果がまとめられています。こうした資料集成は、たいへん評価すべき仕事であったと私は思います。

　東日本各地で調査例が増加してた1987年、神門古墳群の調査が継続している最中であったと思いますが、群馬県高崎市の郊外、下佐野地域のⅠ地区A

東日本における古墳の出現

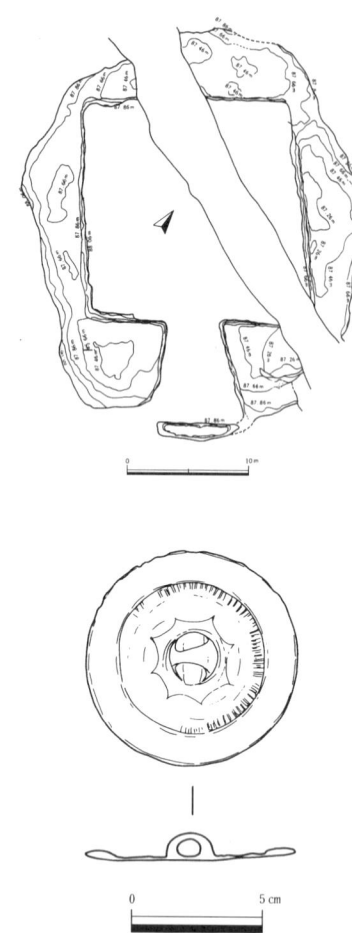

第7図　下佐野遺跡Ⅰ地区A区4号
　　　前方後方形周溝墓と出土鏡
（飯塚他1989）

4号という前方後方形周溝墓が発掘調査されました。前方部の前端も深く周溝が巡っており、墓域が溝によって区画されるスタイルのものです。多量の土器群が周溝の中から発見されています。この墓のくびれ部の西側から、土器と一緒に小型内行花文鏡が1面出ています。方形周溝墓、あるいは前方後方形周溝墓から鏡が出土している例は非常に少ないと思います。不勉強で全部知らないのですが、先ほどお話した宇津木向原遺跡くらいしかないのではないでしょうか。

東日本では、小型の青銅鏡が古墳からも出ます。また集落跡からも出土するということに注目しています。東日本において、古墳時代の初期、弥生時代からの継続については不明確ですが、小型鏡が集落の中に保有されており、古墳の副葬品となる前段階として、何らかの意味を持っていたのではないかと考えたことがあります。このような中で、前方後方形周溝墓の溝の中から鏡が出たということは、古墳との距離を非常につめてきた…と思いました。

それ以前だったと思いますが、九州の福岡市の砂丘地帯にある西新町遺跡の方形周溝墓から、三角縁神獣鏡が出たというニュースがありました。これはどうも古墳時代に入ってから造られた周溝墓なので、三角縁神獣鏡が出て

もよいのだろうということで、その後、話題に上ることが少なくなったように思います。しかしこのような事例は、たった1例しかありませんので、また新たな視点による研究が開始されるかもしれません。

　そうした小型鏡の出かたに注意をしておりました頃、房総半島の集落跡で、小型鏡が出るという情報が伝わってまいりました。これはその後、君津郡市文化財センターの研究論文集にまとめられておられますので、そちらを参照していただければいいと思いますが、鏡が古墳時代と弥生時代の終末あるいは、東日本の古墳の開始に関わって、どういう性格を持つのか、また両者をつなぐ理解が可能かどうかは、今後の研究において大きな問題として取り上げておかなければいけないことだろうと思います。

　この間、東北地方南部の福島県、あるいは山形県に至るまで前方後方形周溝墓あるいは、前方後方墳の発見が相次いでいます。そうした状況の中で、1992年に発掘調査されました千葉県高部(たかべ)古墳群はおそらく、それまでの論議を集大成するような多くの問題を投げかけました。その投げかけられた問題については、秋葉山古墳群の問題なども関係してきます。しかし、秋葉山古墳群についてはわかっているといっても、まだ一割か二割程度ぐらいしか解

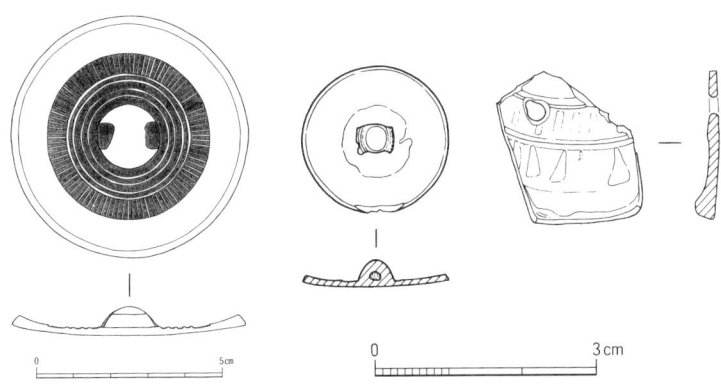

1．戸割一番割遺跡30号住居出土重圏文鏡、2．草刈六之台遺跡823号出土素文鏡、
3．草刈六之台遺跡出土懸垂鏡

第8図　住居跡から出土した鏡（平岡他 1985・白井他 1994）

明されていないわけで、その不確定な材料をもとに議論を急ぐのは、かえって混乱するのかなとも思います。こうした東日本の調査成果に対して、どういう性格の墳墓や資料であるか考えるとき、近畿地方をベースにした研究者の学説に左右されている部分がかなりあると思います。たとえば奈良県の寺沢薫さんの論文などからの影響は、かなり強いように思われます。東日本の研究の方向性が、ひきずられている部分、ひきずられていない部分と両方あろうかと思います。この点に関して、この後の今尾さんのお話も興味深いところですが、その辺もお含みの上、今日明日のシンポジウムで考えていただきたいと思います。

今まで非常に大雑把に東日本の古墳の出現に関して、調査・研究の歴史をお話してまいりました。より詳しく数多くの学説を紹介しなければいけませんが、時間に限りがありますので、今日は省かせていただきます。

ま と め ―古墳とは何かという定義をめぐって―

整理すると、いくつかの議論があろうかと思います。つまり、周溝墓と古墳との関わりはどうなっているのか。これは多くの方が論文を書かれておられます。それから、前方後方形周溝墓は東日本にかなりの数があります。前方後方形周溝墓から、前方後方墳へという考え方をする方も多いようです。詳しく確認したわけではないのですが、前方後方形周溝墓の分布する地域に、前方後方墳がほとんどないということです。つまり、前方後方形周溝墓と前方後方墳とでは立地条件が違うということで、これはもっと検討されるべき点だと思います。

福島県の会津坂下町に、稲荷塚遺跡というところがあります。ここでは、杵ガ森古墳という1基の前方後円墳の周囲に複数の前方後方形周溝墓が分布しています。このようなあり方をするのは、全国的に見ても極めて少ないだろうと思います。本日の資料集にも詳しく掲載されていますが、秋葉山古墳群でも前方後円形のもの、それから前方後方形のものが含まれています。ただしいずれも墳丘を持っているものです。それから方墳…これも調査しないとわからないところがあるかもしれないですが…も含まれています。

秋葉山古墳群でも周溝のほか、墳頂部でも土器が出土しています。松本市に弘法山古墳という、前方後方墳があります。この発掘調査は私たちも斉藤忠先生に、ちょっと手伝いに来いよということで参加させてもらいましたが、後方部墳頂部の中心に、竪穴式石槨と言ったらいいんでしょうか、石室と言ったらいいんでしょうか、天井石がない「竪穴式石槨」があって、その真上から土器群が出土しました。既に報告書が出ておりますが、高杯・壺形・手焙り形土器、その他の土器が集中して出土しました。これは、東日本初期の古墳の1つの特徴というとらえ方を私たちはしています。ただし、出土している土器は東海系土器が主体です。土器の様相は、比較的古いものが多いのは事実です。これらから、弘法山古墳を2世紀末まで年代を持ち上げて考える人もおり、3世紀だという人もいて、実年代で約100年ぐらい幅があり、研究者によってずいぶんと古墳築造の年代観が違っています。

　東日本の初期古墳あるいは、古墳の発生に関わっては、墳墓そのものの型式学的な編年体系を組み立てることが第一だと思います。その一方、土器の型式学的な研究による編年観を組み込み、お互いの関係をよく確かめる必要があると思います。おそらくは、その両者に大きな実年代のズレがあり、矛盾が生じていると思います。それをどのような形で解消するかというのは、大きな課題です。C^{14}のAMS法による年代測定もこの時期には、あまり有効ではないかもしれません。±5年、10年という誤差は許されないのですから、そういう理化学的データを直接的に持ち込むのは、難しいだろうと思っています。

　それに加えて、副葬品の調査研究も十分に進めなければならないと思っています。1998年だったと思いますが、大阪府高槻市で安満宮山「古墳」という、丘陵の先端部にほとんどマウンドを持たず、地山に掘った土壙底面が朱で真っ赤に塗られたものが発見されています。その墓からは、三角縁神獣鏡と「青龍三年鏡」が出土している。これは、古墳と呼ぶべきか…周溝は尾根の高い方だけ浅い溝が、丘陵を切断するように造られており、周溝が一回りしていません。しかも整った方形でもないし、円形でもない。しかし埋葬主体は、規模の大きい土壙に木棺が入れてありました。埋葬主体の周辺に

は、石を敷き詰めて排水溝を施設している。墳丘はほとんどないと報告されていますが、墳丘をまだ持たない段階で、地中深く土壙が造られて、三角縁神獣鏡が副葬されているような墓になるだろうと思います。

　そこで最初に触れましたが、後藤守一先生が1953年に書かれた「古墳の発生」という論文の中で「古墳の要素」として、「墳丘を持つ」こと、「埋葬構造が墳丘の比較的高い所に造られている」ということ、「副葬品が伴う」ということが述べられています。その中で特に注意をしなければならないのは、「墳丘を持つ」ということ、それから「埋葬構造が墳丘の比較的浅いところに造られている」ということだと思います。墳丘は言葉を変えていうと「封土」であり、おそらく古墳という概念は、埋葬構造を「土で完全に封ずる」という意味があるだろうと思います。しかも、後藤先生のご指摘のように、墳丘の比較的高い所…墳頂部の浅いという意味で、盛土の中に主体部を造るのが古墳だと思います。この考え方を推し進めてみますと、方形周溝墓の類はほとんど墳丘を持っていません。削られてしまって無いんだという説明もありますが、きわめて低い墳丘であることには間違いありません。

　ここ10〜15年の間に定着してきた「墳丘墓」という考え方もあります。高さ１m〜２mの墳丘があり、周辺に溝をめぐらす。しかし、主体部は墳丘の中に入っていない、つまり封土の中に入っていない、地山に土壙があって主体部をしつらえている。おそらく溝の中にも、埋葬施設が入っているに違いないと思います。千葉県の草刈遺跡の周溝内では、たまたま遺骸の一部が残っていたので、「溝中埋葬」ということが明確となりました。

　いわゆる「古墳」というのは、大きなマウンド、前方後円墳でも前方後方墳にしても、主体部は単独であるということが１つの大きな条件であると、私は考えます。つまり、複数の埋葬が１つの墓の中にないということ。そういう視点で、周溝墓の類あるいは墳丘墓を眺めてみると、埋葬主体がたった１つしかないという例はこれはほとんど皆無ですね。よく引き合いに出される大阪府瓜生堂遺跡の中期の墓でも、墳丘と言っている部分にもいくつかの埋葬があり、溝の中にも埋葬がある。また、突出部を持つ島根県仲仙寺山墳墓群の場合、墳丘の高い所の埋葬でも、地山に土壙が設けられていますし、

墳丘の裾にもいくつかの埋葬があります。

　古墳が築造された時の姿というのは、1つの埋葬が1つの古墳に造られるというスタイルが基本だろうと思います。その後、同じ墓に主体部が増設されることも、当然あろうかと思います。これは年代的な同時性が問題になります。ある古墳に、いくつかの埋葬主体があるというとき、近畿地方では前方後円墳の後円部に主体部が並列するものがあります。また、後円部に1基あって、前方部にも埋葬があるような例は、4世紀代の後半には既に出現するのではないでしょうか。

　さて、東日本の古墳開始期の古墳は、私たちが見ている限りでは、前方後円墳もあるし、前方後方墳もあります。その中で、複数埋葬をしているものと、そうでないものとがありますが、しっかりデータを積み上げていかなければなりません。こうした積み重ねを経ていかなければ、初期の古墳の姿というものがなかなか見えてこないと思っております。

　1982年、大塚初重先生と私で、共同編集し『古墳辞典』という小さなものを作りましたが、巻末に古墳時代の概説を載せました。ちょうど楯築遺跡や、矢藤治山遺跡などが話題になっていた頃です。「古墳とは何か」という項目を私が書きました。その中で、先ほど私が強調しました、「墳丘の盛り土の一番高いところに埋葬主体がある」という内容を省いてしまいました。お持ちの方は、お宅に帰ってお読みいただければと思います。直したいんですが、学史的な意義もあり直しません。どうしてかというと、当時は弥生終末期の墳墓と、古墳初期の墓と区別がよくできていなかった。今もってできていないかもしれません。

　そういう状況で『古墳辞典』を書きました。出版後、山梨県で開催された日本考古学協会の秋季大会の折、近藤義郎先生が講演なさいました。「大塚と小林は、あの『古墳辞典』の中で、後藤守一先生が言った一番大事なところを1つ抜いた…。」と批判を浴びました。公開講演だったものですから、質問や反論もできないままでしたが、近藤先生は、私の気持ちをご存知の上でのお話だろうと思います。

　弥生時代と古墳時代の墓制の違いで、何が違うかという点について、今は

だいぶ明確になってきています。墳丘の有無、特に盛り土、地山を削りだして墳丘を造っているというだけでなくて、きちんとした盛り土を持っていて、この盛り土の中に主体部をきちんと包む、この埋葬方法が古墳の特徴だろうと思います。その埋葬主体の上で、いろんな祭祀が行われたんだろうと考えます。古墳の墳頂部から壊れた土器がパラパラと出てくるという認識だった1960年代とは少し違う形で、再認識しているところです。

　今日は、あまり実年代の話には、触れないようにしてきました。ですから何世紀とか、何百年とかという話もいたしませんでした。土器そのものが古墳の年代を示しているという、はっきりした確信が持てないからです。副葬品との年代的な食い違いも少なからず存在します。それを理論的にどのように説明をしていくかという方法論を私たちはまだ十分に持ち合わせていません。恥ずかしい状態ですけれども、これは今後の課題にしたいと思います。

　ちょっと時間が超過をいたしましたけれども、東日本の古墳の発生について、興味ある話があったかどうかはわかりませんが、今日はこの辺で失礼させていただきます。ご静聴ありがとうございました。

(こばやし　さぶろう／明治大学)

〔図の出典〕掲載順
後藤守一・大塚初重　1957『常陸丸山古墳』丸山古墳顕彰会
大塚初重　1949「上総能満寺古墳発掘調査報告」『考古学集刊』3
大塚初重・小林三郎　1964「茨城県勅使塚古墳の研究」『考古学集刊』2－4
髙橋　護　1960「児島市向見木遺跡発見の二・三の遺物」『考古学手帖』12号
小林行雄　1961『古墳時代の研究』青木書店
大場磐雄他　1973『宇津木遺跡とその周辺』中央高速道八王子地区遺跡調査団
沼沢　豊他　1978『佐倉市飯合作遺跡』(財)千葉県文化財センター
飯塚卓二他　1989『下佐野遺跡　Ⅰ地区・寺前地区 (2)』上越新幹線関係埋蔵文化財調査報告第11集、群馬県教育委員会
平岡和夫他　1985『戸張一番割遺跡』山武考古学研究所
白井久美子他　1994「千原台ニュータウンⅥ－草刈六之台遺跡－」『千葉県文化センター調査報告』第241集

基調講演　オオヤマト古墳群における古墳出現期の様相

今尾　文昭

「オオヤマトの範囲」について

　皆さん、こんにちは。お話するタイトルは、「オオヤマト古墳群における古墳出現期の様相」で、西川さんから言われた演題をそのまま使いましたが、実は「オオヤマト古墳群」という表現には少々説明が必要です。はじめに、この点について話します。

　第1図で磯城地域の古墳群の分布図を示していますが、大体南北関係で4kmぐらい、「山辺の道」が通っている山沿いのエリアです。盆地に向かって東から西へのびる丘陵、あるいは扇状地に前期古墳が連なっています。北から大和古墳群・柳本古墳群・そして「箸墓」のある纒向(箸中)古墳群と呼びならわしてきました。

　どうも1998年前後、黒塚古墳、あるいはその前の中山大塚古墳、下池山古墳あたりの発掘調査が進んだ頃からでしょうか…マスメディアの注目を集めた発表が多かったので、定着も早かったようですが…、行政区分で言いますと、天理市と桜井市域になりますけれども、その範囲の古墳を称して漢字表記で「大和古墳群」と呼ぶようになりました。主唱者は私の勤務先の河上邦彦館長、また樋口隆康所長ですが、既に定着した感があります。かつて小島俊次氏は『奈良県の考古学』（吉川弘文館1965年）で、「磯城古墳群」と呼んでいますし、田中琢氏は『倭人争乱』（集英社1991年）で、「山辺地域の古墳群」と呼んでいます。

　そもそも「大和古墳群」の呼称は、中世後半以降に形成されたとみられる大和神社の宮郷「大和郷」に由来したものです。宮郷は神社を維持するための地縁的なまとまりでのことで、吉川真司氏作成の第2図右側の山辺郡南

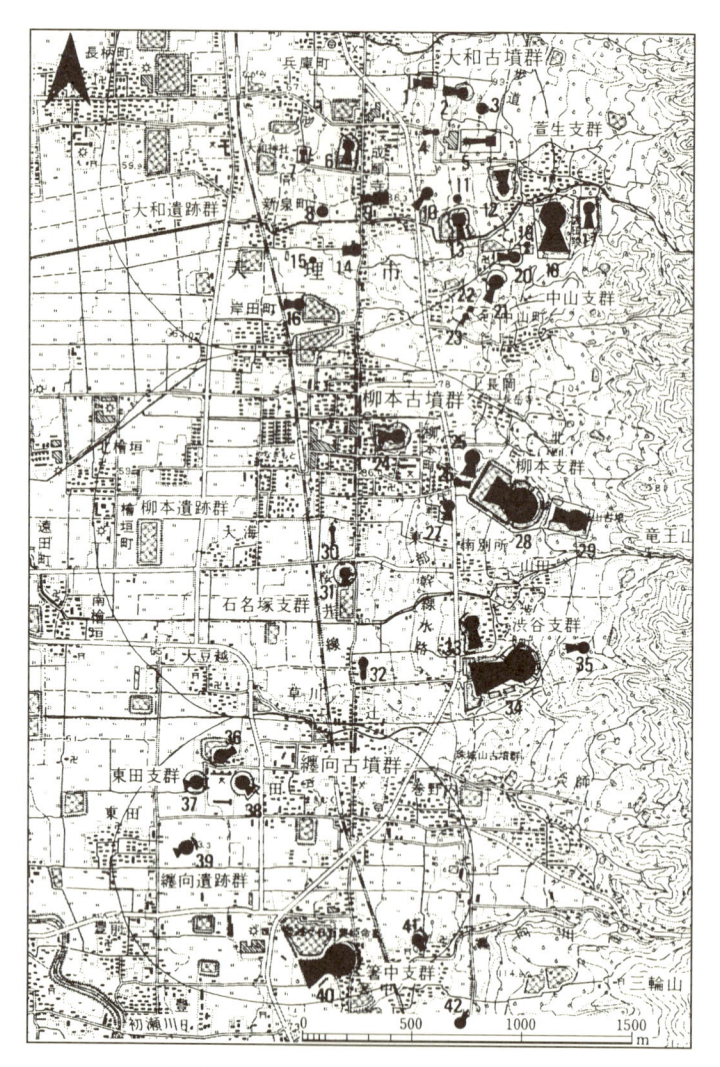

第1図　磯城地域の古墳分布図（今尾1999）

部の岸田・中山・新泉・成願寺・萱生・兵庫・長柄・佐保庄・三昧田といった村々がその範囲ということになります。学史上、使われてきた大和古墳群はちょうど、この範囲に分布する古墳を言います。

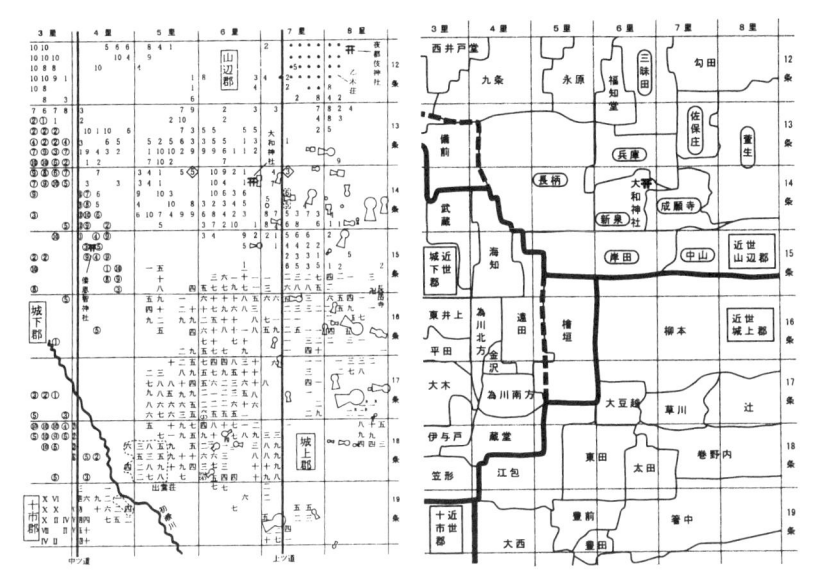

基調講演　オオヤマト古墳群における古墳出現期の様相（今尾）

第2図　興福寺雑役免荘園の田畠と郡界（吉川 2004）
左—数字は各坪あたりの面積　右—太線は近世の郡界、
〇囲いは大和郷を構成する村々、破線は古代の郡界

　第2図左側には1070年（延久2）の「興福寺大和国雑役免坪付帳」をもとにした山辺郡所在の興福寺領荘園（アラビア数字）が示されていますが、山辺郡と城上郡、城下郡の郡界はほぼ近世のものに近いことがわかります。吉川氏はほかの史料も駆使されて、結局のところ8世紀までは「オオヤマト」の呼称はなく、もとは「ヤマト」があったのみでそれも山辺郡と城下郡の境界あたりに限定された地名であることを明らかにされました（吉川 2004）。『和名類聚抄』成立の10世紀前葉の城下郡には「大和郷」があり、それに「於保夜末止」の訓がみえます。大和神社そのものの移転もあり、少なくとも律令期の「ヤマト」と中近世の宮郷「大和郷」は異なったもののようです。従って、広域な奈良盆地東南部の古墳群をすべて包括して「大和古墳群」と呼ぶことには賛同できません。こういった問題は古墳時代研究者といえども、無頓着ではいけないと思います。地域概念をはっきりとされないまま使われるとまことに混乱を招くとしかいいようがありません。では考古学史に触れなが

33

東日本における古墳出現期

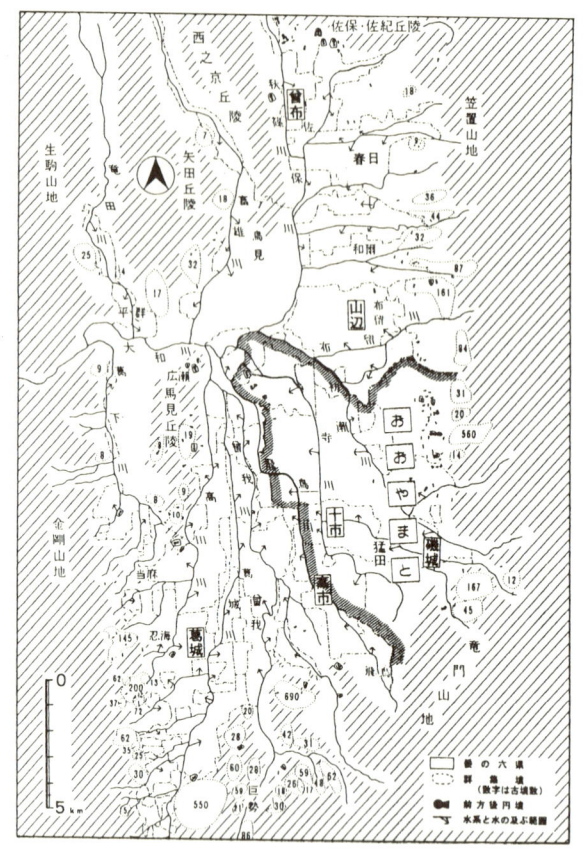

第3図　おおやまと古墳集団の基盤領域（伊達1999）

ら、以下、実際に各古墳群の構成について考えてみたいと思います。

　伊達宗泰先生が古くから提唱されておられるのが「おおやまと古墳集団」です。大和・柳本・纏向という3つの古墳群と桜井南部をまとめた領域を基盤にする集団を「おおやまと古墳集団」と呼んでいます（伊達1975）。地図を見ていただきますと、初瀬川・寺川、そして山辺郡の南の方、それから磯城郡・十市郡、この3つの郡にまたがる場所ですね、もちろん唐古・鍵遺跡などもこの中に入ってきます。直木孝次郎先生が「記・紀」、「万葉歌」などをもとに考定された本来の古代「やまと」はこの範囲にほぼあたります（直木1970）。今日の行政域では、天理市・桜井市・田原本町・橿原市・川西町・三宅町・明日香村などが含まれます。

　しかし最近、石野博信先生のお書きになったものでは、伊達先生の提唱とは違う範囲を「おおやまと古墳集団」と呼んでいます（石野2004）。具体的には北限は東大寺山古墳とし、南限は箸墓（箸中山）古墳としています。ちなみ

34

に伊達先生は東大寺山古墳は外されています。とりわけ問題なのは、石野先生が、初瀬川南方の桜井茶臼山古墳・メスリ山古墳を含まないとされた点です。どうやら、伊達先生の設定した地域概念を誤解されて使っておられるんじゃないかと思います。

　伊達先生は、前期古墳のみに限定されることなく、古墳時代を通じて営まれた古墳群全体を対象としています。初瀬川や寺川は、中世後半には付け替え事業があったようですから、現在の河道をそのまま遡及させることはできませんが、私は伊達先生と同じ考えでございます。まとめますと、大和・柳本・纒向それから外山、このあたりの古墳を造っていた集団の基盤領域は、寺川・初瀬川流域にあると考えております。

　磯城地域の古墳群のグループ分けも、意見の分かれるところです。例えば初瀬川をはさんだ、南側の外山・高田の２つの巨大前方後円墳について、白石太一郎先生は含めて考えています(白石1989)が、広瀬和雄先生は大王墓の中には含めていません(広瀬1987)。また石野先生も含めていませんから、そのあたりは古墳時代前期政権の内容を考える時、大きな問題となってきます。

各古墳群の構成

　今日は山辺・磯城地域の古墳出現の様相について以前に発表した見解(今尾1999)とともに最近の調査状況を加えてご紹介します。第１図、第１・２表に基づき説明します。まず学史に即した呼称としての大和古墳群、ここには前方後円墳が12基、前方後方墳が５基、その他の古墳が７基程度あります。厳密には墳形が決めにくいものも含まれますし、埋没古墳なども存在しますので、概数と理解した方がよいと思います。大和古墳群を、さらに萱生支群と中山支群の２つに分けております。中山支群は、第１図では、17～23に当たります。竜王山から伸びてくる丘陵上に、墳丘のすそを接するように密集して、前方後円墳のみで営まれているグループです。18の西殿塚が一番大きいのですが、それ以外に中山大塚・東殿塚・燈籠山が接するように営まれています。

東日本における古墳出現期

　これに対して萱生支群は、扇状地上にまばらに分布しているグループです。この支群はもう少し細かく分けられるかもしれませんけれども、ノムギ・ヒエ塚・マバカ・下池山古墳などが含まれます。実は前方後方墳は大和古墳群の中でも、中山支群とは違う立地条件にある萱生支群にしかありません。

第1表　磯城地域の前期古墳一覧（今尾1999に加筆作成）

（大和古墳群）
萱生支群

No.	古墳名	墳形	墳長m (クラス)	周濠など	段築	葺石	特殊器台など	円筒埴輪	形象埴輪	埋葬施設	副葬品 鏡	副葬品 腕輪	副葬品 刀剣	調査年次 埋葬施設	調査年次 墳丘など	編年
1	ノムギ		63(D)												1996 2003	（1期）
2	ヒエ塚		125(B)												2002	（1期後半）
3	クラ塚		40													
4	マバカ		74(D)												2002	（1期後半）
5	波多子塚		145(B)							（石室）					1998	3期
6	馬口山		110(C)													
7	星塚		60(D)													
8	平塚		54													
9	フサギ塚		110(C)												1976	（3期）
10	栗塚		120(B)													
11	西ノ山		35												1990	
12	西山塚		114							（石棺直葬）					(1887頃)	8期
13	下池山		120(B)							石室				1995	1996	2期
14	矢矧塚		102(C)													
15	マトバ		50													
16	弁天塚		70(D)													
	マバカ西	?													2002	3期前半

中山支群

17	東殿塚		150(B)												1997	2期後半
18	西殿塚		219(A)												1993	2期前半
19	火矢塚		49(D)													（4期）
20	燈籠山		110(B)							（石室）				前方部(1896頃)		3期
21	中山大塚		120(B)							石室				1993	1994	1期後半
22	観音寺西		20													
23	小岳寺塚		45(D)													

（次頁に続く）

基調講演　オオヤマト古墳群における古墳出現期の様相（今尾）

(柳本古墳群)
柳 本 支 群

No.	古墳名	墳丘	墳長m(クラス)	周濠など	段築	葺石	特殊器台など	円筒埴輪	形象埴輪	埋葬施設	副葬品 鏡	副葬品 腕輪	副葬品 刀剣	調査年次 埋葬施設	調査年次 墳丘など	編年
24	黒　塚		128(B)							石室				1998	1989	2期
25	アンド山		120(B)													3期前半
26	南アンド山		66(D)													3期前半
27	大和天神山		113(C)							石室木槨				1960		3期前半
28	行燈山		242(A)								銅板				1974	3期前半
29	櫛　山		150(B)							石室石棺				1948	1998	4期

石 名 塚 支 群

No.	古墳名	墳丘	墳長m(クラス)	周濠など	段築	葺石	特殊器台など	円筒埴輪	形象埴輪	埋葬施設	鏡	腕輪	刀剣	埋葬施設	墳丘など	編年
30	ノベラ		71(D)													1期後半
31	石名塚		111(C)													
32	柳本大塚		94(C)							石室木棺				(1895)		3期

渋 谷 支 群

No.	古墳名	墳丘	墳長m(クラス)	周濠など	段築	葺石	特殊器台など	円筒埴輪	形象埴輪	埋葬施設	鏡	腕輪	刀剣	埋葬施設	墳丘など	編年
33	上ノ山		125(B)											1994		3期後半
34	渋谷向山		300(A)							(石棺)				1972		3期後半
35	シウロウ塚		120													

(纒向古墳群)
東 田 支 群

No.	古墳名	墳丘	墳長m(クラス)	周濠など	段築	葺石	特殊器台など	円筒埴輪	形象埴輪	埋葬施設	副葬品 鏡	腕輪	刀剣	調査年次 埋葬施設	墳丘など	編年
36	勝　山		100											1998		1期前半
37	矢　塚		96											1972		1期
38	石　塚		93			弧文円板								1971		1期
39	東田大塚		96											1998		(1期後半)

箸 中 支 群

40	箸　墓		286											1995		1期後半
41	ホケノ山		90							木槨				1995 1999		1期後半
42	茅原大墓		80											1996		(4期)
43	箸中イヅカ		100											2000		4期

注(1)　番号は第1図に対応
(2)　古墳名について小字にもとづいて新しく付けたものがある。
(3)　墳長の数値は奈良県立橿原考古学研究所編『磯城・磐余地域の前方後円墳』（奈良県史蹟名勝天然記念物調査報告第42冊。1981年）を基本とする。
(4)　濃いトーンは存在がほぼ確かなもの、薄いトーンは推定、白は無しおよび不明。
(5)　埋葬施設は後円(方)部の中心主体を表記。ただし（　）は推定。
(6)　調査年次はおもな発掘調査の年次。（　）は正式調査によらない場合。
(7)　編年は近藤義郎編『前方後円墳集成近畿編』（1992年）の第2部「地域の概要」第10集「大和」第1節（今尾執筆部分）を基本に、その後の調査の成果を考慮した。（　）は根拠が薄い場合。なお各期の前・後半の区分については、古墳群内での相対的な編年上の位置などを配慮した。

37

東日本における古墳出現期

第2表 磯城地域の前期古墳の消長 （今尾作成 2004）

A—墳長200m以上　　B—120m前後
C—90m前後　　　　　D—それ以下

A B C D

　その南側に谷をはさんであるのが、柳本古墳群です。これも前方後円墳が12基程度です。柳本支群として黒塚古墳、それから行燈山古墳、そのまわりには3基ばかりの従属的な前方後円墳があります。大和天神山・アンド山・南アンド山古墳、行燈山古墳の背後には双方中円墳の櫛山古墳があります。

38

さらに大きな谷をはさんだ南には、渋谷支群として渋谷向山古墳、それから上ノ山古墳、シウロウ塚、こういったものが並んでおります。そして扇状地の先端部分にですね、石名塚支群と呼んでいますが、南北方向に主軸を揃える石名塚・ノベラ・柳本大塚がまとまっています。階層的営みがよく認められるのは以上の大和・柳本古墳群です。第２表Ａ～Ｄはそれを意味しております。

　そこからまた谷を隔てまして、南側に纒向遺跡と纒向古墳群が展開しているわけです。前方後円墳が10基程度、そして「円墳」10基程度が分布していますが、この円墳がよくわからないんです。古いものかもしれません。

　纒向古墳群は大字東田を中心に、いまの纒向小学校のあるあたりにまとまる東田支群、寺沢薫さんが「纒向型前方後円墳」と呼ぶ４基ばかりの古墳があります。纒向石塚・勝山・矢塚・東田大塚です。これらは、ほぼ同じ90ｍ位の規模を有しており、相互に階層構造を持って築かれたようにはみえません。

　そこから南東側に箸中支群と称している箸墓周辺のグループがあります。ここにホケノ山古墳がございまして、累世的あるいは階層的な営みを箸墓古墳との関係において認定できるかどうか…それこそ古墳出現の実態を知る上で、核心に関わるところです。ホケノ山・箸墓・イズカ・毘沙門塚など、中には聞きなれない古墳もあるかと思います。そして「円墳」の存在、この周りにはたくさん円墳がありまして、大字巻内あたり、石塚・平塚・堂後など、小さいといいましても直径35ｍぐらいあります。東田支群の古墳群の1/3ないしは1/2の程度の規模です。こういったものは、ほとんど調査が進んでおらず、時期などもよくわかりません。

　それから、初瀬川、寺川（粟原川）を越え、箸墓から３kmほど南側に、桜井茶臼山古墳があります。また寺川流域になりますけれども、1.7km位離れてメスリ山古墳といういずれも200ｍを越える巨大前方後円が営まれております。西方に少し離れては磐余池ノ内古墳群が存在します。メスリ山古墳以降に形成される小規模な円墳群です。ほとんど盛土を持たないながら、豊富な副葬品を持つというグループです。

私は「おおやまと古墳集団」という伊達先生と地域概念は共にいたしますが、用語としては古代の磯城地域が中心ですから、もし総称するならば「磯城古墳群」とするのが適当と思います。あるいは山辺南部を含みますから「山辺・磯城古墳群」でもよいかもしれません。

　そして前期の巨大前方後円墳を擁し、階層性のある営みを維持した政治勢力を「磯城連合王権」と呼ぶのが適当だと思っています。初期ヤマト政権はこのような地域連合が複合した大連合体からなるとみておりますから、連合間には緊張と緩和が内在していたものと考えます。

　大古墳群経営の基盤とするに山辺・磯城地域ではあまりにスケールが小さいといわれるかもしれませんが、寺川・初瀬川流域は北西―南東15km、南北10kmの平坦地をもち、おそらく奈良盆地にとどまらず近畿中部で有数の安定した農業、集落経営の適地だと考えます。唐古・鍵遺跡が弥生時代を通じて大集落として維持されたのも基本的にこういった地勢上の恩恵によるところが大きいのではないでしょうか。

最近の調査成果から　ヒエ塚古墳・ノムギ古墳など

　さて、今までの話は前段で、ここからが最近の調査成果の話です。1990年代以降、山辺・磯城地域の調査は活発化しております。この10年ほどの間に、ずいぶんと明らかにされた事柄があります。しかし情報が多すぎて、吟味する時間も十分でなく、少々混乱状態にあります。

　ここでは①学術的な調査、②県道バイパス新設の事前調査、③農道新設・既存の溜池改修など調査原因により３つに区分して説明します。

　①として中山大塚・下池山・黒塚・ホケノ山古墳など、墳丘中央の埋葬施設が調査されました。墳丘周辺部も掘っておりますが、埋葬施設の実態がわかっている古墳です。②としては、ヒエ塚・ノムギ古墳などがあります。これは現時点では情報が提供されていませんので、多くの方が知らないと思います。この調査でヒエ塚古墳・ノムギ古墳・マバカ古墳・マバカ西古墳の墳丘や、周溝から時期比定をしていく手がかりとなるような土器などが出土しています。それから③では、東田大塚・勝山・石名塚古墳の墳丘裾や周溝調

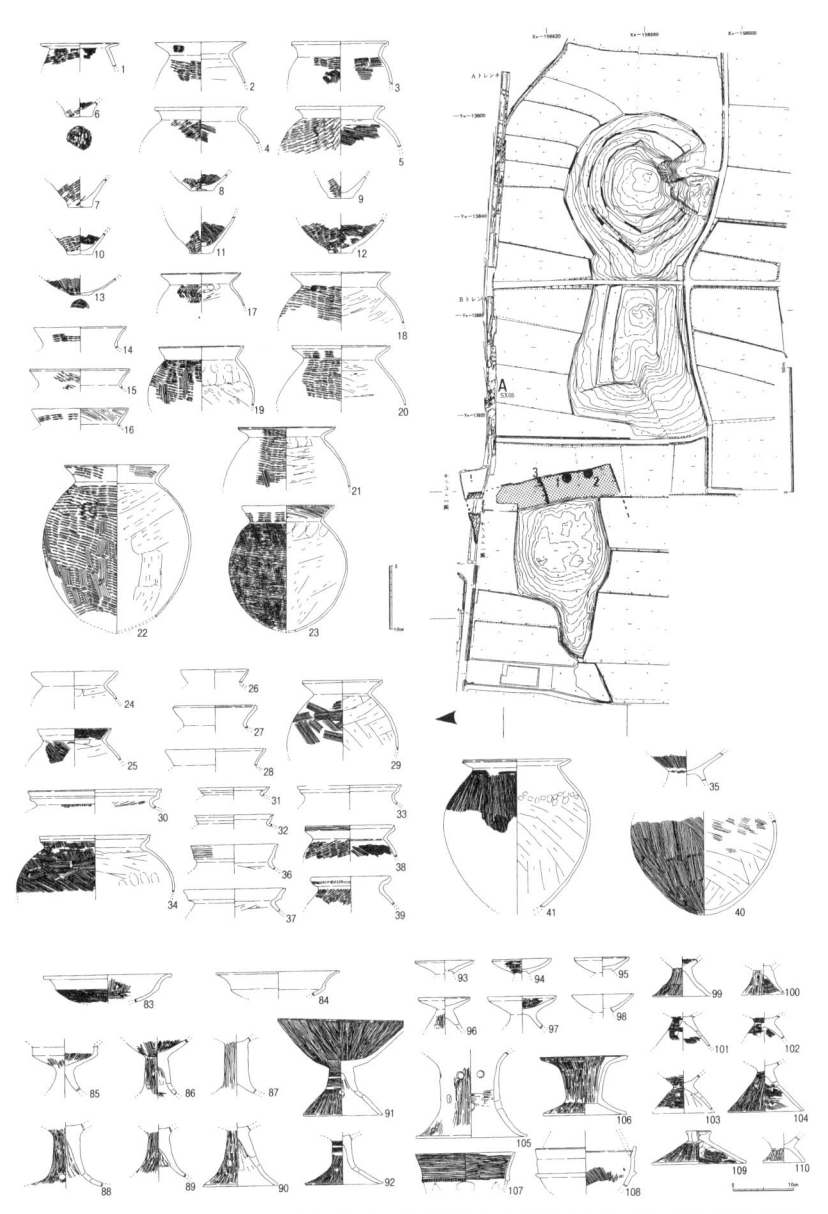

基調講演　オオヤマト古墳群における古墳出現期の様相（今尾）

第4図　ヒエ塚古墳（上）とノムギ古墳（下）の調査状況とSX05出土土器（坂・相見 2002に加筆）

東日本における古墳出現期

査により、時期判明の手かがりになるような資料が出土しています。

　①の方は学術的な調査ですが、②は県道バイパスです。ヒエ塚古墳・ノムギ古墳の間を通ります。それからマバカ古墳の前方部をかすめるというものです。奈良県で考古学をやってきた者としては、恥ずかしい思いがします。実は、このバイパスはもう50年ほど前に計画決定されたそうです。しかるにルート決定は90年代でございますから、そのあいだ何をやっていたんだと、という気がします(オオヤマト古墳群実行委員会編 2004)。

　このあたりの新資料については、小池香津江さんが企画した展示に基づき、まとめた研究がございます(小池 2003)。今回は、それ以降にもわかってきたデータも含めて、少し紹介をしたいと思います。

　まず大和古墳群のヒエ塚古墳については、第1表では1期後半としています。これは『前方後円墳集成』(近藤他 1992)の編年作業時に、中山大塚に類似した墳丘形態であるとか、埴輪がない点などを考慮して想定したものです。最近の調査により、状況が少しわかってきました。第4図は坂　靖さんと相見梓さんの概報(坂・相見 2003)と、ノムギ古墳の現地説明会資料を基に私の方で作成したもので、あくまでも模式図でございます。ヒエ塚古墳に「周溝状のもの」があるようだということがわかってきました。図中のAと書いてある所にSX05という遺構が出ています。外堤相当部分の下位にある遺構です。これは東から西の方へ8.8m・深さ1.2mという大きな溝で、コンテナ17箱分、1千点の土器が出ていますので、土器のよく入った溝ということになります。この第4図ではもう小さすぎてわかりませんけれども、そのSX05の北側は、一段深くなって直径2m、深さが1m程度の深くなった部分から、完形の壺・甕・高杯がたくさん詰まった遺構が検出されています。

　溝SX05から出土した土器を第4図―左に示しました。V様式系のタタキ甕(1～12)・庄内甕(13～23)・布留傾向の甕(24～29)が混在しています。奈良盆地東南部でも庄内式期に、V様式系甕は未だ一定量を占めています。これらの土器群は、弥生終末から庄内にかけての時期にまたがっているようです。それからS字状口縁台付甕などの東海系甕とかまた北陸系甕のような外来系甕(30～39)も入っています。

ただし、83・84とか105・106とか、これらは弥生後期の高杯とか器台であり、ヒエ塚古墳に伴うものではないと考えます。しかし土器群全体が古墳に後続することはありませんから、SX05から出てきた土器の中の一番最後のものが、逆に古墳が造られた時期の上限になる可能性があります。
　また先ほど申しました、SX05に隣接する一段深くなった遺構でまとまって出土した土器などは、古墳築造時期そのものになってくる可能性もあります。「纏向3式(新)」という時期に、これらの土器群はまとまっているようです。

大和古墳群萱生支群の前方後方墳に関して

　次にノムギ古墳ですが、これは去年の夏から秋にかけての調査で周溝から土器が出土しています。また1996年の調査では、直線的な落ち込みが出ています。SX01としましたけれど、そこから方形透し孔をもったもの、口縁部先端が少し外反し、最上段の突帯の間隔の狭い鰭付き円筒埴輪が出ています。この埴輪は、川西宏幸先生の編年(川西1978)のⅡ期と思われます。ほかに楕円形や壺形埴輪、形象埴輪も出ていまして、ノムギ古墳は、前期後半＝『集成』編年3期で良いと考えていました。周溝には、トーンを貼ってありますが、第1・第2トレンチで直線的なラインが確認されており、現在残っている墳丘の隅と対応していますので、幅が10m位の周溝となるようです。かつてノムギ古墳は、前方後円墳とも言われていましたが、前方後方墳とみなされるようになりました。
　しかし、第4図―1・2とある場所で、土器が集積された状態で出土しました。これらの土器は、纏向3式(新)段階の土器でよいと思われます。ここは問題ですね。先ほどのヒエ塚古墳のSX05のように「古墳築造に先行する遺構」であるかもしれないという可能性が出てきます。しかし土器の集積状況、残存の程度、周溝の外側に同様の遺構など見えない点から、これら纏向3式(新)段階の土器はノムギ古墳に伴うものと認めざるを得ません。円筒埴輪が示す時期とは、齟齬をきたすこととなってきます。時期があくことになりますが、外堤上に従属葬として円筒棺を配置したと理解できないかなと考

えています。橿原考古学研究所の公式的な見解では「時期判断留保」ということになっておりますが、現時点で私は、ノムギ古墳は『集成』編年でいうと、1期後半より下がることはないだろうとみております。第2表に示しましたように纒向古墳群に併行して大和古墳群中山支群、それに萱生支群の経営があるということです。

　墳丘の長さは、残念ながら、西方の前方部の調査が行われていませんので、どのような前方後方墳になるかはよくわからないですが、現状で墳丘が残っている部分で、墳長63m以上と想定されていますから、さらに大きくなる可能性があります。すると強調すべき様相としてくりかえしますが、従来、1期からの継続性が認められている纒向古墳群に対して、北方の大和古墳群萱生支群にも、中山支群にも『集成』編年1期の古墳群の営みを認めることが可能となってきました。隣接するヒエ塚古墳も諸特徴から古くなる可能性を主張してきましたが、調査成果からも1期に遡及する可能性がより高くなっています。多少の時間差は介在したとしても、墳長125mの前方後円墳のヒエ塚と、墳長63m以上の前方後方墳、ノムギ古墳という、階層的な営みが、この大和古墳群の中で展開していたと解釈できそうです。それに高い墳丘を備えた「飛躍」を達成したとみられる前方後方墳が最古段階の前方後円墳と併行して築かれているという意味は今後、議論を生むと思います。

　ただし、前方後方墳が成立時点から、階層的に下位に位置づけられていたとするだけで問題解決ではありません。実は大和古墳群萱生支群の中で、今日も会場にいらっしゃる、青木堪時さんが2002年に調査なさった分で、マバカ古墳の西側にCとして示していますが、マバカ西古墳の周溝の一角がみつかっています。私は前方後方墳だと推定しています。埋没古墳ですから、現状は削平されて姿を見ることができませんが、ここからは方形刺突による突帯を付ける技法がみえる円筒埴輪が出土したり、方形透し孔を持つ円筒埴輪、それから穿孔された二重口縁壺、壺形埴輪と呼んでもよいかと思いますが、こういったものが周溝から出ています(第5図)。

　このような事例を見ると、実は私たちが得ているデータだけではないんだということも、改めて気付かされるわけです。大和古墳群の中に、前方後方

基調講演 オオヤマト古墳群における古墳出現期の様相（今尾）

1. 大和古墳群萱生支群の分布状況（アルファベットは前方後方墳）
   A ノムギ古墳 B 波多子塚古墳 C マバカ西古墳
   D 下池山古墳 E フサギ塚古墳 F 矢矧塚古墳

2. マバカ西古墳周濠内出土二重口縁壺（1/8 青木2003）

第5図 萱生支群の古墳分布とマバカ西古墳周溝内出土土器

墳がある…と申しましても、先ほど言いましたように、この萱生支群に前方後方墳が集中します。

　第5図のAのノムギ、それからBの波多子塚、Cのマバカ西、Dの下池山、Eのフサギ塚、Fの矢矧塚などがあります。私は、学生の頃に、このEとFの測量に参加しましたが、かなり不定形で、とりわけFの矢矧塚は、前方後方形ですが、主軸の通らない不定形なものです。時期がよくわからない矢矧塚古墳を含め、今わかっているだけでも5基以上の前方後方墳が大和古墳群萱生支群にだけ、並んでいるのです。

　『集成』1期から3期にかけて、下池山や波多子塚をどの辺に見るかというのは、問題が残りますが、ノムギが最初に、そして下池山、波多子塚が築かれるという累世的な営みが認められるようです。このグループは、前方後方という墳形をずっと踏襲しているわけです。これは一体なんなのかという疑問が出てきますし、萱生支群の特異性が明らかになってきました。とにかく従来『集成』1期の前方後方墳は、はっきりしていなかったんですけれども、ノムギ古墳などの調査により、だいぶはっきりしてきたと思います。けっして前方後方墳の奈良盆地での出現が前方後円墳に後出するものではないということです。

　纒向古墳群の箸墓古墳とホケノ山古墳、あるいは東田支群の各古墳との間に、階層構成を指摘できる可能性は大いにあります。この点について、寺沢薫さんは従来から纒向型前方後円墳として箸墓に先行する古墳として位置づけています。確かに箸墓に先行するものもあるかと思いますが、ホケノ山や東田大塚は、箸墓に先行するものかは検討の余地があると思います。むしろ階層的な構造を、当初から古墳に表現することを用意していたのではないだろうかと思えます。このあたりが、墳丘墓の「飛躍」であり「古墳が古墳たる所以」というか、「古墳が古墳たる意義」ということになると考えます。

外来系土器の問題について

　次に奈良盆地における外来系・搬入土器の問題にちょっと触れたいと思います。私自身も未消化で、ちゃんした解釈をできる技量がないのかもしれま

せんが、これまで誤解されている点も多くありますので、この場を借りて言っておきたいと思います。

纒向遺跡の外来系土器の比率という、1976年に関川尚功さんがお作りになった図があります。第6図の3・4だけがよく出てまいりまして、「東海系土器が49％と多い」というように錯覚されがちです。関川さんも言っておられますが、第6図の1・2をみると実のところ外来系土器は、纒向1と2式の段階では在地産が圧倒的という中でのことでして、纒向3式になると外来系土器が増えてくるようです。すなわち纒向1式段階では、外来系土器はまだ少ないんです。

関川さんは、『纒向』（石野・関川 1976）の中で、第6図の1に示されたように外来系土器の比率を15％と書いておられます。最低に見積もっても10％を下らない。ただその増加のピークは、実は纒向3式か4式、庄内式の新しい段階から布留の時期です。ですから布留0ないしは1式あたりかは微妙です

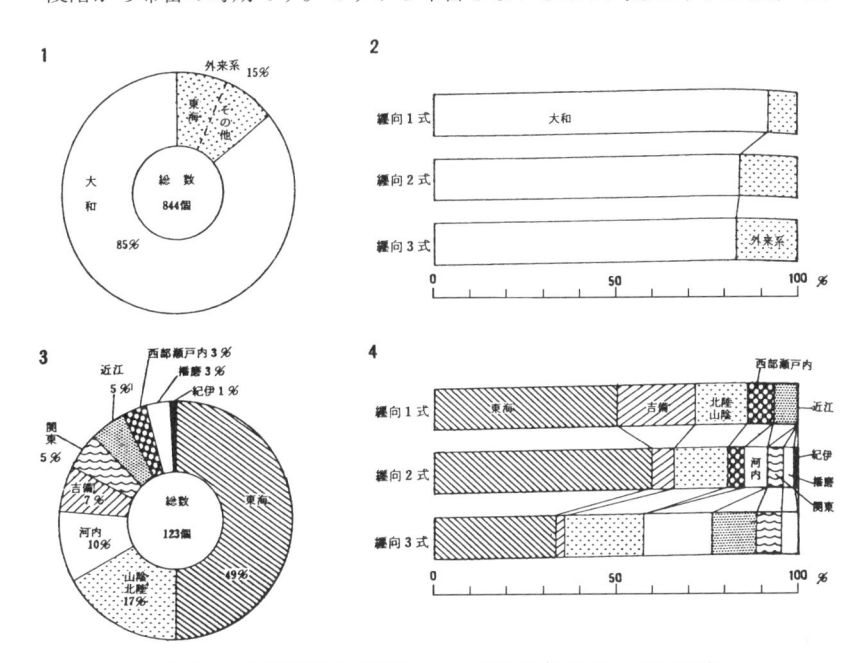

第6図　纒向遺跡の「外来系」土器の比率（石野・関川 1976）

が、感覚的には布留1式＝纒向4式にピークがあるとされています。また石野先生は、最近になり1類から5類と従来からの纒向編年を再構築された『補遺編』の中で、時経的に比率を明らかにされています(石野 1996)。

　これに関連して、箸墓古墳周辺第7次調査の「搬入土器比率」というグラフを第7図として示しました。寺沢さんは著作『王権誕生』のなかで、「大和以外の地域で造られた土器が平均15％もある…」と言っています(寺沢 2000)。これは関川さんの『纒向』のデータのことを言っていると思われます。また「なかには搬入の土器が30％以上という場所もある…」とも言っています。これは、箸墓古墳周濠出土土器のことを言っているんだろうと思います。箸墓古墳周濠の布留0式と言っている時期、30％以上の搬入土器があるとしています。箸墓古墳周濠の方は、胎土分析の結果により、型式変化を基にこういう表(第7図)を作っています。しかし関川さんの段階では、胎土分析はやっておらず、方法が違います。それから出ている遺構ももちろん違います。たとえば箸墓古墳周濠と纒向大溝では、遺構の性格も違います。寺沢さんは「言い分けて」おられますので、読む側の問題ですが、この2つを一緒にしてはいけないと思います。

　このあたりは私たちも、もう一度再検討して見る必要があると思います。どの時期にどこが多いのか、本当に東海が早い時期に多いのか、そして増え

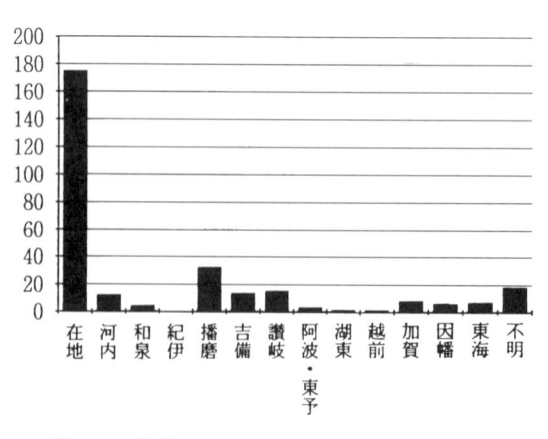

第7図　箸墓古墳周辺の搬入土器比率（寺沢 2002）

てくる時期はどの段階なのか…。本当は奈良にいる私たちがしなければいけないのでしょう。外来系土器に関するデータが一人歩きしている感がありますので、この場を借りて少し触れさせていただきました。

奈良盆地内の土器様相の多様性

　所定の時間がきましたから、簡単にしか触れられませんが、前方後円墳出現の時期においても奈良盆地の複雑な土器様相があります。決して1つにまとまっていないということを、ちゃんと言っておきたいと思います。しかし

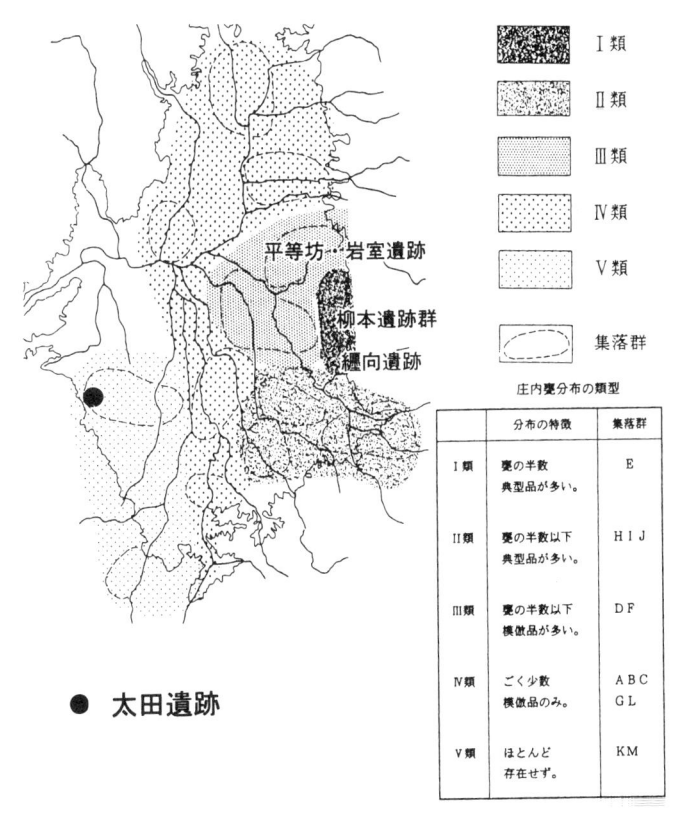

第8図　奈良盆地の庄内甕分布の地域偏差（小池1994、一部変更）

東日本における古墳出現期

布留の段階に向かってベクトルは「統一」です。

第8図に奈良盆地の庄内甕の「地域的な偏差」を示しています。これも会場にいらっしゃる小池香津江さんが、1994年に出された論文(小池1994)にもとづいていますが、実は典型的な庄内甕を出すのは、柳本遺跡と纒向遺跡、この奈良盆地の東南部の、今日お話した山辺・磯城地域だけです。周辺部に行きますと、庄内甕の影響を受けながら、庄内甕はとうとう作れなかったという地域も実はあります。庄内甕の形態的な影響、技法的な影響は受けるけ

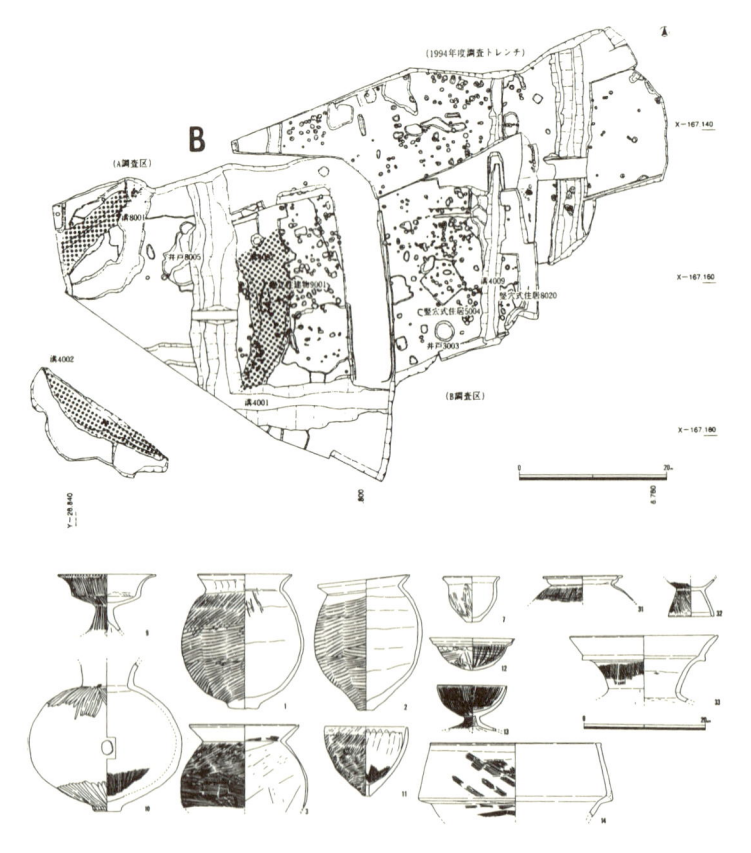

第9図　太田遺跡の溝4002と出土土器（西村1995、一部変更）

れども、内面をきっちり削っていない土器などが在地産の土器として出土します。

　第8図の丸印の太田遺跡は、盆地南西部の葛城山麓の遺跡ですが、纒向からは十数km離れた場所です。ここでは庄内式土器は「もはや搬入土器」、河内ないしは奈良盆地東南部からの搬入土器しかないという実態があります。

　また第9図にBとして溝4002とあります。直径30m程度の「いわゆる墳丘墓」だろうと私は思っています。太田遺跡では、たくさん遺構が密集していますが、このトーンを貼った真ん中部分だけは、遺構が少ないことがうかがえます。盛土があったからだと思われます。マウンドがあるためにここには、後続の遺構が存在しなかったか、盛土の削平とともにかりにあってもとんでしまったか。このように、庄内式の新しい段階あるいは、もう少し古いかもしれませんが、30～40m位の「地域首長墓」と呼べるようなものが葛城地域にも出現します。

　奈良盆地は盆地全域がまとまって、東南部の磯城地域に墓域を集中しているとか、河内平野を含めた大和川流域のまとまりの結果、山辺・磯城＝奈良盆地東南部に古墳を集中させているというまとめ方で、果たして良いのか、もう少し細かく見ていく必要があると思います。すると少し複雑な様相が、浮かび上がってくると思います。どうもありがとうございました。

（いまお　ふみあき／奈良県立橿原考古学研究所附属博物館）

〔図の出典〕掲載順

第1図　今尾文昭　1999「諸王の割拠」和田萃編『古代を考える　山辺の道』吉川弘文館

第2図　吉川真司　2004「オオヤマト地域の古代」オオヤマト古墳群シンポジウム実行委員会編『オオヤマト古墳群と古代王権』青木書店

第3図　伊達宗泰　1999『おおやまとの古墳集団』学生社

第4図　坂靖・相見梓　2003「ヒエ塚古墳外堤」『奈良県遺跡調査概報2002年（第1分冊）』奈良県立橿原考古学研究所などをもとに加筆作成

第5図―1　新規作成

第5図—2　青木勘時　2003「マバカ西古墳」『大和を掘る21』奈良県立橿原考古学研究所附属博物館
第6図　石野博信・関川尚功　1976『纒向』桜井市教育委員会
第7図　寺沢薫　2002『箸墓古墳周辺の調査』奈良県文化財調査報告書89
第8図　小池香津江　1994「古墳出現期・大和の地域構造に関する予察」『文化財学論集』文化財学論集刊行会
第9図　西村匡広　1996「太田遺跡第2次発掘調査概報」『奈良県遺跡調査概報1995年度』奈良県立橿原考古学研究所
第1表　今尾文昭 1999前掲書をもとに加筆作成
第2表　新規作成

Column 1

古墳出土土器は何を語るか
―オオヤマトの前期古墳調査最前線―

小　池　香津江

古墳から出土する土器

　古墳研究、とりわけ初期古墳研究における出土土器への関心は非常に高い。土器の使用法や系譜から古墳祭祀や古墳社会の形成を探る研究や、築造時期決定の指標を目指す検討は活発におこなわれている。ただし、「古墳出土土器」の単純比較により結論を下すのが危険なのは言うまでもなく、より詳細な出土状況および集落の土器との整合性等の検討が急務であると言える。

　小稿では、前期古墳が集中するオオヤマト地域（奈良盆地東南部を中心とする領域）での近年の調査例を中心に紹介しつつ、古墳出土土器群の検討をおこないたい。

前期古墳における土器祭祀

　オオヤマト地域では、学術調査に加え、ため池や水路改修、道路建設などの開発行為に伴う調査が相次いでいる。もちろん、調査条件はさまざまで得られた情報も断片的ではあるが、新規発見の古墳の存在確認等も見られ新たな知見も増加している。

　黒塚古墳では、竪穴式石室内から布留型甕と、低脚椀形高杯が出土した。ホケノ山古墳では石囲い木槨に落ち込んだ状態で垂下口縁加飾壺と小型丸底土器が出土し、底部や胴部に焼成後穿孔を施した壺による木槨上面の方形配列が復元されている。また、墳丘裾には葺石上面から構築された埋葬施設があり、その内部には瀬戸内系複合口縁大形壺と東海系広口壺が納められ、さらに埋葬施設近くの周濠底面には供献土器群と思われる小型丸底土器や小型器台などが配置されていた。垂下口縁加飾壺は東海地方との関連が指摘されているが、東海系影響のもとに近畿で発展したものと考えられる。壺の方形配列は桜井茶臼山古墳にもあり、頸部直立の焼成前底部穿孔が施された茶臼山型二重口縁壺は箸墓古墳でも認められる。古墳への供献土器は、東殿塚古墳の前方部裾埴輪配列中で高杯、山陰系器台、小型丸底土器などが検出されており、初期埴輪との共伴事例として注目される。ここでは頸部が外反する伊勢型二重口縁壺も使用されている。群馬県元島名将軍塚古墳をはじめ東日本で多く見られる形態であり、朝顔

東日本における古墳の出現

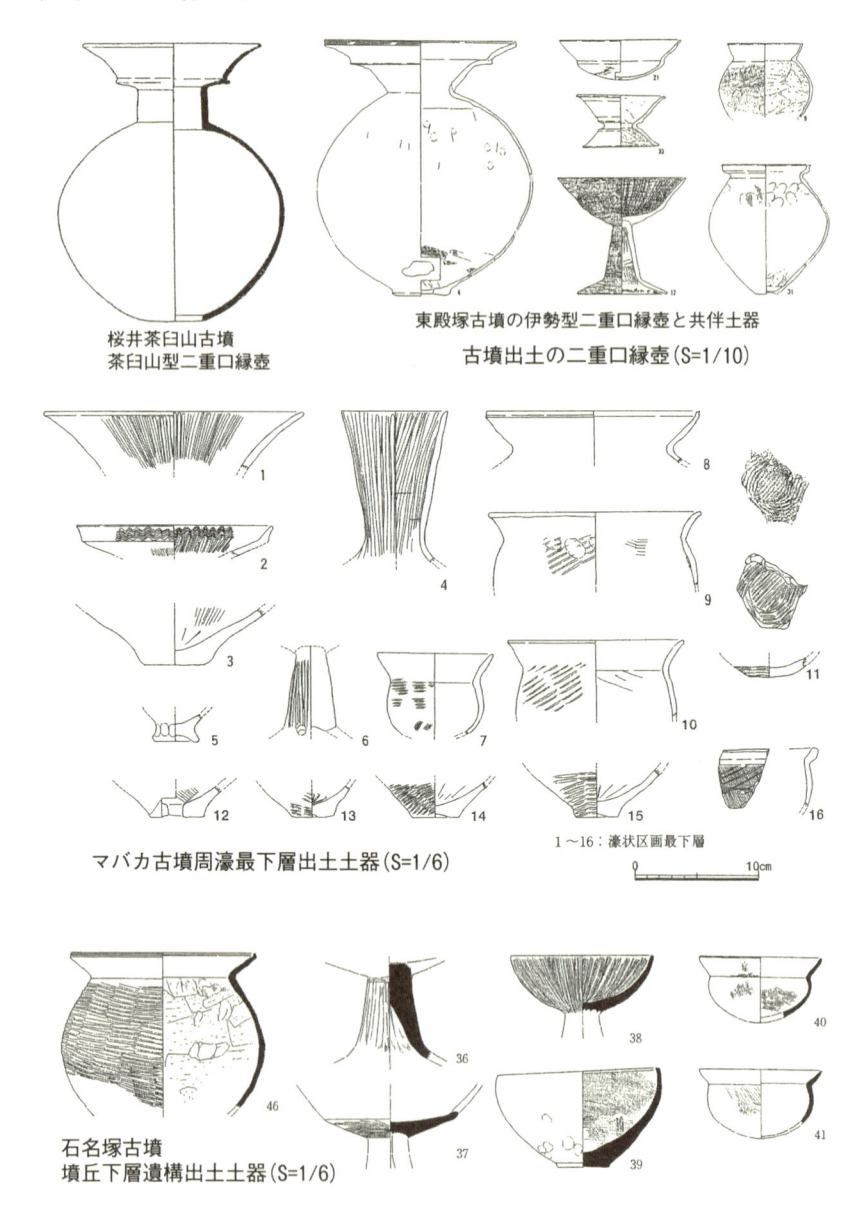

桜井茶臼山古墳
茶臼山型二重口縁壺

東殿塚古墳の伊勢型二重口縁壺と共伴土器

古墳出土の二重口縁壺(S=1/10)

マバカ古墳周濠最下層出土土器(S=1/6)

1~16：濠状区画最下層

石名塚古墳
墳丘下層遺構出土土器(S=1/6)

オオヤマトの古墳出土土器（各報告・概報より転載）

54

形埴輪の祖形になるとの指摘もある壺である。筆者は壺を中心とする古墳の土器祭祀についてかつて検討したことがあり、囲繞配列の成立がオオヤマト地域の特色であることを述べたが、それは同時に展開する埴輪配列とも深い関わりがある。吉備地域で特殊器台とともに発展した特殊壺は箸墓古墳などで出土しているが、大和古墳群中のマバカ古墳西側で発見されたマバカ西古墳ではその系譜上にある頸部内傾の二重口縁壺が出土した。古墳での土器祭祀は、二重口縁壺のみに限っても形態や配置、穿孔の有無や方法などに個体差が多く、複雑な状況を呈すると言える。

出土土器と古墳の年代

　オオヤマトの地域は、大和古墳群に乙木・佐保庄遺跡や成願寺遺跡、柳本古墳群に柳本遺跡群、纒向古墳群に纒向遺跡群と、ほぼ同時期の集落遺跡が重複することが特徴である。古墳と周辺遺跡との細かな前後関係や同時期性、有機的な関連性には検討の余地があるが、多くの古墳の調査で土器の出土例が多いことはこの立地条件に起因している。層位的に古墳の上限と下限が認識でき、その差をより絞り込むことができれば、築造時期決定に有効な資料が得られるわけだが、個々の状況判断は困難な場合も多く、また、慎重であらねばならない。

　ホケノ山古墳では、後円部北側周濠出土の土器群が報告されているが、纒向1式から3式までの土器が混在しており、時期を測る資料としてはあまり有効ではない。土器片は周濠外側に集中しており、集落側からの投棄がいつおこなわれたのかが判然としないためである。石囲い木槨上の壺と小型丸底土器は纒向3式（新）から4式に多く見られる。墳丘裾の埋葬施設は葺石の一部を破壊していて築造の下限を示すが、この前面に供えられた土器群は纒向4式でも早い段階と考えられるので、古墳築造は纒向3式（新）の可能性が高いと考える。ただし、前述のように垂下口縁加飾壺の位置付けは流動的である。

　東田大塚古墳では、墳丘盛土下で纒向3式期の井戸が検出され、築造の上限となる。周濠からは纒向4式の壺と甕が出土しており、これが下限となるため、この間の築造時期が限定可能な良好な資料である。纒向石塚古墳では、墳丘確認調査により、周濠と盛土状況が判明している。残念ながら埋葬施設は確認されなかったが、墳丘はベースとなる湿地層をかき集めて盛土としている。築造上限を示す盛土の多量の土器片は概ね纒向1式の範疇に収まるが、庄内甕片が2点出土している。周濠出土土器は調査地点によって時期にばらつきがあるが、概ね纒向1～4式の土器群が出土している。

　2003年度に調査がおこなわれた3基の古墳についても紹介しておこう。大和古墳群中のマバカ古墳は不定形な前方後円墳で、前方部前面の周濠相当部分が調査された。

東日本における古墳の出現

葺石の状況は調査区外となり判然としないが、裾周りにはバラス敷きがあり、濠状区画は底面高が一定でない特異な形状を呈している。周濠下層の土器群には細片が多いが、庄内式後半から布留式初頭と報告されている。中には底部に平底を残す初現的な庄内甕も含まれ、土器群の時期幅や古墳との関係が問題となる。シンポジウム当日にも言及されたノムギ古墳は前方後方墳であるが、以前の調査で後方部角の周濠から前期後半の埴輪が出土したことで、その時期の古墳と考えられてきた。しかし、後方部背面の調査成果からは、周濠の再掘削により改変を受けている可能性が高まり、当初の周濠堆積土中には完存率の高い布留0式相当の土器群が含まれると言う。マバカ古墳、ノムギ古墳とも、庄内式後半から布留式初頭にかけての造墓活動による可能性が高まったわけだが、いずれも決め手には欠ける。柳本古墳群中の石名塚古墳は前方後円墳で、前方部前面の一部が調査された。報告では、墳丘盛土下の遺構SX01からは纒向3類の土器群が出土し、これを上限として古墳の築造時期を古墳前期前半としている。土器群には纒向2～3式前半の土器が含まれるが、築造時期認定には大きく影響しないであろう。

　土器から想定できる古墳築造の年代はあくまで仮説である。その他の要素の研究成果と比較し、相互検討作業を繰り返すことにより、信憑性が増すのである。まずは地域内での個々の意義付けや序列を検証し、それを踏まえて地域間の比較をおこなう必要がある。古墳出土土器に何かを語らせることは、地道な作業の積み重ねでしかないことをここで改めて確認しておきたい。

（こいけ　かつえ／奈良県立橿原考古学研究所附属博物館）

[参考文献]

青木勘時　2005「大和古墳群・成願寺遺跡の調査」『天理市埋蔵文化財調査概報（平成14・15年度国庫補助事業）』天理市教育委員会

泉　武・松本洋明・青木勘時ほか　2000『西殿塚古墳　東殿塚古墳』天理市埋蔵文化財調査報告第7集　天理市教育委員会

近江俊秀　2004「ヒエ塚古墳・ノムギ古墳」『奈良県遺跡調査概報　2003年』（第1分冊）奈良県立橿原考古学研究所

小池香津江　2003「前期古墳における土器祭祀の成立と展開」『続文化財論集』文化財学論集刊行会

小池香津江　2003『古墳出土土器が語るもの－オオヤマトの前期古墳資料展－』奈良県立橿原考古学研究所附属博物館特別陳列図録第4冊

豊岡卓之　2004「石名塚古墳」『奈良県遺跡調査概報　2003年』（第1分冊）奈良県立橿原考古学研究所

中村春寿・上田宏範　1961『桜井茶臼山古墳』奈良県教育委員会

米川裕治　2004「マバカ古墳」『奈良県遺跡調査概報　2003年』（第1分冊）奈良県立橿原考古学研究所

基調報告1　相模湾岸－秋葉山古墳群を中心に－

山口　正憲

相模湾岸の前期古墳

　相模湾岸における出現期の古墳については、かつては仮説提示すらままならない状況でした。その理由として、前期古墳の絶対数が非常に少ないということがあります。当地域における主な資料は、舶載三角縁神獣鏡・獣形文鏡・銅鏃・巴形銅器などを出土した平塚市真土大塚山古墳あるいは、川西編年Ⅱ期の朝顔形埴輪を出土した伊勢原市小金塚古墳などに限られていました。

　しかし小金塚古墳はもとより、真土大塚山古墳ですら弥生後期の方形周溝墓との隔たりは大きく、どのようなプロセスを経て古墳が出現したのかを議論することは、非常に困難でした。

　ところが1990年代後半になり、相模湾岸における古い古墳の新事例が増加してきました。こうした中で、海老名市秋葉山古墳群の調査は、極めて大きな成果をもたらしました。秋葉山古墳群については、古くから知られていましたが、墳形や築造年代などは、十分に解明されていたとは言えませんでした。そこで海老名市教育委員会では、1997～2000年にかけて1号墳～3号墳の3基の発掘調査を実施し、さらに2002～2003年にかけまして、4号墳の発掘調査、及び3号墳の補足調査を実施しました。

　この足掛け6年に及ぶ調査は、相模湾岸の首長層が他の地域に遅れることなく、むしろ先んじて古墳築造を開始し、古墳時代前期まで継続することを明らかにしたという点で、大きな意義を持つと思います。

　まず発表の対象とする範囲ですが、相模湾に面した地域とします(第1図)。この地域の河川は、基本的に北から南に流れ、相模湾に注ぎますが、

東日本における古墳の出現

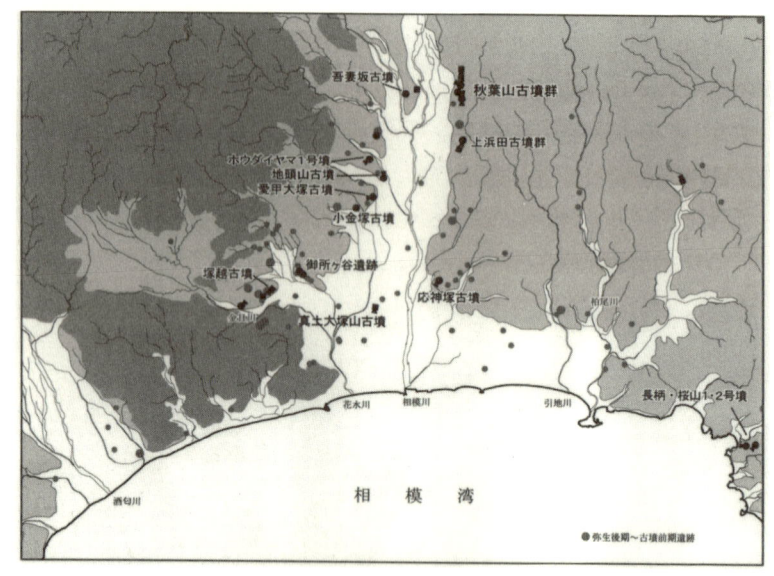

第1図　相模湾岸の主要前期古墳分布（中期古墳を含む）

　これらの河川によって開かれた2つの沖積平野があります。1つは酒匂川を中心とします足柄平野、もう1つは相模川・金目川、さらに引地川が流れる相模平野です。ただ足柄平野におきましては、確実な前期古墳が存在せず、対象となる事例は、相模平野に集中しています。
　ここでは、まずこの秋葉山古墳群の調査成果をまとめ、それからこの地域の墳墓の変遷について論じたいと思います(押方他 2002など)。

海老名市秋葉山古墳群について

　秋葉山古墳群は、相模川の中流域左岸、海老名市の北端の丘陵に存在します。海老名市の地形を大まかに見ますと、相模川に沿って自然堤防状の微高地・沖積地が形成され、その東側には河岸段丘が広がっています。弥生～古墳時代の遺跡は多くが段丘面で確認されていますが、近年、かながわ考古学財団の調査により、沖積低地や自然堤防上でも集落や墳墓が明らかにされてきています。さらにこの段丘の東には、座間丘陵が南北に伸びており、秋葉

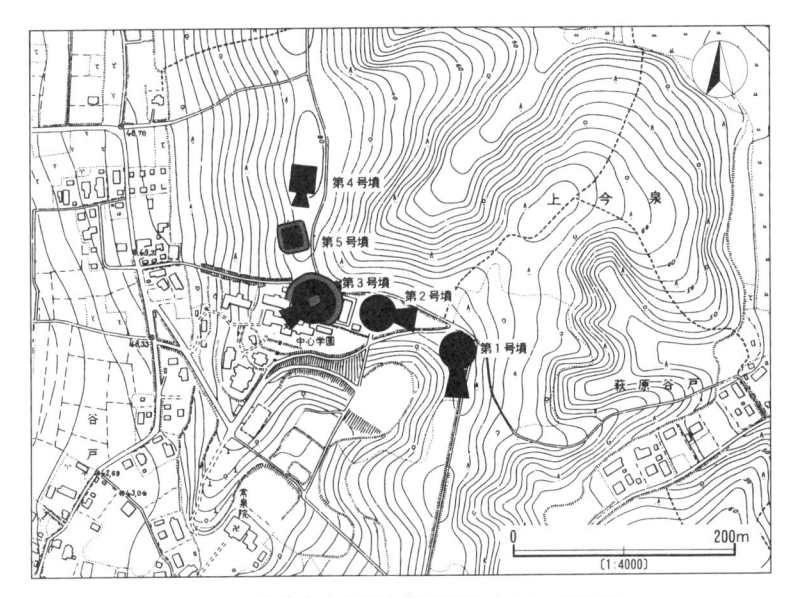

基調報告1　相模湾岸−秋葉山古墳群を中心に−（山口）

第2図　秋葉山古墳群全体図(報告書より一部改図)

山古墳群はこの丘陵上、標高で約80m付近の市域最高所に位置しています。
　第2・3図が秋葉山古墳群の全体像です。クランク状に曲がった痩せ尾根に5基の墳墓が並んでいます。このうち3号墳は、古墳群の中で最も広がりのある尾根の屈曲部に位置し、そこから東へ2号墳・1号墳、北に5号墳・4号墳が近接して築造されています。古墳群は、前方後円墳3基・方墳1基・前方後方墳1基で構成され、このような多様な墳形の構成は、相模湾岸では秋葉山古墳群に限られます。3号墳は「新潟シンポ」の6期すなわち、庄内式新相併行期にまで遡ると考えています。この3号墳は古く前方部を削平されていまして、現状では後円部を残すのみですが、大正年間の記録、あるいは戦前の航空写真などから、墳長50m程度の前方後円形の墳墓であったと判断されます。数次にわたる発掘調査の結果、やや不整形な後円部は径40mを測ることが明らかになりました。それから大正年間の記録では墳長が28間、現在の50.4mと記録されていますので、前方部は短小であったと想定されます。墳丘の高さは7m程度ありますので、先ほど小林先生からも

東日本における古墳の出現

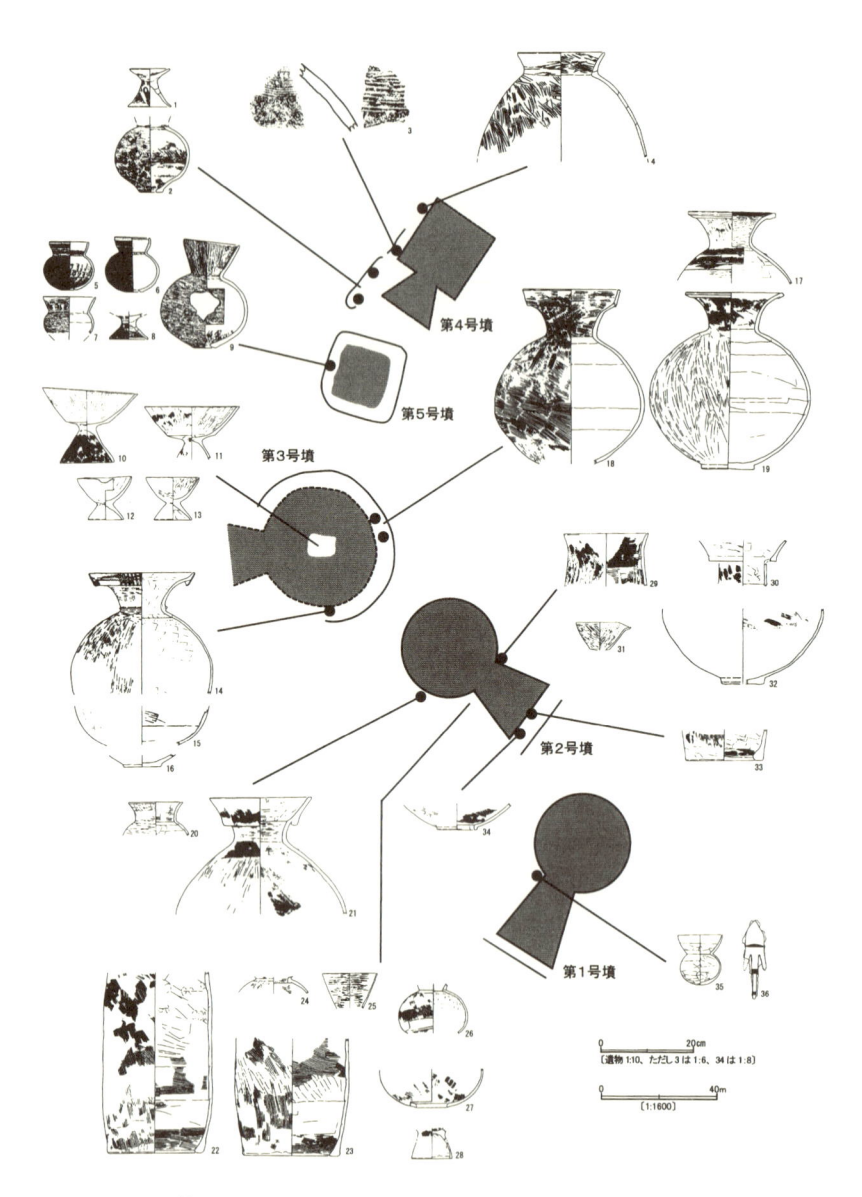

第3図 秋葉山古墳群 遺物出土状況(押方編 2002 改図)

お話がありましたように、盛り土を高く積み上げた、まさに「明らかな古墳」と言ってよいと思います。

　３号墳のみ、墳頂部にもトレンチを設定しており、墓壙確認調査も実施しています。確認をしただけなので、正確な構造・規模はわかりませんが、北東から南西に主軸を持つ長辺が９ｍほど、短辺が６〜７ｍ程度の長方形を呈する大型の墓壙です。それから、この墓壙から高杯、それから片口の台付鉢が出土しています。この墓壙では特徴的な粗いスコリア層が、陥没に伴って落ち込んだような状態で確認されています。高杯と台付鉢は、スコリア層の中から出土しています。また高杯と台付鉢には、水銀朱の付着が確認されています。墳頂部での朱を用いた儀礼で使用した後に、遺棄されたものと考えられます。高杯はいわゆる元屋敷系の東海系高杯です。搬入品ではなく、在地化が進んだものですが、比較的古い様相を残しています。

　墳丘の周りには、周溝が確認されています。各所から壺が５個体ほど出土していますが、いずれも残りが良く、墳裾に近い部分に置かれていたものが、転げて落ちたのではないかと考えています。折返し口縁、有段口縁、単口縁のものと多様性がありますが、いずれも在地系で弥生後期からの連続性が強いと考えています。これらの出土土器は「新潟シンポ」６期、庄内式新相併行に位置づけられると考えています。

　それから３号墳に続きまして２号墳、それから１号墳が築造されます。２号墳は墳長50.5ｍ、１号墳は59ｍを測る前方後円墳でして、少なくとも３代にわたって、古墳群の中で首長墓系譜を追うことができます。後円部は、不整な後円部を持つ３号墳に比べますと、いずれも整った円形を呈しています。出土土器から、２号墳は「新潟シンポ」の７・８期、１号墳は９・10期に位置づけられると考えています。

　２号墳から出土した遺物の中には、「円筒形土製品」と呼んでいるものがあります。小破片が散乱した状態で出土しましたが、接合率が非常に高くて、２個体以上に復原されました。その形状から円筒埴輪、あるいは特殊器台の影響を受けたものと考えていますが、透し孔・タガはありません。影響は受けているといっても、オリジナルからはかなり逸脱し、変容したものと

考えられます。それから北側くびれ部から出土した片口鉢があります。この片口鉢からも3号墳の台付鉢と同様に、水銀朱の付着が確認されています。このように埋葬儀礼の継続性が確認されます。

それから4号墳ですが、唯一の前方後方墳です。ただし出土遺物が非常に少なくて、年代決定が難しいのが実情です。僅かに出土した装飾壺肩部の土器片を図示しましたが、小片に過ぎません。基本的に、同一古墳群中で「方から円へ」という変化は考えられますが、「円から方へ」という流れは考えにくいと思いますので、4号墳の位置づけは3号墳と同時期、あるいは先行するものと考えています。それから5号墳は出土土器から1号墳とほぼ同じ時期と考えています。

以上が秋葉山古墳群の調査成果の概要ですが、大きく2点に整理できるのではないかと考えております。第1の成果は、もちろん秋葉山3号墳の築造年代が、「新潟シンポ」の編年で6期、庄内式新相併行にまで遡るということです。この段階に前方後円形の採用、さらに墳丘の大型化が達成されたということは特筆すべき点です。それから水銀朱の使用に見られるような、新たな葬送儀礼の導入など、それまでの相模湾岸の墳墓には見られない大きな飛躍を実現させているという点は大きな画期とみなすことができます。

同時期の墳墓と考えられるのは、例えば長野県松本市の弘法山古墳、あるいは千葉県市原市の神門3・4号墳などが挙げられます。相模湾岸でも、他地域に遅れることなく、高塚古墳が採用されたということは重要なことだと思います。それから、施朱の儀礼とか円筒形土製品など、おそらく外部から導入された新たな儀礼。その一方で土器の方では、極めて在地的な要素が残っているという点も、秋葉山古墳群の大きな特徴と考えています。

このように秋葉山古墳群は、東日本の出現期古墳の一角を占めるということが明らかになってきました。これが相模湾岸の墳墓の変遷の中で、どのように位置づけられるかを、次に考えていきたいと思います。

前代の弥生後期の墓制と繋がっているのか、あるいは繋がらないのか。これを検討することによって、秋葉山古墳群の意義も理解できるのではないかと思っています。こうしたことを念頭におきながら、弥生後期後半から布留

式中相並行期、「新潟シンポ」の3・4期から9・10期あたりまでの墳墓を概観していきたいと思います。

弥生後期の方形周溝墓の様相

　相模湾岸では在来の墓制として、弥生時代中期以来の方形周溝墓が存在しますが、弥生後期初頭段階には、集落そのものがよくわからず、墓制にも断絶が見られるようです。その後、弥生後期前半に入りますと、再び集落遺跡が確認されるようになります。出土する土器には在来の伝統が希薄で、相模川水系では東三河・西遠江系、金目川水系では駿河・東遠江系土器が顕著となります。外部集団が当地域に移動してきた可能性が指摘されていますが、再び方形周溝墓の造営も確認されるようになります。弥生時代の後期後半の段階、海老名市本郷遺跡や、平塚市原口遺跡のように数十基を越すような大規模な方形周溝墓群も形成されています。この方形周溝墓は、方台部規模が十数mが平均的で、大きいものでは20m近くに達するものもあります。しかし、小さいものも存在しまして、規模にはバラつきが認められます。

　この時期になると、王子ノ台遺跡の5号方形周溝墓のように鉄製短剣の副葬が認められたり、原口遺跡の方形周溝墓群のように銅釧や玉類を副葬するものが現れます。第4図に示した真田北金目遺跡群の方形周溝墓でも同様の様相が認められます。埋葬主体が検出されないものが圧倒的に多いので、単純には割り切れませんが、「副葬品を持つ墓」と「そうでない墓」が見られるようになることは、注目すべきことと思います。このような副葬品は普遍的に出土するものではなく、特に鉄製品は、相模湾岸の弥生後期全体でも極めて少ないことは、立花　実さんが「集成」に基づき言及されています(立花2001a)。こうした鉄製短剣などを持つ被葬者を、上位階層に属する人物と考えたいところですが、王子ノ台遺跡の5号周溝墓も17m前後ですし、原口遺跡のも8m前後しかなく、副葬品の有無と規模に相関関係が見られないというのが現実です。また大小の方形周溝墓が群をなして存在しているといった点、集落に近接して造営される点などを併せて評価しますと、弥生後期後半段階は「墳墓から階層的な格差を顕著に見いだせない段階」と言えると思い

東日本における古墳の出現

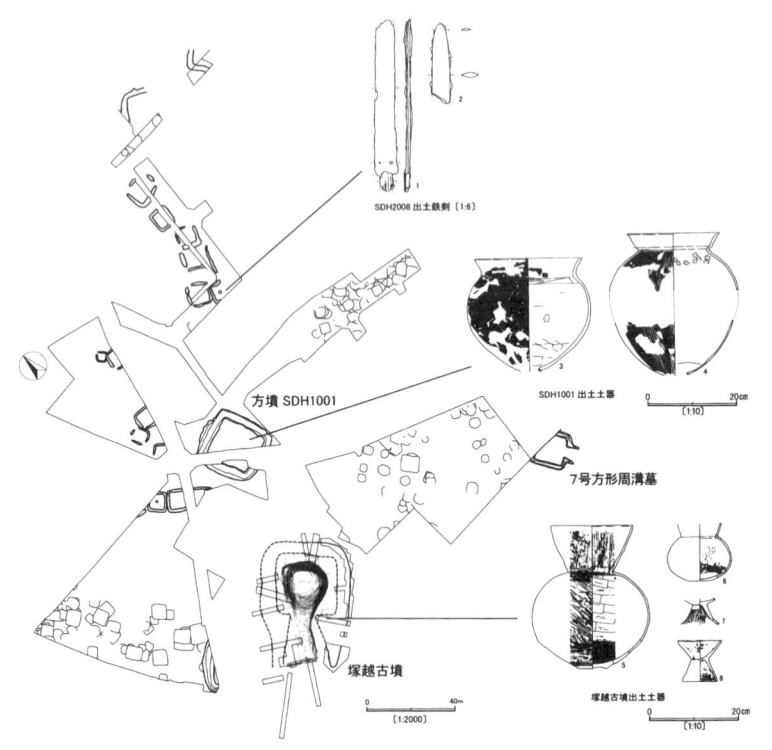

第4図　塚越古墳と真田北金目遺跡群（一部・報告書等より改図転載）

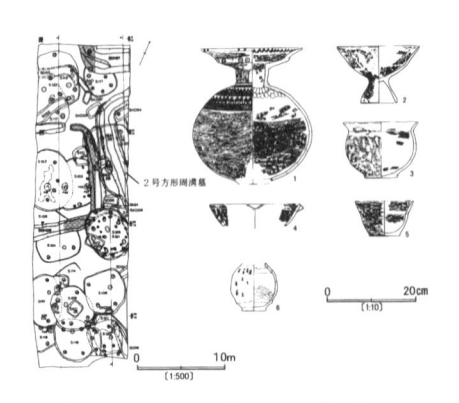

第5図　南原B遺跡2号方形周溝墓
（報告書より一部改変して転載）

ます。

　次に5・6期、すなわち庄内式の新相併行期になりますと、平塚市真田北金目遺跡群、あるいは同市豊田本郷遺跡などで一辺の中央に陸橋部を持つ周溝墓や、前方後方形の周溝墓が出現します。埋葬主体部は確認されていないようで、副葬品はわかりません。また平塚市南原B

遺跡は、調査区が狭く全体像は不明ですが、近畿系二重口縁加飾壺が２号方形周溝墓から出土しています(第5図)。先ほどの真田北金目遺跡群の前方後方形周溝墓と同様、集落内における上位階層の墓と考えたい事例の１つです。真田北金目遺跡群の前方後方形の７号周溝墓では、南原Ｂ遺跡の二重口縁壺に類似した無紋壺やヒサゴ壺が出土していますので、およそ５・６期の中におさまるものと考えております。

前期古墳への継続性と隔絶性

次に真田北金目遺跡群のその後の状況を見てみます(第4図)。７・８期には、真ん中のSDH1001のような、辺20ｍを越える方墳が造営されるようになります。そして９・10期になると墳長50ｍ程度の塚越古墳が築造されます。この塚越古墳は、県教委が確認調査を行っていますが、墳形は確定していません(服部1997)。西川さんは後方形・後円形の両方の案(西川1998)を示していますが、ここでは前方後方形のラインを載せておきました。このように金目川流域の真田北金目遺跡群は、方形周溝墓から前期古墳への発展過程が明瞭に追える、注目すべき事例になると思います。前述の秋葉山古墳群に比べると、古墳出現までの過程がわかりやすいとも言えるでしょう。

さて、ここでまた庄内式新相併行の話に戻りますが、既にこの段階で秋葉山３号墳は出現していると思われます。相模川水系では、現状では、方形周溝墓が確認されるのみで、秋葉山３号墳のみが大規模な墳丘規模、複雑な埋葬儀礼を実現しています。秋葉山３号墳と先ほどの前方後方形周溝墓の規模を比較してみても、規模の違いは歴然としています。

７・８期＝布留式古相になりますと、秋葉山古墳群の方では、３号墳に続き２号墳が築造されます。

相模川右岸には、候補となる同時期の古墳は存在しますが、資料不足で明確な位置づけができません。金目川水系では、この時期の前方後円(方)墳は、確認されていませんが、平塚市御所ヶ谷遺跡において円墳が調査されています。円形基調の墳墓は相模湾岸全体で見ますと少なく、基本的には方形基調の墳墓が一般的です。この段階に属する確実な前方後円墳は、いまだ秋

東日本における古墳の出現

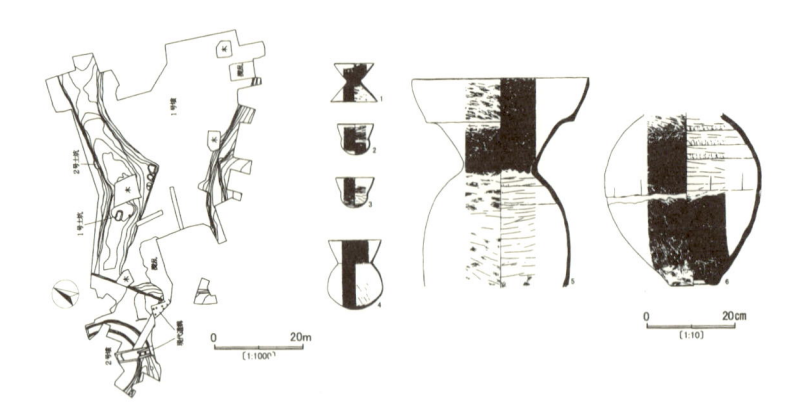

第6図 ホウダイヤマ古墳（報告書より転載）

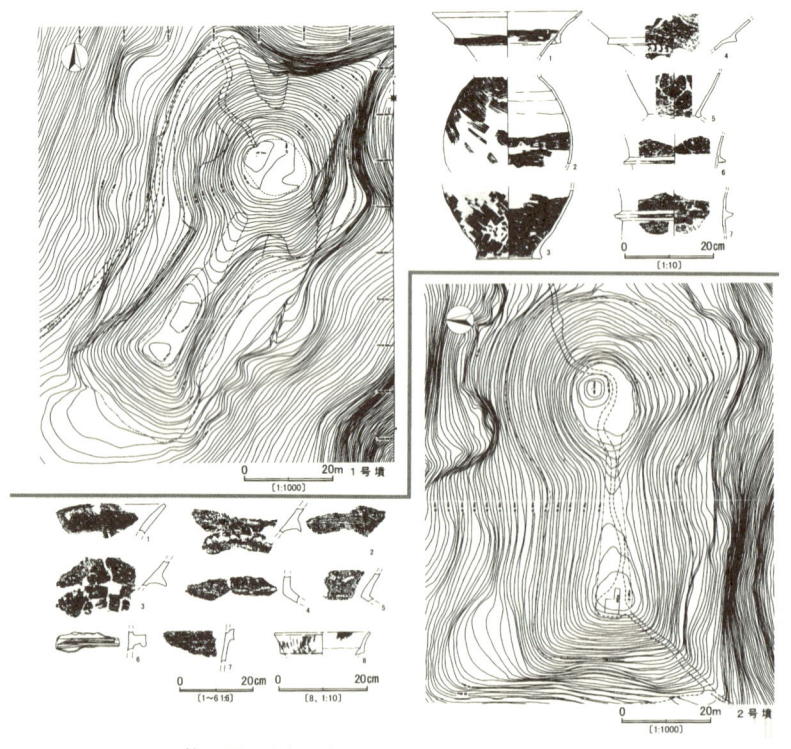

第7図 長柄・桜山1・2号墳（報告書より転載）

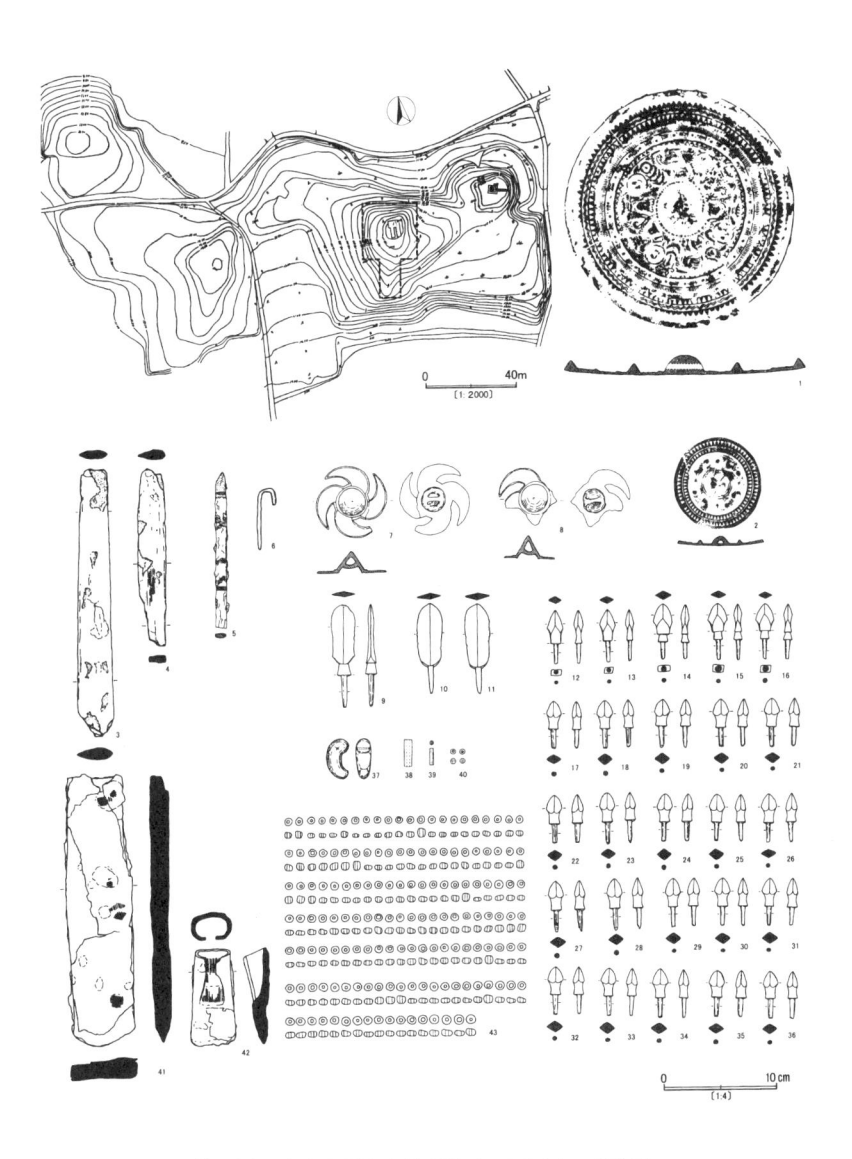

基調報告1　相模湾岸-秋葉山古墳群を中心に-（山口）

第8図　真土大塚山古墳（報告書・市史より一部改図）

葉山古墳群に限られます。

　次の布留式の中相並行9・10期になりますと、各水系で前方後円墳、前方後方墳が築かれるようになります。相模川左岸では、秋葉山1号墳、それから、瓢箪塚古墳などがあり、右岸には厚木市ホウダイヤマ古墳が築造されています(第6図)。川西編年Ⅱ期の朝顔形埴輪を出した伊勢原市小金塚古墳(円墳)も、当該期に位置づけられます。また金目川水系では、塚越古墳が築造されます。さらに沖積低地部、砂丘地帯で平塚市真土大塚山古墳が築造されます(第8図)。真土大塚山古墳は、巴形銅器・水晶製勾玉から『集成』編年で4期、あるいは遡っても3期に位置づけられるとされています。ただし三角縁神獣鏡は、岡山県備前車塚古墳や兵庫県権現山51号墳と同型鏡で、その入手時期は鏡の製作時期とそれほど変わらないのではという見解もあります。とりあえず今回は、従来の位置づけに準拠しておきます。

　それから三浦半島の付け根の逗子市・葉山町には、最近話題になりました墳長約90mの2基の前方後円墳、長柄・桜山1・2号墳が築造されます(第7図)。この地域では、長柄・桜山以前には古墳築造が認められませんので、突発的な出現という印象を強く持ちます。周辺には逗子市池子遺跡群や、持田遺跡など古墳時代前期になってから顕在化する遺跡があります。これら集落では銅鏃や腕輪形石製品(石釧)など、一般集落ではあまり出土しない文物も出土し、単純にその在地社会の発展のみでは理解できないと思います。おそらく海上交通を掌握した首長の存在が想定されます。先の真土大塚山古墳についても、同様の基盤が想定されます。

まとめにかえて

　以上、墳墓の変遷をまとめてみますと、第9図のようになります。5・6期(庄内式新相段階)に、秋葉山第3号墳が築造されます。この段階に墳丘規模の大型化、新たな首長埋葬儀礼の導入が達成されるという「1つの画期」が設定できると考えます。7・8期につきましては、この段階には相模湾岸を通じて確実な前方後円墳は秋葉山古墳群に限られますので、基本的に前代からの流れの中で理解できます。

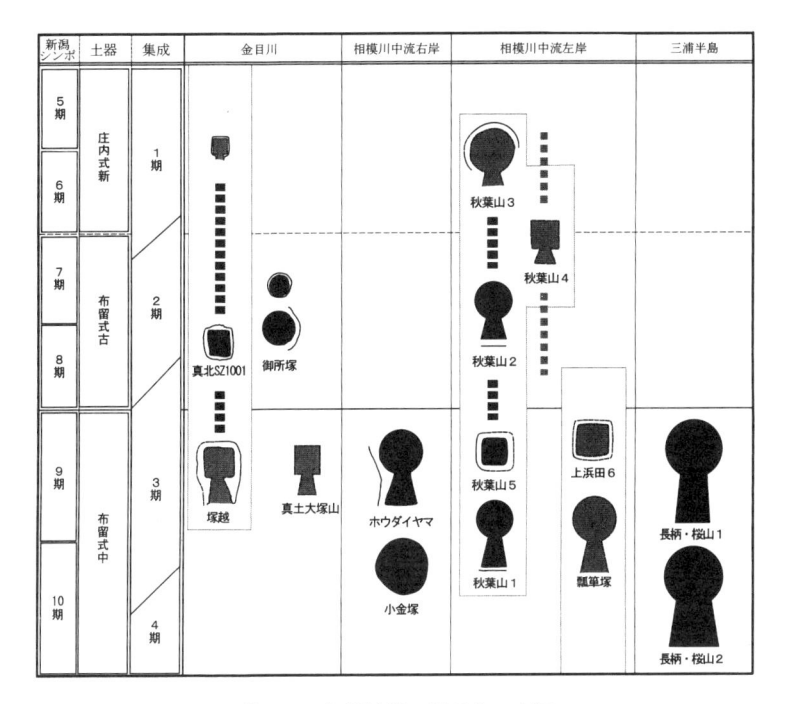

基調報告1　相模湾岸－秋葉山古墳群を中心に－（山口）

第9図　相模湾岸の首長墓の変遷

　ちなみに現状では、位置づけが明確でない前方後円墳があります。例えば厚木市地頭山古墳とか、同市愛甲大塚(伊勢原市石田車塚)古墳のような、大型の前方後円墳です。これらが入ってくる可能性もありますが、現状では不明確です。そして9・10期ですが、この時期は相模湾岸の各水系で、一斉に前方後円墳・前方後方墳が築造されるようになる「もう1つの画期」とみなすことができます。また長柄・桜山1・2号墳、それから小金塚古墳では円筒埴輪が導入、真土大塚山古墳では、三角縁神獣鏡や銅鏃など、前期古墳に典型的なアイテムが導入されます。この段階になると秋葉山古墳群に見られたような「在地性」というものが、急激に消失されるという変化を見て取ることができます。

　最後に、集落遺跡と古墳の関係について、古墳が出現する契機を少し考え

東日本における古墳の出現

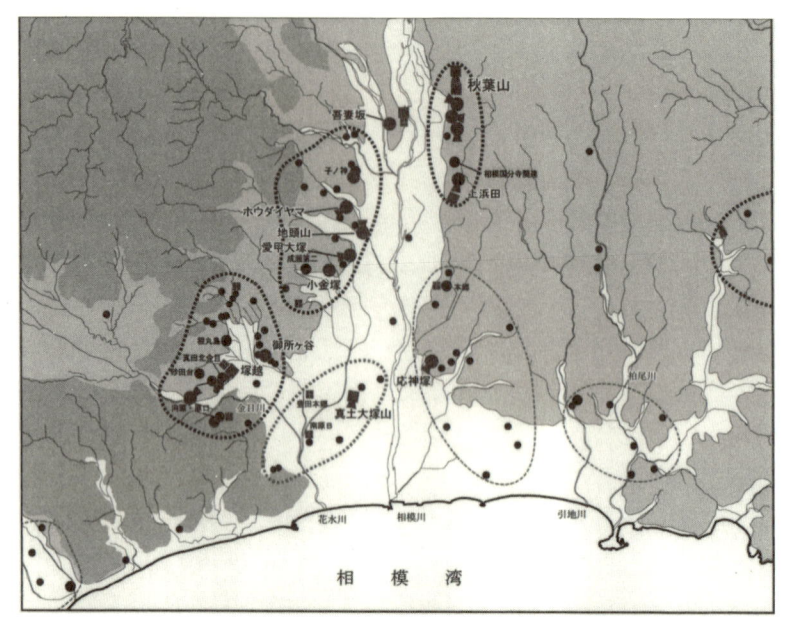

第10図　相模湾岸における弥生後期後半〜古墳前期の遺跡分布

てみたいと思います。第10図は出現期から前期の古墳をプロットしたものに、弥生後期後半から古墳前期の主要遺跡を重ねたものです。これを見ますと、金目川水系と相模川右岸中流域では、集落と古墳の分布が重なっていることがよくわかると思います。真土大塚山古墳や南原Ｂ遺跡が所在します金目川下流域の低地部も、調査が限られていて不明な点も残りますが、濃密な居住域の分布が予想されます。

　これらの地域の中には、継続的で中核となる集落がいくつか存在し、基本的に水利や灌漑における利害を共有する地域共同体として理解できると考えます。基本的にその集合体がその地域の古墳の築造母胎と考えられます。金目川水系の真田北金目遺跡群の墳墓の在り方なども同様です。

　これに対し、秋葉山古墳群が所在します相模川左岸中流域では、集落遺跡の分布が希薄で、金目川流域や相模川右岸とは、少し様相を異にしております。秋葉山古墳群の築造母胎については、相模川右岸を含めた「広いエリ

ア」に求めるという考え方もありますが、当時の前方後円墳の築造母胎を大きく見積もるのは、相模川右岸とか金目川流域の状況から難しいと考えます。秋葉山古墳群の築造母胎も、基本的には周辺エリアに存在し、今後明らかにされてくる可能性を指摘しておきたいと思います。

　ただしこれらの地域共同体間には、有機的なつながりが存在していたと考えられ、具体的な物的証拠はありませんが、地域の首長層の「政治的結合」が存在したと考えます。そうすると相模湾岸全体で、庄内式新相段階、未だ方形周溝墓のような墓制にとどまった各小地域の中にあって、初めて墳丘の大型化を達成し、かつ新たな埋葬儀礼を導入した秋葉山3号墳の被葬者は、相模湾岸の政治的結合体を代表した存在と考えることができるのではないかと思います。

　最後に、当時としては相模湾岸としては最奥部にあたる場所に、秋葉山古墳群という当地域を代表する「最初の首長墓」が築かれたのは何故かという問題があります。検討材料が少ないので、あまりハッキリしたことは言えませんが…。

　1つには、葬送儀礼などの新たな情報を獲得するためのネットワークを確保していることが必要だと思います。当該地域では、弥生後期以来、西からの情報に開放的であったということは前述しました。情報ネットワークと古墳との関係については、以前から西川さんが秋葉山古墳群をはじめとする県下の前期古墳の分布が、河川沿いに発達した南北ルートと古代の官道につながるような東西ルートの交差する場所に立地するとして、交通の要衝との因果関係を指摘しています(西川 1991)。

　この観点から秋葉山古墳群を見ると、南北ルートに関して、古墳群から北へ13km離れた多摩ニュータウン遺跡群の丘陵性集落が注目されます。この遺跡群は近年になり様相が明らかとなってきましたが、およそ「新潟シンポ」の5・6期を中心とした、極めて短期間、木工などの手工業生産を基盤とした遺跡群と評価されております(飯塚 1999a、b)。それらの遺跡群の成立には、相模の首長層の関与というものが指摘され、秋葉山古墳群を造営した首長層が経営に関わった可能性も言及されています。多摩ニュータウン遺跡群

のさらに北を見ますと、荒川水系があり、その先には利根川が流れる関東平野につながっていくわけであります。

　予見に過ぎませんが、秋葉山古墳群築造の契機は、西方からのインパクト、及び地域内部の発展のみでは捉えきれないのではないかと思っています。東日本全体の中で、こうした「古墳出現期の在り方」を考えていく必要があるのではないでしょうか…。

　これで終わりたいと思います。ご静聴ありがとうございました。

(やまぐち　まさのり／青山学院大学)

〔図の出典〕掲載順
押方みはる・山口正憲他　2002『秋葉山古墳群第1・2・3号墳発掘調査報告書―第5～9次調査―』海老名市教育委員会
押方みはる編　2002『シンポジウム墳丘墓から古墳へ～秋葉山古墳群の築造～』発表要旨　海老名市教育委員会
中嶋由紀子・渡辺清史　2001「平塚市真田・北金目遺跡群」『第25回神奈川県遺跡調査・研究発表会発表要旨』神奈川県考古学会
柏木善治・依田亮一　2001『長柄・桜山第1・2号墳測量調査・範囲確認調査報告書』神奈川県教育委員会・財団法人かながわ考古学財団
若林勝司　1993「南原B遺跡第2地点」『平塚市埋蔵文化シリーズ』23　平塚市教育委員会
平本元一　1999「厚木市ホウダイヤマ遺跡」『第23回神奈川県遺跡調査・研究発表会発表要旨』神奈川県考古学会・伊勢原市教育委員会
関根孝夫　1999「真土大塚山古墳」『平塚市史』平塚市

基調報告2　編年的整理―時間軸の共通理解のために―

青山　博樹

はじめに

　私に与えられた課題は、議論の前提となる時間軸を整理するというものです。最初に西川さんから承った時、大変な仕事を仰せつかってしまったというのが、正直な感想です。それは、この問題を考えるためには、点検しなければいけない資料が膨大であるだけでなく、それらに基づき多くの研究が積み重ねられているからです。それらをチェックしていくというのは、とうてい私1人でできる仕事ではないと思いました。

　ここでは、これまで行われてきた時間軸に関する研究に関する主な研究を概観し、現在の到達点はどこにあるのか、どこに問題点があるのかということを整理したいと思います。

　まず時間軸という言葉ですが、いろいろな考え方があると思います。ある特定の資料の変遷を、例えば鏡とか、埴輪とか、それがどのように変わっていくのかを型式学的、または様式学的に跡づけ、それを時間を表すモノサシとすることが考えられます。考古学では時間軸というと、この編年という考え方がまず挙げられます。古墳出現期の時間軸を考えていく時には、この「編年」という考え方を使うこととなります。古墳出現期では、2つの大きな流れがあると思います。

　1つは「土器の編年」、もう1つは「古墳の編年」です。まずそれぞれにどういう到達点があり、どういう問題があるのかということを検討したいと思います。それから2つの編年がどういうふうに対応しているのか、考えなくてはいけないと思います。

東日本における古墳の出現

土器の時間軸～新潟シンポ編年をめぐって

　まず土器編年です。土器から古墳出現期の時間軸を考えていく上で、研究者が注目する現象として「土器の移動」があります。もちろん土器が自分で歩いて動くわけではありませんで、その背景には人の移動が想定されます。全ての地域から土器が移動するのではなく、ある程度限定されます。まず畿内です。それから東海西部、特に濃尾平野の土器がいろいろな地域へ移動しています。もう1つは北陸です。北陸の土器も関東・東北その他、いろいろな地域でたくさん出土します。

　このような土器のことを「外来系土器」と呼んでいますが、その外来系土器を手がかりとして、離れた2つの地域の土器編年の併行関係を明らかにしていくことができます。多くの方が編年の併行関係について試案を提示しています。列島で古墳が分布している範囲、かなり広域の編年案といいますか、あるいは編年網という言葉を使ってもいいかもしれませんが、多くの案が提示されています。

　これまでの研究で、特に注目したいと思うのは、1993年に新潟市で行われました日本考古学協会新潟大会の「東日本における古墳出現過程の再検討」（甘粕他 1993・1994）の成果です。いわゆる「新潟シンポ編年」と言われる時間軸です。この「新潟シンポ編年」は、現状で東日本における広域編年の到達点と言えると思います。もちろん細かいところで異論がないわけではありませんが、大きな枠はこの「新潟シンポ編年」で固まりつつあります。この「新潟シンポ編年」では、各地にそれまで見られなかった形の土器が一斉に出現する現象が、研究者の共通理解となったことが大きな成果と思います。

　弥生時代後期から古墳出現期にかけては、畿内とか、関東でも南関東・北関東、それから北陸・東北南部・中部高地、それぞれの地域で土器の地域色が非常に強い時期です。地域色が強いということは、どういう交流があったかということを明らかにしていく上では都合がいいわけです。けれども逆に、それぞれの編年の併行関係の対応を考える時、土器の形が違うということは、むしろマイナスに作用します。それが統一した土俵の上で話し合い、共通するメルクマール＝指標が、多くの研究者によって共有された。これが

「新潟シンポ編年」の一番の成果ではないかと思います。具体的には後で述べるとして、この成果は今後も継承していくべきだろうと思います。

いっぽうで「新潟シンポ編年」にも問題点はあります。それは「新潟シンポ編年」が北陸の漆町遺跡で立てられた「漆町編年」をベースにしていることです。石川県漆町遺跡というのは、弥生時代後期から古墳時代にかけて、連綿と遺跡が営まれ続けていた遺跡で、故に弥生時代から古墳時代にかけて継続した土器編年が石川県の田嶋明人さんにより提示されました（田嶋1986）。しかし、漆町遺跡の出土資料をもとにしている以上、その土器様式がもっている器種・器形、それから「漆町編年」の段階細別、それから各段階の基準資料となった土器群の資料的な良否、こういった問題点がそのまま「新潟シンポ編年」にも引き継がれていると言えます。従ってこれを広域編年としようとする時、この漆町遺跡が持つ固有の要素をいったん排除し、それから漆町遺跡には認められない現象、そういうものを付け加えることによって、初めて広域編年の軸ができると思います。

ここでは以上のような「新潟シンポ編年」の成果と問題点を踏まえ、編年のメルクマールを見直し、次のような編年軸を示しておきます。

4期	小型器台の出現、S字甕A類
5・6期	東海系装飾壺・高杯・S字甕B類など廻間Ⅱ式土器の波及
7期(古)	布留甕の出現
7期(新)	S字甕C類・東海系高杯など廻間Ⅱ式末～Ⅲ式初頭の波及
8期	小型丸底鉢・二重口縁鉢の出現
9期	畿内系高杯の波及
10・11期	畿内系土器群の在地化・粗製化

本シンポの土器編年について

今回のシンポジウムでは一貫した時間軸に基づいて話をしていきましょうという前提がありますが、基本的には「新潟シンポ編年」に沿っていきたいと思っています。それから1つ注意すべき点があります。それは広域編年と

東日本における古墳の出現

は東日本という広い範囲で編年を対比させようとする時の「目安」にとどめておくべきという点です。つまり、各地の土器編年の固有の呼称を用いて議論をするのではなく、共通の呼称を用いることで、議論をわかりやすくするという効用が、広域編年の目的であると思います。実は各編年の併行関係自体、大切なテーマなわけですが、そういう場合は、煩雑さを厭わないもっと厳密な議論を行うべきだと思います。しかし、本日のシンポジウムの趣旨は別の所にありますので、ここでは「新潟シンポ編年」を踏まえて、第1表に示したような大まかな枠組みを示したいと思います。

まず「新潟シンポ編年」と異なった線引きをしているところを確認したいと思います。どこか違うかといいますと、5・6期をまとめた点。それから7期を2つに分けている点。それから10・11期を1つにまとめているという点です。これは先ほど申し上げましたようなことをふまえています。例えば漆町編年でいう5群と6群ですが、これは漆町遺跡における固有の変遷であると考えています。これを細分する共通のメルクマールを示すのは難しく、広域的な編年に敷衍するのは困難と思っています。ここは5期と6期をまとめて1つの段階にした方がいいと思います。

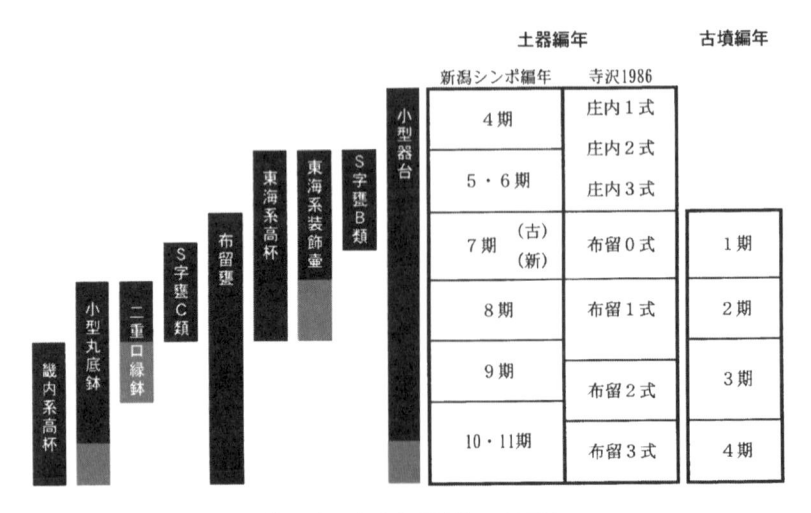

	土器編年		古墳編年
	新潟シンポ編年	寺沢1986	
	4期	庄内1式	
		庄内2式	
	5・6期	庄内3式	
	7期（古）（新）	布留0式	1期
	8期	布留1式	2期
	9期	布留2式	3期
	10・11期	布留3式	4期

第1表 古墳出現前後の時間軸

それから7期ですが、古い方と新しい方に細分しています。これは「布留0式」の初頭に、布留甕が出現するという点をひとつのメルクマールとし、また東日本に普遍的に見られるS字甕C類、この両者の出現には、時間差があるのではという理解に基づいています。これにより7期は、前と後の2つに分けられる可能性を想定しました。ただし実際の出土資料で、その「7期の古」と限定できる資料や、「7期の新しい段階」に限定できるという資料は、現在でも明示するのはなかなか難しいと思っています。

　次になぜ10期と11期を1つにまとめたかです。小型精製土器3種・小型丸底鉢、それから二重口縁鉢、それから小型器台、これら前期を特徴づける土器群が崩壊する段階が、中期的な様相が出現する前段階にあるということが漆町11群の指標とされているわけですけれども、東日本を広く見渡した時に、中期的な土器が出現する前に小型精製土器群がなくなっているのかどうか、明確な事例は必ずしも多くはないのではないかと思います。ここでは10期と11期を1つにまとめて1つの段階といたしました。

　このように「新潟シンポ編年」を批判的に継承し、土器による時間軸としました。それから第2表には、いろいろなメルクマール＝指標が書き加えてありますが、今後の新たに加えられる器種が、いくつかあると思います。

　1つは、秋葉山古墳の報告書でも検討されていますが、片口付きの鉢。もう1つは、手焙形土器です。これらの土器は、古墳出現期という比較的短い時に消長し、それから日本列島の広い地域に分布するという2つの特徴があります。ただし、この2つの器種がしょっちゅう出土するわけではありません。今後の展望として、出土資料が増えた段階で、こういう土器がいったいどういう時期に出現して、どういう時点でなくなっているのかということを明らかにすることができれば、新たに指標として加えられる可能性があるのでは、と思っています。以上が土器編年についてです。

古墳編年について

　続きまして、もう1つの時間軸である古墳編年ですけれども、これは1991年に刊行されました『前方後円墳集成』で用いられた編年、これを『集成編

年』（広瀬 1991）と呼びますが、これが古墳編年の時間軸を示す現時点の到達点と考えています。

　古墳編年は、どういう考え方のもとに作られているのかというと、古墳の埋葬施設から出土する副葬品、これが時間を追って出現したり、なくなっていったりします。これを様式的にとらえて時間軸としています。古墳編年の問題点は、ここで明らかにできる余裕はありません。

　現状の古墳編年では、前期を4つの時期に区分していますが、近年、個々の副葬品の細かい変遷が、徐々に明らかになってきています。例えば、三角縁神獣鏡などがそうですが、それらの細かい分析をふまえ、もう少し細かい編年が提示できる可能性があると感じています。ここでは「集成編年」に従いまして、前期を4つに区分する考えに基づいておきたいと思います。

　次に「新潟シンポ編年」と「集成編年」、つまり土器編年と古墳編年がどのように対応するのか考えたいと思いますが、これもすごく難しい問題だと思います。古墳の埋葬施設が調査され、どういう副葬品を持っているのかというのがわかることが1つ、さらにその古墳の墳丘などからどういう土器が出土するか、その両者がわかって、初めて2つの編年の対応関係が検討可能なのですが、実際資料に即して見ますと、この2つの内容が明確にわかっている古墳というのは、決して多くはないのです。

　この問題について、1997年に『福島考古』38号に論文を書いておりますので、詳しくはそちらの方をお読みいただきたいと思います（青山 1997）。資料が少ない状態で、必ずしも十分とは言えませんが、まず埋葬施設と出土土器の資料が比較的蓄積されている畿内で対応関係を検討し、それから「新潟シンポ編年」を使いまして、東北・関東の事例に当てはめてみました。結論は第1表に示したようになります。おおよそ「新潟シンポ編年」の7期と「集成編年」の1期が対応し、それから「新潟シンポ編年」の10・11期と「集成編年」の4期が対応する結果となりました。もちろん細かい所の異同は出てくると思います。

　しかし1998年以降、この問題を考える上で、重要な調査が東北地方で3つ行われています。1つは、辻 秀人先生ら東北学院大学が調査した宮城県

大塚森古墳(辻 1999、辻他 1998・本書P. 232コラム5参照)、それから、郡山市埋蔵文化財発掘事業団が調査した福島県大安場古墳(柳沼他 1997・1998)、もう１つはですね、福島県会津坂下町森北１号墳(吉田他 1999)です。これら３基の古墳は、埋葬施設と墳丘の調査が行われまして、比較的多くの土器が出土しています。これらの古墳の埋葬施設の内容と、土器の様相を比べると、やはり1998年の案に大きな齟齬は生じていないようです。むしろこの３古墳の資料は、これを裏付けていると思っています。

ま と め

　最後のまとめをさせていただきます。ここまでやってきた作業は、ものの時間軸、編年を示すということです。ただし目的は「編年を作ること」ではなく、本シンポジウムの議論を進めていくための「１つの時間軸」を提示することです。それから先ほども申しましたが、例えば今回は「新潟シンポ編年」、それから『集成』編年の上にのっかったわけですけれども、このような成果を一過性のものとせず、これをふまえ、より多くのメルクマールを見つけていかなくてはならないと思います。成果を継承しながら引き継いでいくこと、これが大切なことと思います。

　以上をもちまして、時間軸に関する研究の現状と課題とさせていただければと思います。どうもありがとうございました。

(あおやま　ひろき／福島県文化財センター白河館)

基調報告3　円・方丘墓の様相―中部高地を中核に―

青木　一男

はじめに

　長野県の青木です、よろしくお願いいたします。私が勤務しております埴生小学校は北信濃の千曲市にあります。昨年に市町村合併されましたが、従来の更埴市にあたります。私の学校からは、小学校の教科書にも掲載されています、あの前方後円墳・森将軍塚古墳まで歩いていける、そういう空間で勤務しています。

　さて今回のシンポジウムのテーマである「東日本における古墳出現」ということについては、学生時代の日本考古学協会のシンポジウム『関東における古墳出現期の諸問題』(1981年開催・久保他1988) を思い出しました。このシンポジウムでは古墳出現期の土器の移動とその背景、また墳墓の様相が討論されました。

　その中で、当時の千葉編年4期・5期、これは庄内併行期にあたると思われますが、小規模な前方後方形の墳墓を、「前方後方墳」と捉えるか、あるいは「前方後方形の区画墓」としてとらえるか問題になりました。

　今回の私に与えられましたテーマは「円と方丘墓の様相」です。古墳出現期、特に前方後円墳が出現する前段階の、円丘墓と方丘墓の系譜を整理しなさいということですが、なにぶん不勉強で、私がフィールドとしております中部高地を中心とした話をさせていただくことを、最初にお断りいたします。

弥生時代の様相

　まず古墳時代を扱う前に、弥生時代の墳墓の様相を見たいと思います。
　中部高地の弥生時代後期の社会は、土器に中部高地型櫛描紋を施紋します

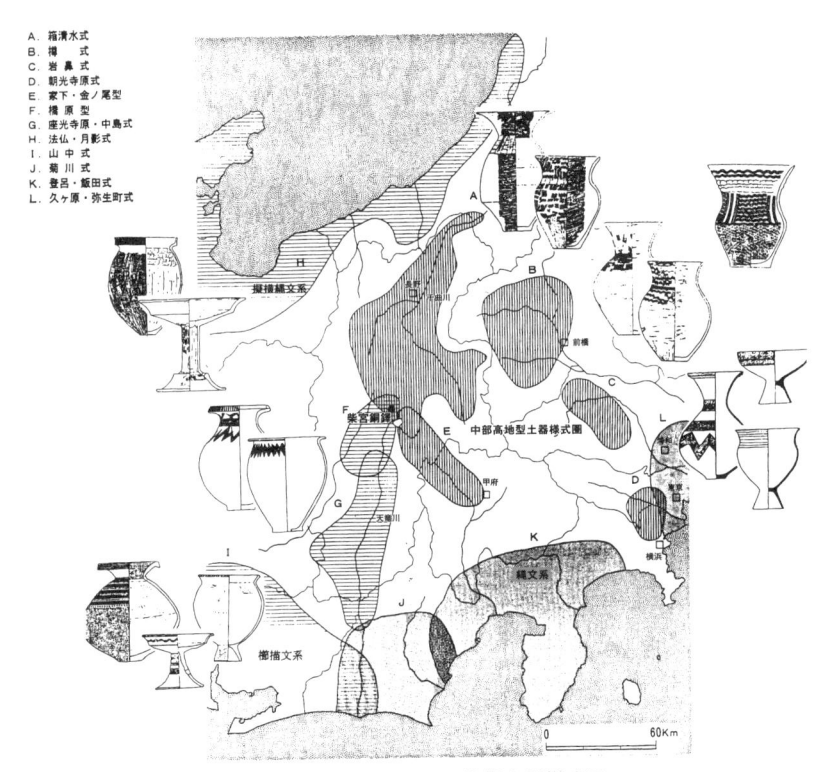

基調報告3　円・方丘墓の様相―中部高地を中核に―（青木）

A. 箱清水式
B. 榎　式
C. 岩鼻式
D. 朝光寺原式
E. 豪下・金ノ尾型
F. 樽原型
G. 座光寺原・中島式
H. 法仏・月影式
I. 山中式
J. 菊川式
K. 登呂・飯田式
L. 久ヶ原・弥生町式

第1図　中部高地周辺の後期土器様式圏

　箱清水式土器様式圏と、それから畿内型櫛描紋を施紋する天竜川流域の座光寺原・中島式土器様式圏に分かれます（青木2001）。遡って弥生時代中期後半の中部高地は、北に栗林式、南に北原式という土器様式が分布いたします。栗林式の様相が比較的明らかになっていますので、栗林式で説明をしたいと思います（第1図）。

　弥生時代中期後半の栗林式では、環壕集落が出現しますが、方形周溝墓は受容しません。南関東地域の弥生時代中期は、環壕集落と共に方形周溝墓がセットになって現れますが、中部高地の場合はこの両者がセットにならないのが特色です。

　第2図―1は長野県北半部、飯山市小泉遺跡の木棺墓群です。多少時期

81

東日本における古墳の出現

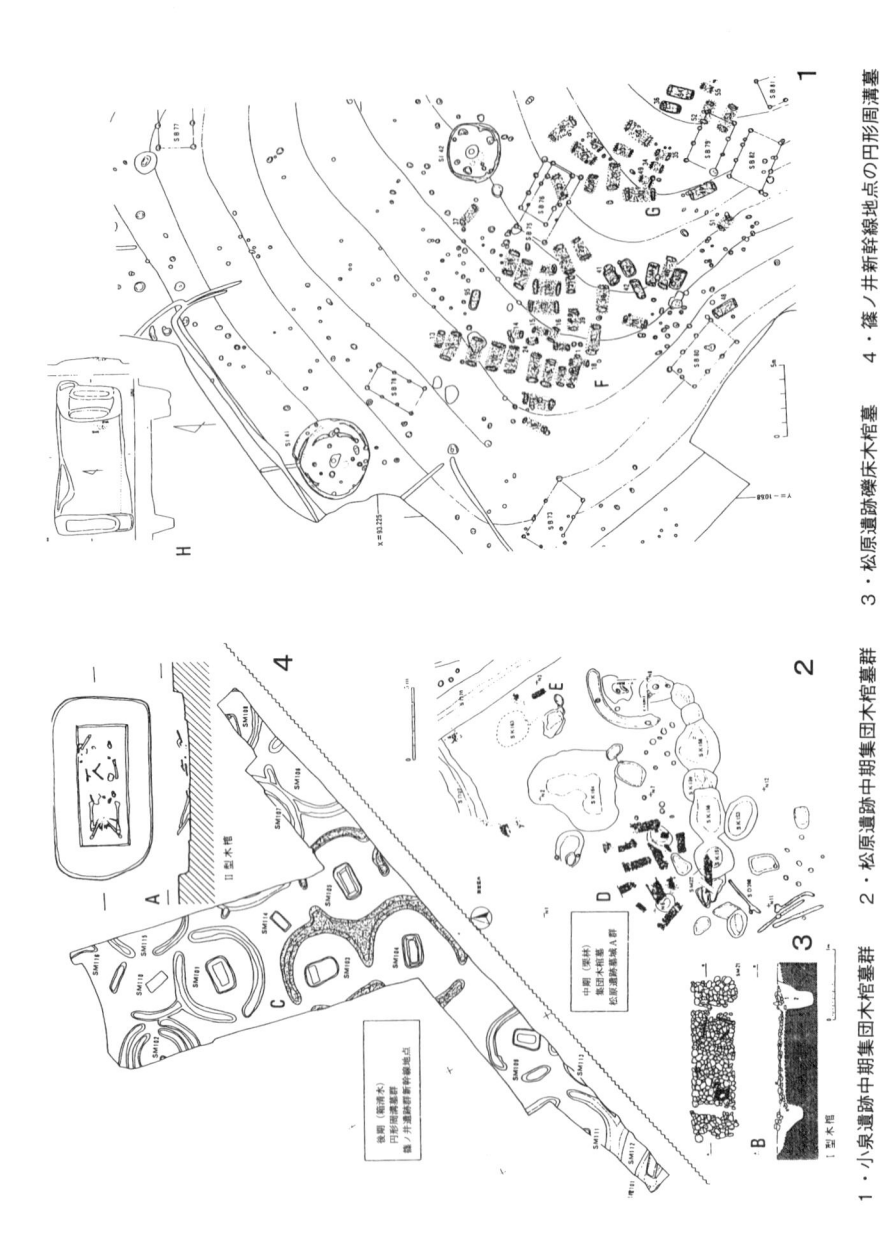

第2図 集団木棺墓群と円形周溝墓

1・小泉遺跡中期集団木棺墓群　2・松原遺跡中期集団木棺墓群　3・松原遺跡礫床木棺墓　4・篠ノ井新幹線地点の円形周溝墓

82

が異なると思いますが、竪穴建物や掘立柱建物も見つかっています。中部高地の弥生時代中期段階は、まだ区画墓を受容していませんので、木棺墓が盛行しています。木棺墓の初現は、天竜川流域の中期前半の大城林遺跡と思われ、その後、中期後葉の栗林式期に至り定着・盛行します。小口板を押し込むタイプの木棺墓が流行しますが、中には棺床に小型の礫を敷き詰め礫床墓と呼ばれる形式(第2図—3)も見られます。

　次に弥生後期の墓を見ていきたいと思います。まず、溝区画を導入をしなかった中部高地でも、後期社会に至り、北の箱清水式、あるいは南の天竜川流域の座光寺原式・中島式、共に区画墓を導入いたします。第2図—4に示したとおり、北の箱清水式では「円を基調とする溝区画」を持つ円形周溝墓が定着します。いっぽう南の座光寺原式・中島式では、方形周溝墓が受容されますが、その方形周溝墓の溝の中央部が陸橋状に切れるというタイプが定着します。この形式自体は南の方、東海地方からの影響と考えられます。

　明日のシンポジウムで、この円丘墓の系譜について西川さんや立花さんから質問が出ると予想しています。しかし、よくわからないというのが本音で、会場の皆さんから教えてもらい、長野へ帰るのが今回の目標の1つです。是非ともよろしくお願いいたします。

　箱清水式の円形区画墓＝円形周溝墓ですけれども、実は後期の初めから出現するわけではなく、後期の中葉段階、あるいはもう少し前かもしれません。いずれにしても後期中葉段階から後葉段階に盛行します。私は中部高地の後期土器を6段階に分けていますが、現在のところ3段階に古いものがあり、後期4ないし5段階に盛行いたします。さらに6段階になると方形周溝墓を受容すると思われます。

根塚遺跡の出現

　円形周溝墓に関する重要な遺跡として、北信濃の木島平村根塚遺跡について触れたいと思います(第3図)。木島平村は飯山市に接し、近くには野沢温泉スキー場等があり、少し北上すると新潟県という場所です。

　この根塚遺跡は単独の小さな丘陵上に、いくつかのお墓が集まった遺跡で

東日本における古墳の出現

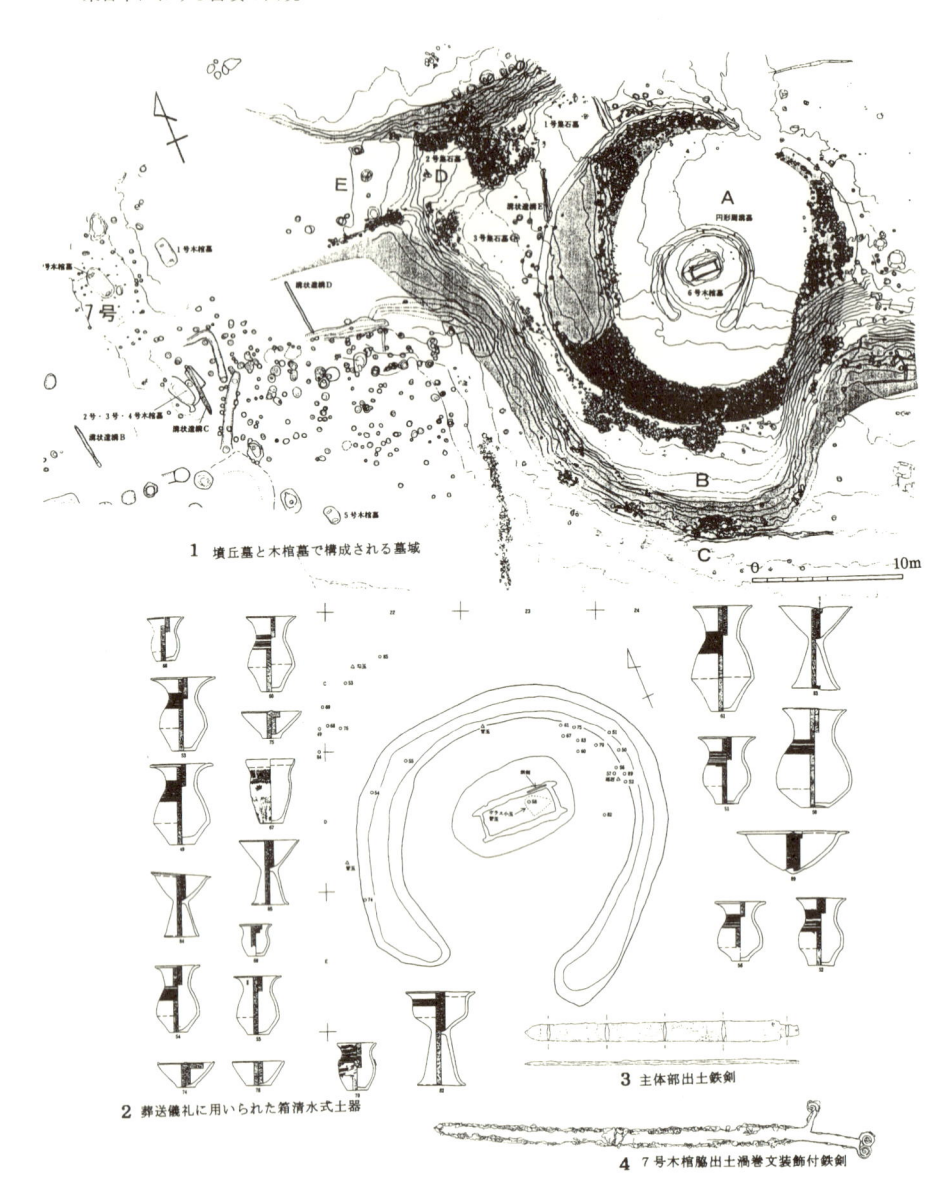

1 墳丘墓と木棺墓で構成される墓域

2 葬送儀礼に用いられた箱清水式土器

3 主体部出土鉄剣

4 7号木棺墓出土渦巻文装飾付鉄剣

第3図　木島平村根塚墳丘墓

すが、私が区分するところの後期３段階に出現します。箱清水様式圏の中で円丘墓＝丸いお墓を受容する背景を考える際に、とても重要な事例と思われます。先ほど触れたように、中期には溝区画を墓に採用しなかった中部高地社会で、「丸いお墓の出現」が確認されます。直径は20mほどです。それから丘陵の斜面を使っているわけですが１mほどの墳丘を持っており、周りを葺石状に貼っています。そして主体部では、長い剣などが出土しています。さらにその墳頂上には葬送儀礼に用いられたと思われる多量の土器が出土しています。これらの要素を「広義の墳丘墓」と評価し、「根塚墳丘墓」と呼びたいと考えています。

　さらに木棺墓の集団が付随しております。７号墓の木棺の脇には長い鉄剣が２本伴っていました。同様に中部高地型櫛描紋を用いるお隣りの樽式土器の群馬県有馬遺跡の墓と、同じく「長い剣を持つ」という点で共通しています。第３図に詳しい図を示していますが、西側は通路のようにあいております。さらに問題なのは、一部は後世の撹乱だと思われますが、ＢとＣと書いてある所は、高さ２mほどの斜面になっており、円丘と同じようなカーブを描いている点です。Ｄ、Ｅの部分では貼石が帯状になっている所もあり、見方によっては上部に円丘があり、尾根状に伸びる墳丘というか、付随する突出部がある。すなわち「もっと大きく墳丘をとらえることも可能」ではないかと思われます。

　そうすると単なる円丘墓ではなく、「不定型の地域的な墳墓」と考えることができるかもしれません。この辺は検討の余地があるところですが…。

　第３図の下に示したのは、墳頂から出土した箱清水式土器を主体とする土器群で、葬送儀礼に用いられた土器と推定されます。また埋葬主体部から出土した１号鉄剣は54cmです（第３図３）。「渦巻紋装飾付鉄剣」と命名された剣は74cmもあります（第３図４）し、別の鉄剣も47cmあります。根塚墳丘墓には、これらの長剣類＝長い鉄剣が伴っているのが、大きな特徴です。

　根塚遺跡の出現は、大きな画期に当たると考えられます。

東日本における古墳の出現

後期後半の円形周溝墓の様相

　箱清水様式圏では、根塚墳丘墓の出現以後の後期後半、このような円を志向する区画墓が盛行します。具体的に見ていきたいと思います。先ほどもお話したように、方形周溝墓は受容しません。

　第2図—4は、長野市篠ノ井遺跡群の新幹線地点の周溝墓の一部です。この円形周溝墓では、埋葬主体から人骨を多く出土していますが、墓壙は地山に築かれています。たぶん周溝の土を盛り上げていたと思います。

　円形周溝墓のスタイルを考える上で、先ほどの小林先生のお話は、たいへん勉強になりました。この円形周溝墓は、径が6〜7mと小型で、それが大きな特徴になっています。この新幹線地点の場合は、55基の円形周溝墓が密集していましたが、副葬品は少なく、傑出した墓はありません。ちょうど私が掘った地点で、人骨はたくさん出ましたが、遺物は何も出てこなかったという印象があり、根塚とは違った集団墓の様相を呈していました。

　一方、同じ集団墓ですが、少し様相が異なる事例もあります。やはり篠ノ井遺跡群の聖川・高速道地点です（第4図）。ここには後期の環壕集落がありまして、環壕のわきに、先ほどの青山さんの編年で4期以前、3期ぐらいから始まり、9期まで続く墓域が形成されています。3基の円形周溝墓と4基の木棺墓で構成される小単位があり、円形周溝墓の主体部からは鉄剣と鉄の腕輪「鉄釧」が出ております。周りの土壙からも鉄釧や鉄鏃などが出土しており、注目されます。このように鉄器が集中しており、先ほどの事例とはちょっと異なっています。

　最近では箱清水式の円形周溝墓の調査がかなり進み、装身具の鉄釧や鉄剣の量も年々増えています。鉄器副葬が目立つという事象を地域的な特徴として指摘できそうです。この背景として、箱清水社会を支えた鉄流通システムがあるのではないかと思っています。その経路として、日本海方面との関わりは重要で、円形周溝墓のルーツも、日本海方面を経由した広域ネットワークの中から生まれてきたと考えて良いと思います。根塚円丘墓も同様の背景から生まれてきたのではないかと思われます。

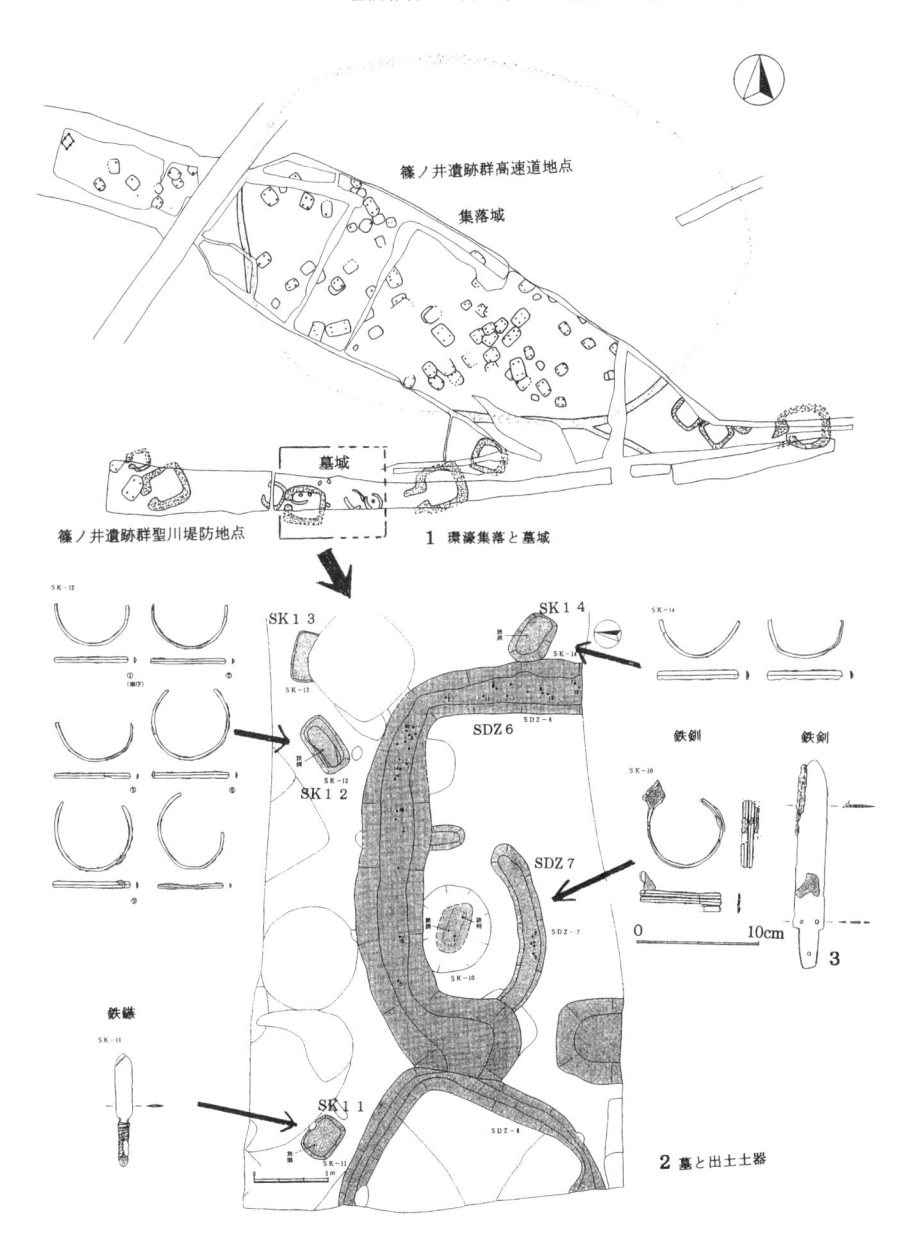

基調報告3　円・方丘墓の様相―中部高地を中核に―（青木）

第4図　篠ノ井遺跡群聖川・高速道地点の円形周溝

東日本における古墳の出現

弘法山(こうぼうやま)古墳の出現と画期

　このように中部高地の弥生時代後期後半は、円形周溝墓など地域色の強い社会が維持されていたわけですが、畿内の庄内式併行期になりますと、土器様式の上でも墳墓様式の上でも大きな変化が見られます。特に土器様式の上では東海系土器のインパクトが強く、墳墓も今までの円形周溝から方形周溝墓に転換します。その転換期、先ほどの青山さんの編年の5・6期に出現した全長63mの弘法山古墳は見逃せない存在です。

　第5図－3は佐久市瀧ノ峯(たきのみね)2号墳ですが、長さが22mあり、この前方に張り出し状のものが長く伸び、墳丘は1.3mの高さです。弘法山古墳は長さが63m、高さが8mあるのに比べると、墳丘は低墳丘で小型ですし、さらに埋葬主体の構造とか副葬品の内容も異なりますが、前方後方型のこういった墳墓が弘法山古墳の出現と共に、中部高地の各地に出現してくるという現象を重視したいと思います。このような墳墓を、先ほどの小林三郎先生のお話にもございましたけれども、ここでは低墳丘墓と呼ばせていただきたいと思います。

　円丘から方丘への転換は、土器と共に東海方面を核とした祭儀様式の再編成と密接に結びついていると思われますが、単なる「お祭り」だけではなくて、先ほどの鉄などの様々な流通ルートの変革もあり、墳墓様式も変化しているのではないかと考えております。

　このように、長野北部の箱清水様式圏の変革に大きな影響を与えたと思われます弘法山古墳の成立について、少し触れたいと思います(第5・6図)。長野県中央の松本市に所在する前方後方墳です。全長が63m、高さが6mですが、後方部の埋葬施設は長大な墓壙で、5mにおよぶ礫槨(れきかく)を持っています。それまでの中部高地の木棺墓の長さは、長くても1.8m程度ですので、5mの棺を持つというのは、非常に大きいと考えられます。こういった強いインパクトや、鏡をはじめ豊富な鉄・青銅製品のその副葬品、他地域との共通性から、弘法山を「古墳」と呼び、先ほどの瀧ノ峯2号墳のような「低墳丘墓」と区別したいと思います。さらに墳頂で出土しました土器の様式は、先ほどの根塚墳丘墓の場合と異なり、箱清水式土器はまったくといっていいほ

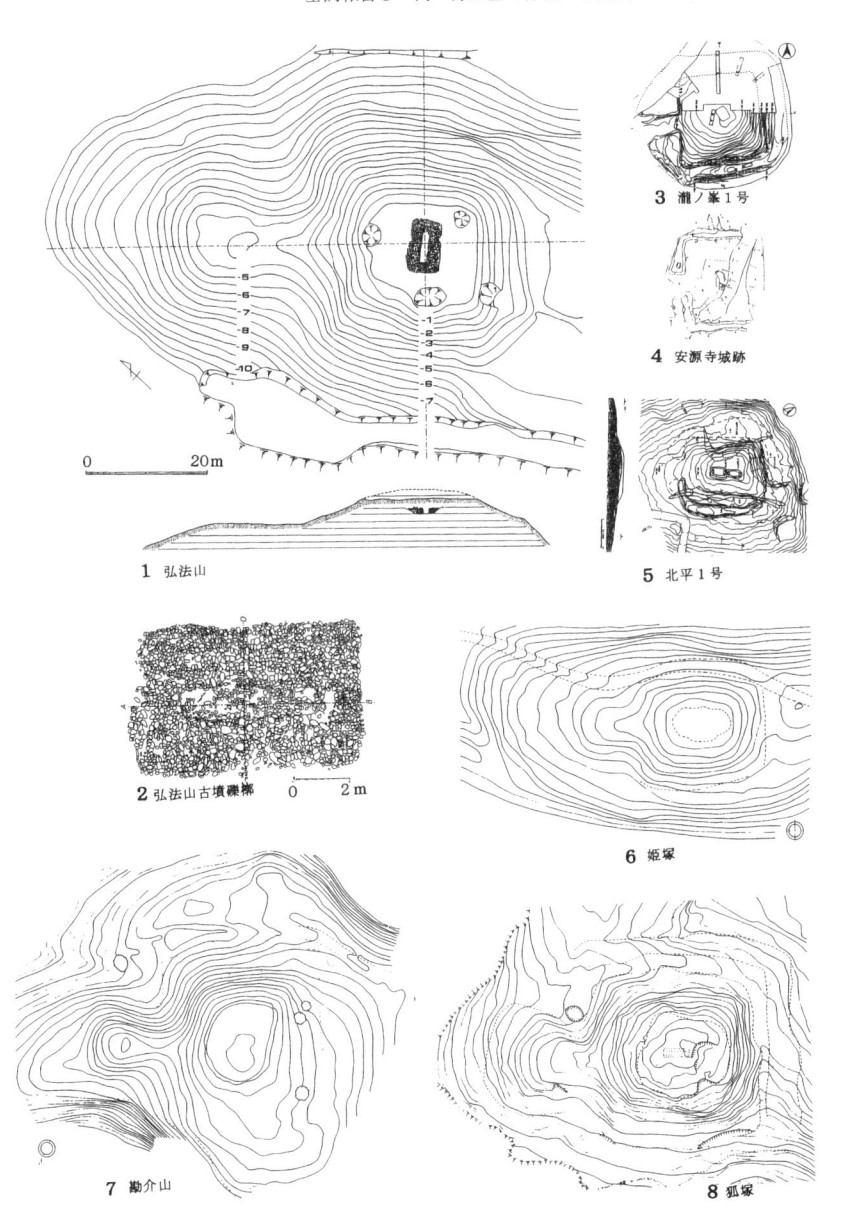

基調報告3　円・方丘墓の様相―中部高地を中核に―（青木）

1　弘法山

2　弘法山古墳礫槨

3　瀧ノ峯1号

4　安源寺城跡

5　北平1号

6　姫塚

7　勘介山

8　狐塚

第5図　前方後円墳と方形低墳丘墓

89

東日本における古墳の出現

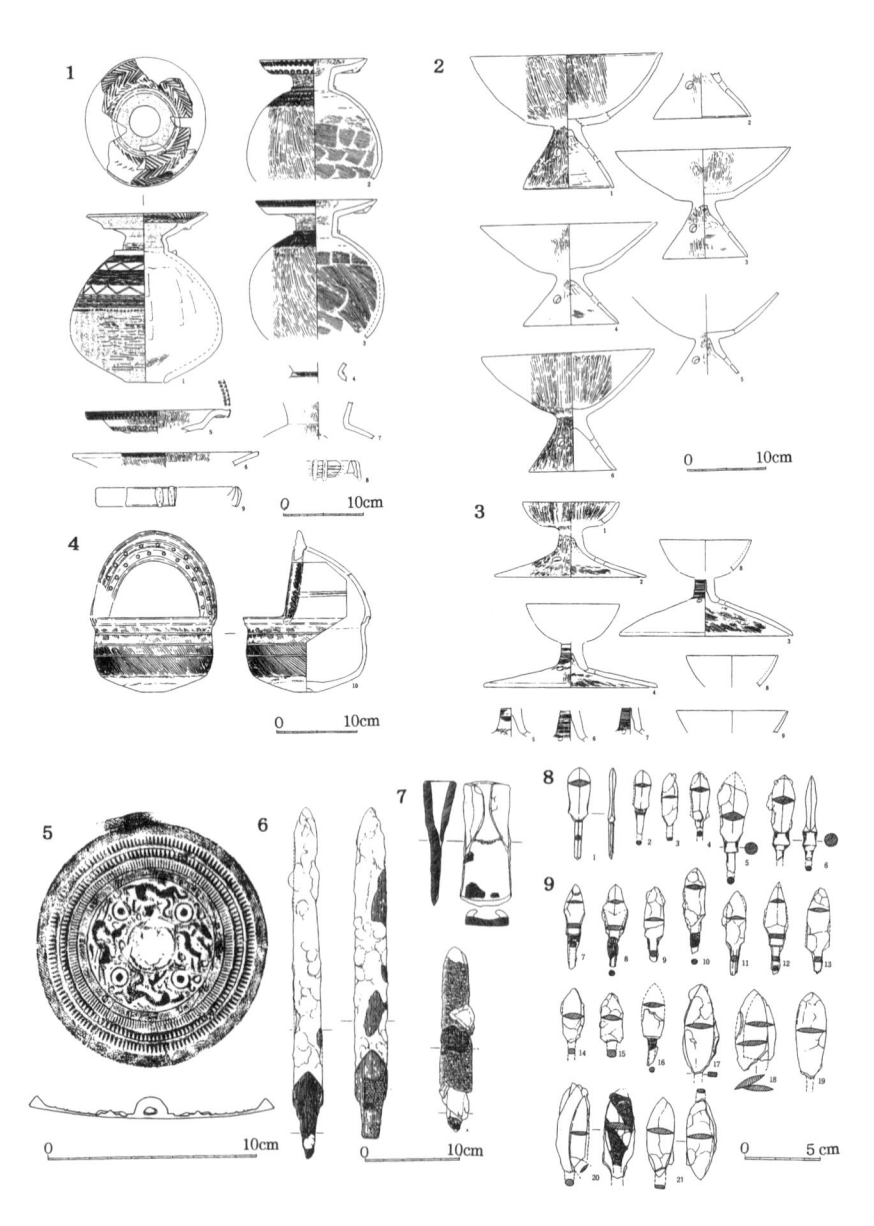

第6図 弘法山古墳出土土器・鏡・工具・武器

どなく、東海系土器によって占められています。土器様式も大きく変化していると考えられます。

このように5・6期には、弘法山古墳のような「山の上」に、長野市北平1号墳とか、中野市安源寺1号墳のように低墳丘墓が出現します。さらに7期になると、勘介山古墳や姫塚古墳など、全長30m以上の前方後方墳が出現します。この段階に東山古墳群の中に、前方後円墳が出現する可能性があるわけですが、中部高地では、弘法山古墳成立以後7期に至るまで前方後方墳が盛行する段階です(第5図)。5・6期あるいは7期には、山の上に古墳と低墳丘墓が築かれ、そこに階層性を見ることも可能なわけですが、「方丘」ということでは、両者が共通しています。

このように5・6期には、弥生時代後期以来の円形周溝墓から方形低墳丘墓に変化してくるのが箱清水様式圏の特徴です。この中には、方形の低墳丘墓と前方後方形低墳丘墓の二者がありますが、前方後方形低墳丘墓は、ずっと後まで続いていきます。つまり、山の上にも低墳丘墓が単独で築かれますが、集落に接した墓域の中にも低墳丘墓が存在します。ただし山上の低墳丘墓は単独あるいは1・2基単位で構成されるのに対して、集落脇の自然堤防の集団墓は群在するという違いがあります。

前方後円墳出現期の方形低墳丘墓の様相を、篠ノ井遺跡群高速道地点で見たいと思います(第4・7図)。繰り返しになりますが、山上にある墳墓でなく、その下の自然堤防に位置しています。まず弥生終末の4期には、SDZ6という東海型の一辺中央が切れるタイプの墳墓があります。7期のSDZ9になりますと、陸橋部がやや伸びはじめます。この時期に山上には、北平1号という低墳丘墓が築かれますが、山上と自然堤防の両者に、墳墓が併存する時期となります。さらに前方後円墳が出現する9期の時期には、前方墳がかなり伸びたSDZ3という低墳丘墓が見られます。一方、8期には、前方後方形ではありませんが、一辺10mほどの方形墳丘墓がいくつかまとまっています。このように集落脇の集団墓には、かなりあとまで「方形を志向する」低墳丘墓が残っております。

中部高地の北部では、8期になると前方後円墳が出現します。長野盆地北

東日本における古墳の出現

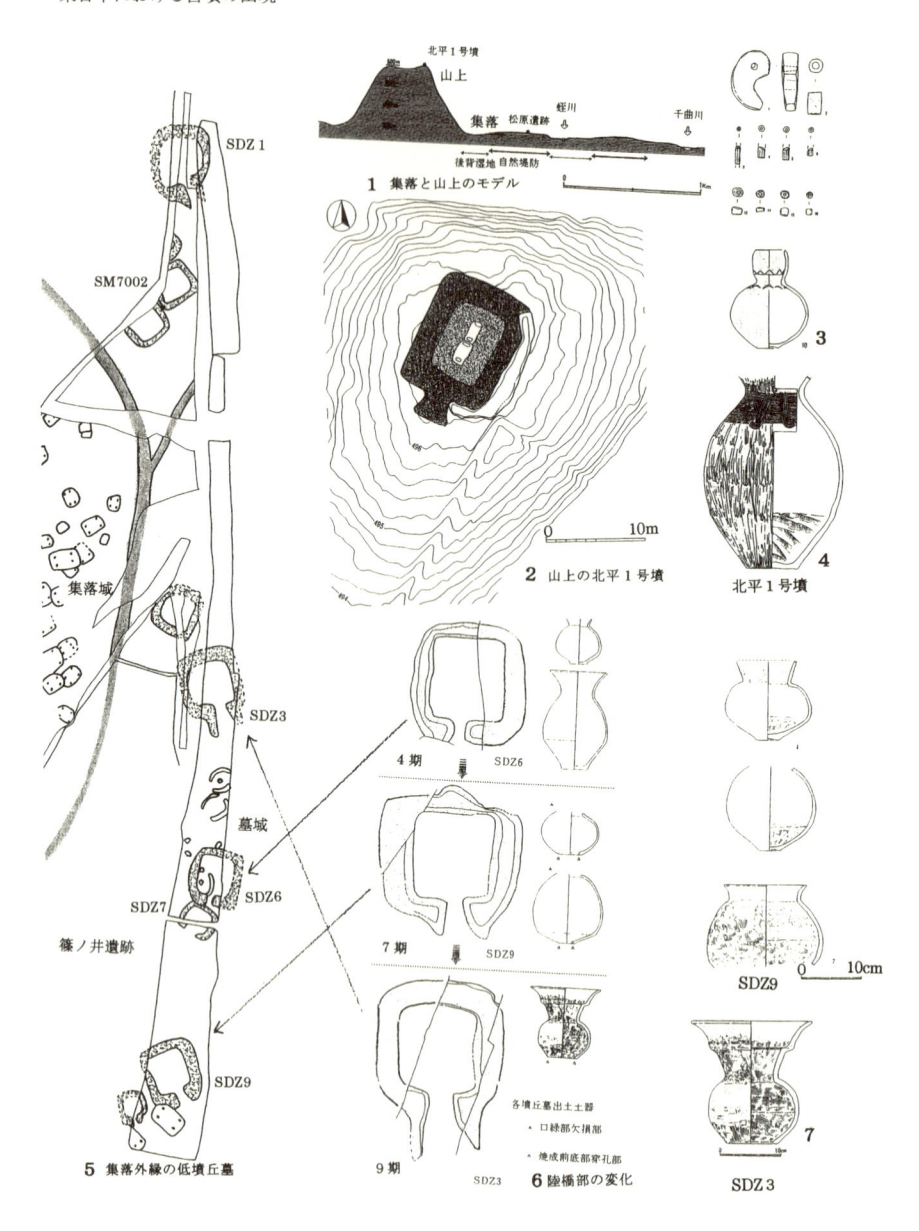

第7図 山上と集落外縁の低墳丘墓

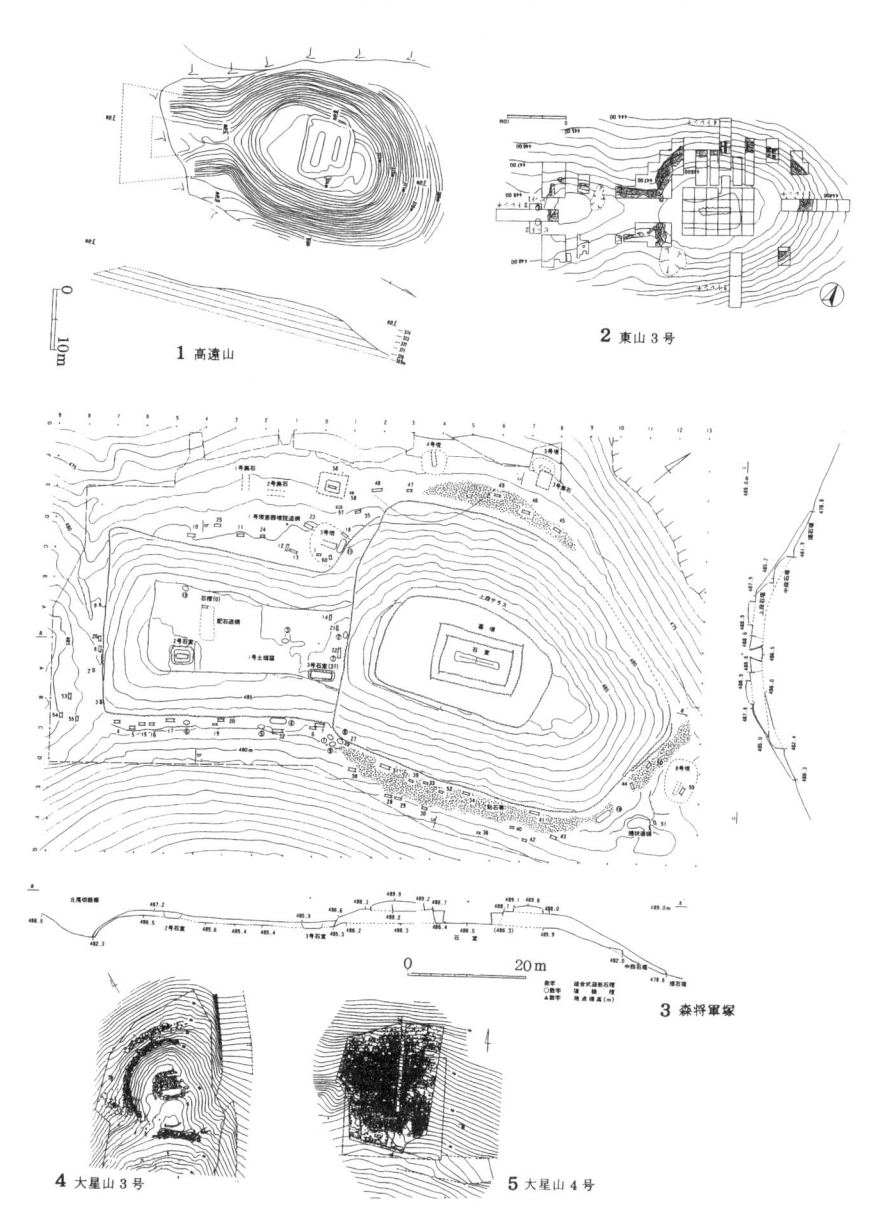

基調報告3　円・方丘墓の様相―中部高地を中核に―（青木）

1 高遠山

2 東山3号

3 森将軍塚

4 大星山3号

5 大星山4号

第8図　前方後円墳と円・方墳

東日本における古墳の出現

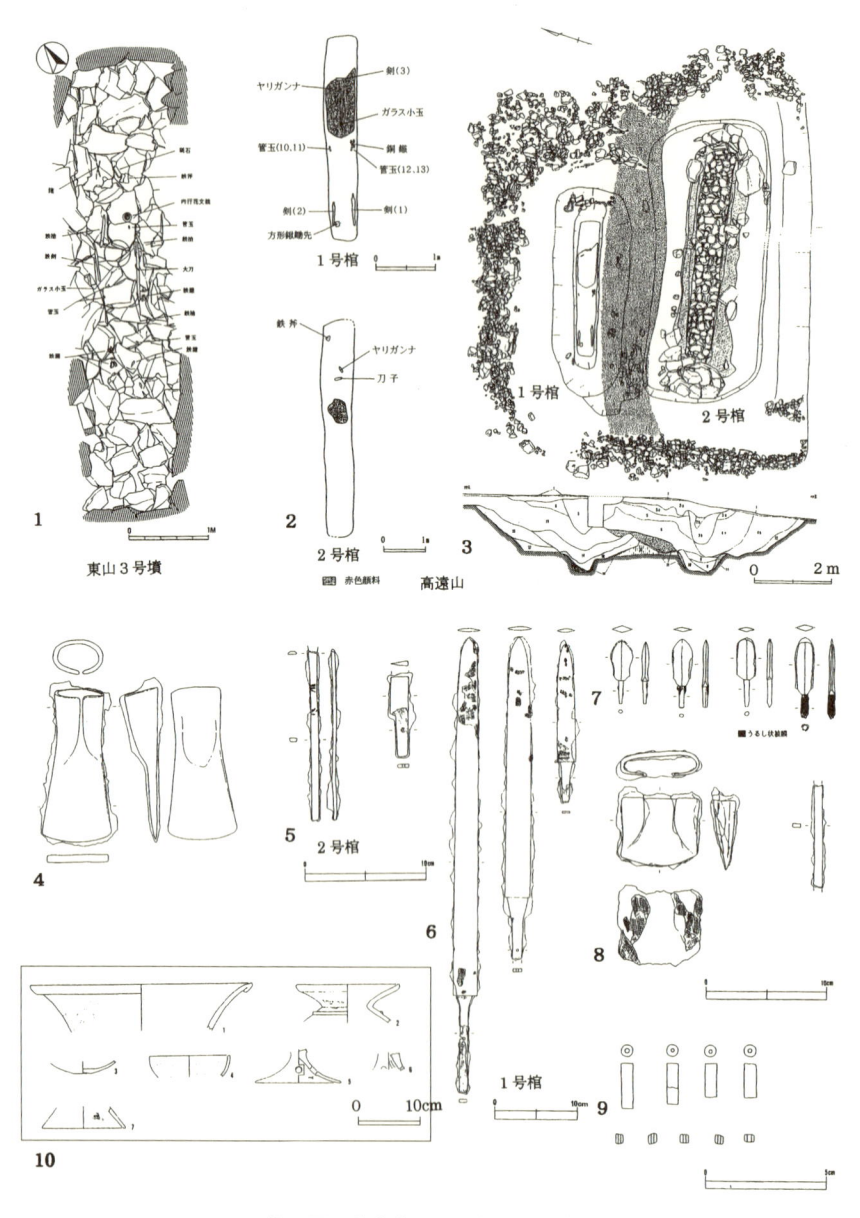

第9図 前方後円墳の槨と出土資料

基調報告3　円・方丘墓の様相―中部高地を中核に―（青木）

側の中野市高遠山古墳があり、長野市には小林三郎先生が数年来調査をされています和田東山3号墳があります。この8期に至り古手の前方後円墳が出てきます。9期には私の学校から歩いていける森将軍塚古墳がありますが、この8・9期は、山上に定型化した前方後円墳が出現してくる段階です。先ほどの自然堤防上の篠ノ井遺跡群では、方形墳丘墓が集団墓の中に継続して造られていくというのが特徴です。よって8・9期は、今までの方丘志向と、円丘志向が混在する様子が見られます。ただし前方後円墳と低墳丘

	箱清水式土器様式圏			中島土器様式圏
	長野盆地北部	長野盆地南部		
		山上	自然堤防	
弥生時代中期	小泉集団木棺墓		伊勢宮集団木棺墓	
後期前半				
後期後半	根塚墳丘墓 須多ヶ峯		篠ノ井SDZ7	
4期	上野2号		篠ノ井SDZ6	
5・6期	安源寺城跡1号	北平1号墳		弘法山古墳
7期	勘介山古墳	姫塚？ （東山1号古墳？）	篠ノ井SDZ1 篠ノ井SDZ9	中山36号墳 代田山狐塚？
8期	高遠山古墳	東山3号古墳	篠ノ井SM7002	
9期		森将軍塚古墳 大星山3号墳	篠ノ井SDZ3	
10・11期		川柳将軍塚古墳 大星山1号墳		

第10図　中部高地の墳墓変遷 概念図

墓という差があり、そのへんに階層性を見出すことも可能かもしれません（第9図）。

　小林先生が調査をされました和田東山３号墳では、埋葬主体で鉄製武器や鏡などが一定の法則に基づいて埋葬されています。高遠山古墳でも同じように一定の流儀で副葬品を埋葬しております(第10図)。中部高地の弥生中期から見てきましたが、ここに至り他地域との共通性なり定型化が図られてくる様子が窺えます。

ま と め

　最後になりましたが、若干のまとめをさせていただきます。弥生時代の中部高地の墓制ですが、中期の栗林式期には均一でして、区画の溝を持たない集団木棺墓によって構成されます。後期に至り箱清水式期には、根塚墳丘墓のように、これまでと違った円形の墳丘を持つ墓が出てきます。それに連動するように円形周溝墓が受容され、盛行するようです。その円形周溝墓には鉄器の副葬が目立ち、どういった地域とどういう連携があったのかというのが看取できる可能性があります。さらに庄内式併行期になりますと、これまでの円形周溝墓から、方形墳丘墓に転換するようです。

　葬送儀礼に東海系土器群を持つ弘法山古墳出現のインパクトは強く、これは墓域の儀礼に限らず集落内の土器様相にも同じようなインパクトを与えております。この辺は1981年の考古学協会以来、だんだん明らかになってきていることと思います。また庄内式併行期の山の上には、古墳と低墳丘墓という階層性の異なる墳墓が築かれているのがわかっています。一方、自然堤防上の集団墓には、方形低墳丘墓が存在するようです。

　以上が発表の要旨です。ちなみに西川さんから、前方後円墳の出現を考えるにあたって、前段階の「方丘と円丘」について系譜を含めて発表してくださいと承ったわけですけれども、期待されたとおりにいきませんでした。

　また明日のシンポジウムの中で、色々と学ばせていただき、信州に帰っていきたいと思います。ありがとうございました。

（あおき　かずお／長野県埴生小学校）

〔図の出典〕掲載順
第1図：青木一男　2001「倭国大乱期前後の箱清水式土器様式圏」『信濃』第53巻第11号　信濃史学会
第2図：青木一男　2000「栗林・箱清水式土器様式と墳墓」『弥生時代の墓制　研究会資料』群馬県埋蔵文化財事業団
　　　　飯山市教育委員会　1995『小泉弥生時代遺跡』
　　　　長野県埋蔵文化財センター　1998『北陸新幹線埋蔵文化財発掘調査報告書4　篠ノ井遺跡群』
　　　　長野県埋蔵文化財センター　2000『上信越自動車道埋蔵文化財発掘調査報告書5　松原遺跡　弥生・総論1～8』
第3図：木島平村教育委員会　2002『根塚遺跡』
第4図：長野市教育委員会　1992『篠ノ井遺跡群（4）―聖川堤防地点―』
　　　　長野県埋蔵文化財センター　1997『中央自動車道埋蔵文化財発掘調査報告書16　篠ノ井遺跡群』
第5図：松本市教育委員会　1978『弘法山古墳』
　　　　飯山市教育委員会　1994『勘介山古墳測量調査報告書』
第6図：松本市教育委員会　1978『弘法山古墳』
第7図：長野県埋蔵文化財センター　1996『上信越自動車道埋蔵文化財発掘調査報告書　大星山古墳・北平1号墳』
　　　　長野市教育委員会　1992『篠ノ井遺跡群（4）―聖川堤防地点―』
　　　　長野県埋蔵文化財センター　1997『中央自動車道埋蔵文化財発掘調査報告書16　篠ノ井遺跡群』
第8図：更埴市教育委員会　1992『史跡　森将軍塚古墳』
　　　　長野市教育委員会　1995『和田東山古墳』
　　　　中野市教育委員会　2000『長野県中野市　高遠山古墳　発掘調査概報』
第9図：長野市教育委員会　1995『和田東山古墳』
　　　　中野市教育委員会　2000『長野県中野市　高遠山古墳　発掘調査概報』

基調報告4　副葬品—剣・鏃・鏡などを中心に—

田中　　裕

はじめに—副葬品分析の前提—

　私が扱うテーマは副葬品です。副葬品は古墳を取り扱う上で、大きな要素として重要視されますが、その内容は非常に多岐にわたり、これを1人で担当することは無謀なことと思います。しかも、今回扱う時期というのは、古墳が出てくるかどうか微妙な時期にあたり、「大量副葬」が古墳のひとつの特徴だとすると、それが始まるかどうか微妙な時期に該当します。特に東北・関東においては、副葬品を伴う良好な事例は少ないのが実情です。よって、まとまった話ができるか自信がありませんが、よろしくお願いします。

　まず「副葬品分析の前提」については別稿要旨に詳述しましたのでご参照下さい。この時期は、前述のとおり、副葬品が限られているという「資料的な限界性」が問題になってきます。よって、ひとつのモノで系譜を追っていくのが非常に難しい時期であるといえ、それにより時期区分をするのが困難な時期です。そのようななか、あまり出現期ということを意識しないで、むしろ大きく古墳時代というものを捉え、後に続く古墳時代前期、あるいは中期への継続性を重視したいと思います。

　東北・関東における出現期古墳の副葬品で、基準になる資料は何かというと、単に副葬品が出ていればよいというわけではありません。出現期古墳というのは土器資料の出土が多いわけで、そういう情報がないと「一級資料」とはいえません。さらに埋葬施設の形・あり方、それから副葬品も一種類ではなく数種類出ているとか、墳丘形態がわかる、土器や埴輪等の伴っている状況なども大切な観点です。

　このような代表的要素がいくつか揃っている事例は、非常に限られてしま

いますが、千葉県市原市の神門古墳群や、木更津市高部古墳群などが俎上に上がってきます。この２つの古墳群の資料は情報が多いからです。

　その神門古墳群と高部古墳群の内容については、この後に発表されます酒巻さんが作成した図版をご覧いただきたいと思います（神門古墳群―P. 148 第5図、高部古墳群―P. 143 第2図）。

　まず神門古墳群は、いずれも不定形な円丘部をもつ前方後円形です。築造順は、5号・4号・3号墳の順とする考えが有力です。5号墳からは、鉄剣・鉄鏃が出土しております。4号墳からは槍の可能性もある鉄剣と、鉄鏃が出土しております。3号墳からも鉄剣（あるいは槍）と、鉄鏃が出土しております。ちなみに神門4号墳では、数十点の定角式鉄鏃が出土しております。

　つづいて高部古墳群ですが、墳形は前方後方形です。32号墳の方がやや前方部が長く、主丘部は横長の長方形です。30号墳の方は、後方部が正方形に近く前方部はやや短くなっています。両者とも前方部の先端部は、溝で区画されています。副葬品は、墳頂部の埋葬施設から鉄剣（あるいは槍）が出ているほか、こちらでは鏡が出ています。私は32号墳の方が古いと思っていますが、破鏡が出ています。30号墳の方は、ほぼひとつの形に復元できる鏡1面と、鉄剣（あるいは槍）が出土しています。

「刃関双孔鉄剣」について

　次に他の事例と比較してみたいと思います。この神門古墳群・高部古墳群に先行する鉄剣にはどういうものがあるか、全てを集成した訳ではなく代表的なものをピックアップしたに過ぎませんが、第1図として東日本の主な資料を載せてみました。

　ここ神奈川県の王子ノ台遺跡の5号方形周溝墓から出土しているのが典型的な事例で、「刃関双孔鉄剣」と呼ばれている鉄剣です。長さは26cm程度です。「刃関双孔」とは、茎と身（刃）との間の部分を「関」と呼びますが、そこに孔が2つ開いているという特徴をいいます。東日本においてこの鉄剣は、弥生時代の後期に集中しておりますが、古くは弥生時代中期から九州地方で既に存在します。まさに弥生時代を代表する鉄剣といっても過言ではな

東日本における古墳の出現

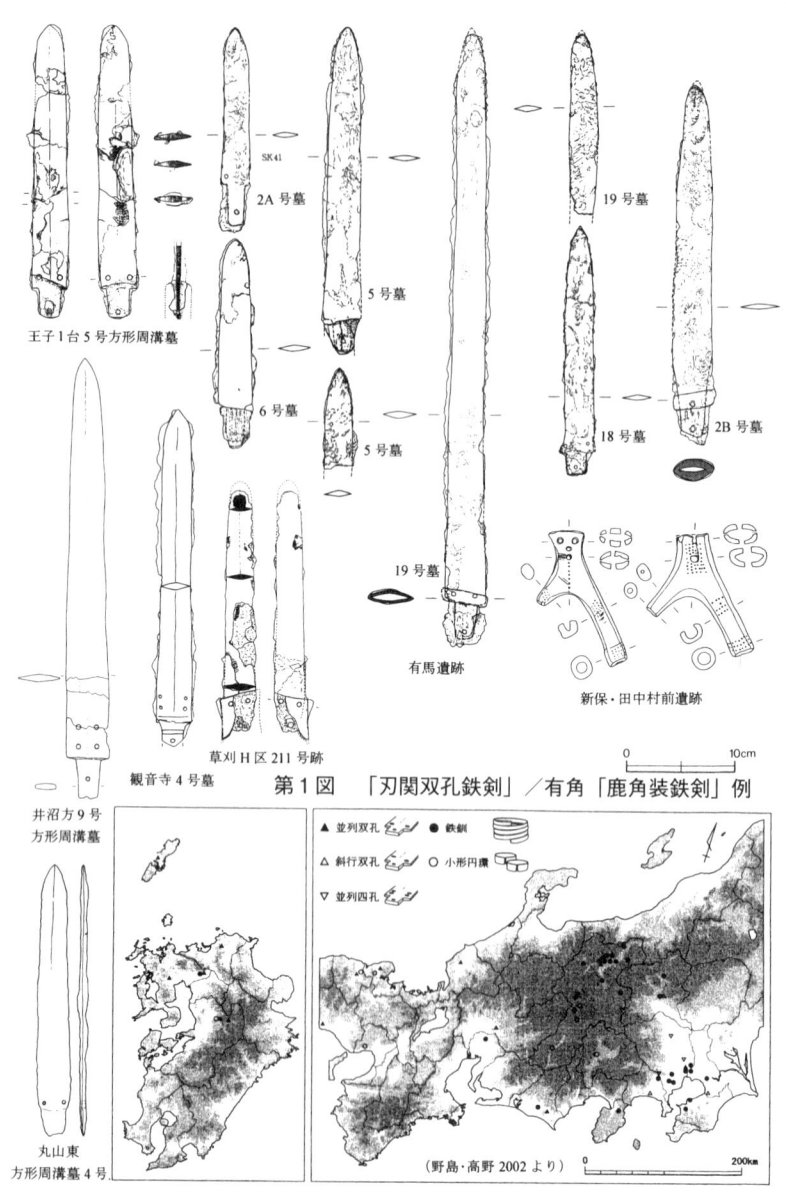

第1図　「刃関双孔鉄剣」／有角「鹿角装鉄剣」例

第2図　刃関双孔鉄剣と鉄釧・鉄製小形円環出土地（弥生時代後期後半〜終末期）

いと思います。

　このようなタイプの鉄剣と類似した事例として、群馬県渋川市の有馬遺跡例があります。この遺跡は弥生時代後期の墳墓群で、各墳墓から1ないし2本の鉄剣が出土しています。剣はいろいろな特色を指摘できます。19号墓や18号墓の例は刃関双孔をもっております。19号墓の例は長大で50cm以上もあります。ちなみに出土している土器は樽式土器で、中部高地の箱清水式と非常に近い関係にあると考えられています。

　この刃関双孔鉄剣は、弥生時代を代表する剣と考えてよいと思いますが、高崎市の新保・田中村前遺跡の報告書で、金子浩昌さんは鹿の角をカットして作った「拵え」が着くのであろうと推定しています(第1図)。平塚市の王子ノ台遺跡5号方形周溝墓の資料では、実際に装着した跡が見つかっています。斜めに着いており、これはどうやって装着したんだろうと、それまでは皆、首をひねっていたのですが、金子さんの報告で明快になりました。第1図に示した新保・田中村前遺跡資料などが典型的な資料群ですが、まさに刃関双孔鉄剣にふさわしい拵えとなっています。しかしこのような柄を着けるのは、刃関双孔鉄剣に限りません。茎の短い鉄剣が、ほとんどこの柄ではなかったかと考えたのは、奈良国立文化財研究所の豊島直博さんです。豊島さんはこれらを総称して「鹿角装の鉄剣」と呼んでいます(豊島2003a)が、私もそれらの柄が鹿角で間違いないと思っています。

　この剣をどのように握るのかというと、剣身に対してまっすぐ柄が着くわけではなく、斜めに握りが付く形になっており、「ピストルを握るような形」にしか握れないようです。このような握り方は、朝鮮半島や中国では見られない特有の形です。この剣がどこで作られたのか、日本列島で作られたのかということですが、豊島さんは鉄剣に、もともと双孔が開けられていたものか疑問としていますが、一方で開けられていた可能性も捨てきれないとしており、いずれにしても、むき身の状態…拵えをつけない状態で流通していたのではないかと推定しています。そしてこちら側(消費地)で使う時に、拵えを作って使ったとしています。

　私も(拵えに関して)そうだろうと思いますが、興味深いのは、この刃関双孔

鉄剣、双孔を開けていること自体、鹿角装の拵えと何ら関連性がないのではという点です。典型的なのは、先の王子ノ台遺跡の資料です。第1図をよく見ていただきたいと思います。鹿角の端が双孔の縁にかかるというような形ですが、片方の孔は完全に出ており、片方は縁にかかっています。これではヒモでくくったり、目釘を通すとしても不都合だと思います。むしろ双孔が開いているかどうかは、最終的にはあまり関係なかったのではないでしょうか。孔に合わせたような柄をたまたま着けているのでは、と考えさせられる資料です。よって新保・田中村前遺跡から出ております鹿角柄も、双孔に合うものもございますが、縦に2つの目釘孔を開けているものもあり多様です。有馬遺跡から出ているものを単純に比較しても、長さが20cm前後の小さいものから、54cmぐらいのものまで非常に多様であり、あまり身の本体には規格性や計画性がなく、多様なものが寄せ集められたような状態です。それが最終的には、一定の規格性に基づく柄を着けられ、副葬されていると考えたいと思います。

呑口式の鉄槍・鉄剣について

　次に前述の高部古墳群と神門古墳群から出ている呑口式の拵えをもつ鉄剣を取りあげたいと思います。「呑口」というのは、茎から関の部分まで「ヘビが呑み込んでいる」ような形態の拵えです。これについては、小林行雄先生の規定が今も生きており、「槍の装着方法」であると考えられています。おそらく大部分は槍であろうと考えます。この呑口式の鉄槍の主なものを集めてみました（第3図）。これについても前述の豊島さんや、福島大の菊地芳朗さんが装着方法を詳しく分類しています（豊島2003b・菊地1996）。菊地さんの方が詳しく検討していますが、4つあるいは2つの板を…菊地さんは3つともおっしゃってましたね…挟むような形で、茎の左右から固定するとされています。

　ここに載せましたうち、拵えがよく残っているものは全て漆が残っており、豊島さんによりますと、糸巻の範囲が山形部分の頂点までいくのか、底辺で終わっているのかで2型式あるとされています（第4図）。あらかじめ糸

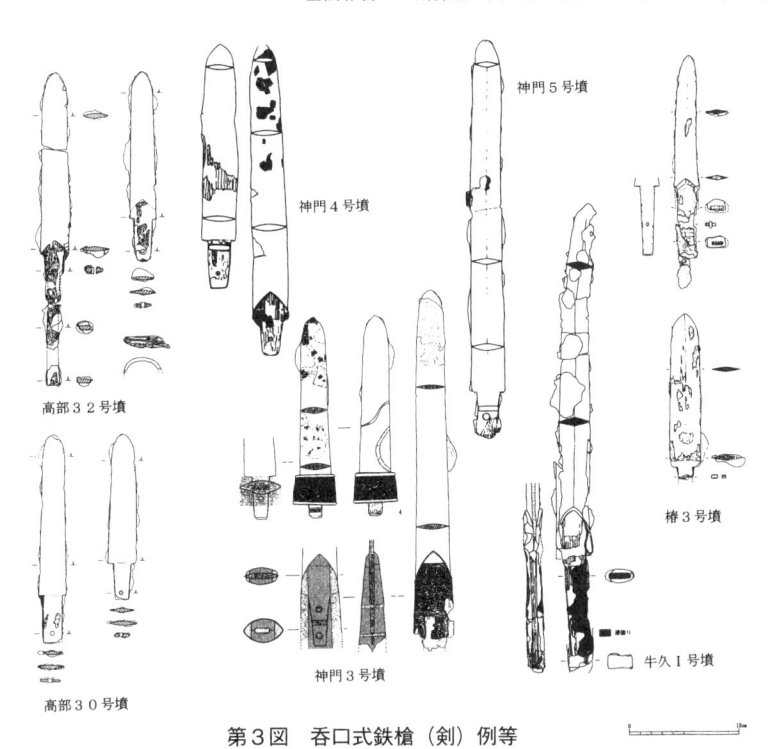

基調報告4　副葬品―剣・鏃・鏡などを中心に―（田中）

神門5号墳

神門4号墳

高部32号墳

椿3号墳

牛久I号墳

高部30号墳

神門3号墳

第3図　呑口式鉄槍（剣）例等

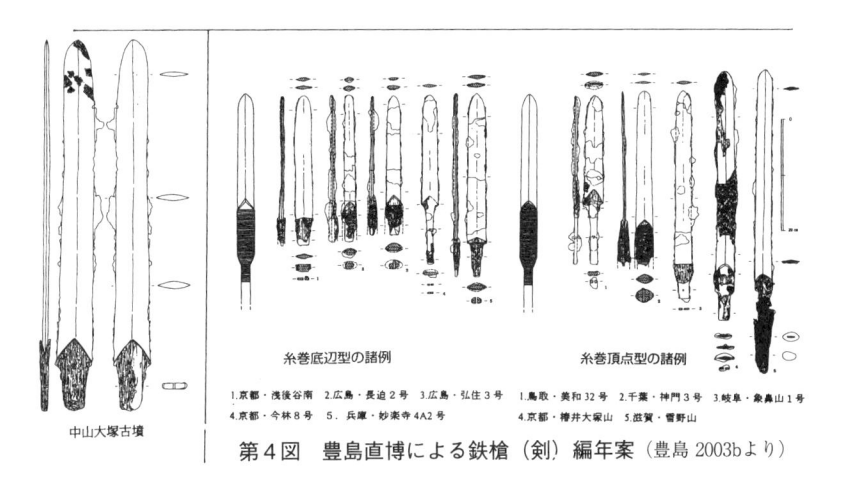

中山大塚古墳

糸巻底辺型の諸例

糸巻頂点型の諸例

1.京都・浅後谷南　2.広島・長迫2号　3.広島・弘住3号
4.京都・今林8号　5.兵庫・妙楽寺4A2号

1.鳥取・美和32号　2.千葉・神門3号　3.岐阜・象鼻山1号
4.京都・椿井大塚山　5.滋賀・雪野山

第4図　豊島直博による鉄槍（剣）編年案（豊島2003bより）

巻をしておいて、山形に削り出す「糸巻頂点型」の方が新しいと考えられています。

　この槍がどのような地域から出ているのか、実は東北・関東地方に多く、特に千葉県に集中しています。第3図には基準となるような資料を載せてありますが、神門・高部のほか君津市椿3号墳、今回『千葉県史』で紹介した市原市牛久Ⅰ号墳出土のものなどがあります(松浦・田中 2003)。この牛久の資料を詳しく見ていただきたいんですが、非常に長い茎を持っています。糸巻の最後の部分位まで茎となっています。糸巻の下側にも漆がついており、やや丸みを帯びて終わっていく形状をしています。端部の断面は長方形をしております。このようなものは「槍の拵え」と考えにくいのではないかと思っています。私は、呑口式の剣もあるのではないかと推定しています。

　このように呑口式の装着方法には、非常に規格性があるようにみえますが、槍と剣があったり、あまり厳密な規格をもっているわけではないのではと考えています。

　それからその茎の長さに触れましたけれども、高部32号墳や牛久Ⅰ号墳は長い茎を持っています。これに対し、神門4号墳は短い茎です。それから椿3号墳、第3図の上の呑口式は長い、神門3号墳は短い、というように茎の長さはまちまちです。しかし、拵えはほとんど同じです。身の長さもまちまちであることも含め、決して高い規格性をもって作られているわけではないと考えています。ここにも「寄せ集めたような雰囲気」を感じざるを得ないと考えております。

精製された鏃の出現について

　次に鏃の話に移りたいと思います。第5図は千葉県文化財センターの『研究紀要21』で示した柳葉形鏃の編年ですが、この編年観を前提として進めます。従来より「副葬される鏃」は「階層性が強い」という主張があります。

　ところで、かつて「銅鏃から鉄鏃に変わる」という想定がありました。この背景には、青銅器時代ないしは金石併用時代から、鉄器時代に変わるというような時代観があったと思われます。しかし実際の資料はそうではなく、

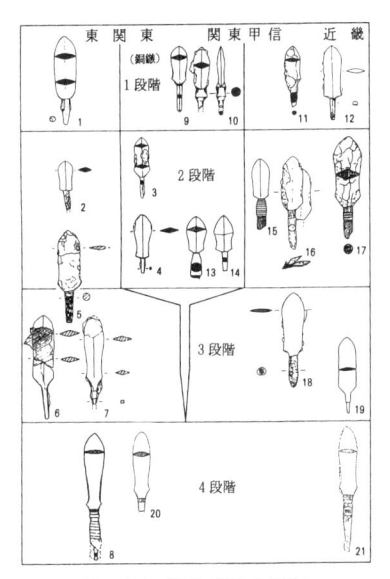

基調報告 4　副葬品―剣・鏃・鏡などを中心に―（田中）

第5図　柳葉形鏃の編年

1 神門3号墳　2 北ノ作1号墳　3 狐塚古墳　4 能満寺古墳　5 桜塚古墳　6・7 上出島2号墳　8 海保2号墳　9～11 弘法山古墳　12 中山大塚古墳　13・14 山王寺大桝塚古墳　15 前橋天神山古墳　16 森将軍塚古墳　17 桜井茶臼山古墳　18 和田東山3号墳　19 櫛山古墳　20 北椎尾天神塚古墳　21 和泉黄金塚古墳

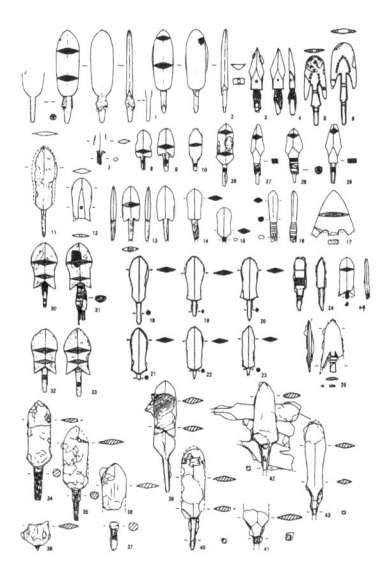

第6図　前期古墳出土鏃（東関東の例）

1・2 神門3号墳　3・4 神門4号墳　5・6 神門5号墳　7 滝ノ口向台9号墳　8・9 飯郷作1号墳（盛土内）　10 高部32号墳　11・12 椿3号墳　13～16 北ノ作1号墳　17 北ノ作2号墳　18～23 能満寺古墳　24 神田3号墳　25 釈迦台古墳　26～29 岩瀬町狐塚古墳　30～33 丸山1号墳　34～38 桜山古墳　39～43 上出島2号墳　44 牛久Ⅰ号墳

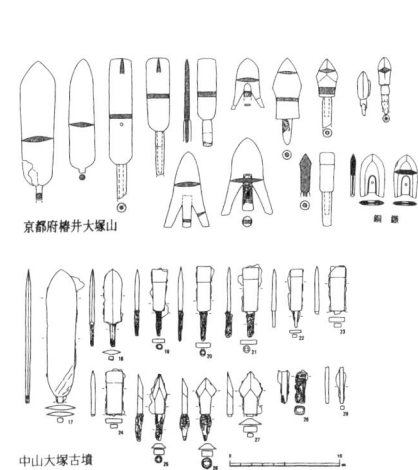

第7図　前期古墳出土鏃の組合せ

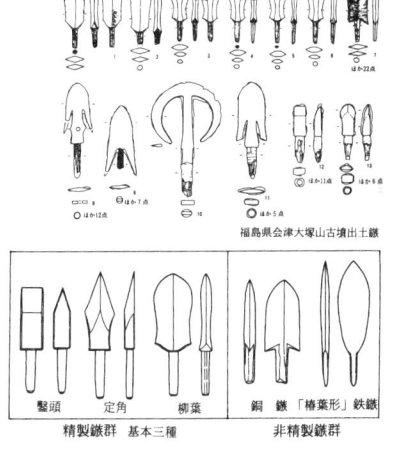

第8図　側面観の相違

105

むしろ鉄鏃が先行しているのではないかとなり、現在に至っています。

　この点を整理しました岡山大の松木武彦さんは、古墳時代の最初、銅鏃も鉄鏃も全く同じ形のものを含んでおり、銅・鉄と材料の違いはあるが、型式学的には一緒に扱うべきものと考えました。その中で、別素材でも同様に製作されるものは「稜」がはっきりする鏃であることを指摘しています。松木さんの作られた第9図では、A類とB類と分けられていますが、A類は鎬などの稜をもたないもの、これに対してB類はしっかりした稜をもっているものです。銅鏃は基本的にはB類となります。もちろん鉄鏃にもB類があります。このB類は、古墳時代になり、規格性をもった宝器として作られた鏃と考えられます。

　下の表は松木さんが『雪野山古墳』の報告書で提示したものです。そこでは、底流として稜をもたない鉄鏃が弥生時代後期から流通しており、それに対して権威をもたせるような形で作られ始めたのが定角式などの一部の有稜系鏃と説明しています。例えば九州の福岡県津古生掛古墳とか、山口県国森古墳などを挙げており、千葉県市原市神門4号墳の定角式鉄鏃もこれに含まれます。

　これらを古墳時代の開始期より少し遡る時期と考えるか、古墳時代に含めるかはともかくとして、やや先行的な、土器型式では庄内式併行期に該当するものと思われます。その後、ヤマト政権が「その上に君臨させるもの」として作ったのが柳葉形を代表とする有稜系鏃で、段階を経て体系化、完成されたものになっていくと整理されます。

　私は古墳時代前期の副葬鏃のセットを重視しますので、少し後の時期になりますが、福島県会津大塚山古墳のセットを見てみたいと思います（第8図）。その南槨のセットですが、全部載せる余裕がございませんので一部を載せてあります。銅鏃には柳葉形、その中に複雑な鎬を持っているものもあります。鉄鏃には、いろいろな種類がありますが目立つのは鑿頭形です。また定角式鉄鏃もあります。これらは靫の中に入ったような形で副葬されており、良好なセットと判断されます。これら（3タイプ）が基本的なセットになり、その他に円形をしたものとか、平根鉄鏃が含まれています。

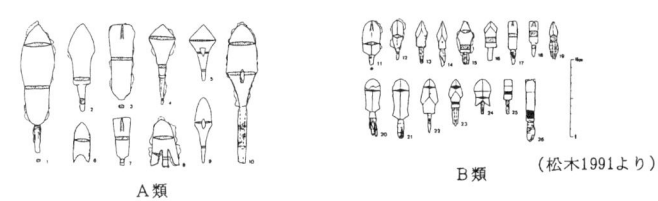

基調報告4　副葬品―剣・鏃・鏡などを中心に―（田中）

A類　　　　　　　　　　B類　　（松木1991より）

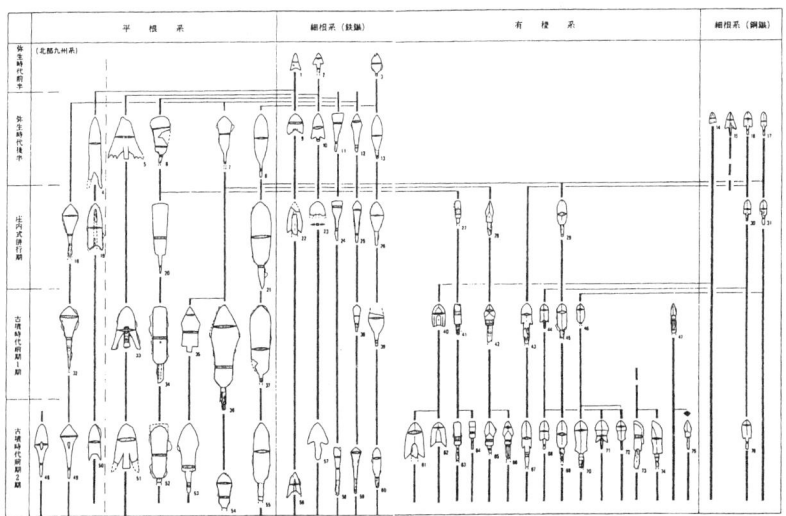

鏃の系統と変化

第9図　各種副葬鏃の出現時期と構成（松木1996より）

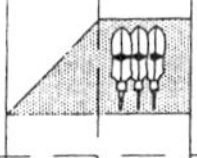

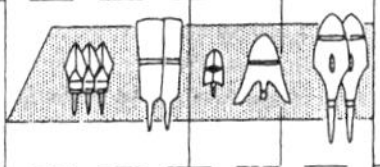

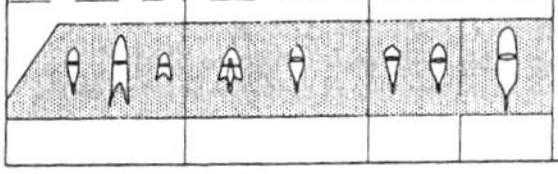

107

古墳時代の銅鏃は柳葉・定角・鑿頭の３タイプが基本です。この３タイプに共通する特徴は、側面観が違うことです。横から見ますと関の部分、茎と身入りの部分をしっかり削って起伏のある豊かな形としています。それに対して弥生時代からの銅鏃は、あまり研磨せず、平坦な形をしております。「稜」はもっていますけど、これは鋳造品だからと考えられます。いずれにしても精製度は低いものです。鉄鏃に関しましては鍛造ですから、むしろこのような作り方に揃えるのは大変です。ですから、従来の鉄鏃にこのような側面観をもつものはないということです。古墳時代に入り、この柳葉形鉄鏃が出てくることが、大きな意味をもっています。この３タイプの精製鏃、それに緑色の石を使った鏃も含め、「精製鏃群が成立」したことにより、１つのセットが組み上げられたと考えております。

　この柳葉形の系譜について、やや後の時代のものですが、形象埴輪に靫形埴輪というのがあります。これは前期後半にならないと出現してきませんが、そこに表現されるのは主に柳葉形です。そして中期初頭に鳥舌形あるいは長柳葉形に変化します。これは柳葉形系を踏襲した鏃であろうと思われ、柳葉形が祭式の中心に位置し、重要視された鏃であり、その成立は大きな意味を持っているんだと推定されます。（柳葉形鏃の成立と）同時に基本的な３種を含む祭りのセットが完成するのだと考えます。その成立した時期というのが、私の編年の１段階、共通編年に完全に一致するかどうかは自信がありませんが、１期となります。ちなみに２段階は、２～３期に該当します。２段階は古相と新相とに分けることができますが、このような対応関係になっています。

鏡について

　最後に鏡について少し触れてみたいと思います。実は鏡は、弥生時代の副葬品として、関東・東北では基本的に存在しないものです。昨日小林先生が講演の中で、周溝出土のものが２例ほどあると紹介していましたが、おそらくそれ以上はないと思います。主体部から出ているものを私も知りません。そういうことで、もともとないものであり、神門古墳群からも出ていません

ので、この時期ではもう出ないものだと考えかけていました。しかし1993年から木更津市で調査されました高部古墳群、これは前方後方墳ですが、そこから出たということで、大変に驚きました。高部32号墳では斜縁獣文鏡が出土しました。斜縁とは三角縁に近い縁であり、これは破鏡です。周辺を磨いた破片で、割れた状態で流通したと考えられています。高部30号墳はほぼ完形に復元できますが、主体部の中で割られたような状態で出土しています。しかし一生懸命に探しても、どうしても一部が見つかりませんでした（P. 143 第2図）。

　前方後方墳の故郷がもし東海にあるとして、「破鏡と破砕鏡を副葬する風習」も東海にあるのかといいますと、今のところちょっと厳しいのが現実です。副葬の様相が最も似ているのは、京都府園部町にある黒田古墳です。鏡の種類は違いますが、割って副葬されています。やはり破片が1つ見つからなかったとされています。これは偶然かもしれませんが、類似した副葬のされ方をしております。黒田古墳というのは「前方後円形の墳丘墓」または「古墳」ですので、高部のような前方後方墳に、黒田古墳と類似したものが入ることは、何か交錯した印象を受けます。

ま と め

　土器も一緒に検討すればもっとはっきりするのですが、時間があまりありませんので、割愛させていただき、まとめに入ります。

　もし「前方後円形」が西側…すなわち大和あるいは大和・瀬戸内連合を代表する墳形だとしても、それを採用した神門古墳群では鏡は出土していません。逆に「前方後方形」を採用した高部古墳群は、鏡を出土しています。出土した斜縁獣文鏡・斜縁神獣鏡という鏡群については、筑波大学の川西宏幸さんが1992年に考察しておりますが、分布の中心は九州から、中国地方ないしは近畿の方へ移ってくる時期の鏡種と推定されています。瀬戸内沿岸・大和の管理下に置かれたものではないか、と考えられる鏡群です。やはり、非常に交錯した状況です。この状況は土器の様相からも、よくわかります。すると神門古墳群は前方後円形であるから大和に直結するというように単純に

解釈したり、「西か東か」というような「二者択一的な考え方」では、とても割り切れないと考えられます。

では、どのように考えたらいいかというと、まだ思案中の部分もあります。あえて言えば「混在していること、交錯している状況」は普通に考えれば、珍奇な高価な物から、鉄器などの必需品まで、多方面から手に入れていたのでは、と予想しています。各地域としては、とにかく手に入りさえすれば、入手先はどこでも良かったのかもしれないともいえそうです。したがって各地方は努力して、この交通ルートを確保しているのではないか。その表れがこの交錯状況ではないかと考えています。

もう時間がありませんので、これを結論とさせていただきます。

(たなか　ゆたか／千葉県文化財センター)

〔図の出典〕掲載順

大村　直　1984「石鏃・銅鏃・鉄鏃」『史館』17

川西宏幸　1989「古墳時代前史考―原畿内政権の提唱―」『古文化論叢』21　九州古文化研究会

川西宏幸　1990「儀仗の矢鏃―古墳時代開始論として―」『考古学雑誌』76―2

金子浩昌　1994「新保田中村前遺跡出土の骨角製品」『新保田中村前遺跡Ⅳ』第4分冊　財団法人群馬県埋蔵文化財調査事業団

豊島直博　2003a「弥生時代の鹿角装鉄剣」『東国史論』18　群馬考古学会

豊島直博　2003b「ヤリの出現」『古代武器研究』4　古代武器研究会

田口一郎　2002「金属器・玉類副葬の北関東弥生墳墓」『月刊考古学ジャーナル』491　ニューサイエンス社

日高　慎・田中　裕　1996「上出島2号墳出土遺物の再検討」『岩井市の遺跡』Ⅱ　岩井市史編さん委員会

田中　裕　2000「編年的研究にみる前期古墳の展開」『千葉県文化財センター研究紀要』21　財団法人千葉県文化財センター

野島　永・高野陽子　2002「近畿地方北部における古墳成立期の墳墓 (3)」『京都府埋蔵文化財情報』83　財団法人京都府埋蔵文化財調査研究センター

松木武彦　1991「前期古墳副葬鏃の成立と展開」『考古学研究』37―4

松木武彦　1996「前期古墳副葬鏃群の成立過程と構成―雪野山古墳出土鉄・銅鏃の検討によせて―」『雪野山古墳の研究』考察編　八日市市教育委員会

菊地芳朗　1996「前期古墳出土刀剣の系譜」『雪野山古墳の研究』考察編　八日市市教育委員会

基調報告5　土器・埴輪配置から見た東日本の古墳出現

古屋　紀之

はじめに

　最初に発表の概要について、簡単に触れます。まず「土器・埴輪配置」、「祭祀・儀礼」、そういった用語やそれらの関連性について説明します。次に東日本の弥生時代後期から古墳時代前期の各段階の様相を説明させていただきます。最後に各段階の画期と評価について、考えていることを述べます。

土器・埴輪配置および「祭祀・儀礼」について

　では早速、「土器・埴輪配置」という言葉について説明しましょう。「土器・埴輪配置」という言葉は、今までの研究ではほとんど使われたことがないと思います。それは、古墳から出土する土器について、これまでの研究では主に年代が問題になってきたからです。土器がどういう形をしているか、どういう技法で作られているのか、それにより土器の年代を押さえ、古墳の年代を決定していこうということが中心に据えられていました。また東日本においては、埴輪がいつ・どこに広がってくるのかというようなことも、大きな関心事だったと思います。

　ところが古墳というのは本来、葬送祭祀のうちの1つの「要素」として築造されているわけですから、やはり祭祀的な視点を置き去りにするわけにはいきません。そこで私は、土器・埴輪の出土状態、ほんらい古墳に「どのように置かれていたのか」、さらに「置かれていたか、それとも捨てられているのか」、そういう意識の違いは葬送祭祀の中の儀礼行為と関わることであろうと推定し、検討しようと考えました。

　実際に古墳から出土する土器・埴輪には、様々な出土状態があり、たくさ

んの資料を集成すると、ある程度パターンが存在します。このように、発掘調査により得られた具体的な資料から、観念的な祭祀といったレベルに研究をもっていくことが必要です。

　考古学は、物的な証拠を材料として歴史を考える学問ですから、やはり祭祀という精神的あるいは思想的な分野の研究は苦手です。そういう問題をどのようにクリアしていくかが難しい所ですが、私は、葬送祭祀を行った人たちの志向性を、考古資料としてどこかで受け止められないかと考えました。精神的な部分が大きいとはいえ、祭祀の過程で行為として行われる儀礼は、どこかにその痕跡が「物的な証拠」として残っている可能性があると思います。考古学研究者は、そういう過去の人間の「志向性」を「物的な証拠」からなんとか探し当て、研究を進めていく必要があると思っています。

　具体的に「志向性」を読みとるために、古墳から出土する土器にどのような分析をかけていくのかということですが、まず、古墳のどういう場所に土器が置かれているのかという点があります。

　次にどのような種類があるのか。土器の形あるいは用途ですね。煮炊きをする甕なのか、あるいは何かを貯蔵する壺なのか、食器なのかということもあります。

　それから、どの地域のものかという視点も重要です。出土した土器の系譜が、そのまま祭祀の系譜にあたるとは限りません。その情報の流れの源はどこか、ということも参考になります。

　それから出土した土器の状況、土器が完全な形で出てくるのか、あるいは割れていても接合すると元の完全な形に戻るような状態なのか、あるいは破片はあるけれども全然そろわないのか、あるいは細かくバラバラに打ち砕かれたような状態で出るのか。それから、そこに置かれたのか、あるいは投げ捨てられたのか。これも重要な情報になってきます。

　さらに、置かれた物に残る痕跡ですね。どのような痕跡があるのか。意図的に割ると不自然な割れ口が残り、それとわかる場合があります。また火を使った祭祀などを行うと煤が付いたり、あるいは土器の表面が被熱して剥落している場合もあります。そういうものを丹念に追い、多くの事例において先に述べ

た項目の中で共通するものが見出されるようであれば、背後に共通の思想を持った祭祀を想定しても良いと思います。もちろん、その祭祀がどのような信仰に基づくものか、そういう精神的な部分はわかりませんが、「どの時代に、どの地域の祭祀」が東日本に来ているか、その系譜はわかると思います。

今回のシンポジウムのテーマである「東日本の古墳の出現」について、このような「祭祀的側面」から検討したら、どういう系譜を持っているのか明らかにしたいと考えています。

弥生時代後期の飲食儀礼

次に、東日本の土器・埴輪配置について、実際の資料そのものを見ていきたいと思いますが、大きく2つの大きな流れがあると考えています。まず1つめは、弥生時代後期の西日本、東部瀬戸内とか山陰地方あるいは丹後地方などの、弥生墳丘墓の祭祀に系譜が追える一群があります。

第1図をご覧ください。上段には岡山県黒宮大塚墳丘墓を載せてあります。これは「前方後方墳」と言われたこともありましたが、今は2つ並ぶ「方丘墓」だと考えられています。この図では小さい字で「前方部、後方部」と書いてありますが、それぞれが独立した方墳だと考えてください。問題となりますのは後方部と書かれた所です。この平坦部には神社が乗っていますが、竪穴式の石槨が1基見つかっています。その主体部上から、50個体をゆうに超える土器が出土しています（A1）。高杯が大半を占めていますが、中形の細首壺・器台・鉢類、それから小さな甕も伴っています。こういうセット関係の土器類が大量に出土しています。これらは破片になっていましたが、おそらく完形品でそこに置かれたと考えられます。このセットから、多くの研究者は「これは飲食…飲んだり食べたりの儀礼を行った時の土器に違いない」と考えています。

また左下には、島根県的場土壙墓主体部上の土器を載せてあります。その中で多いのは、広口鉢といいますか、甕といいますか、小さい丸底の土器です。

その下は鼓のような形をした器台…、器台とは壺などを上に乗せるための土器ですが、山陰に特徴的な鼓形器台がセットになっています。この両者の土器をつなげるとちょうど高杯のように下に脚がつき、上に物を入れるよう

東日本における古墳の出現

↑岡山県黒宮大塚墳丘墓

↑京都府大山墳墓群周辺第6主体
右下の甕は墓壙内、他は墓壙上出土

←島根県的場土壙墓主体部上

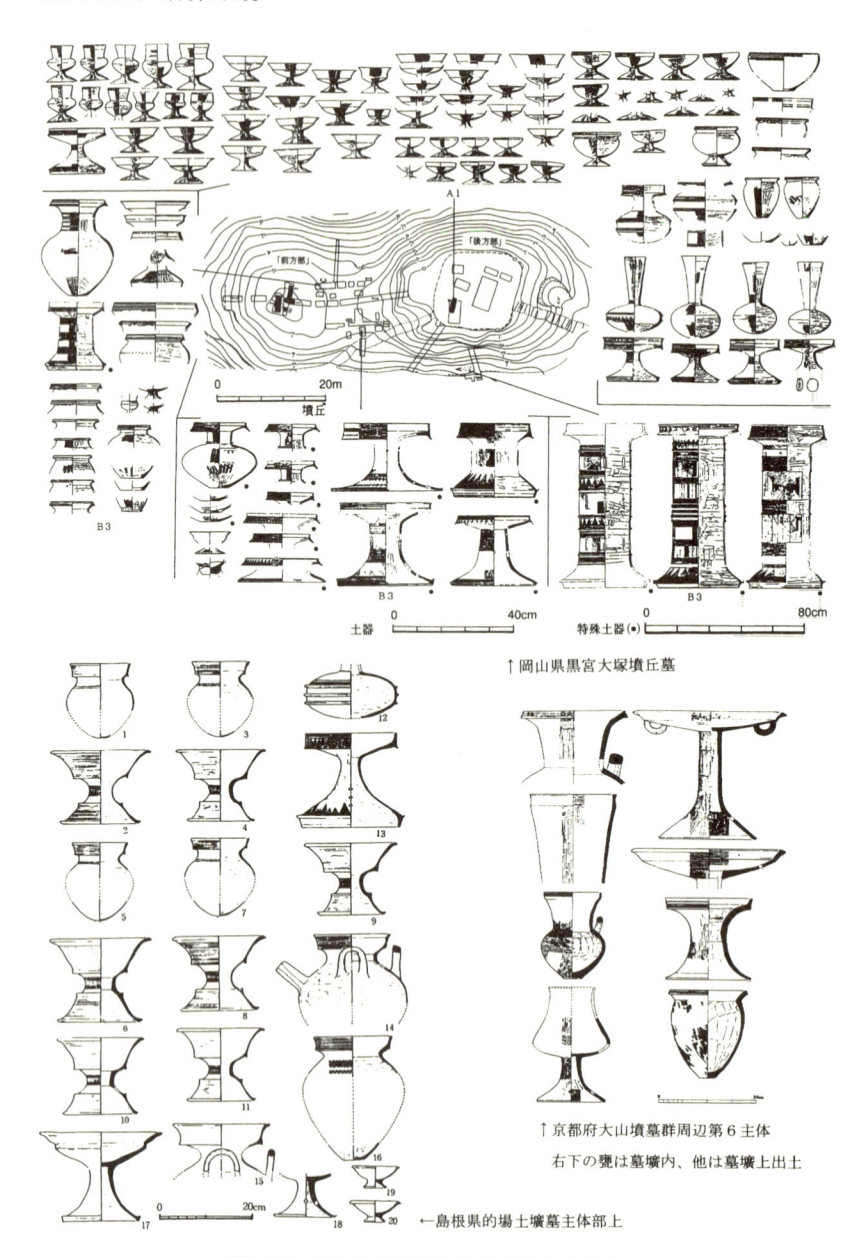

第1図　西日本の後期弥生墳丘墓出土状況

114

になります。地方によって、このように器の種類や形は違いますが、およそ同じような内容の儀礼を行っていたのではないかと考えられます。右下は京都府大山墳墓群ですが、ここでも壺や高杯類が中心になっています。

私はこれらは、葬送祭祀に関して「宴」のようなもの、飲食儀礼が行われ、それに用いられた供膳具であろうと考えています。弥生時代後期においては、たくさんの供膳具が使われた飲食儀礼が行われ、儀礼が終わった後、主体部の上に置くというパターンを想定できると思います。

そして時期が古墳時代に近づいてくると、東日本でも類似したものが出てきます。しかし、そのまま東日本に伝わってくるわけではありません。まず土器の量が減ります。それから器がだんだん実用品でなくなってくるようです。本来「器の底」には孔は開いていません。孔が開いてれば底から内容物がもれてしまいますが、孔を開け始めます。実用品でなくなるとは、このことを指します。最初は何か楔のようなものを当てて木槌のようなもので「打ち欠く技法」で開けていますが、だんだん底の孔を丁寧に丸く開けるようになります。そのうち、どうせ後から開けるんだったら作る時に開けてしまおうと、土器を焼く前に底に穴を開けてから焼くようになります。

このようなものを「焼成前底部穿孔」、それから焼いた後に開けるのを「焼成後底部穿孔」と呼んでいます。

流れとしては、打ち欠き、それから焼成後穿孔、それから焼成前穿孔という順番で変わっていきます。焼成前穿孔になると、これで何か食べたり、物を入れたりすることはできませんので、もはや飲食儀礼に使ったとは考えられません。そういうものとして最初から製作されたものです。

簡単にまとめると、弥生時代の終わりごろから古墳時代の初めにかけ、だんだん供膳具が非実用品になってくる。おそらく最初はちゃんと行われていた飲食儀礼が形骸化し、かつては飲食に使っていたような土器を「仮器化」して墳墓に置く「供献儀礼」へ移行したと理解されます。

埋葬主体部上の土器群

第2図の「土器・埴輪配置類型の分類」としたものをご覧ください。これ

東日本における古墳の出現

は土器・埴輪の配置位置を分類したものです。集中配置というところに「Ａ：墳頂」、「Ｂ：墳頂以外」とありますが、先に取りあげた供膳具あるいはそういう系譜を持つ土器の配置は、だいたいこの２つに該当します。一番多いのは「墳頂の主体部上」(Ａ１)です。主体部上という類型について、新潟の荒木勇次さんが配置位置の分類について、大変いい図を作られておりますので、利用させていただきました(第３図)。主に主体部上とは、この図中のａ・ｂ・ｃが該当します。報告書によっては「土壙埋土中」というような表現をとる場合もありますが、このような出土位置のものを主体部上と言っています。

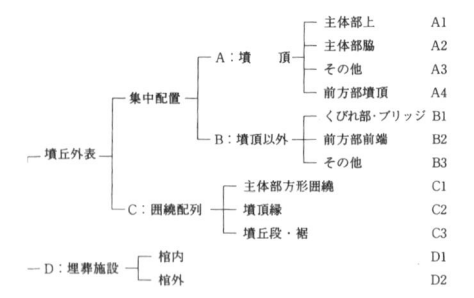

第２図　土器・埴輪配置類型の分類（古屋 2002）

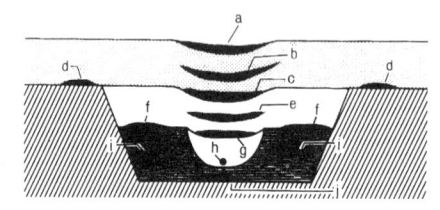

第３図　埋葬施設周辺の土器の出土位置の分類
（荒木 1989）

　第４図を見てください。新潟県の山谷古墳の主体部です。黒丸が土器です。平面的には、ほぼ木棺の内側輪郭に収まっています。そして断面で見ると、ちょうど木棺があったところから出土しています。木棺は腐りますから、その部分の土層が陥没するわけで、上に置いてあった土器が流れ込んでいます。また、そのような窪地は早く埋まり、破片がよく保存されるようです。その他の部分は、削平を受けたりしているでしょうから、主体部上に入っている土器が、当時置かれていた全ての土器であるとは限りませんが、窪んでいるところは、使用された土器が良好に残る場所となります。よって主体部上の土器群は、器種構成を考える時、とても有効な資料であると考えられます。東日本の前期古墳では、このように主体部上に仮器化された供膳具が置

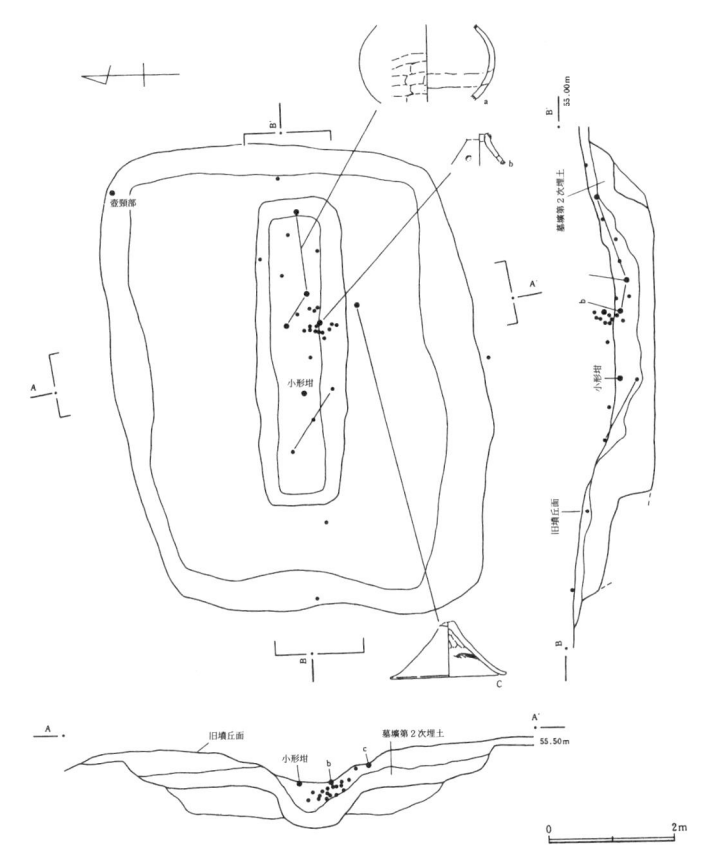

基調報告5　土器・埴輪配置から見た東日本の古墳出現（古屋）

第4図　新潟県山谷古墳主体部上の土器出土状況
（巻町教育委員会・新潟大学考古学研究室 1993）

かれることが多いのです。

壺形土器・埴輪の囲繞配列

　もう一度、第2図に戻ってください。最初に大きく2つの流れがあると申しましたが、もう1つの流れが「C：囲繞配列」です。第5図の岐阜県昼飯大塚古墳の円筒埴輪配列を見てください。これは後円部墳頂の平坦面ですが、周辺に小さな丸で書いてありますのが円筒埴輪です。このように被葬者

117

東日本における古墳の出現

が葬られる所をとり囲むように埴輪を配置することを囲繞配列と呼びます。

　埴輪だけではありません。第6図は群馬県荒砥北原1号墳ですが、陸橋の付いた方形周溝墓です。ここでは二重口縁壺と呼ばれる壺が取り囲むように出土しています（第6図左から9・12・10・8・15・13・11・14）。底には孔が開き、どれも類似しており、規格的な作りとなっています。他の土器はだいたい1カ所にまとまって出ていますが、この壺だけは取り囲むように出ており、周溝に置かれたものではないと思います。おそらく方台部の周辺に並べられ、周溝に転げ落ちたものと推定されます。従来こういうものは、埴輪配列と関連させて評価されてきませんでしたが、その配置方法の共通性をもっと重視するべきだと考えます。

　囲繞配列に使われる器としては、円筒埴輪の他にこういう底部穿孔壺もあると考えて下さい。逆にそれ以外のものを囲繞配列することはありません。こういう囲繞配列といいますのは、基本的に古墳時代になって初めて出てくる配置の型式で、おそらく被葬者である首長が眠る場所を「神聖化」しようという意識が出てくるためではないかと思います。

　逆に囲繞配列するためには、同じものをたくさん作らなければなりません。弥生時代の特殊器台が囲繞配列に対応するためにだんだん粗雑化し、模

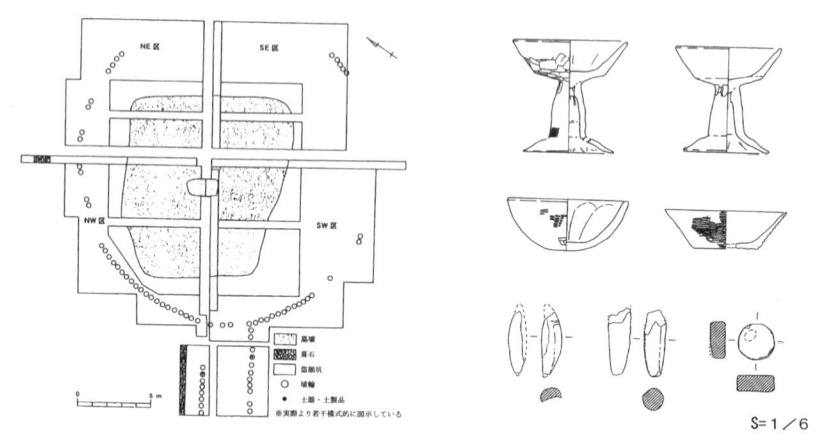

第5図　岐阜県昼飯大塚古墳の後円部墳頂埴輪配置模式図
　　　　および出土土器・土製品（古墳前期後半）

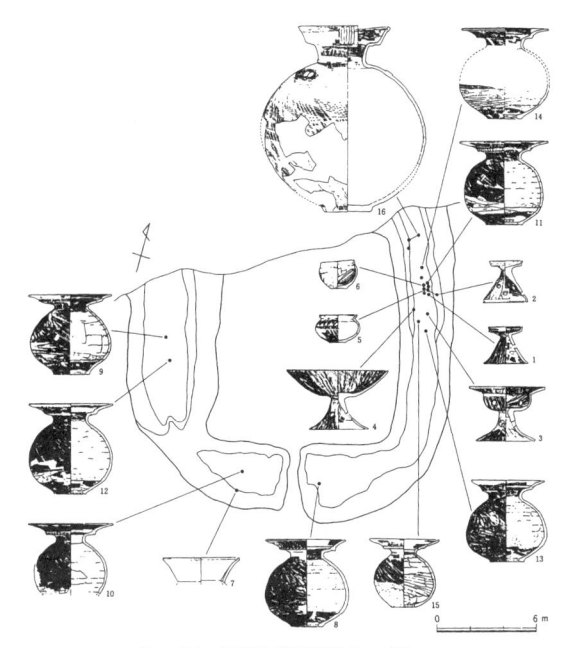

基調報告5　土器・埴輪配置から見た東日本の古墳出現（古屋）

第6図　初期囲繞配列の一例
群馬県荒砥北原1号方形周溝墓（古墳前期前半）

様も省略されてくる過程のなかで、円筒埴輪が創出されるんだと思います。すなわち円筒埴輪が出てきて囲繞配列が出てくるのではなく、囲繞配列のために円筒埴輪が生まれたのではないかと思っています。

　以上の2つがだいたい大きな流れです。

土器・埴輪配置から見た画期

　第7図の分布図を見てください。まず右上の弥生時代後期、これは新潟シンポ編年で1期になると思います。この段階には囲繞配列はありませんが、主体部上に土器を置く例はいくつかあります。特に福井県で多く見受けられます（第8図上）。この時代の福井県というのは、山陰に特徴的に分布する四隅突出型墳丘墓が波及しており、基本的に西日本的な墳丘墓の文化圏にあります。他に三重県高松弥生墳丘墓、それから新潟県屋舗塚(P. 216 コラム4

東日本における古墳の出現

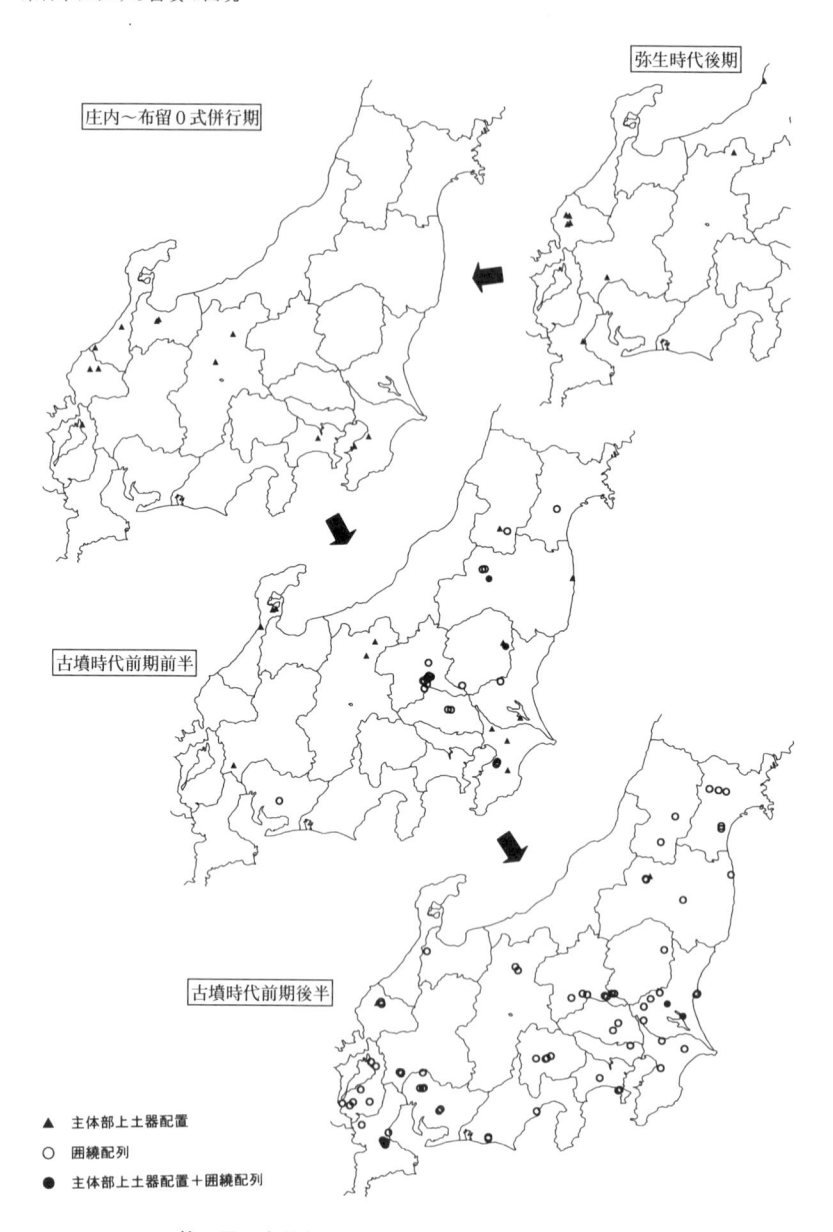

弥生時代後期

庄内～布留0式併行期

古墳時代前期前半

古墳時代前期後半

▲ 主体部上土器配置
○ 囲繞配列
● 主体部上土器配置＋囲繞配列

第7図　主体部上土器配置・囲繞配列の分布の変遷

基調報告5　土器・埴輪配置から見た東日本の古墳出現（古屋）

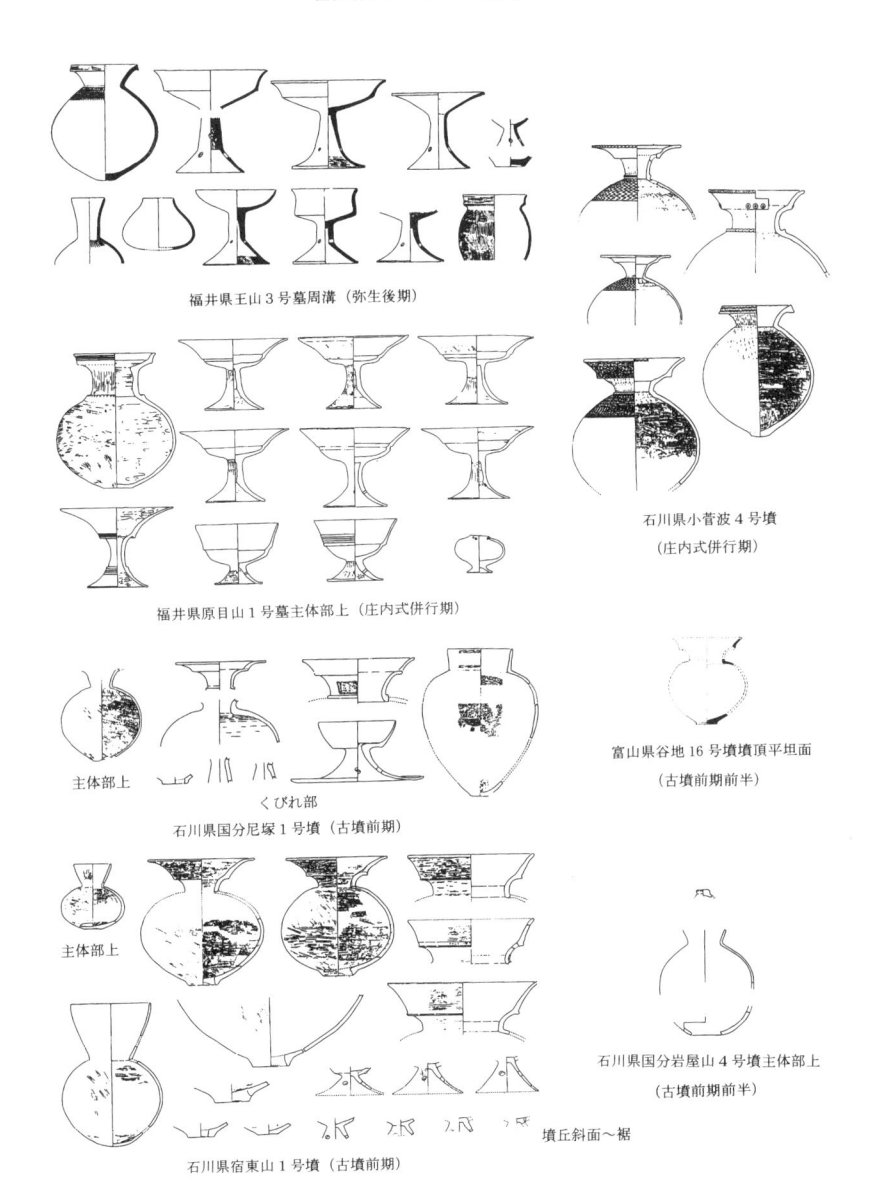

福井県王山3号墓周溝（弥生後期）

石川県小菅波4号墳
（庄内式併行期）

福井県原目山1号墓主体部上（庄内式併行期）

主体部上　　　くびれ部
石川県国分尼塚1号墳（古墳前期）

富山県谷地16号墳頂平坦面
（古墳前期前半）

主体部上

石川県国分岩屋山4号墳主体部上
（古墳前期前半）

墳丘斜面〜裾
石川県宿東山1号墳（古墳前期）

第8図　北陸の墳墓出土土器

東日本における古墳の出現

「新潟県の方形台状墓」参照)、昨日お話がありました長野県根塚遺跡、そういうところで弥生後期墳丘墓の主体部上で土器が出土しています(第9図)。

第9図左上の高松弥生墳丘墓の土器、この段階の東日本では、まだ土器に孔を開けていません。また高杯が主たる役割を担っているようです。西日本の弥生後期の飲食儀礼と共通の儀礼が行われていると考えています。

そして次の段階、庄内式から布留0式併行期、これは新潟シンポ編で2期〜7期古となると思います(第7図上段左)。この段階になりますと、ちょっと変化が起こってまいります。今までは北陸から長野県までが東限でしたが、神奈川県秋葉山3号墳とか、千葉県高部古墳群あるいは神門古墳群で主体部上に土器を置く行為が採用され始めます。

この段階の東日本で、主体部上から土器が出土した事例を第10図に載せてあります。まず滋賀県小松古墳土坑Aの資料です。土坑Aというのは墳頂で確認された土坑です。主体部は未調査ですので、この土坑は木棺の腐食に伴う陥没痕ではないかという考えもありますが、詳細は不明です。現状では墳頂部からこのような土器が一括して出土していることは確実です。壺・高杯の底に孔が開いており、これは焼成前穿孔です。それから千葉県高部古墳群、次の第11図には千葉県神門古墳群を載せています。

これらの土器群を見ていきますと前段階と少し異なっています。装飾された壺、これらは加飾壺と呼ばれていますが…が含まれることが多くなっています。それから高杯が東海系の高杯に変わってきます。もう1つ重要なのは手焙形土器です。昨日青山さんも強調していましたが、手焙形土器がかなりの確率で入ってきます。その3種の土器がセット関係を持って入ってくるのが特徴ではないかと思います。

また秋葉山3号墳の主体部上から、東海系高杯と台付鉢が出土していますが、これらから朱が検出されたとの発表が昨日ありました。この状況は、他の古墳では認められていません。さらに東海系の加飾壺あるいは手焙形土器も入っておりませんので、秋葉山に関してはちょっと違うタイプの儀礼が行われていたのではないかと考えています。

秋葉山3号墳は例外として、このように儀礼の斉一性が出てくる。それか

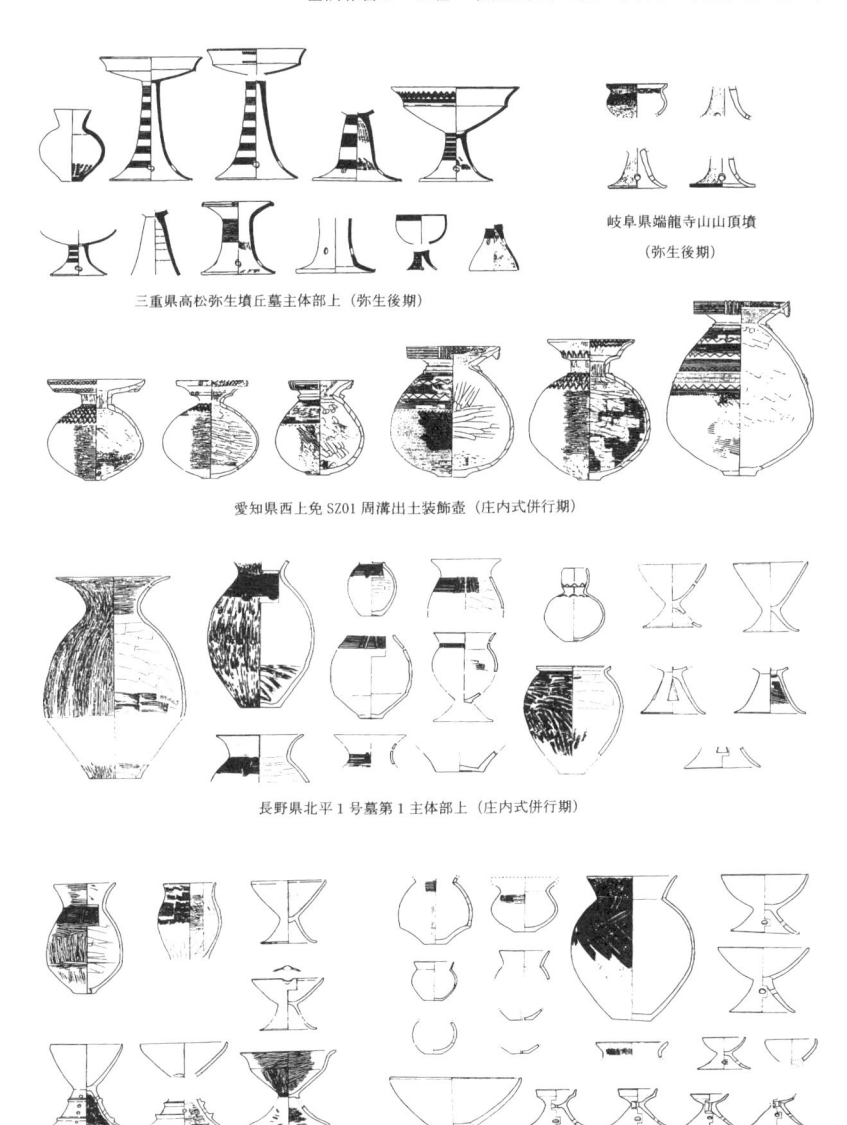

基調報告5　土器・埴輪配置から見た東日本の古墳出現（古屋）

岐阜県端龍寺山山頂墳
（弥生後期）

三重県高松弥生墳丘墓主体部上（弥生後期）

愛知県西上免 SZ01 周溝出土装飾壺（庄内式併行期）

長野県北平1号墓第1主体部上（庄内式併行期）

長野県北平1号墓第2主体部上
（庄内式併行期）

長野県瀧の峯2号墳周溝（古墳前期前半）

第9図　東海・中部高地の墳墓出土土器

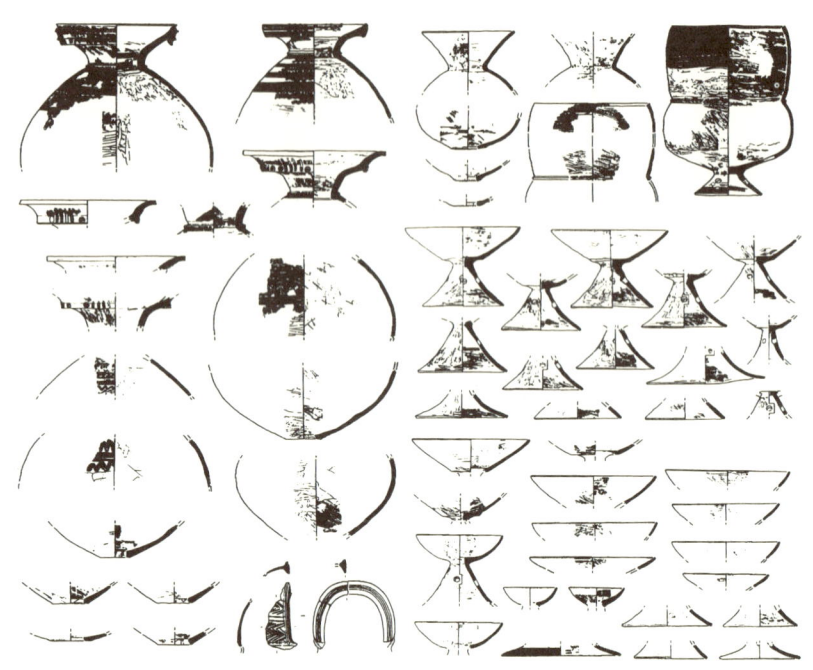

東日本における古墳の出現

滋賀県小松古墳土坑A（布留0式併行期）

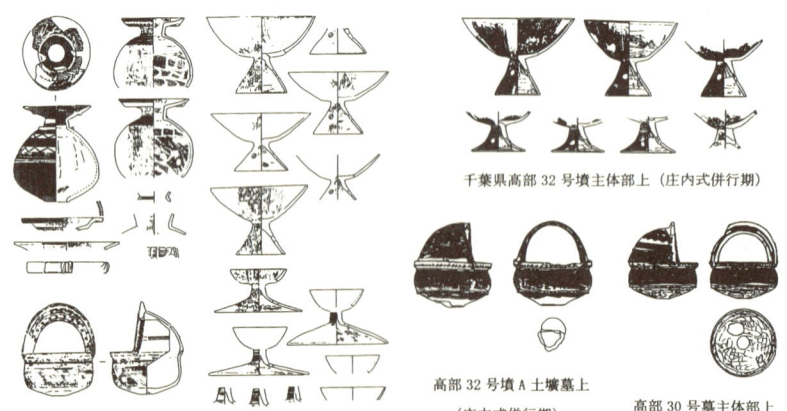

千葉県高部32号墳主体部上（庄内式併行期）

高部32号墳A土壙墓上
（庄内式併行期）

高部30号墓主体部上
（庄内式併行期）

長野県弘法山古墳主体部上（布留0式併行期）

第10図　東日本墳墓出土土器

基調報告5　土器・埴輪配置から見た東日本の古墳出現（古屋）

千葉県神門5号墳出土
（庄内式併行期）

神門4号墳主体部上
（庄内式〜布留0併行期？）

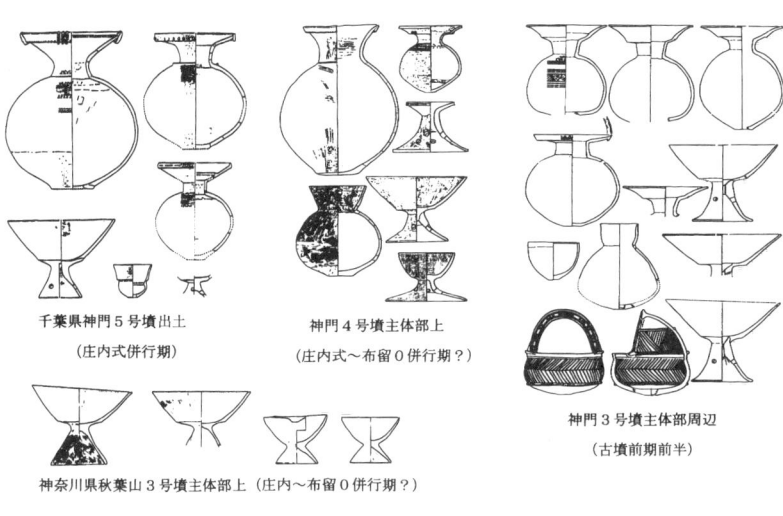

神門3号墳主体部周辺
（古墳前期前半）

神奈川県秋葉山3号墳主体部上（庄内〜布留0併行期？）

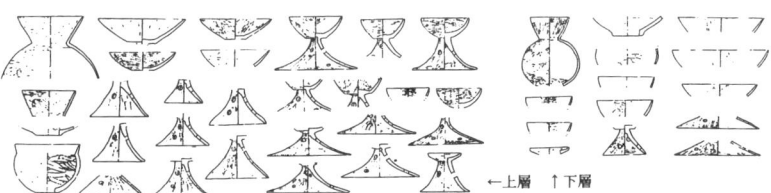

←上層　↑下層

栃木県駒形大塚古墳主体部上（古墳前期前半）

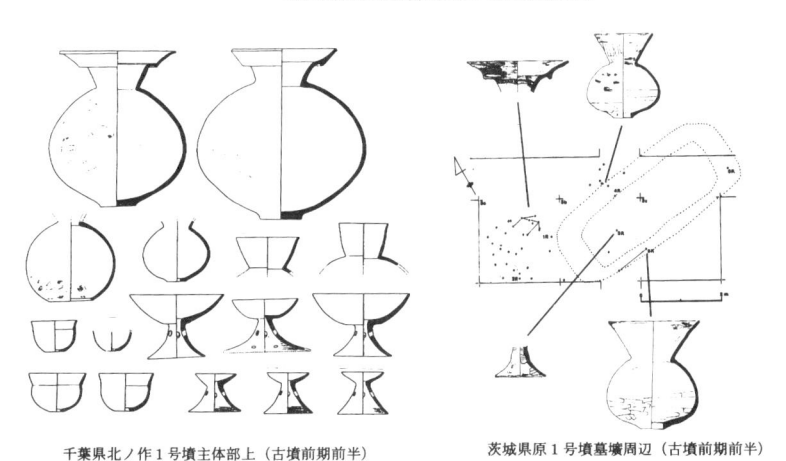

千葉県北ノ作1号墳主体部上（古墳前期前半）

茨城県原1号墳墓壙周辺（古墳前期前半）

第11図　関東の墳墓出土土器

125

ら土器に孔が開き始めて仮器化してくるのが、この段階の特徴です。

次の段階、古墳時代前期前半ですが、また第7図の中段をご覧ください。この段階になりますと囲繞配列が出てまいります。この古い段階の囲繞配列は、群馬県あるいは福島県の会津盆地に集中して出てきます。やはり古墳時代に入り、埋葬施設の周りを神聖化する動きが出てくるんだと思います。

しかし重要なことは、主体部上に土器を置く行為は、ずっと続いているという点です。昨日の小林先生の話にもありましたが、主体部上に土器を置く古墳というのは、主体部の構造が簡単な土壙や、木炭槨であったりします。つまり粘土を用いたり、あるいは西日本のように石を使って石槨を築いたりする「いわゆる畿内的な埋葬構造」を持っていません。このようなタイプの墳墓の主体部上に、土器が入ってくる傾向があると考えております。

そして次の段階、古墳時代前期後半(第7図下段)になりますと、円筒埴輪が東日本で採用され、加えて壺による囲繞配列も各地に広まってきます。それと同時に、主体部上に土器を置くという行為はだんだん行われなくなります。

土器・埴輪配置という視点から、東日本の古墳時代前期を概観してみると、初めは弥生時代から継続して主体部上に土器群が置かれていた。そして、途中から囲繞配列が加わってきて、ゆるやかにその2つが古墳時代前期という時間を通して交代していくんだ、というような状況がみてとれるのではないかと思っています。

ま と め

最後に、各段階の評価をもう一度まとめたいと思います。

まず、最初の画期は千葉県高部古墳群や神門古墳群、あるいは長野県弘法山古墳群のように、突出部を持つ墳丘を持ったお墓が出てくる段階、主体部上に加飾壺・手焙形土器・東海系高杯という3点セットが入ってくることが大きく評価されると思います。

やはり東日本の古墳の出現というものを考える時、この3点セットの起源がどこにあるのかということが非常に重要なことであると思います。それが東海であるという人がいますが、やはり畿内に求めた方が良いという人もい

ます。私は今のところ決定的な証拠は見つかっていないと思っております。

次の段階の古墳時代前期前半に入ってくると、囲繞配列が出てきます。それが最大のことと思いますが、囲繞配列が出てきても、従来の系譜を引く墓制は多分に残っています。この時期、全国的に見ても円筒埴輪を使っているのは畿内あるいは吉備のような限られたエリアです。九州とか東四国といった地域では、壺による囲繞配列に限定されています。特に東四国では畿内系の二重口縁壺を使うのではなく、その地域独自の弥生時代の系譜を引く壺を使って囲繞しています。わたしもかつては、囲繞配列は全国一斉に同じように出現したと考えていましたが、実はそうではなくて、その初期においては未だに地域性が内包されていたようです。

次の段階の前期後半になり、定型化した古墳が出てきますが、円筒埴輪がずいぶん普及します。しかし円筒埴輪が普及しても、東日本的な長胴化した壺というのは囲繞配列に使われ続けます。このような伝統は、東日本ではずっと続いていくのだと思います。

以上、ちょっと早口になりましたけれども、土器・埴輪配置から見た東日本の古墳時代初頭の様相について概観してきました。こういった視点での検討が、他の皆さんの発表資料とどのように絡んでくるのか考え、午後のシンポジウムに生かしたいと思います。ご静聴ありがとうございました。

(ふるや　のりゆき／北区飛鳥山博物館)

〔図の出典〕掲載順
第２図：古屋紀之　2002「古墳出現前後の葬送祭祀―土器・埴輪配置から把握される葬送祭祀の系譜整理―」『日本考古学』第14号、日本考古学協会
第３図：荒木勇次　1989「古墳出土土器とその出土状況」『保内三王山古墳群』三条市教育委員会
第４図：巻町教育委員会・新潟大学考古学研究室　1993『越後山谷古墳』
第５図：中井正幸　1998「岐阜県昼飯大塚古墳について」『土器・墓が語る』第６回東海考古学フォーラム　岐阜大会
　　　　大垣市教育委員会　2003『史跡　昼飯大塚古墳』大垣市埋蔵文化財調査報告書第12集
第６図：群馬県教育委員会他　1986『荒砥北原遺跡　今井神社古墳　荒砥青柳遺跡』
第７図：筆者作成　　※第１・８～11図はそれぞれ報告書より引用し筆者が組みなおした。

東日本における古墳の出現

墳墓名	所在	時期	墳形	規模	配置類型	囲繞配列使用器物
青塚	宮城県古川市	③	前方後円	100?m	C	壺
熊野堂	宮城県加美郡中新田町	③	前方後方	36m	C	壺
大塚森	宮城県仙台市	③	円	46.7m	C2・A1	壺
安久東	宮城県仙台市	②	前方後方	22m	C2?	壺
今熊野1号	宮城県	②	方	24m	C2?	壺
雷神山	宮城県名取市	③	前方後円	168m	C	壺
大塚天神	山形県東村山郡山辺町	③	円	51m	C3	円筒・朝顔
蒲生田山3号	山形県南陽市	②	前方後方	21m	C	壺
蒲生田山4号	山形県南陽市	②	前方後方	21m	C	壺
下小松J-1号	山形県東置賜郡川西町	②	前方後方	17.8m	A1	
天神森	山形県東置賜郡川西町	②	前方後方	75.5m	C	壺
稲荷塚6号	福島県河沼郡会津坂下町	②	前方後方	25.3m	C	壺
男壇1号	福島県河沼郡会津坂下町	②	方	22m	C	壺
鎮守森	福島県河沼郡会津坂下町	②	前方後方	55m	C	壺
亀ヶ森	福島県河沼郡会津坂下町	③	前方後円	127m	C	円筒・壺
森北	福島県河沼郡会津坂下町	②	前方後方	41.4m	C	壺
堂ヶ作山	福島県会津若松市	②	前方後円	84m	C・A1	壺
田中舟森山	福島県耶麻郡塩川町		前方後方?	90m	C	壺・円筒
塩川十九壇1号	福島県耶麻郡塩川町	③	前方後円	16m	A?	
塩川十九壇3号	福島県耶麻郡塩川町	②	前方後方	23.8m	A?	
大安場	福島県郡山市	③	前方後方	83m	C2	壺
本屋敷1号	福島県双葉郡浪江町	②	前方後方	36.5m	A1・B3	
桜井	福島県原町市	②	前方後方	74.5m	C2	壺
星神社	茨城県久慈郡金砂郷町		前方後円	92m	C?	円筒?
三ツ塚	茨城県ひたちなか市	③	円	50.9m	C	長胴壺
鏡塚	茨城県東茨城郡大洗町	③	前方後円	106m	C2	円筒・壺
佐自塚	茨城県新治郡八郷町	③	前方後円	58m	A1・C・D2	円筒・壺
勅使塚	茨城県行方郡玉造町	③	前方後方	64m	A1・C	壺
原1号	茨城県稲敷郡桜川村	②	前方後方	29m	A1・A2	
丸山1号	茨城県新治郡八郷町	②	前方後方	55m	A1	
桜塚	茨城県つくば市	②	前方後方	71m	A1	
岩瀬狐塚	西茨城郡岩瀬町	②	前方後方	44m	C	壺
長辺寺山	西茨城郡岩瀬町	③	前方後円	120m	C	円筒
芦間山	茨城県下館市	③	前方後円	141m	C	壺
駒形大塚	栃木県那須郡小川町	②	前方後方	60.5m	A1	
那須八幡塚	栃木県那須郡小川町	②	前方後方	48m	C	壺
下侍塚	栃木県那須郡湯津上村	③	前方後方	84m	C	壺
上侍塚	栃木県那須郡湯津上村		前方後方	114m		壺
茂原愛宕塚	栃木県宇都宮市	②	前方後方	50m	B1	壺
松山	栃木県佐野市	②	前方後方	44.4m	C	壺
藤本観音山	栃木県足利市	③	前方後方	116.5m	C	壺
小曽根浅間山	栃木県足利市	③	前方後円	58m	C	円筒
朝子塚	群馬県太田市	③	前方後円	123.5m	C1	円筒・器財・家・壺
太田八幡山	群馬県太田市	③	前方後円	84m	C	円筒
屋敷内B1	群馬県太田市	②	前方後方	28m	C	壺
荒砥東原B2号	群馬県前橋市	②	前方後方	15.5m	C	壺
荒砥北原1号	群馬県前橋市	②	陸橋付方	12.5m	B3・C	壺
堤東2号	群馬県前橋市	②	前方後方	25m	C	壺
前橋天神山	群馬県前橋市	②	前方後円	129m	C	壺
朝倉2号	群馬県前橋市	②	円	23m	C	壺
文殊山	群馬県前橋市	③	円	50m	C	壺
川井稲荷山	群馬県佐波郡玉村町	②	前方後円	43m	C?	円筒?

基調報告5　土器・埴輪配置から見た東日本の古墳出現（古屋）

墳墓名	所在	時期	墳形	規模	配置類型	囲繞配列使用器物
下郷SZ01	群馬県佐波郡玉村町	②	?		C	壺
下郷SZ42	群馬県佐波郡玉村町	②	前方後方	12m	C	
下郷天神塚	群馬県佐波郡玉村町	③	前方後方	84m	C	円筒・壺
元島名将軍塚	群馬県高崎市	③	前方後方	96m	C	壺
浅間山	群馬県高崎市	③	前方後円	171.5m	C	円筒・器財
堀ノ内CK-2	群馬県藤岡市	②	前方後方	30.6m	C	壺
堀ノ内DK-4	群馬県藤岡市	③	?	?	C	壺
北山茶臼山	群馬県富岡市	③	円	40m	C	壺
北山茶臼山西	群馬県富岡市	③	前方後方	30m	C	壺
箱石浅間	群馬県佐波郡玉村町	③	方	33m	C	埴輪・壺
諏訪山29号	埼玉県東松山市	②	前方後方	53m	B1	
古凍13号	埼玉県東松山市	②	?		C	壺
熊野神社	埼玉県樋川市	③	円	38m	C2	壺
三変稲荷神社	埼玉県川越市	③	円	25m	C	壺
雷電山	埼玉県東松山市	③	帆立貝	84m	C	円筒
香取神社	茨城県結城郡八代町	③	前方後円	70m	C	長胴壺
上出島2号	茨城県岩井市	③	前方後円	56m	C	長胴壺
鶴塚	千葉県印旛郡中西町	③	円	44m	C	器台形・壺
北ノ作1号	千葉県東葛飾郡沼南町	②	前方後方	21.5m	A1	
杓子塚	千葉県香取郡多古町	③	前方後円	82m	C	長胴壺・朝顔
飯合作1号	千葉県佐倉市	②	前方後方	25m	A1	
能満寺	千葉県長生郡長南町	②	前方後方	74m	A1	
神門5号	千葉県市原市	①	前方後円	38m	A1	
神門4号	千葉県市原市	①	前方後円	47m	A1	
神門3号	千葉県市原市	②	前方後円	47.5m	A1・A2	
今富塚山	千葉県市原市	②	前方後円	110m	C?	壺
根田6号	千葉県市原市	②	円	31m	C2	壺
大厩浅間様	千葉県市原市	③	円	45m	C	
釈迦山	千葉県市原市	③	前方後円	93m	A	
高部32号	千葉県木更津市	①	前方後方	31.2m	A1	
高部30号	千葉県木更津市	①	前方後方	33.7m	A2	
鳥越	千葉県木更津市	?	前方後方	25m	A1	
赤羽台3号	東京都北区	③	方	14.5m	C	壺
長柄・桜山1号	神奈川県逗子市・葉山町	③	前方後円	90m	C	円筒・壺
長柄・桜山2号	神奈川県逗子市・葉山町	③	前方後円	88m		円筒・壺
秋葉山3号	神奈川県海老名市	②	前方後円	?	A1	
小金塚	神奈川県伊勢原市	③	円	47m	C	朝顔
岡銚子塚	山梨県東八代郡八代町	③	前方後円	84m	C	円筒
丸山塚	山梨県東八代郡中道町	③	円	72m	C	壺・円筒
甲斐銚子塚	山梨県東八代郡中道町	③	前方後円	169m	C	円筒・壺
大師東丹保	山梨県中巨摩郡甲西町	③	円	36m	C3	壺
根塚6号木棺	長野県下高井郡木島平村	0	円	—	A1	壺
高遠山	長野県中野市	②	前方後円		A1	
和田東山3号	長野県長野市	②	前方後円	46m	A1・B1・C	朝顔
北平1号	長野県長野市	①	前方後方	17m	A1	
川柳将軍塚	長野県長野市	③	前方後円	93m	C	円筒
森将軍塚	長野県更埴市	③	前方後円	96m	C2	円筒・壺
弘法山	長野県松本市	①	前方後方	63m	A1	
三池平	静岡県清水市	③	前方後円	68m	C	壺
松林山	静岡県磐田市	③	前方後円	107m	C	円筒・壺
高根山	静岡県磐田市	③	円	40m	C	円筒・壺
瓢塚	静岡県掛川市	③	前方後円	63m	C	壺

東日本における古墳の出現

墳墓名	所在	時期	墳形	規模	配置類型	囲繞配列使用器物
新豊院山D1	静岡県磐田市	②		34m	A1	
甲山	愛知県岡崎市	③	円	60m	C	円筒
於新造	愛知県岡崎市	②	帆立貝形	42m	C	円筒・器台形
青塚	愛知県犬山市	③	前方後円	120m	C1・C2・C3	円筒・壺
守山白山	愛知県名古屋市	③	前方後円	90m	C	円筒
中社	愛知県名古屋市	③	前方後円	55m	C	円筒・家
白山藪	愛知県名古屋市	③	前方後円	45m	C	円筒
端龍寺山	岐阜県岐阜市	0	?		A?	
加佐美山1号	岐阜県各務原市	0	方	15m～	B3	
象鼻山1号	岐阜県養老郡養老町	②	前方後方	38m	A1	
矢道長塚	岐阜県大垣市	③	前方後円	87m	C	円筒
昼飯大塚	岐阜県大垣市	③	前方後円	150m	A?・C2・3	円筒・家
遊塚	岐阜県大垣市	③	前方後円	80m	C2・C3	
能褒野大塚	三重県亀山市	③	前方後円	90m	C	円筒
高松	三重県津市	0	楕円	10m	A1	
池ノ谷	三重県津市	③	円	86m	C	円筒
西野3号	三重県一志郡嬉野町	③	円	45m	C	壺
向山	三重県一志郡嬉野町	③	前方後方	71.4m	C	壺
深長	三重県松坂市	③	円	45m	C	壺
高田2号	三重県松坂市	③	円	27m	C	円筒
坊山1号	三重県松坂市	③	円	40m	C	
宝塚1号	三重県松坂市	③	前方後円	95m	C	円筒・家・器財
屋舗塚	新潟県三島郡寺泊町	0	方	11m	A1・B3・D2	
山谷	新潟県西蒲原郡巻町	②	前方後方	37m	A1・B1・B3	
三王山11号	新潟県三条市	②	円	22m	A1・A3	
六治古塚	富山県婦負郡婦中町	①	四隅突出	24.5m	A1	
杉谷4号	富山県富山市	①	四隅突出	25m	A1	
谷内16号	富山県小矢部市	②	前方後方	48m	A3	
関野1号	富山県小矢部市	②	前方後方	65m～	B1・C2	壺
国分尼塚1号	石川県七尾市	②	前方後方	52.5m	A1・A3・B1	
国分岩屋山4号	石川県七尾市	②	方	14.6m	A1	
国分岩屋山6号	石川県七尾市	②	方	11m	A1・A3	
宿東山1号	石川県羽咋郡押水町	②	前方後円	21m	A1・B3・C?	壺
六呂瀬山1号	福井県坂井郡丸岡町	③	前方後円	140m	C	円筒・家・器財
手繰ヶ城山	福井県吉田郡松岡町	③	前方後円	128m	C	円筒・家・器財
袖高林1号	福井県吉田郡永平寺町	①	方	10.4m	B3・D2	
原目山墳墓群	福井県福井市	①	方	30m ほ	A1	
三尾野2号	福井県福井市	②	方	14.6m	A1	
小羽山30号	福井県丹生郡清水町	0	四隅突出	33m	A1	
小羽山26号	福井県丹生郡清水町	0	四隅突出	34m	A1	
片山鳥越5号	福井県丹生郡清水町	0	方	16.5m	A1	
長泉寺西山1号	福井県鯖江市	0	円	13m	A1・D2	
小松	滋賀県伊香郡高月町	①	前方後方	60m	A3	
壺笠山	滋賀県大津市	②	円	48m	C	円筒
日枝社	滋賀県蒲生郡日野町	③	前方後円	31m	C	円筒
安土瓢箪山	滋賀県蒲生郡安土町	③	前方後円	134m	C	円筒
若宮山	滋賀県東浅井郡湖北町	③	前方後円	49m	C	円筒
北谷11号	滋賀県草津市山寺町	③	前方後円	105m	C	円筒
地山2号	滋賀県栗太郡栗東町	③	帆立貝		C	円筒
善所茶臼山	滋賀県大津市	③	前方後円	120m	C	円筒

Column 2

前期古墳の時期区分

大 賀 克 彦

前期古墳編年の現状

　現在、流布している前期古墳の時期区分は、小林行雄による枠組みを原型とするものである。小林行雄による時期区分は、何よりも京都府椿井大塚山古墳（前期前半（古））→大阪府紫金山古墳（前期前半（新））→三重県石山古墳（前期後半）という範例的順序を、三角縁神獣鏡や石製腕飾類の組成変化で表現したものである（小林 1961、小林・近藤 1959）。

　しかし、小林の枠組みは当初より重大な困難を内包していた。それは、範例的順序と三角縁神獣鏡や石製腕飾類に関する小林自身の型式学的理解との間の齟齬を埋めるために、込み入ったシナリオを考案した点に起因する。また、三角縁神獣鏡における特定の同氾鏡の分有関係に必然性を認めたために必要となった、過剰な説明に関しても問題が多い。

　時期区分との関連では、特に、2つの問題を取り上げることができる。第1は、舶載三角縁神獣鏡の製作及び日本列島への流入と舶載三角縁神獣鏡の配布＝古墳時代の開始との間に時間差を創出した点である。この構想に対しては、古くより懐疑的な見解が表明されていた（白石 1979）。第2は、舶載三角縁神獣鏡の中では新相の波文帯鏡群を出土する古墳と仿製三角縁神獣鏡を出土する古墳との時間的関係を明示しなかった点である。というより、石製腕飾類の検討などは、両者の鏡群としての前後関係にも関わらず、事実上、並存するかのような印象を与えるための作業であるようにさえみえる。

　その後の前期古墳の時期区分は、小林の基本的な枠組みを維持する一方で、無視し難い改変が加えられている（和田 1987、広瀬 1992）。まず、小林の枠組みにおいては、古墳時代の始まり＝前方後円墳の出現と三角縁神獣鏡の配布の開始は、同時の現象であると「定義」されていた。しかし、近藤義郎らが、出現期の前方後円墳であることを示す指標として、バチ形に開く前方部や特殊器台形埴輪の存在を導入したことによって（近藤・春成 1967、近藤 1968）、前方後円墳の出現と三角縁神獣鏡の配布の開

131

始との時間的関係は実際的な検討の課題となった。これは、椿井大塚山古墳に付与された特別な役割が、奈良県箸墓古墳へ移管されることをも意味している。ちなみに、椿井大塚山古墳の特別な役割は、奈良県黒塚古墳より大量の三角縁神獣鏡が発見されるに及び、完全に忘却されることとなった。

一方、滋賀県雪野山古墳等の調査を契機として、石製腕飾類の出現が相対的に遡って理解されるようになった。このことは、波文帯鏡群を出土する古墳と仿製三角縁神獣鏡を出土する古墳との時間的関係が、あらためて問題となることを意味している。この点に関しても、紫金山古墳が前期後半の古墳であると明示されたことによって（福永 1996）、一応の解決をみたはずであるが、周知されているとは言い難い。実際には、個々の古墳の時期比定という場面での裁量の余地を広げてしまうという、運用上の困難を生じさせたに留まっている。一応の解決をみたと言えるような状況にはないのである。

時期区分論の前提

もはや言うまでもないことであるが、素朴な基礎付け主義的実証主義以後の認識論の中で、我々が議論しているのは、端的に真なる歴史ではない。前期古墳の時期区分といえども、個々の古墳の真なる時間軸上への配列ではなく、信頼すべき観察の束に対する合理的な説明として採用されたものである。ということは、「合理的な」という判断の基準があらかじめ必要となるのである。一般的な方法論から説く紙幅の余裕はないので、当該期の時期区分に関連する具体的な問題に限定して立場を示しておく。

古墳の時期区分には、特定の遺構や遺物の型式学的変化によるものと、広義の副葬品における組成の異同によるものが存在する。しかし、前者において実際に観察されているのは、特定の遺構や遺物における形状や製作技法等の多様性、後者では共伴関係における偶然とはみなし難い偏りである。そして、それぞれの観察に対して時間の経過という説明が与えられているのである。

まず問題となるのは、2つの観察の存在論である。あらゆる事物が何らかの点で相違するということ自体は自明で陳腐な事柄であり、それにもかかわらず、説明するに値すると主張するには、外的な基準による重み付けが必要である。しかし、共伴関係における偏りという観察は、自律的に説明の必要性を主張することができる。

一方で、それぞれの観察に対する説明の必要性が認められる場合にも、時間の経過という説明が最も合理的な説明であるか、という問題は残されている。特に、遺構や遺物の形状や製作技法は、その製作者によってしばしば明確に異なっている。すなわち、系統差として過不足なく説明することができ、系統差を除去した後には、有意と

判断される形状や製作技法の多様性は大幅に減少する。このとき、時間の経過という説明は単なる余剰物に過ぎない。共伴関係の偏りについても、時間の経過という説明が選択される必然性は存在しないが、組成の構成要素には様々な系統や機能のものが偶然含まれているために、結局、時間の経過以外の合理的な説明を見出せないという場面がしばしば出現するのである。

　こうした理由のために、上記の方法の中では、組成の異同を重視した時期区分を行うこととなる。ただし、筆者の時期区分は特定の要素を優先的な指標とするものではない。そうした見方は、発見の場面と正当化の場面という古典的な区分を無視するものである。

　また、しばしば時代区分と時期区分として表現されてきた問題が存在する。筆者も、時代区分には単なる時期区分の大別という以上の本質的な意味を含む、という理解に賛同する。しかし、そうした時代区分という議論を経験科学として、すなわち資料自体に対する合理的かつ本質的な理解として行い、また、他者との議論が可能であるためには、個々の資料の時間的位置があらかじめ共通の基準によって表現されていなければならない。すなわち、時代区分にかかわるような本質的な内容は、時期区分から切り離すべきなのである。弥生時代と古墳時代や、古墳時代前期と古墳時代中期などといったまとまりも、単なる時期区分の大別単位と考えている点に注意して頂きたい。

　同様に、「古墳」とは、古墳時代の墳墓の単なる総称であるとみなしている。「古墳」をより本質的な意味において使用するという選択も論理的には可能であるが、そのためには、既に「古墳」と呼ばれている多くの墳墓に関して名称の変更が必要となり、名称の安定性を重視する立場とは不調和である。一方で、我々には、例えば箸墓古墳を弥生時代の墳丘墓と考えることを要求するような、いかなる「古墳」や「古墳時代」の定義も受け入れる準備はないと思われる。以上のような、時期区分や表現の安定性の重視と、我々の抱く直観とを両立させるには、前方後円墳の出現≒箸墓古墳の築造を画期として、古墳時代を操作的に区分するという選択が、最も合理的な判断なのである。

前期古墳編年の再構成

　以上のような前提を踏まえて、主に副葬品の組成差からみた古墳編年の再構成を行ったことがある（大賀 2002、同 2003）。ここでは、理想的な組成の変化を第1表、各地域における代表例を第2表に示したが、詳細に関しては前稿を御参照頂きたい。結果として、前期を前Ⅰ期〜前Ⅶ期、中期を中Ⅰ期〜中Ⅳ期、後期を後Ⅰ期〜後Ⅳ期

へと計15期に区分した。もちろん、系統的な区分が不明確なために多くを留保した鉄器類のようにあらゆる要素を網羅したものではない点、個々の古墳から出土した資料自体に回帰した分類的再検討、そして組成的偏りの統計データの提示などといった不備は残されているけれども、精製に値する有望な素案の提示はできたと考えている。前期古墳に関しては、前述した2つの問題についての理解が大きく相違するものとなっている。

　まず、特殊器台形埴輪と三角縁神獣鏡の背反性を認め、古墳時代の開始を端的に表示する箸墓古墳には、三角縁神獣鏡が副葬されていないと推定した。この推定は、箸墓古墳と、位置的にも時間的にも近接し、豊富な副葬品が確認されたホケノ山古墳において、三角縁神獣鏡が出土しなかったことで決定的となったと判断する。これは、小林の想定とは全く逆であった、三角縁神獣鏡に対する画文帯神獣鏡の先行性とも極めて整合的である。古墳時代ではあるが三角縁神獣鏡の出現以前と考えられる墳墓を抽出して、前Ⅰ期を設定し、それと連動して、前Ⅰ期を紀元240年以前に遡るものと考えた。出現期の三角縁神獣鏡にみられる紀年銘と調和的な、段階区分の実数化としては、必然的な判断である。すなわち、古墳時代の開始を明示的に3世紀初頭に求めた点が挙げられる。

　第2に、前期の前半（前Ⅰ期～前Ⅳ期）から後半（前Ⅴ期～前Ⅶ期）への副葬品組成の変化を再確認した。すなわち、波文帯鏡群を含めて舶載三角縁神獣鏡のみを複数枚出土するような古墳からは出土することがないが、古相の仿製三角縁神獣鏡までを含んだ鏡群には既に頻繁に出土する要素が多数確認されるのである。そうした新出要素として、筒形銅器や巴形銅器、すべての滑石製品、新たに開発された均質な緑色凝灰岩を素材とした石製品や太身の管玉、碧玉・瑪瑙・水晶製の勾玉、淡青色のソーダガラス製の小玉、などが挙げられる。三角縁神獣鏡を出土しない古墳を含めても、上記の新出要素は一般的に複数種が同時に出現することから、少なくとも現状の解像度では、仿製三角縁神獣鏡の出現とほぼ同時に一斉に出現するとみなされる。方形板革綴短甲や小型の仿製鏡、もしくは埋葬施設への粘土槨や刳抜式石棺の採用に関しては、波文帯鏡群との有意な共伴が認められるので、上記の要素よりも1段階先行すると判断する。

　以上のように新出の要素の出現時期が特定された結果、とりわけ仿製三角縁神獣鏡とともに出現する要素は種類が多く、また出現頻度も高いために、比較的に副葬品の乏しい古墳を含めて、前期後半に降るという判断を安定させることができる。こうした結論には異論が存在すると思われるが、安易に真なる編年などといった仮想の存在者を持ち出さない、合理的な議論が行われるならば、望外の喜びである。

大賀克彦　2002「凡例　古墳時代の時期区分」『小羽山古墳群』(『清水町埋蔵文化財発掘調査報告書』Ⅴ)
大賀克彦　2003「紀元三世紀のシナリオ」『風巻神山古墳群』(『清水町埋蔵文化財発掘調査報告書』Ⅶ)
小林行雄　1961『古墳時代の研究』
小林行雄・近藤義郎　1959「古墳の変遷」『世界考古学体系』3　日本
近藤義郎　1968「前方後円墳の成立と変遷」『考古学研究』第15巻第1号
近藤義郎・春成秀爾　1967「埴輪の起源」『考古学研究』第13巻第3号
白石太一郎　1979「近畿における古墳の年代」『考古学ジャーナル』第164号
広瀬和雄　1992「前方後円墳の畿内編年」『前方後円墳集成』近畿編
福永伸哉　1996「雪野山古墳と近江の前期古墳」『雪野山古墳の研究』
和田清吾　1987「古墳時代の時期区分をめぐって」『考古学研究』第34巻第2号
(紙幅の都合から、他の参考文献を省略させて頂きますので、拙稿に所収の文献リストを御参照頂ければ幸いです。)

(おおが　かつひこ／奈良文化財研究所)

東日本における古墳の出現

第1表 副葬品組成の変遷

コラム2　前期古墳の時期区分（大賀）

第2表　各地域の古墳編年(1)　(2004.11.4改訂)

	北九州	西南九州	東九州	四国	山陽	山陰	但馬・丹後・丹波	摂津・播磨	河内	和泉・紀伊
前I期	祇園山古墳（総括部1号墳他） 五島山古墳 龍蔵寺2号墳	西ノ本杉9号墳	下原古墳	鶴尾神社4号墳 丸井古墳 小型古墳3号墳	浦間茶臼山古墳 七ツ坑1号墳 国森古墳	椿3号墳 社日1号墳 古城山2号墳	大田南2号墳 国部黒田古墳	裏久山1号墳 緋襷山133号墳 井の端7号墳		忍岡古墳
前Ⅱ期	山鹿ハケ茂古墳 弥生掛古墳 那珂八幡古墳			西山谷古墳 中出勝神8号墳 奥3号墳	都月1号墳 横塚古墳	古城山3号墳 城構神社古墳	森尾古墳 太田南5号墳	権田山151号墳 吉島古墳 西大女塚古墳		
前Ⅲ期	津古鎧塚古墳 原口古墳 石塚山古墳	赤坂古墳		妙見山古墳	朝日谷2号墳 竹島御家来屋古墳 宮ノ州古墳	鍛冶屋2号墳 波頭山古墳		安満宮山古墳 東女塚古墳		
前Ⅳ期	向野田古墳		亀甲古墳	川津茶臼山古墳 新庄天神山古墳	掛迫古墳 緋襷13号墳	大成古墳 鍛冶屋1号墳	城の山古墳	ヘボソ塚古墳 御願山133号墳 権子塚1号墳	真井古墳 玉手山9号墳 万年山古墳	
前Ⅴ期	卵内ハザ古墳 君ヶ崎古墳 浦浜古墳		免ヶ平古墳 潮ノ1号墳	快天山古墳 赤岡1号墳 吉岡神社古墳 殿山111号墳	花見山4号墳 馬寄山古墳 松本1号墳 緋襷14号墳	風山4号墳 造山11号墳 造山3号墳	国郡頂向古墳 カジヤ古墳 大谷山古墳	郷天山1号墳 東女山古墳 将軍山古墳 茶臼山東古墳		
前Ⅵ期	一貫山銀子塚古墳 李部木古墳 山本寺古墳	熊本古墳 西都原13号墳		観音寺山古墳 岩崎山4号墳	柳井茶臼山古墳 造山3号墳 鶴山丸山古墳 赤磐6号墳	上神大将塚古墳 造山1号墳 上野1号墳	城子山1号墳 小型塚古墳	南大塚古墳	スク谷北塚古墳	
前Ⅶ期	老司古墳 小坂大塚古墳 丸隈山古墳 横隈下古墳 井ノ上古墳	城2号墳	鶴塚古墳 御願塚古墳 勧加野地1号方形墳	愛宕山古墳	金蔵山古墳 松崎古墳 白鶴神社境内古墳 妙建寺山古墳 月郷古墳	古墳塚1号墳 北山1号墳 イザ塚6号墳	中山1号墳 神明山古墳 愛宕山古墳	西原1号墳 西原3号墳	駒ヶ谷宮山古墳 津堂城山古墳 鞍塚古墳 鍋塚古墳 松岳山古墳	乳岡古墳 岩3号墳
中I期	久保泉丸山3号墳 馬見塚古墳		葛場塚─13号形陶棺墓 西楠塚4号地下式板石槨 大牟田3号地下式板石槨 浄土寺古墳	築山古墳 世利山古墳 下山古墳		三ツ城古墳 亀山古墳 関塚塚古墳	王塚築山古墳 丹波築山古墳	私市丸山古墳 玉手山堅内古墳 岸ヶ前古墳 霊雲塚古墳 羽差塚塚古墳	小野手塚古墳 アリ山古墳 勅使塚古墳 野中古墳	堺東塚古墳
中Ⅱ期	鶯塚原1号墳		宝来山古墳 新原・奴山1号墳	寶永寺山古墳 鎧山古墳	岩田3号墳 中小田2号墳 四号内小塚1号墳	三天神古墳 造屋敷古墳	今年2号墳 古塚大谷1号墳	豊中大塚古墳 行者塚古墳 新堂築山2号墳	カンス塚古墳 市野山古墳 御墓山古墳	大山古墳
中Ⅲ期	月岡古墳 提幡古墳 灘山古墳 矢切山5号墳	江田船山古墳 関行丸古墳	鶴見古墳	関の権堂古墳 津堀南古墳 白井4号墳 金子山古墳	川上古墳 主獄山古墳 東宮山古墳 三島神社古墳 天元1号墳	金蔵塚古墳 三輪山6号墳 中宮1号墳 長者ヶ平古墳	今林2号墳	沢3号墳	南塚塚古墳 画原大塚古墳 西原太塚古墳 雁塚古墳 南大塚塚古墳	カトンボ山古墳 七観古墳 塚之辻古墳
後I期	山ノ神古墳 塚ヶ坪古墳 岩戸山古墳 島田塚古墳		稲荷塚古墳 横山古墳 オ塚古墳			塚井塚2号墳 上野1号墳 上末築山古墳 岡田山1号墳	今林2号墳			経塚古墳 大谷古墳 岩浜古墳
後Ⅱ期	川島古墳 日挹塚古墳 宮地嶽古墳		古墳古墳	三谷3号墳 三谷1号墳 三谷2号墳	主地山古墳 安養寺1号墳 山元古墳	堀2号墳 泰泰塚古墳			山原大塚古墳	愛宕塚古墳
後Ⅲ期			鬼の岩古墳						芝山古墳	向山古墳 筆木山古墳
後Ⅳ期									金山古墳	

東日本における古墳の出現

第2表 各地域の古墳編年 (2)

資料報告1　房総半島―市原・君津地域を中心に―

酒巻　忠史

はじめに

　おはようございます。木更津市教育委員会の酒巻と申します。

　神門古墳群など古い古墳が集中する西上総は、木更津市・君津市・富津市・袖ヶ浦市からなる（財）君津郡市文化センターの担当している範囲であり、さらに市原市に住んでいますので、私にとって日常的に身近な地域です。私のわかる範囲ではありますが、説明させていただきます。

　今から十数年前のバブル経済の頃から、大規模調査が数多く実施されましたが、君津郡市域の場合、それらの多くが未発表というのが実情です。

　第1図をご覧ください。房総半島の南西部に上総地域がありますが、北から市原市、そして袖ヶ浦市・木更津市・君津市・富津市という君津地域の部分があります。河川は、北から村田川・養老川・小櫃川・矢那川・小糸川・湊川というふうに川が流れており、各河川の流域で区画されたような独立したエリアを形成しています。この河川の流域をさらにA～Lの12の小地域に区分しました。時間が限られておりますので、詳細は第1表をご覧になっていただきたいと思います。

上総各地の出現期古墳の様相

地域A

　一番南側の湊川流域です。富津岬の少し南の方です。この地域は調査例が少ないのですが、前期古墳となりそうなものとして岩井1号墳という円墳があります。出土品はありませんが、立地から可能性が高いと判断しています。

東日本における古墳の出現

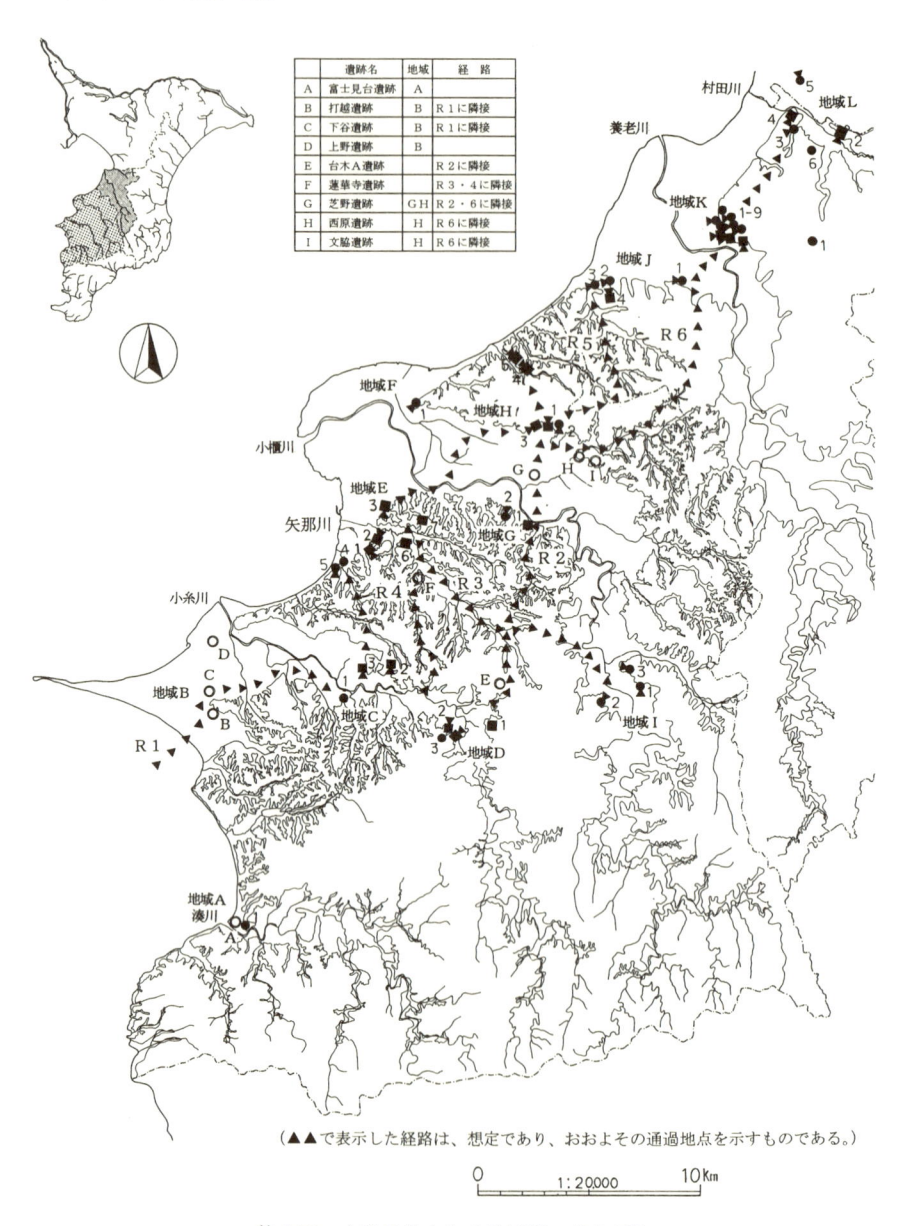

	遺跡名	地域	経　路
A	富士見台遺跡	A	
B	打越遺跡	B	R1に隣接
C	下谷遺跡	B	R1に隣接
D	上野遺跡	B	
E	台木A遺跡	B	R2に隣接
F	蓮華寺遺跡		R3・4に隣接
G	芝野遺跡	GH	R2・6に隣接
H	西原遺跡	H	R6に隣接
I	文脇遺跡	H	R6に隣接

（▲▲で表示した経路は、想定であり、おおよその通過地点を示すものである。）

第1図　古墳の分布と小地域間の想定経路

資料報告1　房総半島—市原・君津地域を中心に—（酒巻）

第1表　古墳の概要

地域	水系	番号	古墳名	墳形	規模	主体部	出土品・調査履歴など
A	湊川流域	1	岩井2号	円	32.4		近接して1号墳（円墳20m）
C	小糸川中流域	1	常代円形周溝墓		8.5〜9.2	木棺直葬	水晶棗玉1・鉄石英管玉3・碧玉管玉4
		2	沖込	前方後方			鉄石英管玉・碧玉管玉・ガラス小玉
		3	道祖神裏	前方後方	56		甕形土器2（周溝内）近接して上の山古墳（15m）
D	小糸川上流域	1	大井戸八木15号	方	28		墳丘測量
		2	駒久保6号	前方後方	42		墳丘測量
		3	駒久保10号	前方後方	49		墳丘測量
		4	駒久保5号	円	30		墳丘測量（近接して円墳20m）
E	小櫃川河口域左岸	1	高部32号	前方後方	32	木棺直葬	（棺内）四獣鏡1・鉄鎌2：（墳丘内）鉄鎌1：（周溝内土坑）ヤリカンナ1・約針1：（墳頂部）高坏6：（周溝内）手焙形土器1・壺3・鉢・甕
		2	高部30号	前方後方	34	木棺直葬	（棺内）二神二獣鏡1・鉄剣1・鉄鎗1：（墳頂部）手焙形土器1：（周溝内）甕・高坏・壺・鉢
		3	鳥越	前方後方	26	木棺直葬2	（第1主体部）碧玉管玉9・ガラス玉78以上・鉄製品・石杵・石臼・赤色顔料・上面より土器（第2主体部）方格規矩鏡・鉄製品・赤色顔料・水晶棗玉有稜葉玉・ガラス玉282以上・上面より土器
		4	鶴ヶ岡2号	円	30		
		5	手古塚	前方後円	60	粘土槨	四獣鏡・三角縁神獣鏡・車輪石・石釧・紡錘車・剣・刀・靴子・銅鏃・鉄鏃・刀子・斧・管玉・ガラス小玉・土器
		6	大山台9号	方	16.2×18.4	木棺直葬	翡翠勾玉・ガラス小玉
		7	西ノ入2号	方	17×14.5		墳丘内より管玉
F	小櫃川河口域北岸	1	坂戸神社	前方後円	62		墳丘測量
G	小櫃川中流域南岸	1	滝の口向台8号	前方後方	53		墳丘より手焙形土器
		2	椿27号	前方後方	40		
H	小櫃川中流域北岸	1	山王辺田2号	前方後円	36		
		2	山谷	前方後円	25.7		
		3	根形台K001	前方後方	40		
		4	神田1号	前方後方			周溝内土坑より滑石勾玉2・管玉7
		5	神田2号	前方後方			
I	小櫃川上流域	1	箕輪浅間神社	前方後円	100		
		2	飯籠塚	前方後円	100		
		3	白山神社	前方後円	76		後円部上より赤彩の壺形土器
J	養老川河口域南岸	1	今富塚山	前方後円	110	木炭槨?	
		2	姉崎天神山	前方後円	130		
		3	釈迦山	前方後円	93	粘土槨	
		4	姉崎東原29遺構	前方後方	33		
K	養老川河口域北岸	1	神門5号	前方後円	36.5（復元42.5）	木棺直葬	鉄剣1・鉄鎌2・ガラス小玉6：（土器）墳頂部：装飾壺8・高坏3・壺1以上
		2	神門4号	前方後円	46（復元49）	木棺直葬	（棺内）鉄剣1・鉄鎌41・管玉31・ガラス小玉394・（棺外）鉄剣1・（墓坑上）ヤリカンナ1・破砕玉類（棺玉等3・管玉約42・ガラス小玉）：（土器）墳頂部：壺5・高坏5・器台7・旧表土：手焙形土器・壺・叩き整形甕・台付甕・甕・高坏・鉢
		3	神門3号	前方後円	47.5（復元53.5）	木棺直葬	（棺内）鉄剣1・鉄鎗1・鉄鎌2・ヤリカンナ1・管玉10・ガラス小玉103・（棺外）管玉2：（土器）墳頂部：壺・高坏・鉢・手焙形土器・（周溝内）叩き整形甕・瓶・高坏・器台・壺
		4	諏訪台A1号	前方後円	24		
		5	諏訪台A8号	前方後円	34.3		
		6	東間部多2号	前方後円	36.1		
		7	諏訪台A6号	前方後円	37.9		
		8	諏訪台A7号	円	28		
		9	辺田1号	円	33.1	主体部2基	鏡・刀・槍・ヤリカンナ・底部穿孔壺
L	村田川流域	1	小田部	円	22	木棺直葬	管玉3・ガラス小玉約300
		2	草刈A99号	前方後方	26		
		3	大厩二子塚	前方後円	63		墳丘測量
		4	菊間親皇塚	前方後方	60（復元）	粘土槨内2	内行花文鏡・珠文鏡・石釧・剣・刀・ヤリカンナ・斧・鑿・刀子・鎌・打鎌・水晶勾玉・琥珀勾玉・管玉・ガラス玉
		5	大覚寺山	前方後円	62		墳丘測量
		6	大厩浅間様	円	45	木棺直葬3	第1主体部 珠文鏡・石釧・刀子・勾玉（瑪瑙・琥珀）・琥珀棗玉・管玉・琥珀勾玉・ガラス小玉　第2主体部剣・小玉　第3主体部 臼玉・鉄片

141

地域B

　小糸川河口域です。この地域では、前期古墳は見つかっていません。ただ北陸系器台とか、Ｓ字甕が出土した上野遺跡(第１図D)があります。またＳ字甕や銅坩堝が出土した下谷遺跡(第１図C)もあります。さらに打越遺跡(第１図B)では、弥生時代後期から古墳時代の住居址が300棟以上も検出されており、中には規模13mもの大きな住居跡が確認されています。外来系土器も多く、近くに古い古墳がある可能性が高い地域です。

地域C

　小糸川を東に少し遡った所ですが、２基の前方後方墳が見つかっています。１つは沖込古墳で、これは未発表資料ですが、千葉県文化財センター広報誌に玉類の写真が掲載されています。また前方後方墳の道祖神裏古墳があります(第７図中段右)。

地域D

　さらに小糸川を遡った地域では、駒久保古墳群があります。駒久保６号墳は前方後方墳で、42m位の大きさがあります。駒久保６号墳のすぐ隣にも10号墳という全長49m程度の前方後方墳があります。測量調査をやりましたが、まだ公表されていません。この２つの前方後方墳の周溝を切るような形で30m位の円墳があります。これを駒久保５号墳と呼んでいますが、２基の前方後方墳後に後続して、円墳が造られたと推定されます(第７図)。

　駒久保古墳群の東側に大井戸八木15号墳という方墳があります。大井戸八木遺跡では小銅鐸が発見されていますが、他にもいくつか方墳があり、駒久保の前方後方墳に先行するような古墳が含まれている可能性があります。

地域E

　高部古墳群が含まれる小櫃川の河口域左岸です。第２図の左上に全体図がありますが、真ん中に前方後方墳が２基あります。それと対になるような方墳が１基ずつあります。これら太線で表現した４つと、北側に１つ方形周溝墓らしいものがあり、本日のテーマに関わる時期の墳墓としましてはこの５基が該当します。他にも四角いお墓がたくさんありますが、これは終末期７世紀代の方墳です。東西に伸びる弧状の溝がありますが、これは中期の環濠

資料報告1　房総半島—市原・君津地域を中心に—（酒巻）

1〜3　主体部
4・5　D土坑
6〜11　A土坑
12〜18　墳丘内
19〜22　周溝内

高部古墳群

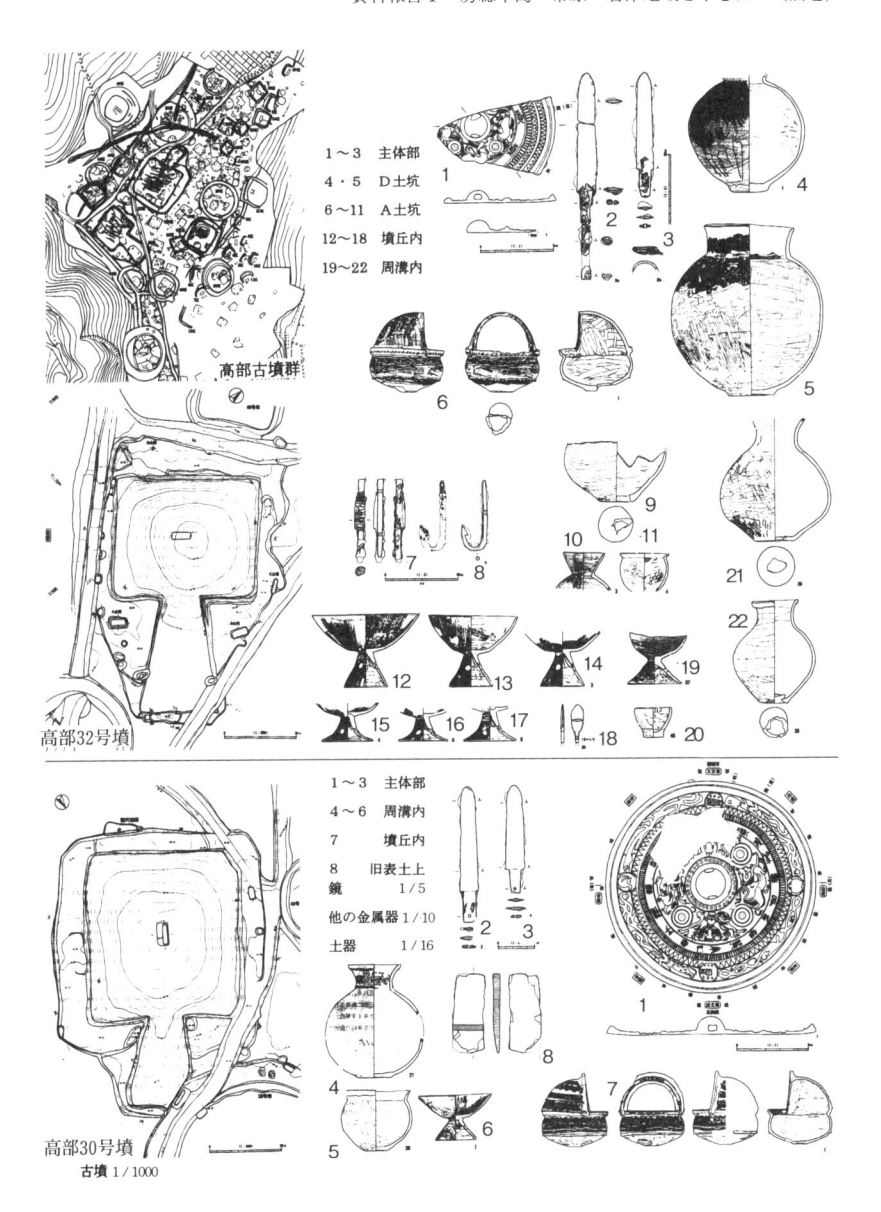

高部32号墳

1〜3　主体部
4〜6　周溝内
7　墳丘内
8　旧表土上
鏡　　　1/5
他の金属器 1/10
土器　　 1/16

高部30号墳
古墳 1/1000

第2図　古墳と出土遺物（君津地域1）

143

で、それから北へ続いているのが、後期の環壕になる可能性がある溝です。

　この地域で高部の次と考えられるのが鳥越古墳です。前方後方墳ですが、20年以上前に調査され、まだ資料の一部しか報告されていません。ここには載っていませんが、主体部から石杵と石皿が出土しており、朱を破砕したと推定されます。この鳥越古墳からは、鏡が1枚出ていますが、摩滅が著しく表面の紋様は観察できません。福岡県の柳田康雄さんのご教示によると、北九州市高津尾遺跡から出土した方格規矩鏡が良く似ているとされています。参考までに図を掲げておきます(第4図)。

　鳥越古墳の後、円墳の鶴ヶ岡2号墳が造られたり、あるいは有名な手古塚古墳(第7図)が造られます。前期古墳の系譜が明確に追える地域です。

地域F

　Eの地域から真北に行った小櫃川の反対側です。坂戸神社古墳(第7図)という前方後円墳があり、これは未調査ですが、手古塚古墳と形が似ており、同時期に造られたのではという指摘があります。

地域G

　小櫃川を少し東へ遡った地域です。滝ノ口向台8号墳・9号墳・10号墳があります。第3図に全体図、それから第4図に9号墳・10号墳の出土土器を掲載してあります。8号墳は調査の対象ではありませんでしたが、墳丘から手焙形土器が採集されています(第3図下段の拓本)。

地域H

　それから小櫃川の反対側の地域には、山王辺田2号墳、それから山谷古墳の2つの古墳が存在します(第3図)。山王辺田2号墳は前方後方墳で、山谷古墳はその北東200m位にある前方後円墳です。山谷古墳の14の土器は、火で熱を受け、中が真っ赤になっており、おそらく朱が入っていたのではと考えています。それから山王辺田2号墳では、やはり手焙形土器が出ています。いずれにしても古い古墳であるということは、間違いないようです。

地域I

　小櫃川上流域をさらに南東に遡ったのがIという地域ですが、ここには大

資料報告1　房総半島―市原・君津地域を中心に―（酒巻）

山王辺田2号墳　土器1/16

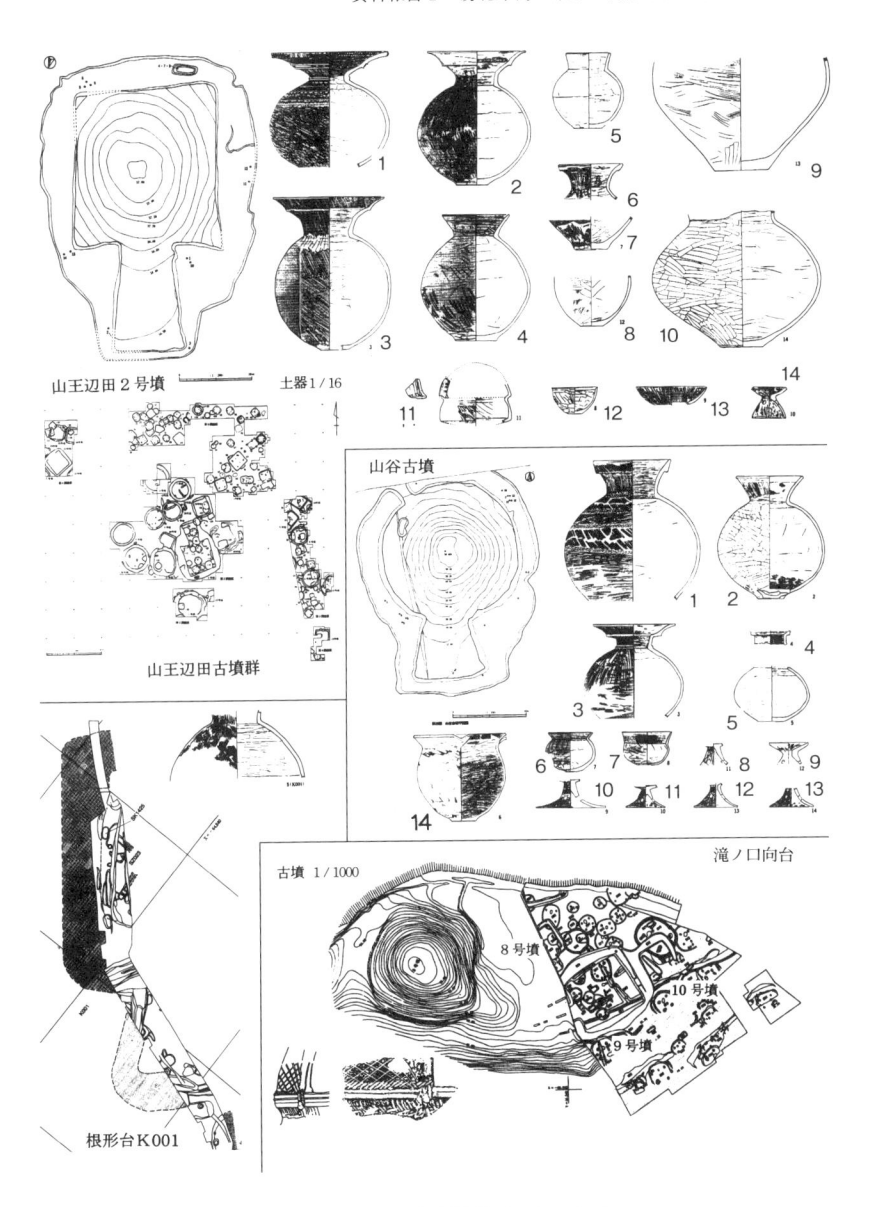

山王辺田古墳群

山谷古墳

根形台K001

滝ノ口向台

古墳 1/1000

第3図　古墳と出土遺物（君津地域2）

145

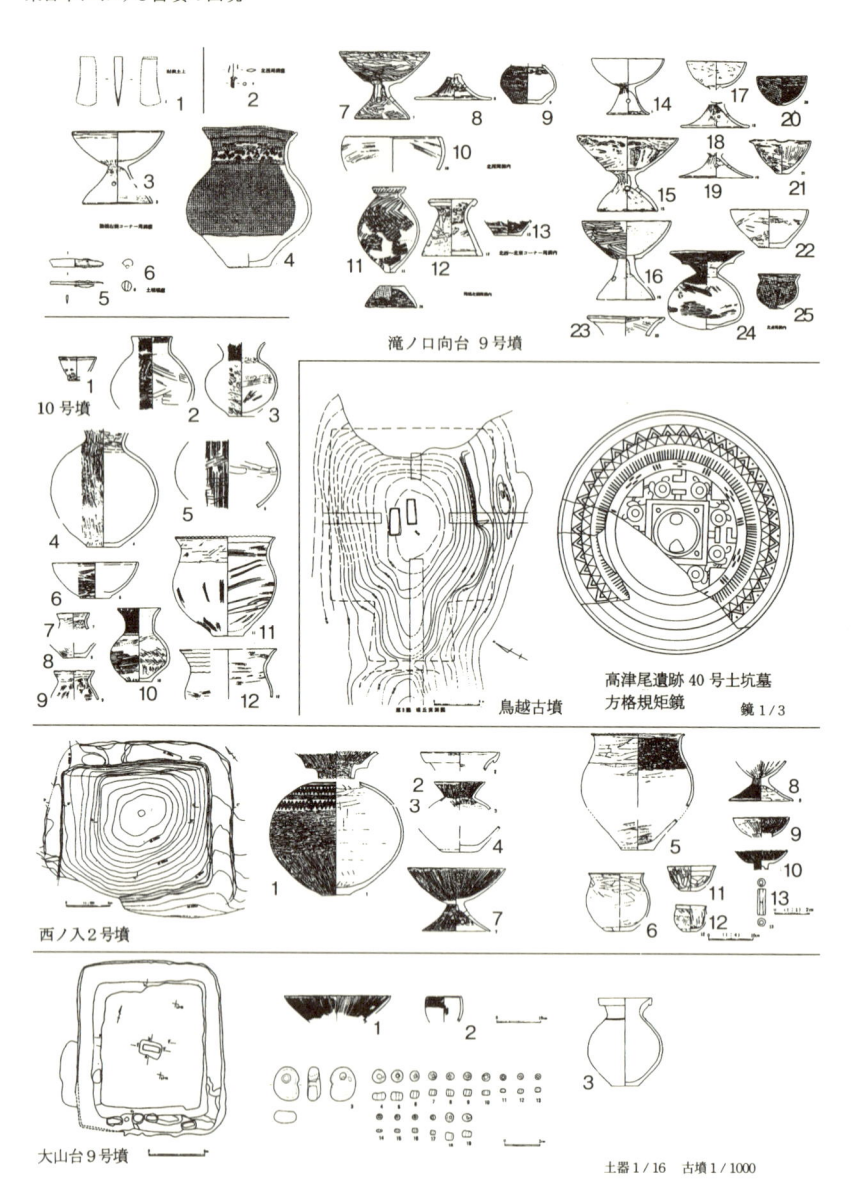

東日本における古墳の出現

第4図 古墳と出土遺物（君津地域3）

146

きな前方後円墳が３基存在します。初期の前方後方墳などが出現した段階より、やや後の３期に編年される大形前方後円墳と考えられます。地域Ｉにはこのように、大きな古墳が集中しています。

地域Ｊ

養老川の南岸に該当します。ここには姉崎古墳群があり、大きな前方後円墳が３基存在します。近年調査が行われました姉崎東原遺跡では、29号遺構という墳丘の削平された前方後方墳が調査されています(第6図)。

地域Ｋ

これが神門古墳群がある地域です。第５図には神門３号墳と、その下に諏訪台古墳群Ａ８号・Ａ６号・Ａ２号・Ａ１号を掲載しておきました。大規模調査によって明らかになった古い古墳が、ここに集中しています。

地域Ｌ

北に寄った村田川の流域にも古墳があります。やや新しい段階の前期中葉の前方後円墳である大覚寺山古墳(第7図)などがあります。少し南には、小田部古墳という古い円墳があります(第6図中段)。開口部を有する円形墳と復元されていますが、かなり攪乱されており、突出部がつくかの判断は難しいと思います。

以上、流域ごとに古手の古墳を簡単に紹介しました。

古墳群を結ぶルートの存在

これらの流域ごとの小地域が、お互いに無関係であったとは考えにくく、南北に結ぶようなルートを想定できるのではないかと考えました。「古墳と古墳を結ぶ道」という経路を想定したわけです(第1図の▲で結んだルート)。

この経路以外にも多くのルートがあると思いますが、例えば地域Ｂと地域Ｅを結ぶようなＲ１のルートとか、あるいは地域Ｅから、山の中を通って大きな古墳が造られた地域Ｉへというように、河川を遡る以外にも山の中を通ったり、小支谷を通ることによって、地域間を結ぶルートが想定できるのではないかと考えました。

各地域の古墳の分布を見てみると、それらのルートの近い位置にうまく符

東日本における古墳の出現

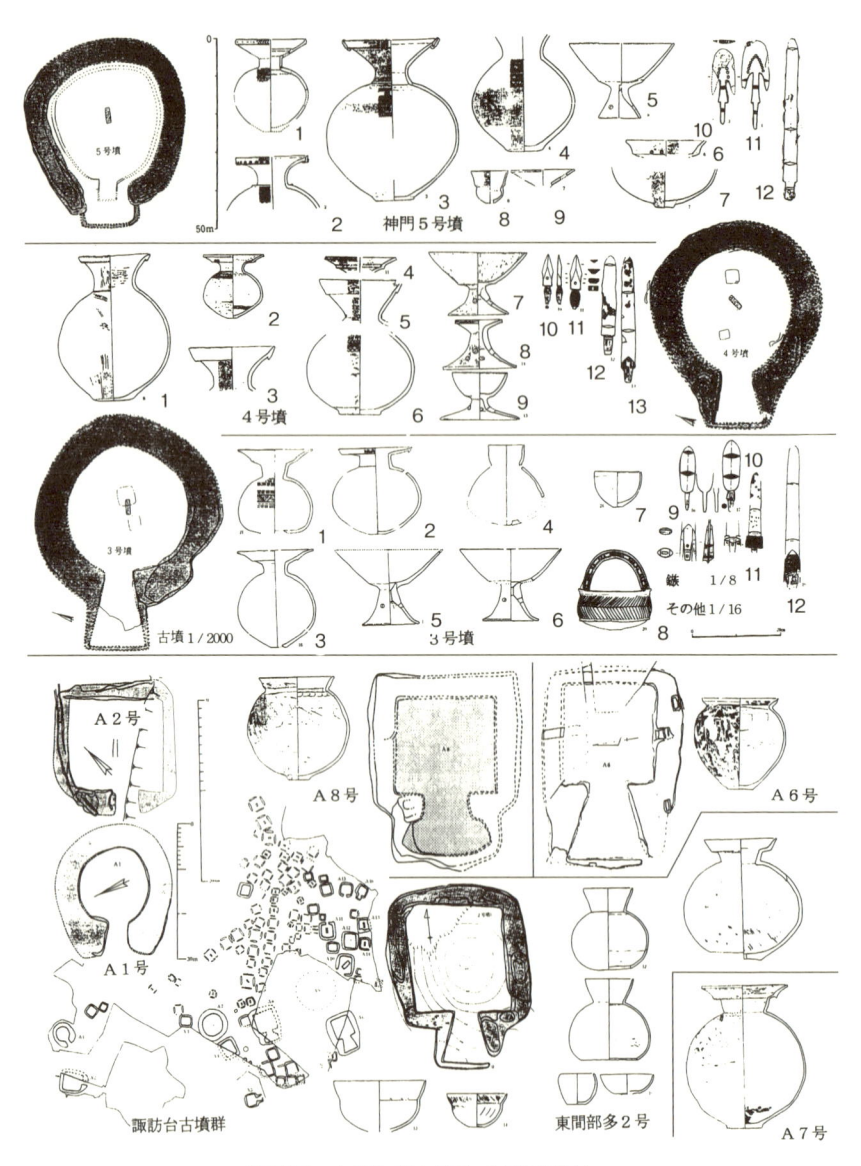

第5図　古墳と出土遺物（市原地域1）

148

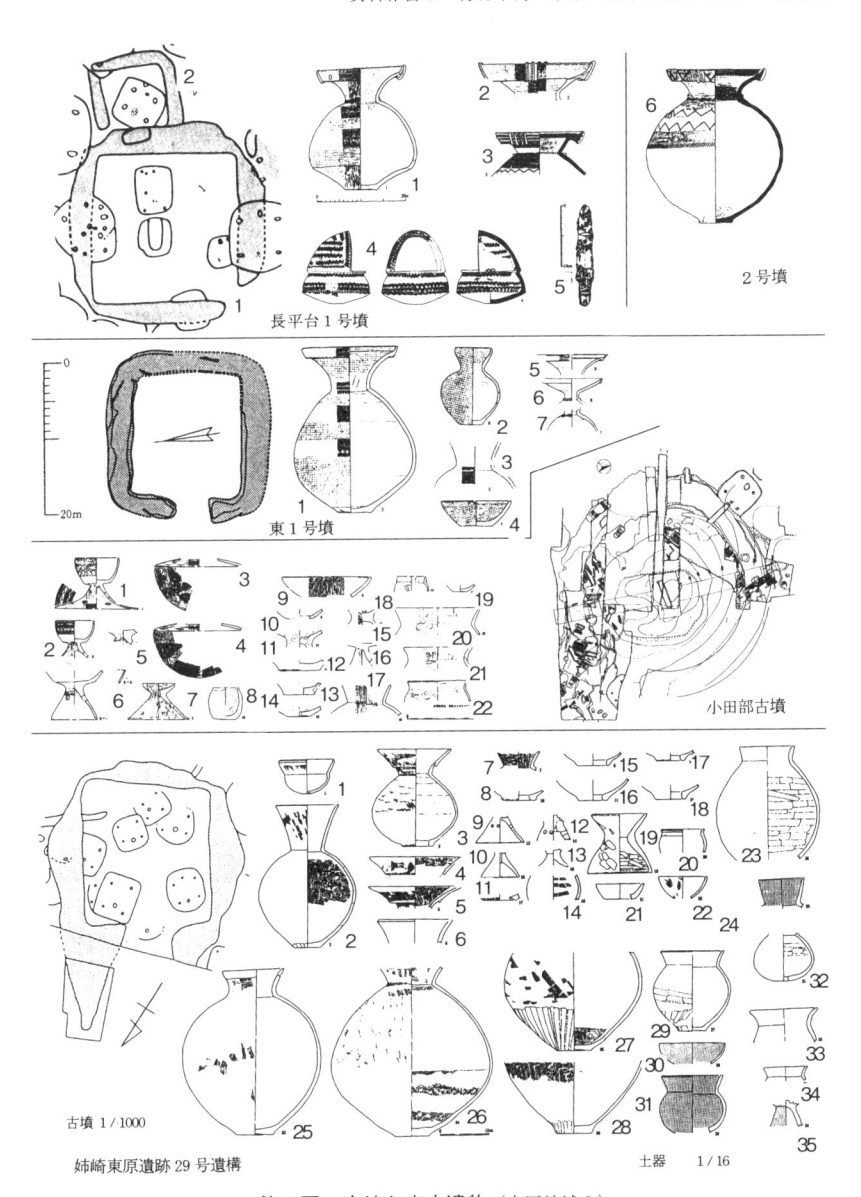

資料報告1　房総半島―市原・君津地域を中心に―（酒巻）

長平台1号墳

2号墳

東1号墳

小田部古墳

古墳 1/1000

姉崎東原遺跡29号遺構

土器 1/16

第6図　古墳と出土遺物（市原地域2）

149

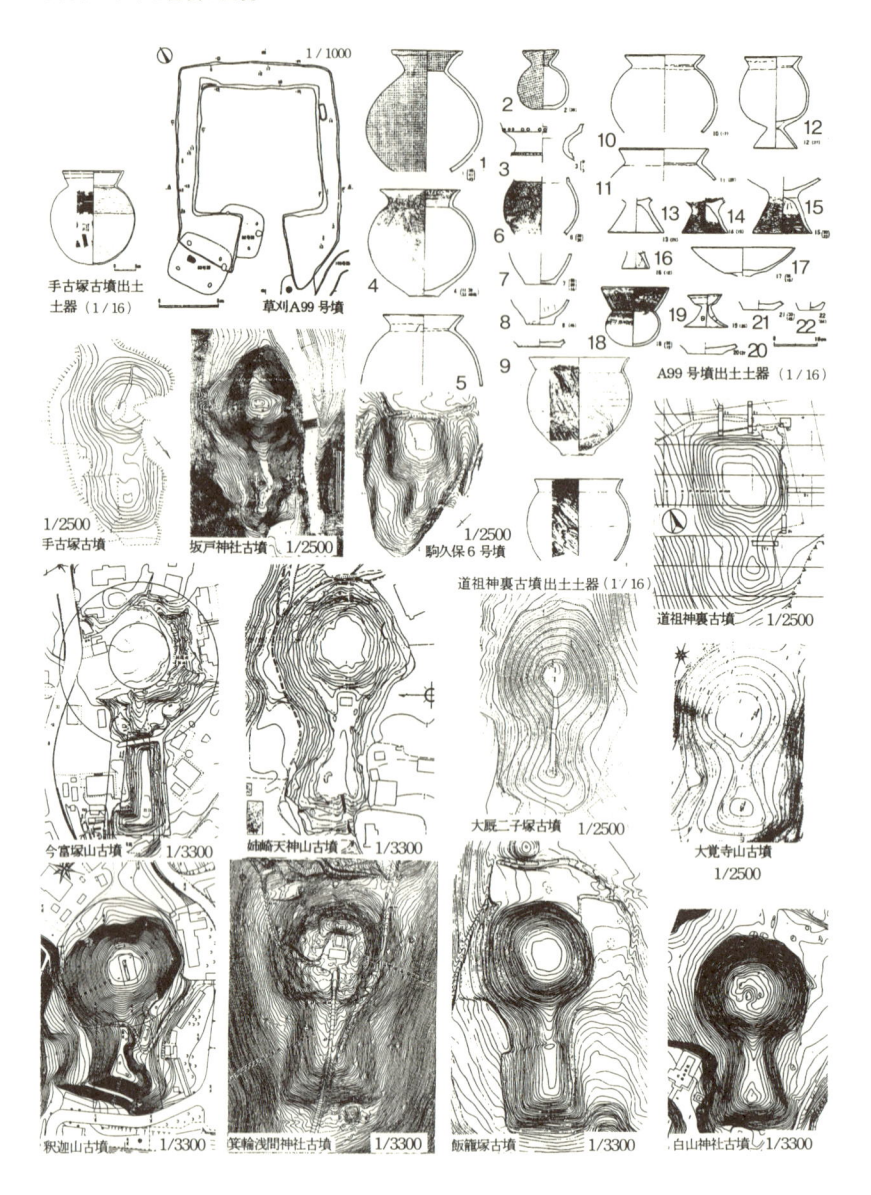

東日本における古墳の出現

第7図 古墳と出土遺物（君津地域4・市原地域3）

資料報告1　房総半島—市原・君津地域を中心に—（酒巻）

第2表　古墳編年表

時期	湊川流域 地域A	小糸川流域 中流域 地域C	小糸川流域 上流域 地域D	小櫃川流域 河口域南岸 地域E	小櫃川流域 河口域北岸 地域F	小櫃川流域 中流域南岸 地域G	小櫃川流域 中流域北岸 地域H	小櫃川流域 上流域 地域I	養老川流域 河口域南岸 地域J	養老川流域 河口域北岸 地域K	村田川流域 地域L
1		神込◨	大井戸15号◨　駒久保6号◨	南部32号◨　南部30号◨　大井戸15号◨　大山台9号◨　西ノ入2号◨　鳥越◨		向台8号◨	山王辺田2号◨　山谷◨			神門5号◧◨　神門4号◧◨　神門3号◧◨	小田部◧
2		道祖神裏◨	駒久保10号◨				摂形台K001◨　神田2号◨			諏訪台A8号◧◨　東間部多2号◨	墓刈A99号◨
3	岩井1号●		駒久保5号●	鶴ヶ岡2号●	坂戸神社◧	椿27号?◧	神田1号?◨	浅間神社◧　飯籠塚◧	姉崎東原◧　今冨塚山◧	諏訪台A6号◧　辺田1号●	大厩二子塚◧
4				手古塚◧				白山神社◧	姉崎天神山◧　釈迦山◧	諏訪台A7号●　諏訪台A9号?●	菊間新皇塚◧　大覚寺山◧　大厩浅間様●

151

合しています。最終的にこういうルートは、相模と上総を結ぶルートに結びつくのではないかと考えています。またR4としたルートとR3としたルートのちょうど真ん中に、Fとした蓮華寺遺跡があります。現在では山の中の谷、しかも支谷内にある変わった立地の遺跡です。この遺跡では、タタキ目の土器とか、その製作に用いられた当て具や、その他にも籠目土器・S字甕の搬入品などが出土したり、どういうわけかと考えていましたが、このようなルート上にある遺跡だから出土するのではないかと考えています。

それから地域Dと地域Gを結ぶR2に近い所のEとした地点に、台木A遺跡という遺跡がありますが、和泉式土器の土器がいくつか出ております。こういった土器の出土も、おそらく人の往来に関係して、もたらされたのではないかと考えています。

それとですね、図1には書いてありませんが、外房側の茂原市国府関遺跡がありますが、そこの溝から大量の外来系土器が出ています。その国府関遺跡は、おそらく外房と内房を結ぶ主要ルート上に位置しているからこそ、そのような外来系土器の大量出土をみたのだと思います。

古墳の成立基盤というのは、今まで流域によって整理されることが多かったのですが、流域をタテに結ぶルートなどを想定すると、古墳の分布について新たな視点で理解できるのではないかと考えています。

最後に、編年表を作成した際の基本的な考え方について一言触れておきます。まず君津地域と市原地域の一番古い古墳として、高部と神門古墳群を想定し、これを定点としました。そして、それに後続する古墳はどれかというように作成していきました。

養老川の方では、田中新史さんが最近、お書きになった『市原台の光芒』という本で、諏訪台8号・7号墳などの位置づけをしていますが、それらを参考にして、私の意見も加味して作成しています。また君津の方は、多くの調査例があるものですから、高部に続きどのように展開するか、ある程度の変遷は辿れるのではないかと思っています。

話のまとまりがつかなくて申し訳ありませんが、時間もなくなりました。全てをお話することはできそうにありません。中途半端になりましたけれど

も、これで終わらせていただきます。

(さかまき　ただし／木更津市教育委員会)

〔図の出典〕掲載順

西原崇浩　2002『高部古墳群Ⅰ』木更津市教育委員会
酒巻忠史他　1999「山王辺田遺跡」『袖ケ浦市史資料編1』袖ケ浦市
能城秀喜他　2002『根形台遺跡群Ⅱ』財団法人君津郡市文化財センター
小高春雄　1993『滝ノ口向台遺跡・大作古墳群』財団法人千葉県文化財センター
白井久美子　2002『古墳から見た列島東縁世界の形成』千葉大学考古学研究室
椚山林継　1980「鳥越古墳の調査1」『宇麻具多創刊号』木更津古代史の会
柴尾俊介　1991『高津尾遺跡4』北九州市教育文化事業団
酒巻忠史　1997『中尾遺跡群発掘調査報告書Ⅲ——西ノ入B遺跡・西ノ入2号墳——』木更津市教育委員会
當眞嗣史　2001『請西遺跡群発掘調査報告書Ⅷ（大山台古墳群）』木更津市教育委員会
田中新史　2000『上総市原台の光芒』市原古墳群刊行会
田中新史　1972『古墳時代研究1——小田部古墳の調査——』古墳時代研究会
大村　直　1991『市原市姉崎宮山遺跡・小田部向原遺跡・雲ノ境遺跡』財団法人市原市文化財センター
高橋康男　1990『市原市姉崎東原遺跡』財団法人市原市文化財センター
高橋康男　1993『市原市姉崎東原遺跡B地点』財団法人市原市文化財センター
酒巻忠史　1991「駒久保古墳群の調査1」『君津郡市文化財センター研究紀要Ⅳ』
大塚初重他　1974『道祖神裏古墳』千葉県教育委員会
小久貫隆史他　1983『千原台ニュータウンⅡ草刈A区（第一次調査）』財団法人千葉県文化財センター
杉山晋作　1973「千葉県木更津市手古塚古墳の調査速報」『古代56』早稲田大学考古学研究室
光江　章　1999「坂戸神社古墳」『袖ヶ浦市史資料編1』袖ケ浦市
永沼律朗　1987『市原市今富塚山古墳群確認調査報告書』千葉県教育委員会
永沼律朗　1994「姉崎天神山古墳」『千葉県重要古墳群測量調査報告書—市原市姉崎古墳群—』千葉県教育委員会
小久貫隆史　1996『市原市釈迦山古墳発掘調査報告書』千葉県教育委員会

永沼律朗　1995「大厩二子塚古墳」『千葉県重要古墳群測量調査報告書―市原市菊間古墳群―』千葉県教育委員会
小沢　洋　1991「小櫃の首長墓をめぐる考察―飯籠塚古墳測量調査成果の検討―」『君津郡市文化財センター研究紀要Ⅴ』
萩原恭一　2000「君津市浅間神社古墳」『千葉県史研究第8号』千葉県
永沼律朗　1995「白山神社古墳」『千葉県記念物実態調査報告書Ⅲ』千葉県教育委員会
永沼律朗　1995「大覚寺山古墳」『千葉県記念物実態調査報告書Ⅲ』千葉県教育委員会

資料報告2　関東平野東北部―茨城県を中心に―

日高　　慎

はじめに

　関東平野の東北部として、茨城県のことを中心に話をさせていただきます。この前の千葉県の酒巻さんのお話を聞いておりまして、茨城県と全く様相が異なるというか、同じような議論をするのは難しいと感じております。
　まず編年表を見てください。これはかつて東北・関東前方後円墳研究会の「前期古墳から中期古墳へ」(1998年)で発表した時に私が作った資料に、加筆あるいは修正をしたものです。これと酒巻さんの作成した房総半島の編年表とを見比べていただければよくわかると思いますが、茨城県の場合、高部古墳群あるいは神門古墳群、東京湾より西側では秋葉山古墳3号墳といったような「古墳」と、同じような時期の前方後円墳なり前方後方墳があるかというと、全くないというのが現状です(第1表)。
　基本的に前方後円墳は、『集成』編年の2期に初めて築造されますが、それも単発的です。大きく見た時、茨城県全体としては3期以降に前方後円墳が築かれるようになると判断しています。
　そうすると、秋葉山3号とか神門・高部などと一緒の話をするのは、難しいこととなりますが、それ以前の墓制も視野に入れて話をしたいと思っています。
　まず次頁の上段に、古い段階の利根川の位置図を載せておきました。基本的には現在の利根川から北の部分を対象としてお話しますが、第1図には『前方後円墳集成』編年の1期から5期までの主要な古墳、ないしは方形周溝墓も含めた位置図を載せておきました。
　北から久慈川・那珂川、その河口の涸沼、それから霞ヶ浦・北浦、霞ヶ浦

東日本における古墳の出現

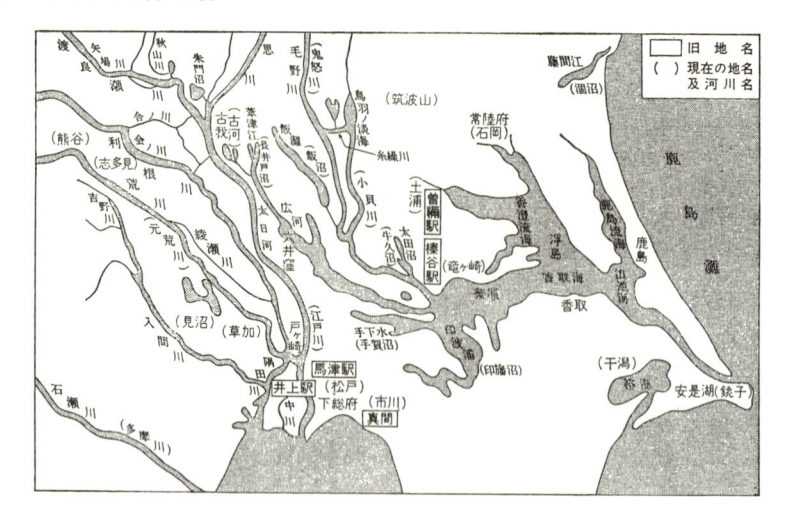

参考　千年前の利根川（小出 1975 より）

- ● 前方後円墳
- ◎ 前方後方墳
- ○ 円墳
- □ 方形周溝墓

1　富士山4号墳 (33)
2　五所皇神社裏古墳 (60)
3　星神社古墳 (90)
4　梵天山古墳 (151)
5　権現山古墳 (87)
6　安戸星1号墳 (28)
7　水戸愛宕山古墳 (137)
8　姫塚古墳 (58)
9　金山塚古墳 (32)
10　森戸古墳群（－）
11　鏡塚古墳 (106)
12　車古墳 (95)
13　坊主山古墳 (85)
14　御前塚古墳 (60)
15　宝篋古墳 (39)
16　長堀2号墳 (46)
17　佐自塚古墳 (58)
18　丸山1号墳 (55)
19　熊野古墳 (68)
20　舟塚山古墳 (186)
21　羽黒古墳 (67)
22　勅使塚古墳 (64)
23　大上1号墳 (35)
24　大上4号墳 (32)
25　大鷲山5号墳 (45)
26　大鷲山1号墳 (31)
27　お伊勢山古墳 (90)
28　狐塚古墳 (44)
29　長辺寺山古墳 (120)
30　北椎尾天神塚古墳 (37)
31　水守桜塚古墳 (30?)
32　山木古墳 (48)
33　常名瓢箪山古墳 (74)
34　常名天神山古墳 (70)
35　后塚古墳 (60)
36　王塚古墳 (84)
37　田宿天神塚古墳 (63)
38　赤塚古墳 (30)
39　牛塚古墳 (40)
40　天王原古墳 (30)
41　浅間塚古墳 (84)
42　観音山古墳 (74)
43　木原愛宕山古墳 (100)
44　弁天塚古墳 (60?)
45　原1号墳 (29)
46　東大沼古墳 (26)
47　葦間山古墳 (141)
48　灯火山古墳 (70)
49　西山古墳 (20)
50　関本桜塚古墳 (50)
51　香取神社古墳 (71)
52　柴崎1号墳 (65)
53　柴崎2号墳 (55)
54　東山塚古墳 (72)
55　六所塚古墳 (70)
56　上出島2号墳 (56)
57　桜山古墳 (71)
58　二の沢B1号墳 (35.1)
59　二の沢B2号墳 (27.5)
60　二の沢B6号墳 (31)
61　兜塚古墳 (99?)
62　寺山古墳 (39)
63　十王台遺跡方形周溝墓 (19.5×15.4)
64　権現平II号方形周溝墓 (一辺20)
65　姥神2号方形周溝墓 (10×6)
66　泊崎城址方形周溝墓 (16.6＋)

第1図　前方後円墳集成編年1～5期の主要古墳（可能性のあるものを含む）

（日高 2002 に加筆）

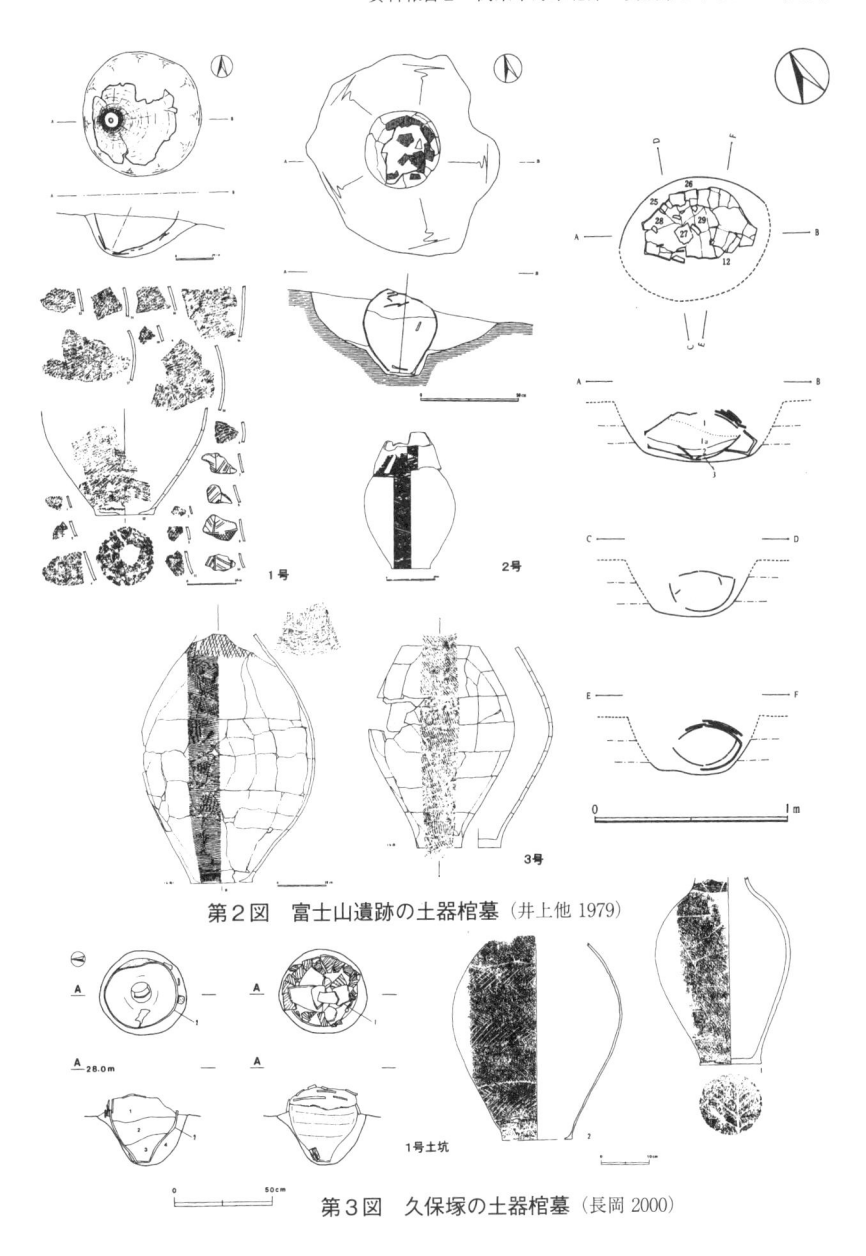

資料報告2　関東平野東北部―茨城県を中心に―（日高）

第2図　富士山遺跡の土器棺墓（井上他 1979）

第3図　久保塚の土器棺墓（長岡 2000）

東日本における古墳の出現

に流れ込む恋瀬川・桜川、それから小貝川・鬼怒川という主要河川の流域に、主要な古墳あるいは周溝墓などが展開しているということがわかっていただけると思います。

地域区分といたしましては、第1表に示したとおりで、それに基づいた主要古墳の編年を載せておきました。

弥生時代後期の墓制

第2・3図に、茨城県北部の弥生時代のお墓の資料を載せておきました。

茨城県では、基本的に方形周溝墓は古墳時代になってからしかありませんので、弥生時代のお墓となりますと、土器棺墓になります。

弥生時代後期の資料ですが、水戸市二の沢B遺跡の139号土壙があります(第4図)。弥生時代後期の竪穴住居が廃絶し埋めた後に、土壙が掘られています。土壙に後期の弥生土器1個体とそれから管玉が副葬されていました。

こういう土器棺墓以外の良好な事例が少なく、土器棺墓と階層的にどちらが上なのかはっきりしません。土器棺墓は多数例見つかっていますが、副葬品を伴う例は、ほとんどないのが現状です。そういう観点から、この二の沢B遺跡139号土壙は、規模が小さいものですが、管玉を1点副葬している点、注目すべき事例であると思います。

方形周溝墓の波及

このように土器棺墓あるいは土壙墓が弥生時代の墓制としてありますが、古墳時代になっても前方後円墳や前方後方墳は、他の地域とは違い、あまり古く遡るのは難しいと思っています。

その前段階に、方形周溝墓が出てくると思います。このあたりは、土浦市博物館の塩谷修さんが、継続的に研究を進められています(塩谷1985・1989・1996・1997など)。今回も塩谷さんの見解から特に目新しいことがないのですが…。今のところ、つくば市泊崎城址の方形周溝墓(第5図)、牛久市姥神遺跡2号方形周溝墓(第6図)、これは以前は奥原遺跡2号方形周溝墓と言われた資料です。さらに玉里村権現平Ⅱ号方形周溝墓(第8図)などをあげ

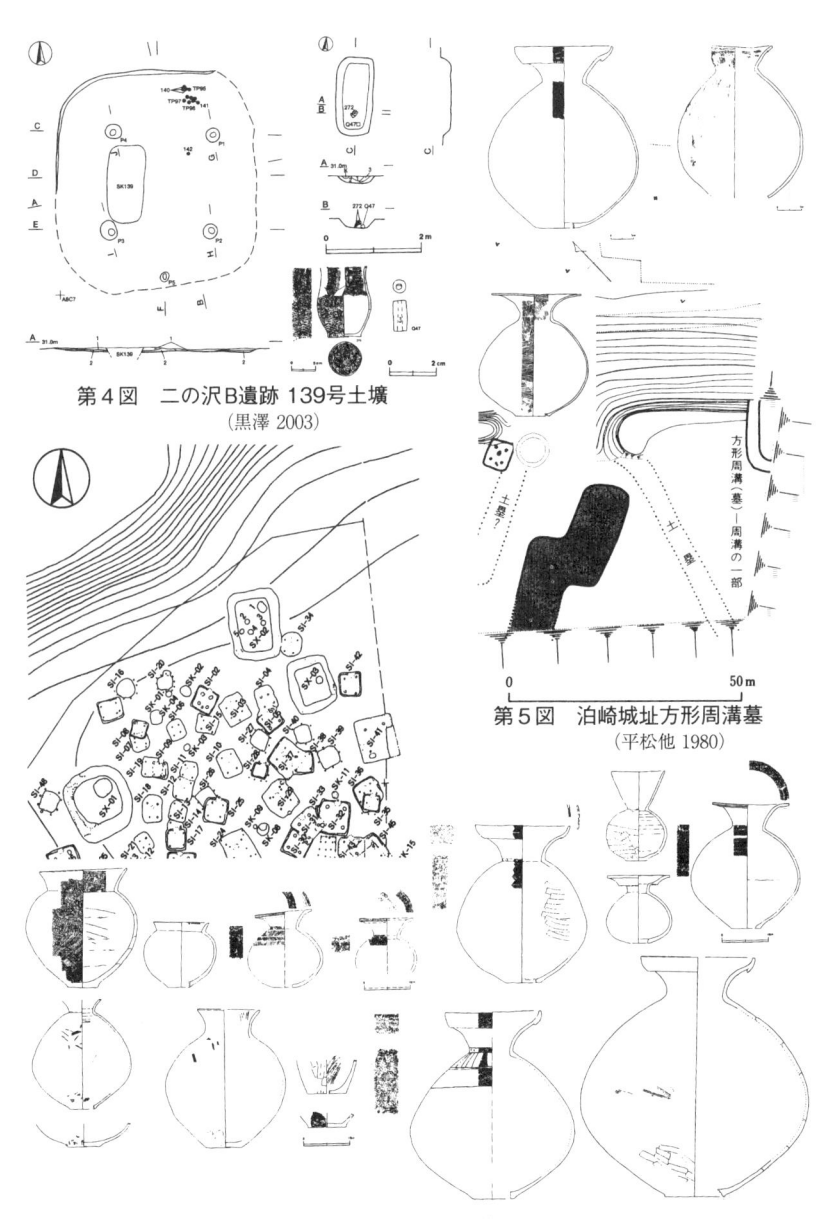

資料報告2　関東平野東北部―茨城県を中心に―（日高）

第4図　二の沢B遺跡 139号土壙
（黒澤 2003）

第5図　泊崎城址方形周溝墓
（平松他 1980）

第6図　姥神2号方形周溝墓（川井 1999）

東日本における古墳の出現

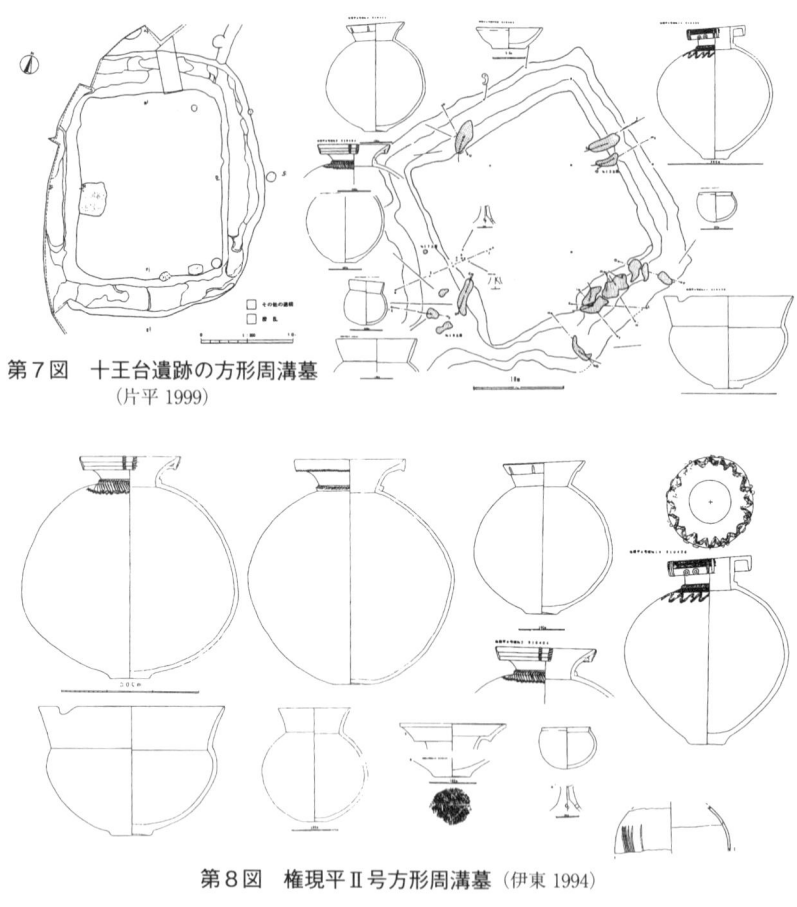

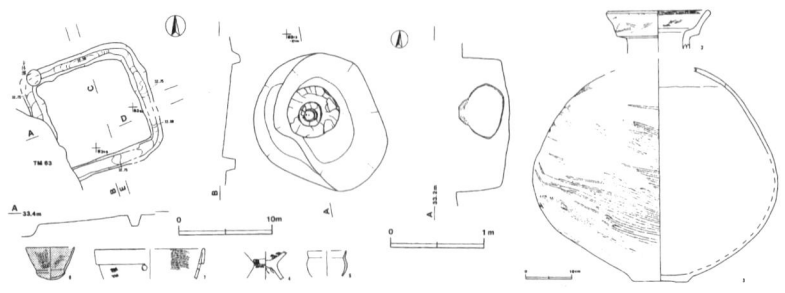

第7図　十王台遺跡の方形周溝墓
（片平 1999）

第8図　権現平Ⅱ号方形周溝墓（伊東 1994）

第9図　中台64号墳（方形周溝墓）と合口壺棺（黒澤他 1995）

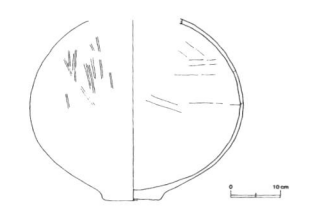

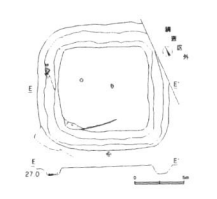

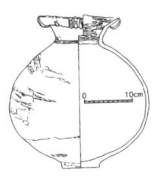

資料報告2　関東平野東北部—茨城県を中心に—（日高）

第10図　中台遺跡埋設遺構出土土器
（黒澤他 1995）

参考　土浦市山川古墳群1号方形周溝墓
（比毛 1999）

ることができます。これらが前方後円墳あるいは前方後方墳に先行するお墓として認識されるものと考えています。

　これらの方形周溝墓は、十王台式・上稲吉式といった在地の土器を全く含まず、外来系の土器のみで構成されるというのが特徴です。泊崎城址・姥神2号・権現平Ⅱ号の資料、いずれも外来系土器を伴っていますが、在地の弥生土器から変容したような土器は全く含まれていません。

　特に権現平Ⅱ号の方形周溝墓から出土した土器は、東海地方の欠山式(かけやま)に連なるような特徴的な壺を多数持っています。このような様相から、これらの方形周溝墓が前方後円墳・前方後方墳に先行する墓制であると判断されます。

　ところで先ほど、弥生時代の土器棺墓の資料をあげましたが、古墳時代に降る土器棺も数例検出されています。その代表的なものとして、つくば市中台(なかだい)64号方形周溝墓があります。周溝の隅を切るような形で土器棺墓が埋設されています(第9図)。このような壺棺が周溝内埋葬という形で残っています。また同じく中台遺跡の埋設遺構と言われている遺構から出ている土器も、おそらく壺棺だと思います(第10図)。

　茨城県においては、古墳時代に至っても土器棺の伝統というのは、色濃くかはわかりませんが、残っていると思っております。

161

前方後円墳の出現

　『集成』編年でいう2期に至り、ようやく前方後円墳あるいは前方後方墳が出てくるようです。今のところ最も古く遡る古墳は、水戸市二の沢B古墳群で、前方後方墳が3基連続して造られています(第11図)。ただし、土器から判断して、それほど遡る事例ではないと思われます。やはり1期に遡るような古墳は、今のところないと思います。この1号・2号・6号墳も2期段階に置いておくのが、妥当と考えています。

　その次の第12図には、金砂郷市星神社古墳を載せておきましたが、最近茨城大学の茂木雅博先生たちによって測量などの調査が行われ、100mを超える前方後円墳であり、畿内型の円筒埴輪あるいは壺形埴輪を伴うものであることが確認されました。『集成』編年2期に位置づけられると思います。

　次に常陸太田市の梵天山古墳を載せてあります（第13図）。非常に大きな前方後円墳ですが、資料が乏しく年代決定が難しいのが現状です。田中新史さんが採集した壺形埴輪土の断面図を載せてあります(田中2002)。私自身も何度も足を運んでいますが、あまりいい資料を拾えません。わたしは以前、梵天山古墳が『集成』編年の1期に遡る可能性を指摘したことがありますが、まだ結論が出せないのが現状です。田中新史さんは、あまり古く考えていないようです。

　梵天山古墳と星神社古墳のどちらが先行するのかは、歴史的な意義を考える上では重要な問題ですが、何とも決めがたいのが現状です。

まとめ

　もう時間もなくなってきましたので、述べてきたことを少しまとめておきたいと思います。関東平野の東北部である茨城県では、今のところ『集成』編年1期に遡る前方後円墳・前方後方墳というような墳墓は、見つかっていません。その段階に方形周溝墓が入ってくるようです。権現平II号の方形周溝墓とか、姥神2号の方形周溝墓を紹介しましたが、外来系土器のみで構成されるような方形周溝墓が出てくるようです。

　『集成』編年の2期に至り、前方後円墳あるいは前方後方墳が出てきます

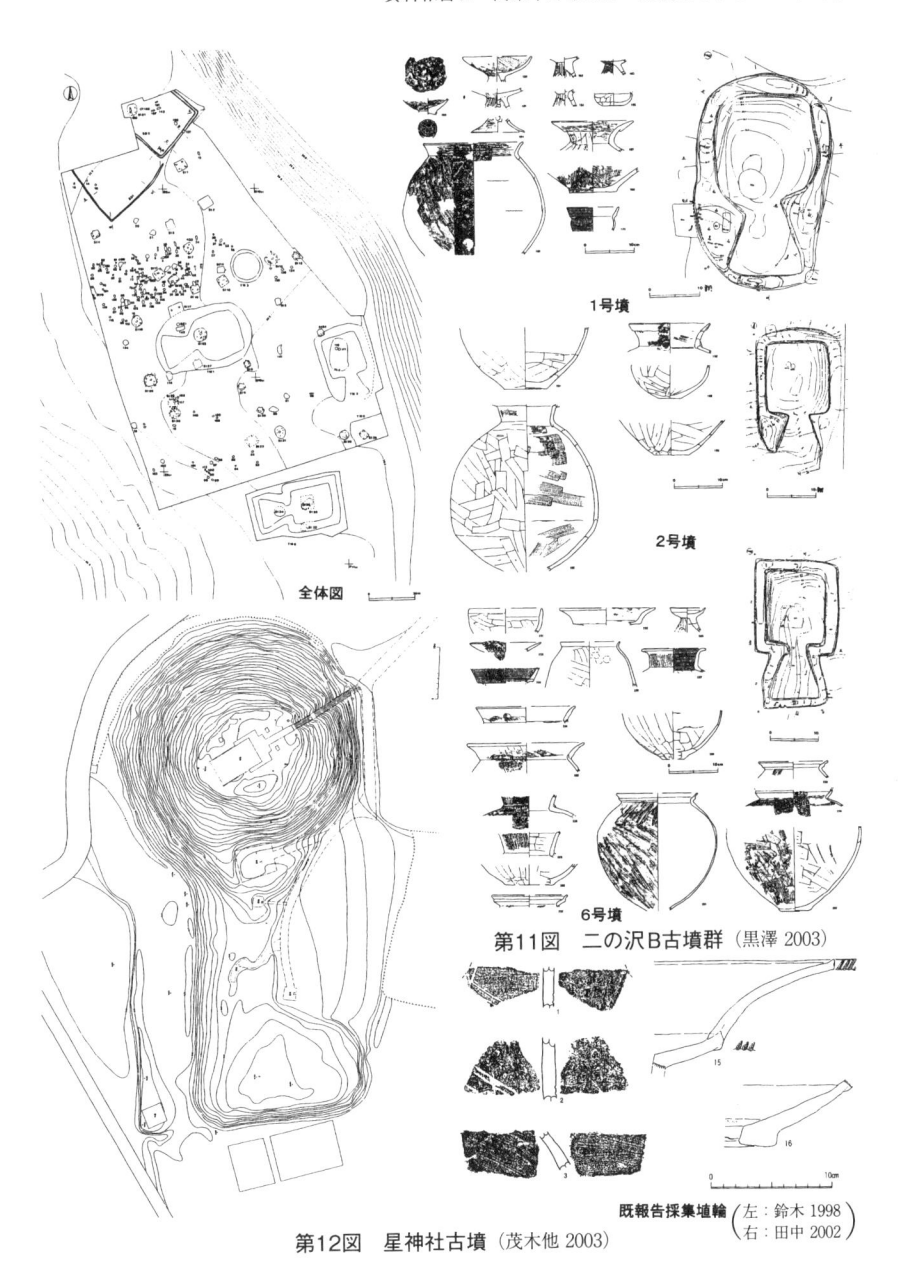

資料報告 2　関東平野東北部―茨城県を中心に―（日高）

全体図

1号墳

2号墳

6号墳

第11図　二の沢B古墳群（黒澤 2003）

第12図　星神社古墳（茂木他 2003）

既報告採集埴輪（左：鈴木 1998　右：田中 2002）

163

東日本における古墳の出現

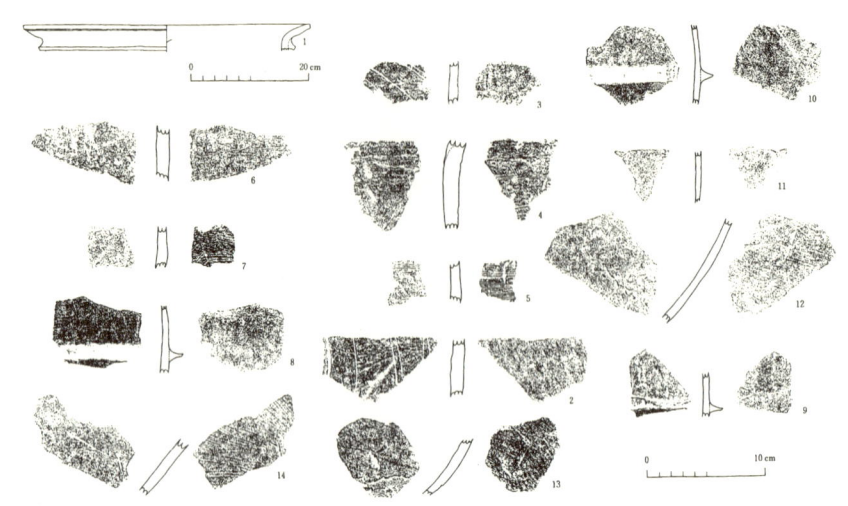

第12図のつづき　星神社古墳測量調査時採集埴輪（茂木他 2003）

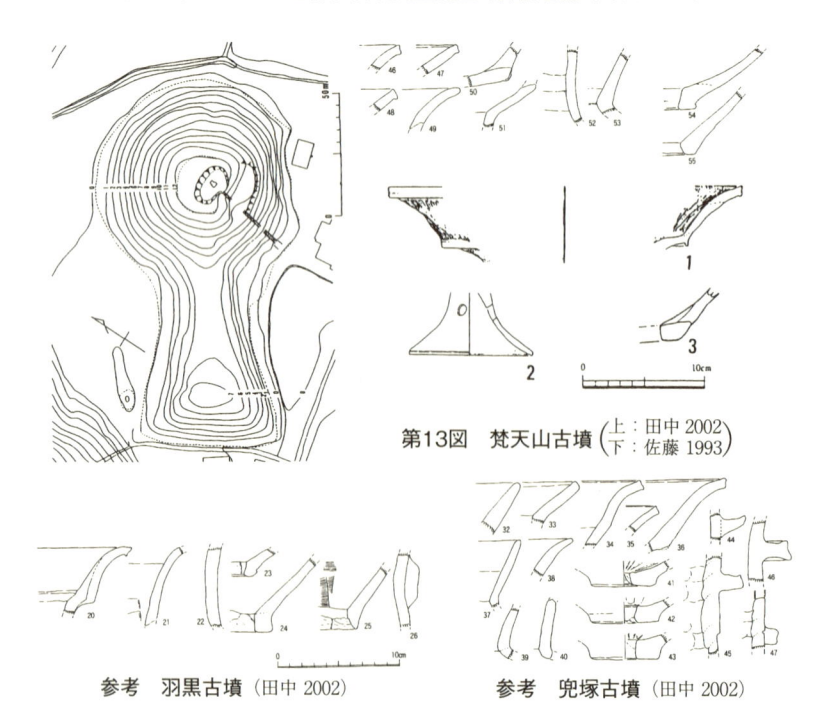

第13図　梵天山古墳（上：田中 2002／下：佐藤 1993）

参考　羽黒古墳（田中 2002）

参考　兜塚古墳（田中 2002）

資料報告2　関東平野東北部—茨城県を中心に—（日高）

第1表　前方後円墳集成編年1〜5期の主要古墳編年（日高1998に加筆修正）

が、地域的に限定されるようです。3期に至り、広範な地域で前方後円墳で築造され始められるようになると、まとめることができます。

このように関東地方の他の地域と、古墳出現期の様相はちょっと異なっています。最後に、その背景について少し触れたいと思います。

先ほど田中 裕さんから詳しくお話がありました鉄製品について、私も出土数を少し調べてみたことがあります。弥生時代中期では、太平洋沿岸地域及び長野県域では多く見つかっていますが、茨城県・栃木県・群馬県ではあまり見つかっていません。分布の違いがあるようです(第2表)。

それが弥生時代後期から終末期、人によっては古墳時代初期に入るとする時期になると、東京湾沿岸地域では引き続き、数多くの鉄製品が墓や集落から出土する一方、群馬県域では有馬遺跡など鉄製品を出土する遺跡が急増します。しかし、茨城県域では相変わらず少なく、ようやく原田北遺跡の鉄刀などの少数の鉄製品が確認されるようになります。また茨城県の北の方でも、板状鉄斧などを出す遺跡がポツポツと確認されるようになります(第3表)。

第2表 関東地方の弥生時代鉄製品出土遺跡数県別一覧・中期

県名	出土遺跡数	備考（特記すべき遺物）
茨 城	0	－
栃 木	0	－
群 馬	0	－
埼 玉	1	向山・鋳造鉄斧
千 葉	9	菅生・板状鉄斧、大崎台・板状鉄斧、番後台・板状鉄斧、滝ノ口向台・板状鉄斧
東 京	3	本町田・板状鉄斧
神奈川	12	権田原・板状鉄斧、関耕地・板状鉄斧、梶ヶ谷神明社上・板状鉄斧、赤坂・板状鉄斧、砂田台・板状鉄斧
長 野	7	春山B・板状鉄斧、光林寺裏山・鉄刀・板状鉄斧、社宮司・板状鉄斧

※川越哲志編2000『弥生時代鉄器総覧』広島大学考古学研究室より作成

第3表　関東地方の弥生時代鉄製品出土遺跡数県別一覧・後期（一部古墳初頭を含む）

県名	出土遺跡数	備考（特記すべき遺物）
茨　城	7	原田北・鉄刀、矢倉・板状鉄斧、団子内・板状鉄斧、伊達・板状鉄斧
栃　木	2	－
群　馬	22	石墨墓・釧、有馬墓・釧、川端・板状鉄斧
埼　玉	23	－
千　葉	73	荒久・板状鉄斧、鹿島塚Ａ・板状鉄斧、上座矢橋・板状鉄斧、沖塚・鍛冶工房、ヲサル山墓・釧、大井戸八木墓・釧、前三舟台・板状鉄斧、寒沢墓・釧、滝ノ口向台・板状鉄斧、北ノ作１号・板状鉄斧・鉄刀、阿玉台北・板状鉄斧、その他板状鉄器もあり
東　京	19	西早稲田三丁目墓・釧、下戸塚墓・釧、七社神社前墓・釧、多摩ニューNo.200墓・鐶、多摩ニューNo.918・板状鉄斧
神奈川	24	大原墓・釧、受地だいやま墓・釧、横浜市Ｅ５墓・釧
長　野	57	篠ノ井墓・釧、本村東沖墓・釧、松原・釧、上田原墓・釧・矛、中城原墓・釧、東長峰・板状鉄斧、須多ヶ峯墓・釧、丘中学校墓・釧、後沢・板状鉄斧、五里田・釧、荒神山おんまわし墓・釧、樋口五反田・板状鉄斧、塚田・板状鉄斧、根塚墓・渦巻き装飾付鉄剣

※川越哲志編2000『弥生時代鉄器総覧』広島大学考古学研究室より作成

　このような鉄製品の分布の違いは、方形周溝墓や環壕集落の有無の違いなどに通ずる事象であり、ひいては前方後円墳や前方後方墳の出現についても関係するものと考えています。
　足早で申し訳ありませんでした。これで終わりにしたいと思います。

（ひだか　しん／東京国立博物館）

〔図の出典〕掲載順
小出　博　1975『利根川と淀川』中央公論社
日高　慎　2002「古墳時代の岩井」『岩井市史　通史編』岩井市
井上義安他　1979『茨城県富士山遺跡１』

東日本における古墳の出現

長岡雅雄　2000「久保塚群」『茨城県教育財団調査報告』第162集
黒澤秀雄　2003「二の沢B遺跡（古墳群）」『茨城県教育財団調査報告』第208集
平松康毅他　1980『泊崎城址』茎崎村教育委員会
川井正一　1999「姥神遺跡」『牛久市史料　原始・古代』牛久市
片平雅俊　1999「十王台古墳群発掘調査の概要」『十王町民俗資料館紀要』8
伊東重敏　1994『権現平古墳群』玉里村教育委員会
黒澤秀雄他　1995「中台遺跡」『茨城県教育財団調査報告』第102集
比毛君男　1999『常名台の古代のむら』上高津貝塚ふるさと歴史の広場
茂木雅博他　2003「常陸星神社古墳（町指定名称諏訪山古墳）測量調査報告」『博古研究』26
鈴木裕芳　1998「茨城県久慈川流域における前期・中期古墳の動向」『列島の考古学』渡辺誠先生還暦記念論集刊行会
田中新史　2002「有段口縁壺の成立と展開」『土筆』6　土筆舎
佐藤政則　1993「梵天山（ぼんてんやま）古墳」『シンポジウム2　東日本における古墳出現過程の再検討』日本考古学協会新潟大会実行委員会
日高　慎　1998「茨城県」『前期古墳から中期古墳へ　発表要旨資料』東北・関東前方後円墳研究会

資料報告3　関東平野　北部

今平　利幸

はじめに

　関東平野の北部、特に栃木県を中心に話をさせていただきます。栃木の弥生時代の状況というのは、茨城とほぼ同様で、古墳時代になって初めて四角い墓が出てきます。ここに大きな画期があると考えています。

　地形の概況ですが、関東平野北部の栃木県は、北側に足尾山地・日光連山があり、そして茨城との境に八溝山地と、三方を山に囲まれた地域です。関東平野の最北部というか、南側に開けた地域です。ここではこの地域をA・B・Cの3つに分けて説明させていただきます（第1図）。

　まずA地域は、弥生時代の終末から古墳時代初頭に埼玉県側から吉ヶ谷式の拡散を受けた地域です。それからB地域ですが、弥生時代に二軒屋式土器が分布した地域です。またC地域ですが、茨城県側の那珂川下流域から十王台式が拡散した地域です。

　弥生時代の終末は、この3つの地域に分かれると思います。これらの各地域がどのように古墳を受け入れていったか、事例を見ながら説明していきます。

各地域の概要

A地域

　アの地域は、現在の足利市域になります。菅田西根遺跡の5号周溝墓という、赤塚次郎さんの分類（赤塚1992）でいうB1型となる方形の墓があります。この墓からは、吉ヶ谷式系土器が出土しています。頸部が「く」の字形をし、長胴化していますので、吉ヶ谷式としては新しい時期であり、土師器

169

東日本における古墳の出現

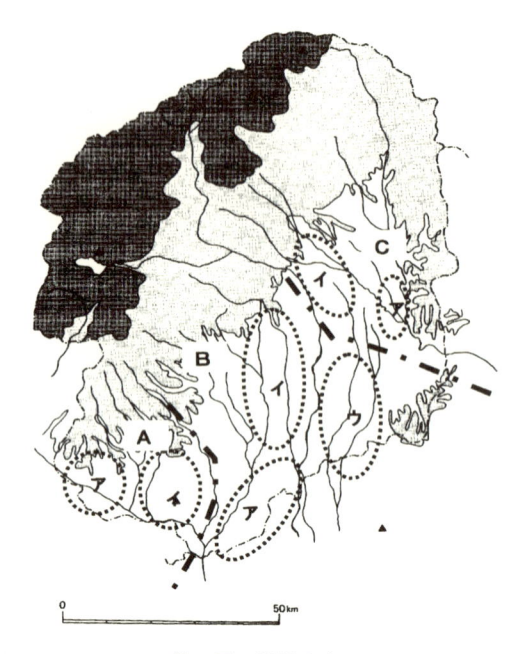

第1図 地域分布図

第1表 前期古墳編年試案

170

資料報告3　関東平野　北部（今平）

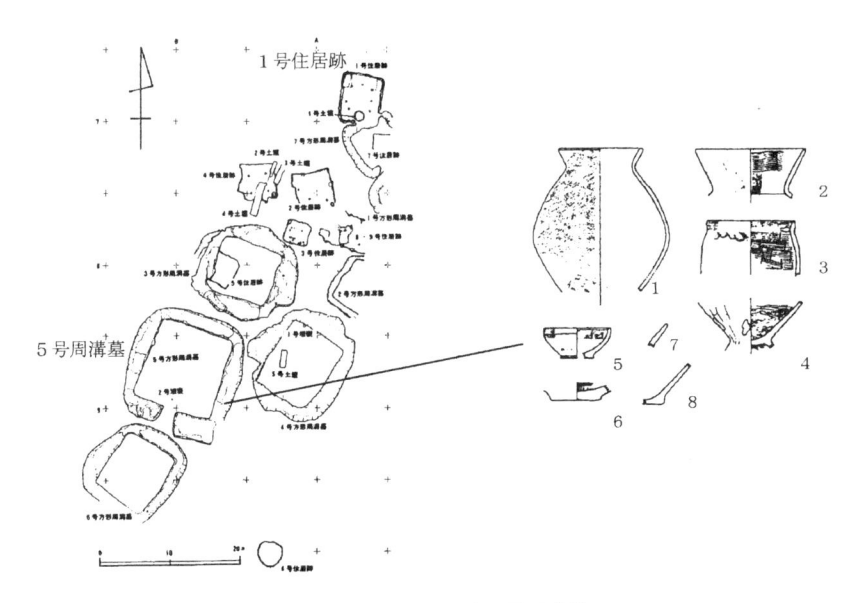

第2図　菅田西根遺跡5号周溝墓

と共伴していますので、「新潟シンポ」編年の6期になると思います(第2図)。
　イの地域では、『集成』編年の2期の段階に、佐野市松山遺跡で前方後方墳が見つかっています。前方後方墳の周辺には、四角い墓がたくさん見つかっています。これらを「方形周溝墓」とするか「方墳」とするか、という用語の問題(小森1998)はありますが、報告書の方では「方墳」としています。同様の状況は、後述します那須地域の吉田新宿古墳群でも認められます。松山遺跡(第3－1図)に隣接する黒袴台遺跡のSZ－101(第3－2図)は10m前後の小規模な四角い墓ですが、やはり周溝から吉ヶ谷式系壺の口縁部が出ています。どうも吉ヶ谷式系の土器が栃木県内にポツポツと散見されるようになる、その辺が古墳造りの開始と関係するという印象を持っています。
B地域
　二軒屋式の土器が分布する地域です。その南側の方、アとしたのは、現在の小山市周辺になります。この地域も小山市牧ノ内17号のような方形周溝墓、あるいは低墳丘の四角い墓が、最初に見られます(第4図)。

171

東日本における古墳の出現

第3―1図　松山遺跡遺構配置図　　第3―2図　黒袴台遺跡SZ―101

　この地域では古墳時代になると、南関東系の土器をたくさん出すような集落が見つかっています。例えば91軒の住居跡が見つかった小山市寺野東遺跡があります。牧ノ内遺跡でも15～16棟の南関東系の土器を含む住居跡が見つかっています。このような集落に並行して、四角い墓が造られています。牧ノ内17号では、南関東系の赤く塗られた壺や、口縁部に刻みを持つ刷毛調整の平底甕が出ています。「新潟シンポ」編年の6期段階と考えています。
　B―イとした地域ですが、石橋町北原東古墳という方墳があります(第5図)。これは20m弱の規模ですが、周溝からS字甕B類の破片が出ています。また近くにある土壙墓から櫛描文を施した樽式系土器が出土しています。この北原東古墳は、宇都宮市南部に位置する茂原古墳群の南にありますが、そのうちの大日塚古墳より少し先行すると考えています。

172

資料報告3　関東平野　北部（今平）

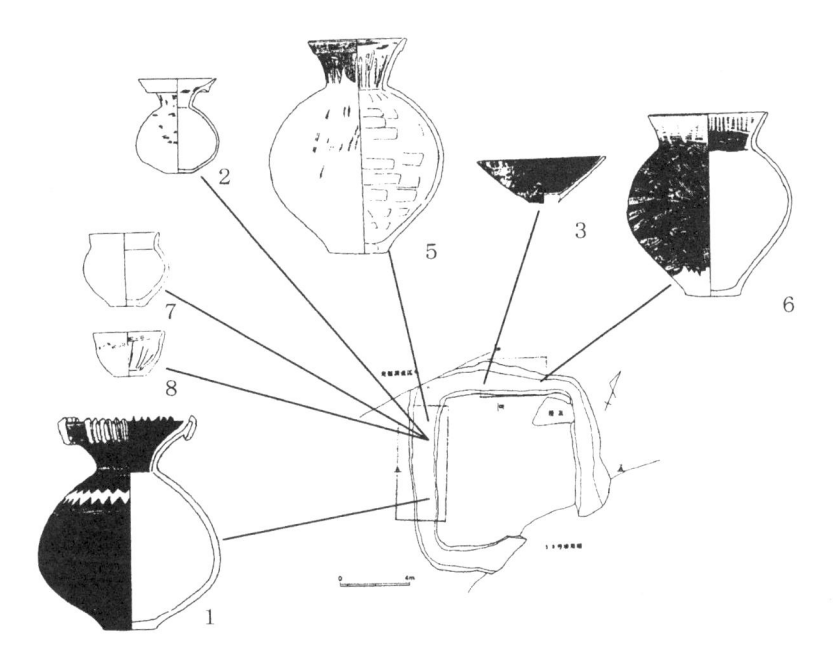

第4図　牧ノ内17号方形周溝墓

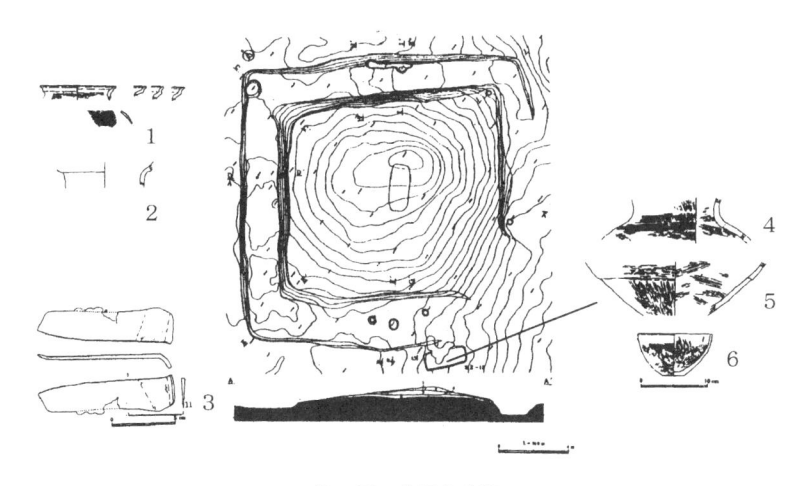

第5図　北原東古墳

173

東日本における古墳の出現

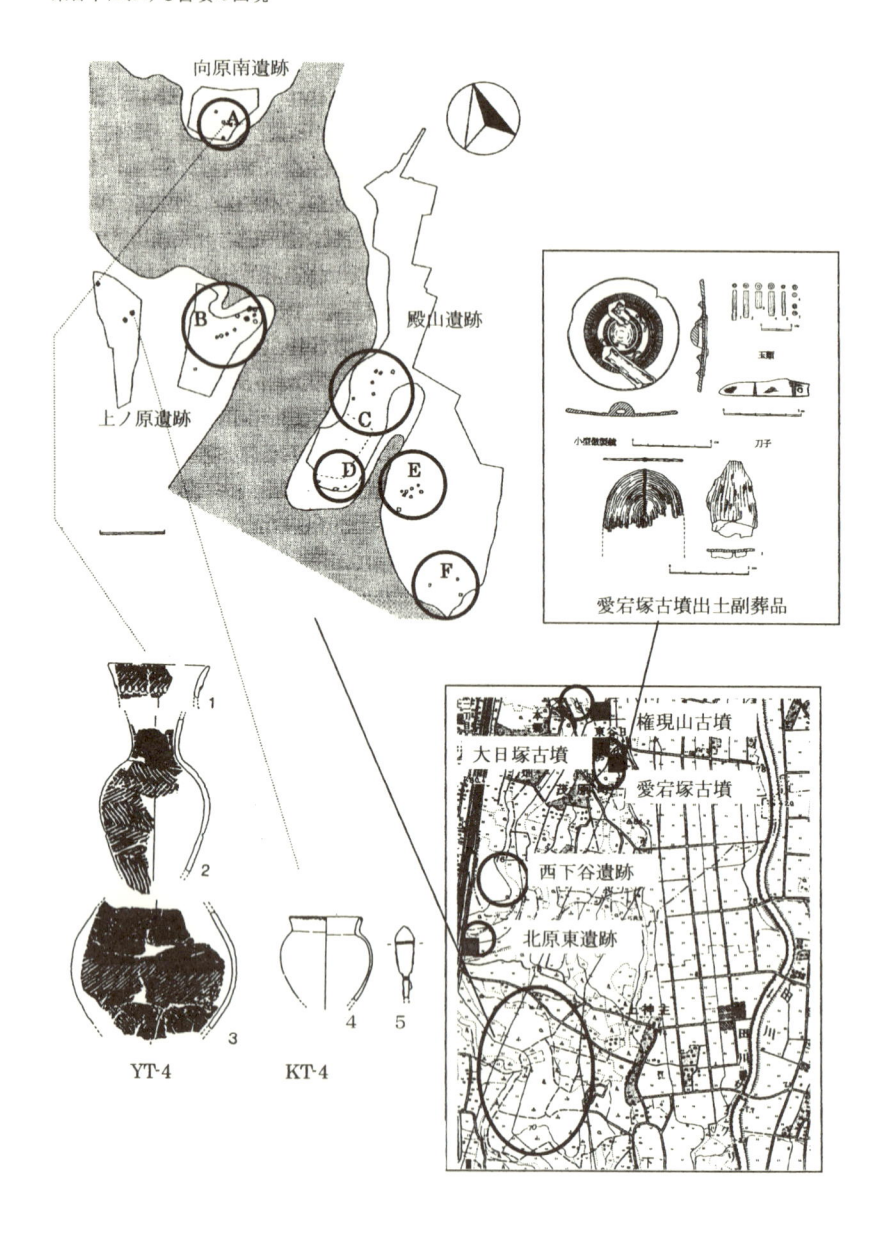

第6図　茂原古墳群周辺図

資料報告3　関東平野　北部（今平）

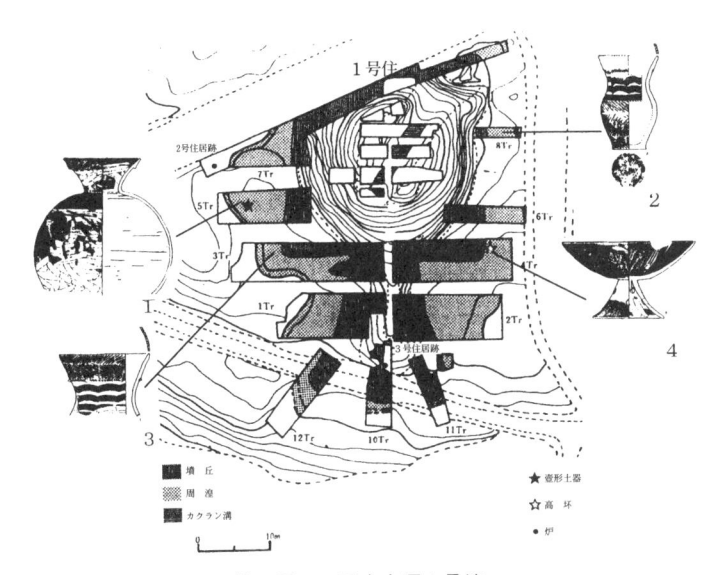

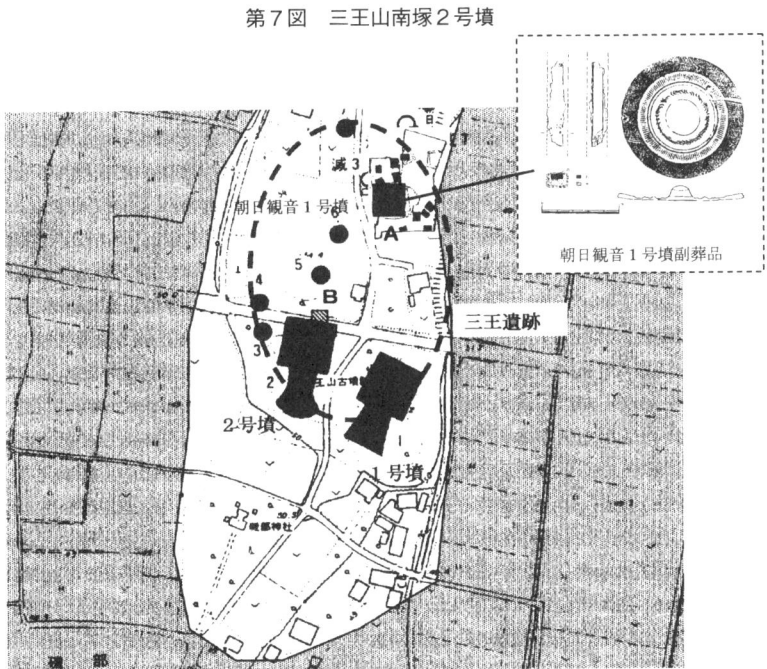

第7図　三王山南塚2号墳

第8図　三王遺跡と三王山古墳群

第6図の右下に茂原周辺の地図を示しておきましたが、大日塚・愛宕塚・権現山と3基の前方後方墳が継続して築かれます。また、近隣では弥生時代末から古墳時代初頭にかけての集落が、点々と見つかっています。代表的なものとして殿山遺跡を挙げておきました。A・B・C・D・E・Fと丸で囲んでありますが、およそ5棟から10棟ほどの住居跡がグループをなしています。アミかけした範囲は沖積地ですが、生産地を囲むような形で集落が展開している様子が窺われます。このような二軒屋式の拠点的な集落があるエリアに、北原東古墳や茂原古墳群が造られていく事例です。

　同じくB-イの地域ですが、二軒屋式の拠点的な集落に前方後方墳が造られた同様の例として、南河内町三王山南塚1号墳と2号墳があります（第7・8図）。点線で囲ってある部分が三王遺跡で、二軒屋式を中心とした土器を出す集落が展開しています。その集落を壊すような形で2基の前方後方墳が造られています。そのうち2号墳が先行するもので、二軒屋式系壺・南関東系壺、そして東海系高杯が出ています。この二軒屋式系壺は、下層の集落の流れ込みの可能性もあります。しかし、第7図3の土器は口縁部を逆さにし、その口縁部を粘土で被覆して「器台」として使用されたような出土状況をしており、二軒屋式土器を少なくとも「意識して古墳に使っている」と考えられます。

　埋葬主体部については両墳ともわかりません。しかし、これらの北側に所在する朝日観音古墳（方墳）の埋葬主体からは、第8図右上のような副葬品が出土しており、参考にすることができます。このような小型仿製鏡と少量の鉄製品の組み合わせが考えられます。

　B-ウの地域については、いい資料がありません。およそ『集成』編年の2期から古墳が出現してくると思われます。

C地域

　C-アの地域の代表例として、有名な小川町駒形大塚古墳が挙げられます。全長64m、主体部が木炭槨で、その上から土器群が出ています（第9図）。廻間のⅡ-4式〜Ⅲ-1式前後に位置づけられると考えています。私は駒形大塚古墳は、『集成』編年の1期の新しい段階に入れたいと考えてい

資料報告3　関東平野　北部（今平）

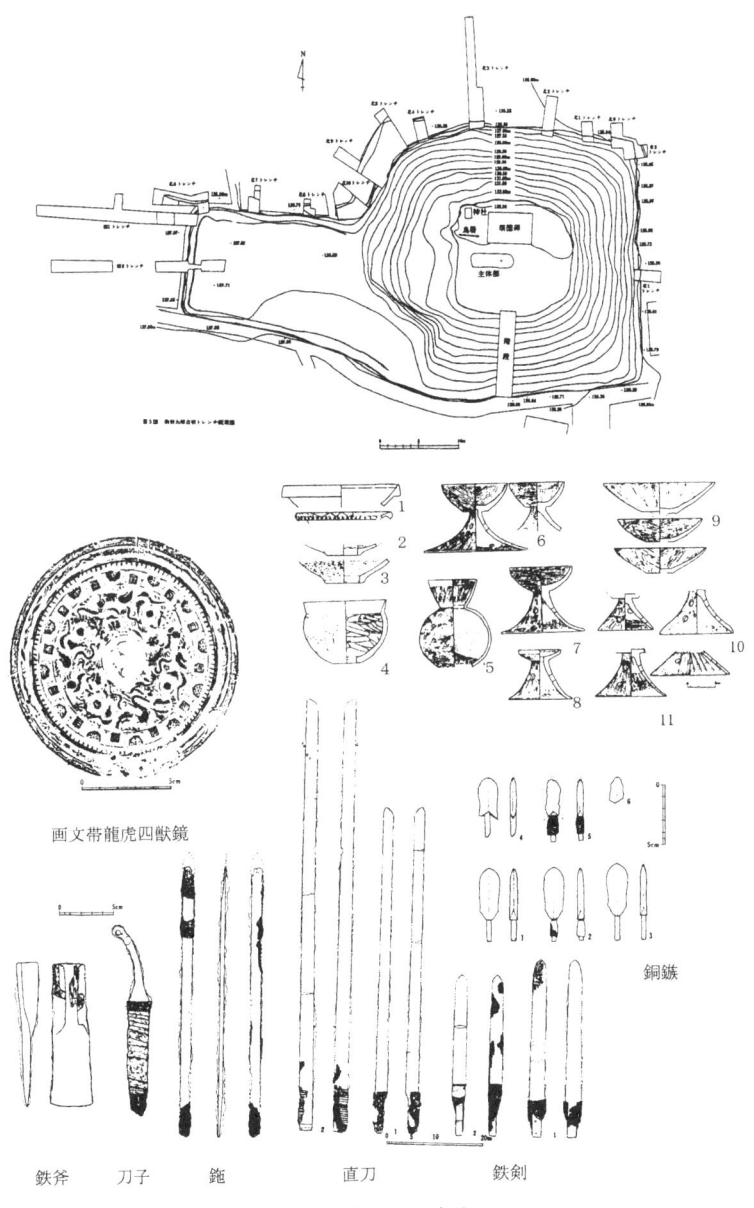

画文帯龍虎四獣鏡

銅鏃

鉄斧　刀子　鉇　　　直刀　　　鉄剣

第9図　駒形大塚古墳

177

東日本における古墳の出現

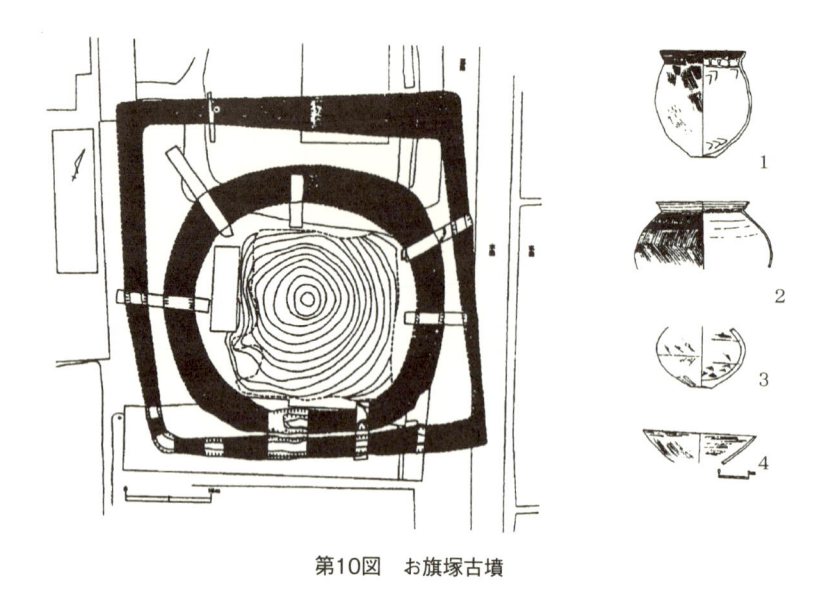

第10図　お旗塚古墳

ます。この古墳からは、画文帯神獣鏡の他、多数の鉄製品が出土しています。駒形大塚古墳は、権津川という那珂川の支流に接していますが、その少し下流に小川町吉田新宿古墳群があり、吉田湯泉神社古墳、それから那須八幡塚古墳という２基の前方後方墳があります。その周りには、先程の松山古墳と同じように、多数の方墳群が展開しています。順番としては、駒形大塚古墳→吉田温泉神社古墳→那須八幡塚古墳と考えています。

　Ｃ―イの地域ですが、豪族居館として八板市堀越遺跡や、氏家町四斗蒔遺跡などが有名です。しかし、それに並行する墳墓が今まではよくわかりませんでした。近年、新潟大学の橋本博文氏らにより調査された氏家町お旗塚古墳を紹介します。四斗蒔遺跡の東側に位置する古墳ですが、第10図のように二重の周溝があります。これについては、いろいろ議論があるかと思います。四角い墓を丸く作り直した可能性もありますし、もともと二重の周溝があったという見解もあると思います。報告者は共存すると判断されていますが、そうではない可能性も残しています(小竹 2001)。その周溝からＳ字甕Ｂ類(第10図２)が出ており、橋本氏は四斗蒔遺跡と並行する時期を考えていま

178

す。

まとめ

　最後に編年表に基づき、まとめを述べます。
　A地域は渡良瀬川流域ですが、アとイの地域に分けました。足利周辺とその他とに分けて考えればよいと思います。この地域は他のB・C地域と違い前方後円墳が早い段階に採用されます。栃木県の前期古墳といいますと、前方後方墳というイメージが強いと思いますが、このAの地域に関しては2期段階に前方後円墳が採用されています。佐野市馬門愛宕塚古墳が松山古墳に近い位置で見つかっています。
　それから、Bの地域は鬼怒川流域ですが、前段階には二軒屋式の地域です。初期段階は茨城と同じように低墳丘の四角い墓が導入されたようです。その後、『集成』1期の後半段階に三王山南塚2号墳が造られます。2期の段階で茂原古墳が出現してきます。この地域は代々「四角い墓、前方後方墳」が造られていく地域となります。それからB－ウの地域、これは小貝川・五行川流域ですが、こちらも「四角い墓」がずっと造られ続けます。ただ各地域単独で前方後方墳が造られるパターンが多いようです。尚、市貝町上根二子塚だけが2世代に亘って造られています。この北側に下椎谷遺跡があり、吉ヶ谷式系の土器が出ています。先ほども触れましたが、何らかの関係があるのかなと思っております。
　それからCの地域ですが、これは大きく2つに分かれ、アの地域は駒形大塚→吉田湯泉神社→那須八幡と続く地域。湯津上村には下侍塚古墳もあります。それからイの地域ですが、これは？マークを付けておきましたけれども、お旗塚はこの前後の時期に現れるのではないかと推定しています。
　最後に鏡について少し触れます。Bの地域は小型の仿製鏡しか持っていないようで、かつ中小規模の墓が目立ちます。ところがC地域、特に小川町を中心にした地域は舶載鏡を持つ傾向が窺われます。また下侍塚古墳とか上侍塚古墳とか大型の墳丘を築造した地域です。またAの地域も3期段階で、足利市藤本観音山古墳や藤岡町山王寺大桝塚古墳という大きな古墳が造られる

地域です。地域によって違った流れを歩んでいるのではないかと推定されます。

(こんぺい　としゆき／宇都宮市教育委員会)

〔図の出典〕掲載順
前澤輝政他　1987『菅田西根遺跡』足利市遺跡調査団
仲山英樹他　2001『松山遺跡』栃木県教育委員会・(財)とちぎ生涯学習文化財団
橋本澄朗他　2001『黒袴台遺跡』栃木県教育委員会・(財)とちぎ生涯学習文化財団
秋山隆雄　1997『牧ノ内Ⅰ』小山市教育委員会
安永真一　2001『上神主・茂原　茂原向原　北原東』栃木県教育委員会・(財)とちぎ生涯学習文化財団
吉岡秀範他　1995『殿山遺跡Ⅰ』日本窯業史研究所
吉岡秀範他　1992『上ノ原・向原南遺跡』日本窯業史研究所
久保哲三　1990『茂原古墳群』宇都宮市教育委員会
水沼良浩　1992「三王山南塚2号墳」『南河内町史』史料編1考古　南河内町
斉藤光利　1987『朝日観音遺跡』南河内町教育委員会
三木文雄　1986『那須駒形大塚』吉川弘文館
小竹弘則他　2001『お旗塚古墳』氏家町教育委員会

資料報告4　関東平野　北西部

深澤　敦仁

はじめに

　群馬県の深澤です。よろしくお願いします。今回扱う地域は関東平野の北西部ですが、群馬県を中心にお話をさせていただきます。

　北関東の前期古墳といいますと、著名な古墳が多いわけですが、限られた時間の中で、これらすべてを紹介することは不可能です。よって今回は、個別事例ではなく、様相の説明に終始しますが、この点はご了承下さい。

　今回の検討で参考にしたのは、田口一郎さん、橋本博文さん、加部(かべにたか)二生さ

○地域区分について
（橋本・加部1994、若狭2000を引用）
1…群馬地域（榛名山東南麓の井野川流域を核とした地域。高崎市、群馬町、箕郷町など）
2…佐波南部地域（利根川低地帯南岸地域。前橋市南部、高崎市東端部、玉村町など）
3…佐波北部地域（利根川低地帯北岸地域。勢多地域に至近。前橋市東部、伊勢崎市など）
4…勢多地域（赤城山南麓地域。前橋市北東部、粕川村、新里村、富士見村など）
5…新田南部地域（石田川流域を核とした地域。太田市南部、新田町南部、尾島町など）
6…新田北部地域（蛇川上流域を核とした地域。太田市北部、新田町北部など）
7…甘楽地域（鏑川流域の谷地域。富岡市、甘楽町、吉井町、妙義町など）
8…碓氷地域（碓氷川流域の高崎市西端部から安中市、松井田町など）
9…北群馬地域（榛名山東麓で利根川と吾妻川の合流部周辺。渋川市、北橘村、赤城村、子持村など）
10…利根地域（利根川上流で、片品川との合流部。沼田市、昭和村、川場村など）
11…吾妻地域（吾妻川流域。中之条町・吾妻東村など）

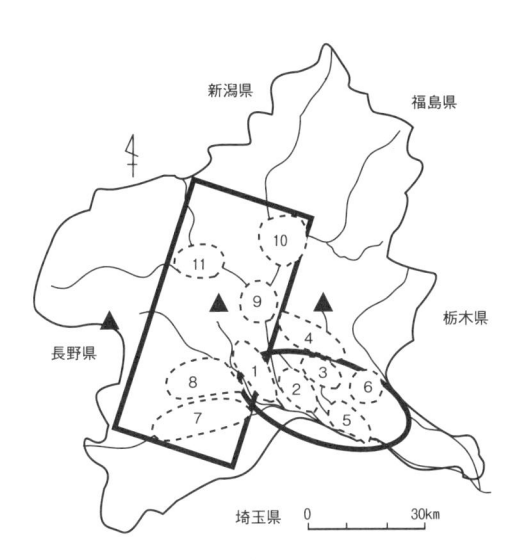

第1図　地域区分図

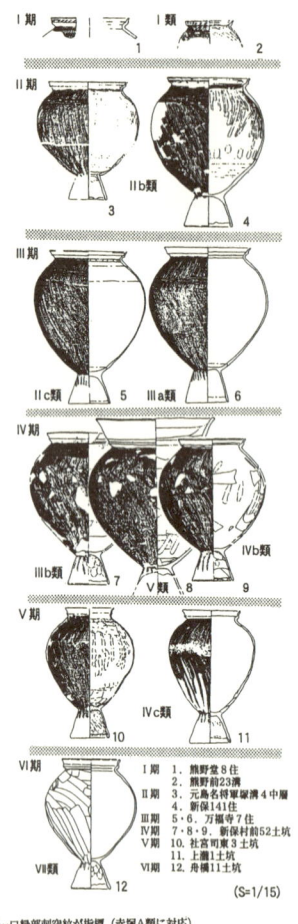

東日本における古墳出現期

ん、若狭徹(とおる)さん、こういった方々の研究です(田口1981、橋本・加部1994、若狭2000他)。よって今回発表する内容も、必ずしも私のオリジナルというわけではありません。

まず今回扱う地域は、第1図として示した範囲です。群馬県は、上野(こうづけ)とか上毛野(かみつけの)とか色々な表現をされて、その地域の特性が語られていますが、現実の資料に即してみると、実際は「1つの地域」ではなく、いくつかの地域に分かれます。今回は1～11のエリアに分割し、その変遷をたどってみたいと思います。取り扱う地域について、いわゆる北武蔵地域も関東平野北部に含まれるかもしれませんが、私の方が十分検討できていませんので、対象から外している点、お詫びします。(編者注：P.245の石坂氏のコラム6で埼玉県の新資料についてまとめられている。)

時期区分と地域区分について

まず定点を押さえておきます。現地点で「最古」に位置づけられるものとして、群馬町熊野堂(くまのどう)遺跡1号墓(第8図)があります。出土

I期
1
I類
2

II期
3 IIb類
4

III期
IIc類 5 IIIa類 6

IV期
IIIb類 7 8 9 IVb類
V類

V期
10 IVc類 11

VI期
VII類 12

1. 熊野堂8住
2. 熊野前23溝
I期 3. 元島名将軍塚溝4中層
II期 4. 新保141住
III期 5・6. 万福寺7住
IV期 7・8・9. 新保村前52土坑
V期 10. 社宮町裏3土坑
VI期 11. 上溝1土坑
12. 舟橋11土坑
(S=1/15)

I類…口縁部刻突紋が指標 (赤塚A類に対応)
II類…口縁部刻突の喪失、頸部内面ハケメが指標。口縁形態・肩部横線等の属性によりa・b・c類に三細分 (赤塚B類古・中に対応)
III類…頸部から下がった肩部横線、頸部内面ハケメの喪失、胴部外面ハケメ以前のヘラケズリが主な指標。胴部－肩の張る球形から長胴化、口縁端部一面をもつ、沈線化・丸く仕上げる等の属性でa・bに二細分
IV類…胴部横線の喪失、胴部外面のハケメ以前のヘラケズリが主な指標。胴部－肩の張る球形から長胴化、口縁端部一面をもつ、沈線化・丸く仕上げる 口縁の立ち上がり一外に開く・上部が立ち上がる等の属性によりa・b・c類に三細分
V類…通常のS字甕口縁部の上部に拡張部が付加される (所謂山陰系甕との折衷)。通常S字甕口縁の3倍の程長い口縁が多い。
VI類…V類面種か、模倣された「S字甕もどき」か、位置付け保留。
VII類…胴部外面ハケメの喪失。

第2図　井野川流域におけるS字甕編年
(田口2000を引用)

資料報告4　関東平野　北西部（深澤）

遺物はありませんが、前方後方形周溝墓の溝中に浅間C軽石の純堆積があり、この降下以前のものとわかります。今日の話は、この前方後方形周溝墓が築かれて以降、定型化した大形前方後円墳である前橋天神山古墳・太田八幡山古墳、あるいは朝子塚古墳が成立する以前までの間で、細分した各地域がどのように成熟していくか、あるいは成熟しないかということを検討します。

分析に用いるのは基本的に土器ですが、タイムスケールとして使うのは、田口一郎さんの研究成果です（第2～4図）。井野川流域のS字甕や伊勢型二重口縁壺の編年、さらにパレス壺の編年を用いて進めて行きたいと思います（田口1981など）。

まず地域性と土器様相の区分について述べます（第1図）。図中で左側の四角で囲った地域は、樽式土器の濃密な分布域です。これに対して図中右側で楕円形に囲った部分は、その後いわゆる「石田川式土器」が集中的に分布する地域です。

この分布の違いについては、以前より様々な研究者が指摘しており、その

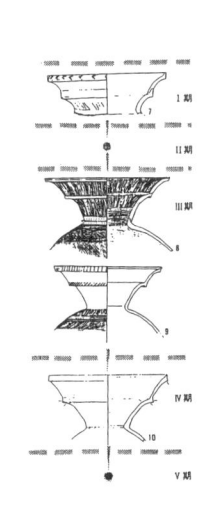

第3図　「1　群馬地域」における伊勢型二重口縁壺C類の編年
　　　　（田口1981）

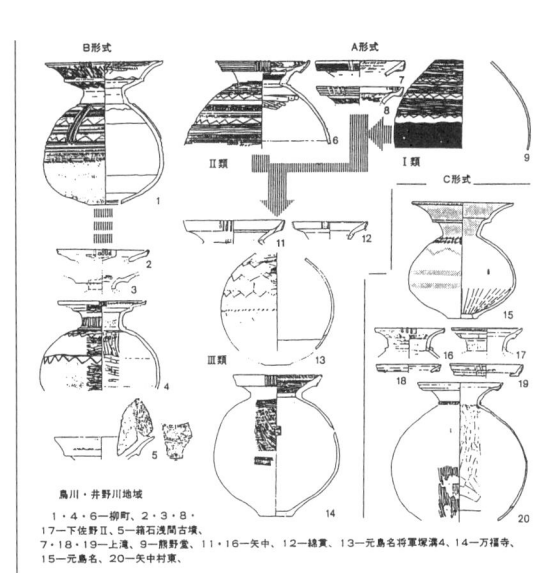

第4図　「1　群馬地域」におけるパレス壺の編年
　　　　（田口1987）

意味について「歴史的な解釈」まで言及された方も数多くいます。今回はこの解釈には言及しませんが、こういった分布の偏在性を確認しておきます。

まず地域1（群馬地域）は、ちょうど樽式様式圏と石田川様式圏が重なるエリアです。地域2（佐波南部地域）は、後に前橋天神山古墳が成立するエリアです。地域4（勢多地域）は、群馬県の中でも前期古墳が成立しないエリアです。地域5（新田南部地域）・6（新田北部地域）は、太田八幡山古墳や朝子塚古墳が成立する地域です。図では5と6に分けてありますが、今日は一括します。そして昨日青木一男さんの発表の中でも登場しましたが、円形周溝墓が弥生後期に展開するエリアが地域9（北群馬地域）です。実際は群馬県北部一帯に円形周溝墓はありま

第1表　S字甕編年の基準資料

第2表　3種の土器の段階対応表
（田口1981、田口1987より作成）

第3表　群馬・佐波南北・勢多エリア毎の古墳（墳墓）の位置づけ

第4表　新田南北・甘楽エリア毎の古墳（墳墓）の位置づけ

すが、濃密に分布するのが、この地域9です。

　できれば1～11まで、すべて取りあげたいところですが、時間に限りがありますし、ちょっと散漫になりますので、代表的な地域を比較しながら、説明していきます。

樽式3期の様相

　まず、当地域の古墳出現期を語るうえで、前段として整理しておかなければならないのは、樽式3期つまり樽式の最終段階の土器相と墓制です。まず、土器様相をグラフに示しました（第5図）。

　濃いアミで示したのが、樽式土器です。地域1において、ほぼ95％以上が樽式土器で占められ、東海東部あるいは関東南部、東海西部の土器が多少見られる状況です。これに対して、その後、大形の前期古墳が展開する地域2、地域5・6、あるいは逆に成立しない地域4では、集落は閑散とした状況にあります。そして地域9、円形周溝墓が存在する地域ですが、この地域は樽式土器が大半を占める一方で、北陸・長野県の北信地域の系譜をもつ土器がおよそ20％程度含まれています。このように群馬県の中でも、かなり違う状況を示しています。

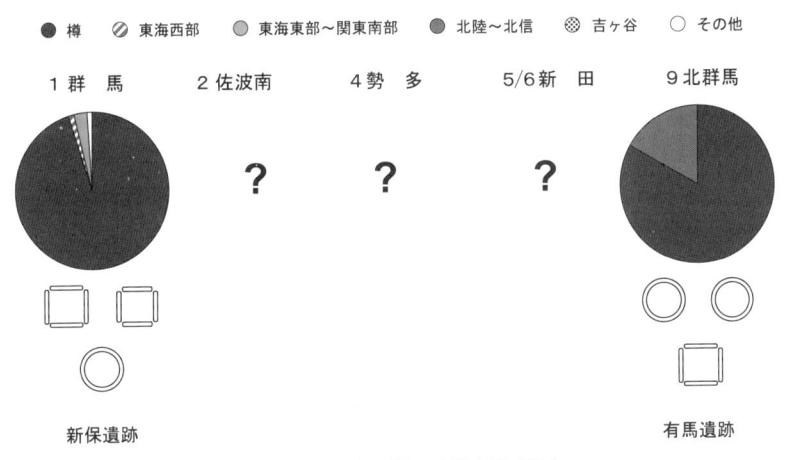

第5図　樽式3期の土器相と墓制

東日本における古墳出現期

こういった違いと墓制はどういう関係にあるかというと、地域1では、円形周溝墓も少しは存在しますが、方形周溝墓が主体となります。逆に地域9は、円形周溝墓が多数を占め、方形周溝墓が少数存在する状況です。それぞれの地域を代表する遺跡が新保遺跡であり、有馬遺跡ということができます。

前方後方形墳墓の出現

次に樽式3期に後続する、S字甕Ⅰ／Ⅱ期の土器相変化について説明します(第6図)。補足しますが、東海・北陸系の土器というものには、いわゆる模倣土器とされるものも多く含んでおりますので、ご了承下さい。

S字甕Ⅰ／Ⅱ期という段階になりますと、大きな変化が認められます。地域1は、東海西部、東海東部・関東南部といった地域の土器に席巻されます。しかし客体的には樽式系土器も残っていますし、北陸系土器もわずかながら存在しています。また栃木の今平さんも触れておりましたが、南から吉ヶ谷式系土器も入ってきます。

そして樽式3期の段階では閑散とした地域だった、地域2、地域4、地域5・6にも、それぞれ集落が展開するようになります。地域2には、東海西

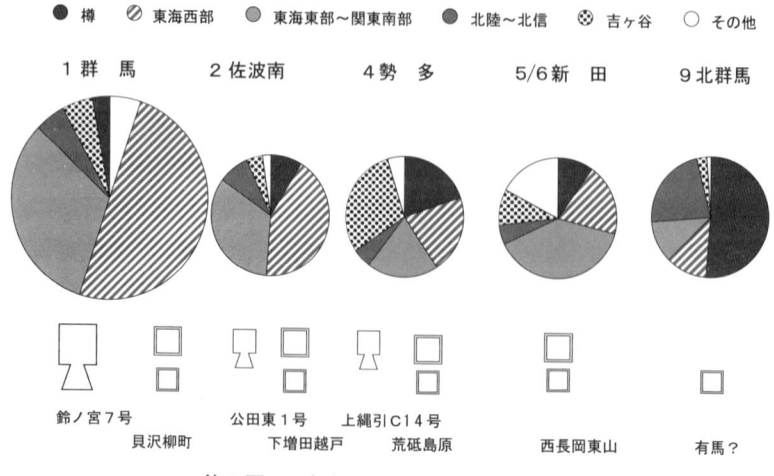

第6図 S字甕Ⅰ／Ⅱ期の土器相と墓制

部がかなり入ってきます。ところが地域4には樽式系土器が、この段階に入ってくるようです。それで地域5・6は、東海西部・東部、関東南部がぐっと入ってきます。そして地域9については、樽式系土器の割合がやや減って、東海の影響あるいは北陸・北信地域の影響が増してきます。いわゆる若狭さんのいう「樽様式の崩壊現象」(若狭1990)がここでおきています。

図(第6図)の下段には墓制の概要を示しています。地域1は、20～30mクラスの前方後方形周溝墓が成立します。さらに10～20mクラスの方形周溝墓も併存しています。地域2では、小型前方後方形周溝墓が出てきます。そこにも方形周溝墓が存在します。地域4も同様の在り方を見せます。地域5・6は、この段階に遡る前方後方形の周溝墓というのは未だ確認されていません。東海系土器は入ってきますが、ちょっと様相が違うようです。地域9に関しては様相がよくわかりません。

古墳の出現

次にS字甕Ⅲ期／Ⅳ期の変化を説明します(第7図)。総体的には、各地域

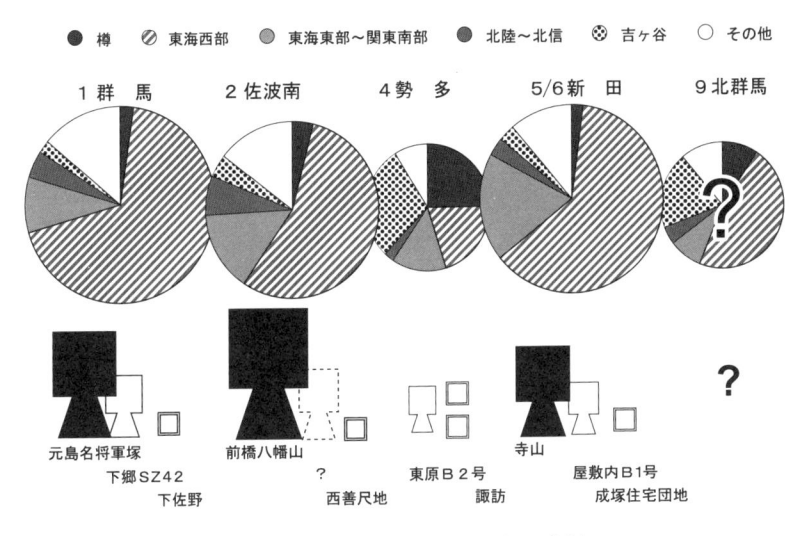

第7図　S字甕Ⅲ／Ⅳ期の土器相と墓制

において東海西部系土器の比率がとても高くなってきます。ただ、これは先程の繰り返しですが、東海西部の土器そのものがこんなに来ているわけではありません。東海西部の土器が「群馬化」した土器が高率を占めるということです。

その中であまり東海系の比率を変えない地域が、地域4です。ちなみに地域9も東海系が多いと推測されますが、遺跡そのものが少ないので、その域を超えられません。

このS字甕Ⅲ期／Ⅳ期の墓制ですが、地域1、2、5・6では、いわゆる"古墳"、つまり「明らかなマウンドを持った前方後方墳」が成立します。しかし、同時にそれよりも一回り、二回りも小さい前方後方形の周溝墓も存在します。また方形周溝墓も併存しています。

ところが、地域4では早い段階で前方後方形周溝墓を採用しておきながら、その後に大きいものに成長していかず、最大で20m位の規模にとどまっています。その数は比較的多いのですが、10m位の前方後方形周溝墓が主体であり、独自の在り方をしています。地域9については、資料不足でよくわかりません。

まとめ

以上のことをまとめたいと思います。出現期の様相には、「2つの様相」があると考えております。

まず1つは、適切な表現か自信がありませんが、「段階的波及」というものです。つまり地域1の状況に見られるように、それまでの成熟した弥生後期文化圏の中に、東海・北陸地域の文化が入ってきて、早い段階から前方後方形の墳墓を造っていくという様相です。それが段階的に定着していくといった在り方です。高崎市元島名将軍塚古墳という古墳を造り上げるという様相がそれです。

もう1つは、「集中的波及」というものです。いわゆる閑散とした地域への人的波及です。弥生後期文化の閑散地域に、ある段階から人が集中的に入ってきて、古墳を造り上げるという状況です。このような2つの様相があ

資料報告4　関東平野　北西部（深澤）

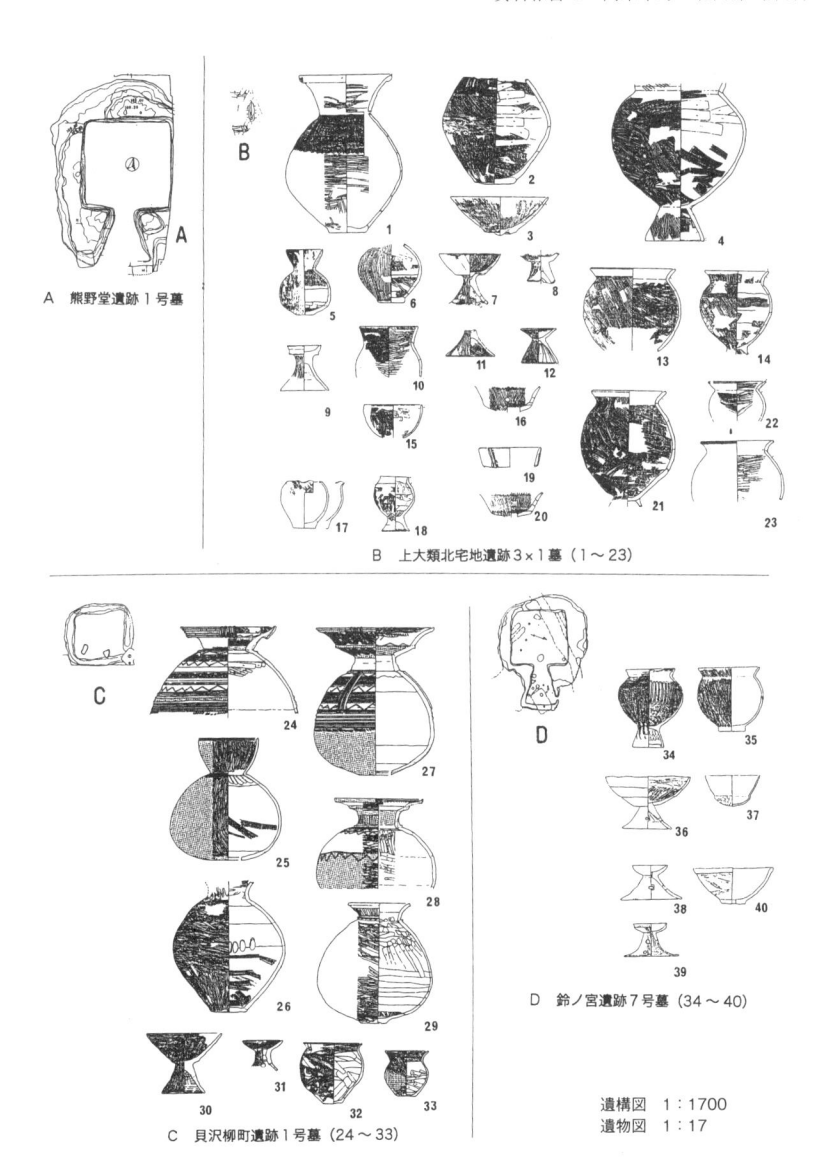

A　熊野堂遺跡1号墓

B　上大類北宅地遺跡3×1墓（1～23）

C　貝沢柳町遺跡1号墓（24～33）

D　鈴ノ宮遺跡7号墓（34～40）

遺構図　1：1700
遺物図　1：17

第8図　熊野堂遺跡1号墓／上大類北宅地遺跡3×1墓
　　　／貝沢柳町遺跡1号墓／鈴ノ宮遺跡7号墓

東日本における古墳出現期

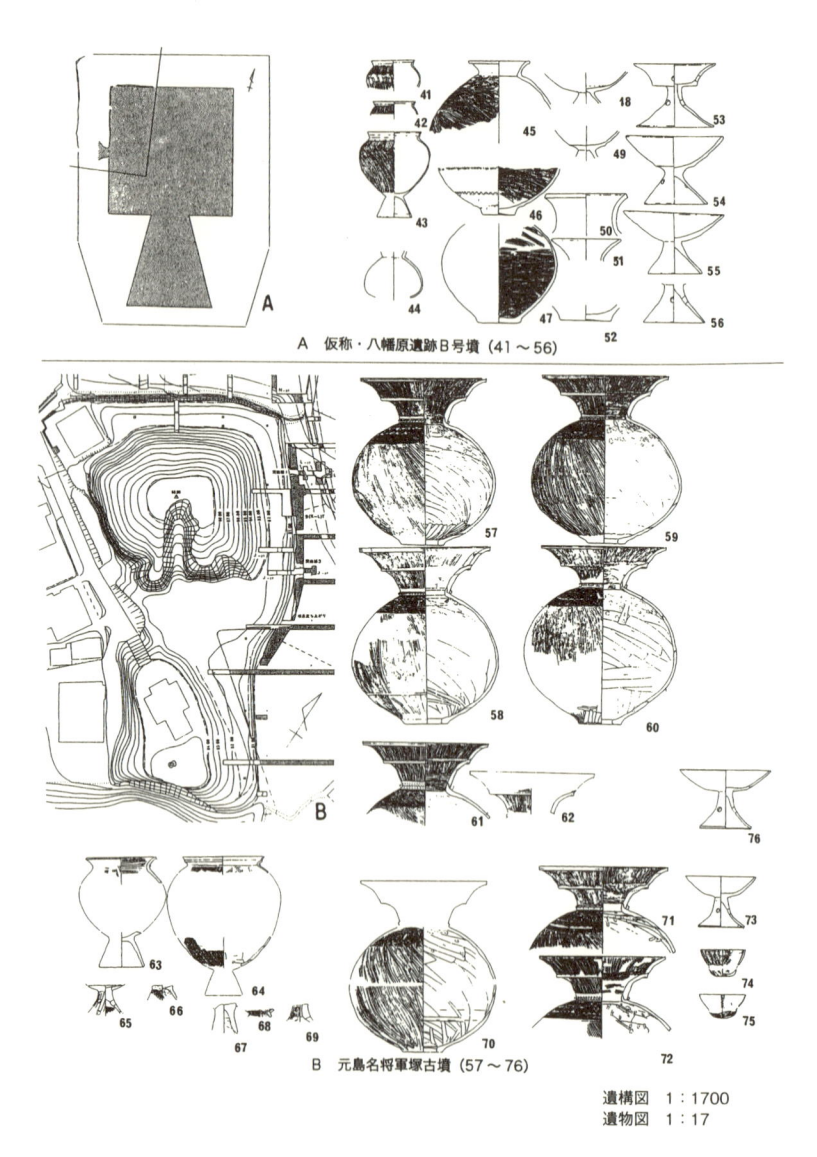

A　仮称・八幡原遺跡B号墳（41〜56）

B　元島名将軍塚古墳（57〜76）

遺構図　1：1700
遺物図　1：17

第9図　仮称・八幡原遺跡B号墳／元島名将軍塚古墳

資料報告 4　関東平野　北西部（深澤）

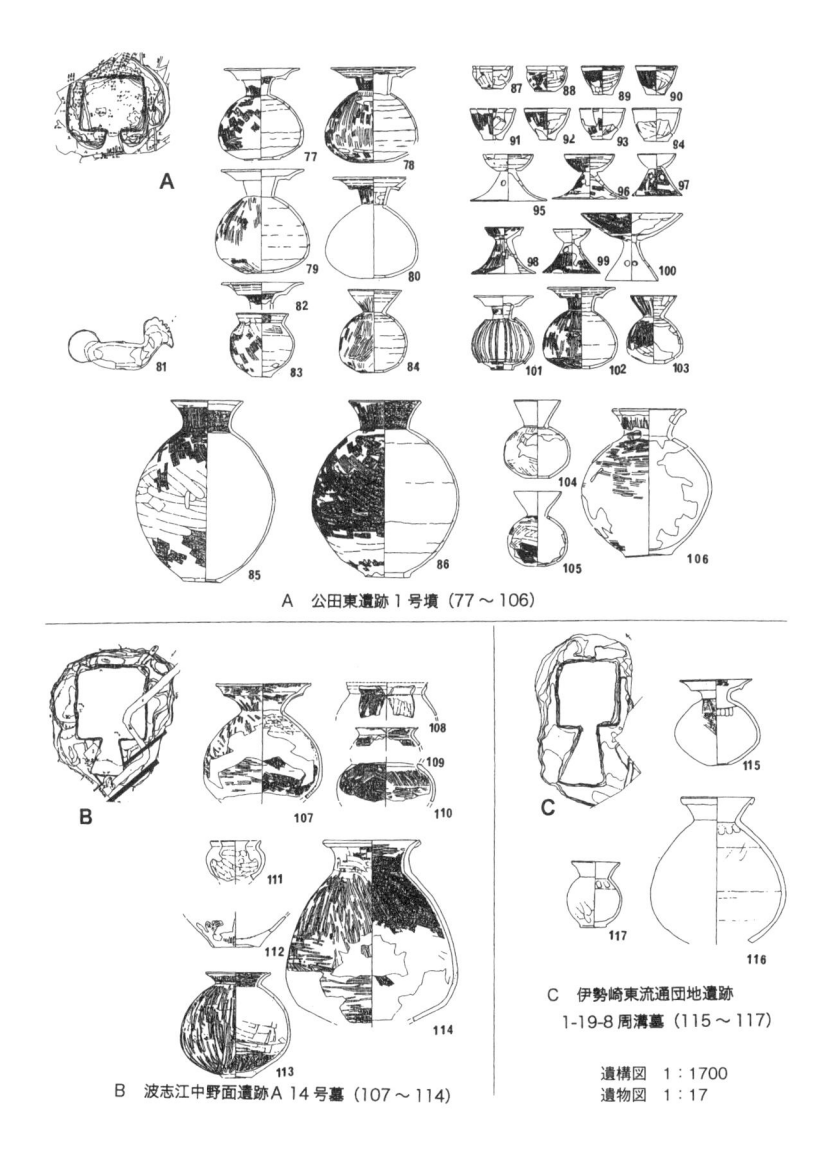

A　公田東遺跡 1 号墳（77 〜 106）

B　波志江中野面遺跡 A 14 号墓（107 〜 114）

C　伊勢崎東流通団地遺跡
　1-19-8 周溝墓（115 〜 117）

遺構図　1：1700
遺物図　1：17

第10図　公田東遺跡 1 号墳／波志江中野面遺跡 A 14号墓
　　　／伊勢崎東流通団地遺跡1-19-8周溝墓

191

東日本における古墳出現期

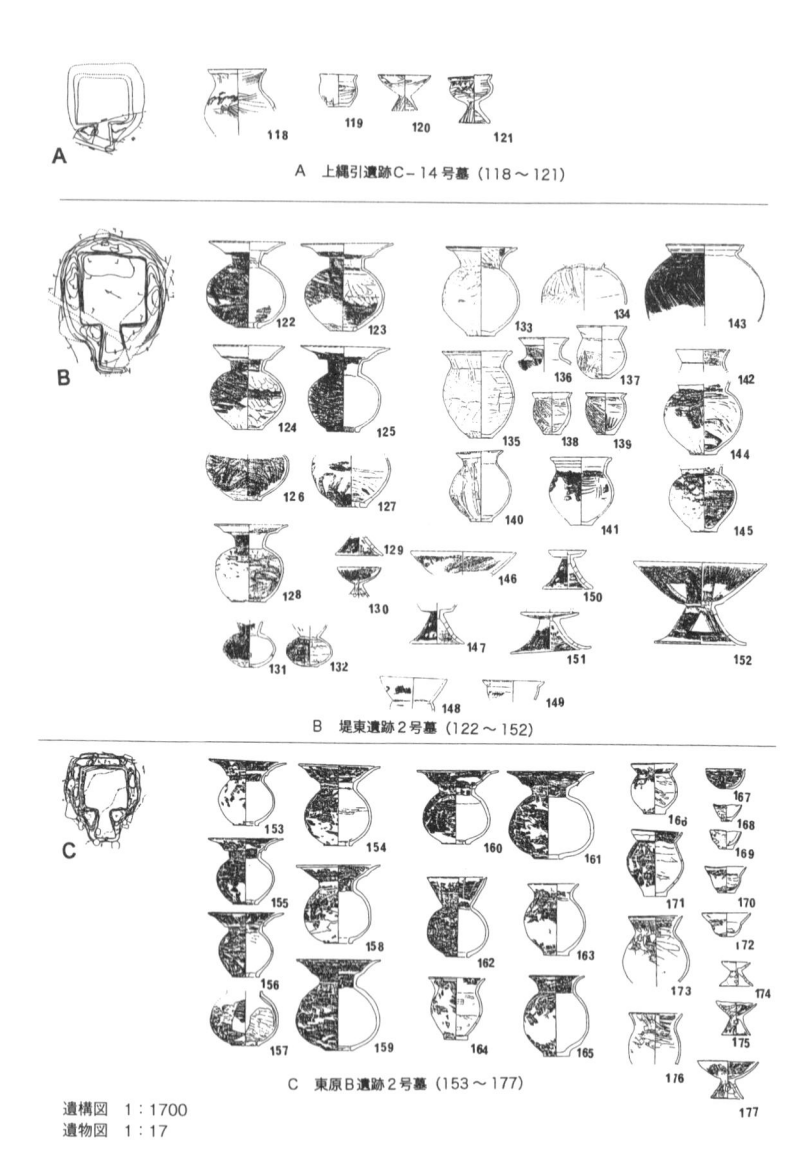

A　上縄引遺跡C-14号墓（118〜121）

B　堤東遺跡2号墓（122〜152）

C　東原B遺跡2号墓（153〜177）

遺構図　1：1700
遺物図　1：17

第11図　上縄引遺跡C-14号墓／堤東遺跡2号墓／東原B遺跡2号墓

資料報告 4　関東平野　北西部（深澤）

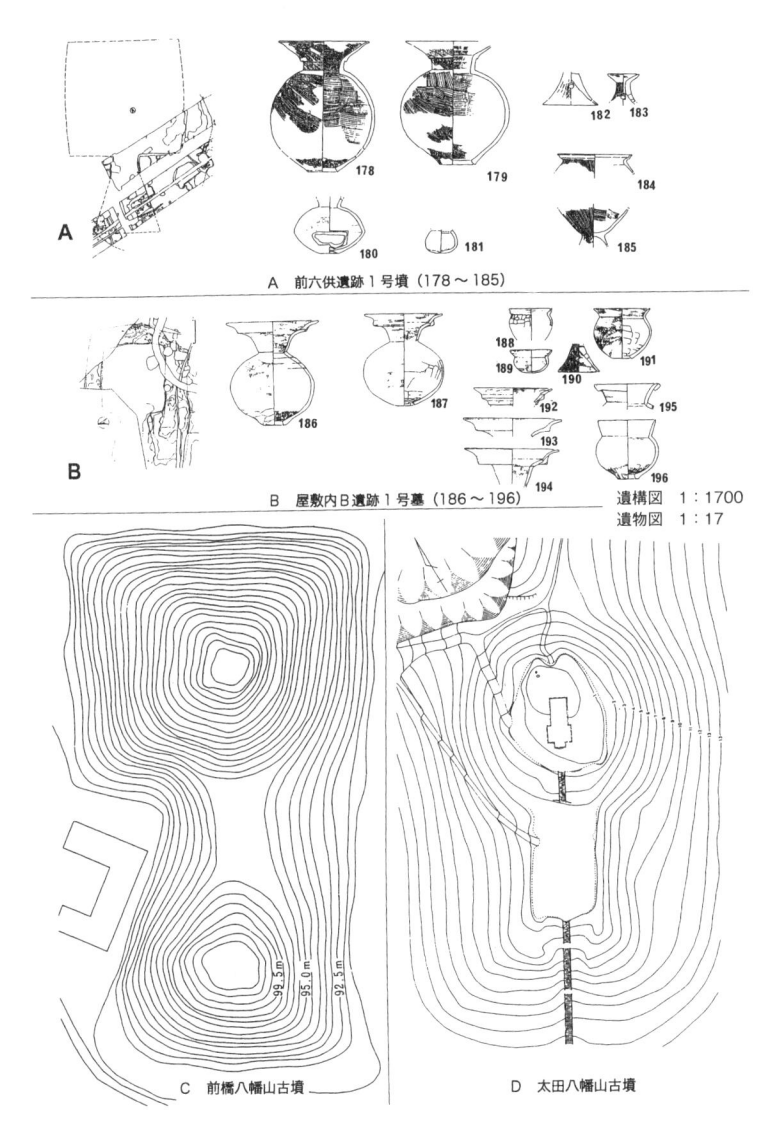

A　前六供遺跡 1 号墳（178〜185）
B　屋敷内 B 遺跡 1 号墓（186〜196）

遺構図　1：1700
遺物図　1：17

C　前橋八幡山古墳
D　太田八幡山古墳

第12図　前六供遺跡 1 号墳／屋敷内 B 遺跡 1 号墓／前橋八幡山古墳／太田八幡山古墳

東日本における古墳出現期

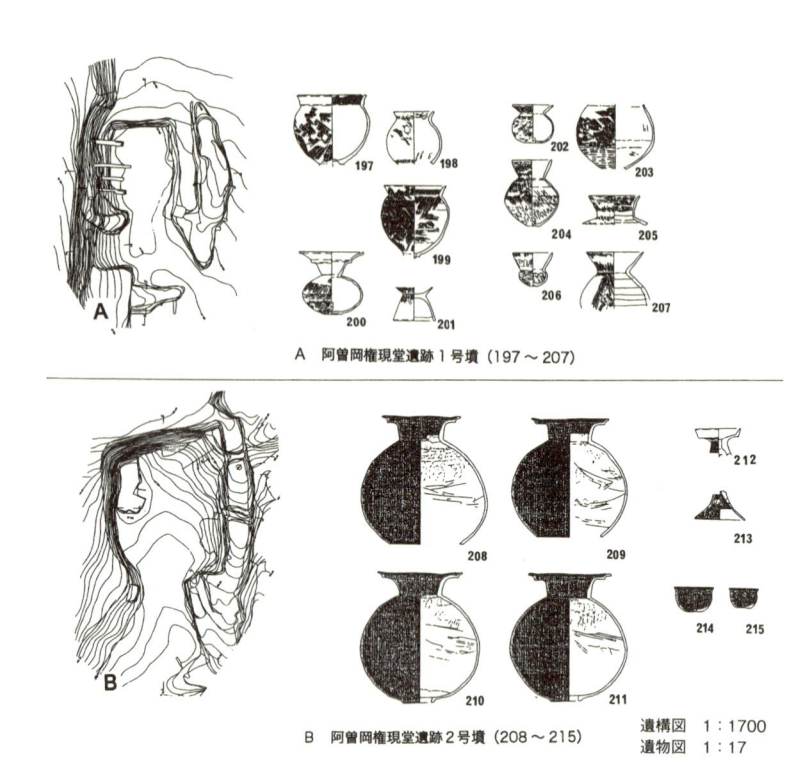

A 阿曽岡権現堂遺跡1号墳（197～207）

B 阿曽岡権現堂遺跡2号墳（208～215）

遺構図 1:1700
遺物図 1:17

第13図　阿曽岡権現堂遺跡1号墳／阿曽岡権現堂遺跡2号墳

るんだろうと思います。

　これらの歴史的な脈絡については、まだ充分には説明できません。ただしその後に定型化した前方後円墳が成立するエリアと、後者の様相が一致している点は注目されます。前橋天神山古墳は、佐波南部地域(地域2)に属しますし、太田八幡山古墳や後続する朝子塚古墳は、新田地域(地域5・6)に属します。このような古墳時代前期後半の様相は、今回のテーマからは外れますが、定型化した前方後円墳が成立するには、こうした前史があるのではないかと予想されます。

　結果的にみますと「集中的波及」をした地域に、定型化した前方後円墳が造られていったのではないだろうか、このようなことが考えられるわけで

す。
　以上で終わります。

　　　　　　　　　　　　（ふかさわ　あつひと／㈶群馬県埋蔵文化財調査事業団）

〔図の出典〕掲載順
田口一郎　2000「北関東西部におけるＳ字口縁甕の波及と定着」『第７回東海考古学
　　　　　　　フォーラム　Ｓ字甕を考える』東海考古学フォーラム
田口一郎　1981『元島名将軍塚古墳』高崎市教育委員会
田口一郎　1987「パレス・スタイル壺の末裔たち」『欠山式土器とその前後　研究・
　　　　　　　報告編』愛知考古学談話会
女屋和志雄・関根慎二　1990『熊野堂遺跡 (2)』㈶群馬県埋蔵文化財調査事業団
久保泰博・渡辺義泰　1983『上大類北宅地遺跡』高崎市教育委員会
久保泰博・篠原幹夫　1986『貝沢柳町遺跡』高崎市教育委員会
飯塚恵子・五十嵐至・田口一郎　1978『鈴ノ宮遺跡』高崎市教育委員会
田口一郎　1997「前方後方墳二題」『群馬考古学手帳』7　群馬土器観会
下城　正・大西雅広・追川佳子　1997『棚島川端遺跡・公田東遺跡・公田池尻遺跡』
　　　　　　　群馬県埋蔵文化財調査事業団
角田芳昭　2001『波志江中野面遺跡 (1)』㈶群馬県埋蔵文化財調査事業団
坂口一・赤山容造　1982『伊勢崎・東流通団地遺跡』群馬県企業局
前原豊・伊藤良・戸所慎策　1993『内堀遺跡群Ⅴ』前橋市教育委員
松田　猛　1985『堤東遺跡』群馬県教育委員会
折原洋一　1992『上諏訪山Ａ・Ｂ　中山Ａ　東原Ａ・Ｂ』群馬県教育委員会
小宮俊久　2000『前六供遺跡・後谷遺跡・西田遺跡』新田町教育委員会
太田市史編纂委員会　1996『太田市史　通史編　原始古代』
群馬県史編纂委員会　1980『群馬県史　資料編3』
腰塚徳司・東宏和　1997『東八木遺跡、阿曽岡・権現堂遺跡』富岡市教育委員会

東日本における古墳の出現

Column 3

群馬県太田市所在・成塚向山1号墳
～新発見の前期古墳の調査速報～

深澤敦仁

1　はじめに

　ここで紹介する、成塚向山(なりづかむけやま)1号墳は、群馬県太田市に所在する、古墳時代前期の方墳である。前期古墳の調査は広く、東日本を見渡しても近年では数少なく、高い価値をもっている。

　地　　勢——本墳は、桐生市南西部から太田市北部にわたって連なる「八王子丘陵」南端の支丘上に位置する。周辺の沖積地との比高差は20～30mほどあり、本墳はその舌状に飛び出した部分の端部に位置している。調査時の墳頂標高は93m、周辺の平地との比高差は約30mであった。

　周辺遺跡——本墳の南東2.0km、金山丘陵の西の支丘上には東毛地域における最古段階の古墳と考えられる寺山古墳(約60m：前方後方墳)がある。また、本墳の北西1.5km、八王子丘陵上には西長岡東山古墳群があり、この群内からは古墳時代初頭～前期の周溝墓や住居が発見されている。さらに、本墳の南0.8m、沖積地内には成塚住宅団地遺跡・成塚石橋遺跡・成塚古墳群があるが、うち成塚住宅

1　成塚向山1号墳　　2　寺山古墳　　3　西長岡東山古墳群
4　成塚住宅団地遺跡　5　成塚石橋遺跡　6　成塚古墳群
　（国土地理院　S＝1：50,000「深谷」「桐生及び足利」使用）

第1図　周辺遺跡図

コラム3　群馬県太田市所在・成塚向山1号墳（深澤）

団地遺跡からは弥生後期〜古墳前期の竪穴住居や周溝墓が発見されている（第1図）。

2　現在までの調査成果

本墳は現在調査中だが、判明した主な特徴は次の2つである。

①墳丘の形状規模と構造的特徴　1辺約20mの方墳である。葺石は持たない。周堀は明確な痕跡は認められなかった。墳丘は、盛土と地山削り出しによって形成されており、盛土には周辺の地山土を用いている。

墳丘の構造的特徴は盛土工法にある。盛土はまず、縁辺部に土手状盛土を行う。その規模は巾6〜7m、高さ1.2〜1.6m、断面形は台形であり、地山にある褐色粘質土を用いている（第2図－A）。

写真1　墳丘全景　（南から）

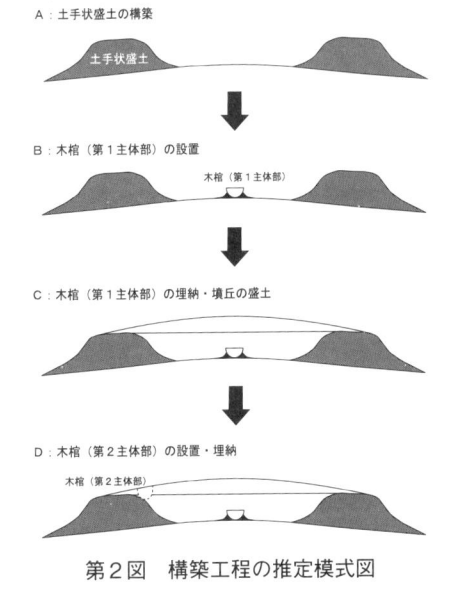

この土手状盛土は、外縁部が墳丘の輪郭ラインに直結する一方で、内縁部は墓坑ラインを形成している。断面観察においては、墳裾部は地山削り出し部分と土手状盛土の外縁ラインがスムーズに繋がっていることが、4辺全てで確認できたことから、これが墳丘規模・形状を規定するものであることと解釈した。また、内縁裾部は埋葬施設の粘土床とほぼ同一レベルに存在していた。盛土の構築状況を踏まえると、この内縁ラインが構築墓壙を形作るものであると解釈した。この土手状盛土はクレーター状を呈し、地山の掘り込みは伴わず、見かけ状の凹地を形成している。この凹地の底面に粘土床が敷設され、棺が設置されたもの

A：土手状盛土の構築

土手状盛土

B：木棺（第1主体部）の設置

木棺（第1主体部）

C：木棺（第1主体部）の埋納・墳丘の盛土

D：木棺（第2主体部）の設置・埋納

木棺（第2主体部）

第2図　構築工程の推定模式図

東日本における古墳の出現

と考えられる(第2図-B)。棺設置後には、この凹地内部をローム土と黒色を主体的に用いて埋めている(第2図-C)。埋め土の上限は先に述べた土手状盛土の頂部に高さまでである。その後、その上にも盛土は形成されたであろうが、表土化しており、正確な状況は把握しきれなかった。なお、墳丘完成後に、もう1つの棺(第2主体部)の埋納が想定されている(第2図-D)。

②埋葬施設と、副葬品の出土状況　埋葬施設は2つ存在したと考えている。第1主体部は墳丘のほぼ中央に存在し、墳丘完成以前に設置されたものである。舟形または割竹形？木棺と考えられるが、それ自体は既になく、粘土床の形状から推測した。棺の規模は、外法で長軸5.3m、巾0.7～0.9mを測り、主軸はほぼ南北をとる。底部は粘土床の形状から判断して舟底を呈していたと推定される。副葬品としては、鉄剣3、鉄槍先1、鉄ヤリガンナ1、銅鏃3(写真2)、翡翠製勾玉1、ガラス小玉50以上が検出された。

第2主体部は墳丘の北西部に位置する。その設置は、第1主体部を被覆した盛土の上になされていた。現表土面に接する高さからの設置のため、埋葬施設構造を窺い知る明瞭な掘り込み等は認められなかったが、石棺を想定し得る石材の存在が皆無であり、加えて副葬品としての遺物の出土レベルがほぼ同一であることから、木棺の存在を想定している。副葬品としては、重圏文鏡1(写真3)、管玉1、ガラス小玉20以上が検出された。また、重圏文鏡の直下からは歯が出土し、付近からは下顎と思われる人骨も検出された。埋葬施設の痕跡は不明であったが、出土遺物の位置や人骨・歯の出土状況から、北頭位であったことが推定される。

写真2　銅鏃　(長さ5.8～6.1cm)

写真3　重圏文鏡　(直径6.3cm)

3　本墳の位置づけに関する予察

　本墳は現在、調査及び出土品整理中のため、位置づけに関する詳細な検討を加えることは、時期尚早だと思われる。だが、これまで、編年研究が進んでいる銅鏃・鉄剣

コラム3　群馬県太田市所在・成塚向山1号墳（深澤）

を用いている、位置づけに関する若干の予察を試みる。
　群馬県内において、本墳と同形の銅鏃を保有する古墳としては、矢場薬師塚古墳（前方後円・80m）、前橋天神山古墳（前方後円・129m）、頼母子古墳（？・？）、行幸田山A区1号墳（方・25m）、富沢5号墳（方・27m）などが挙げられる。また、鉄剣を保有する古墳としては、矢場薬師塚古墳、前橋天神山古墳、元島名将軍塚古墳（前方後方・91〜96m）、柴崎蟹沢古墳（円？・？）、朝倉Ⅱ号墳（円・23m）、行幸田山A区1号墳などがある。
　本墳の初葬(第1主体部)時の副葬品と同種の組み合わせとしては、矢場薬師塚古墳、前橋天神山古墳、行幸田山A区1号墳が挙げられるが、うち、墳形・規模から類すると行幸田山A区1号墳が最も近似する。また、富沢5号墳は埋葬施設未調査のため、副葬品の詳細は不明だが、周堀から類似の柳葉形鏃の出土や、墳形・規模の類似性から、近似するものと考えられる。
　このように比較してみると、本墳は遺物の型や組み合わせの類似性から古墳時代前期後半という時期を初葬の時期と考えることができる。したがって、現状において、成塚向山1号墳は古墳時代前期後半の築造と推定することができる。そして、周辺古墳との関係性の中で本墳を位置づけるならば、寺山古墳より後出、太田八幡山古墳と同時期くらいに置くことが妥当かと思われる。
　なお、この位置づけは暫定的なものであり、今後の検討によって変更を要する場合もある。

（ふかさわ　あつひと／財群馬県埋蔵文化財調査事業団）

[参考文献]

太田市教育委員会　2000『市内遺跡ⅩⅥ』
加部二生　1993「群馬県出土の鉄剣・鉄刀」『群馬県内古墳出土の武器・武具』
杉山秀宏　1993「群馬県出土の銅鏃について」『群馬県内古墳出土の武器・武具』

資料報告5　北　陸－富山・新潟－

八重樫　由美子

はじめに

　新潟県の寺泊町教育委員会の八重樫です、どうぞよろしくお願いします。本日は北陸の北東部にあたる富山・新潟の事例を紹介します。富山・新潟での弥生終末期から古墳前期にかけての墳墓の分布を示した地図と、変遷表を用意しました。まず、この変遷表の作成の経緯について少しお話します。ご存知のように、富山や新潟では古墳の発掘調査例があまり多くありませんので、今回の変遷表で取り上げた墳墓の中にも未発掘のものが多く含まれます。そのような遺跡については、墳丘の形態的な特徴やその地域内での相対的な新旧関係からおおよその時期を推定しています。そのため、他地域との時期的な横の並行関係は必ずしも確実とは言えませんので、そのようにご理解ください。

　この変遷表は、『前方後円墳集成』編年の1期から4期を前期古墳出現以降として、1期以前を弥生後期後半から古墳出現以前として、合計5期を設定しております。

　最初に富山、次に新潟という順に見ていきます。

富山県の弥生終末期の状況

　富山は北に日本海、東・西・南の3方向が山という地勢です(第1図)。県の中央には富山湾に面して富山平野が広がります。県内は旧郡単位に、西から砺波・射水・婦負・新川地域の4地域に分けられます。今回対象とした時期の墳墓の分布状況を見ますと、県の西部に集中している様子がわかります。その大半は丘陵の尾根や台地上に立地します。

基調報告5　北　陸－富山・新潟－（八重樫）

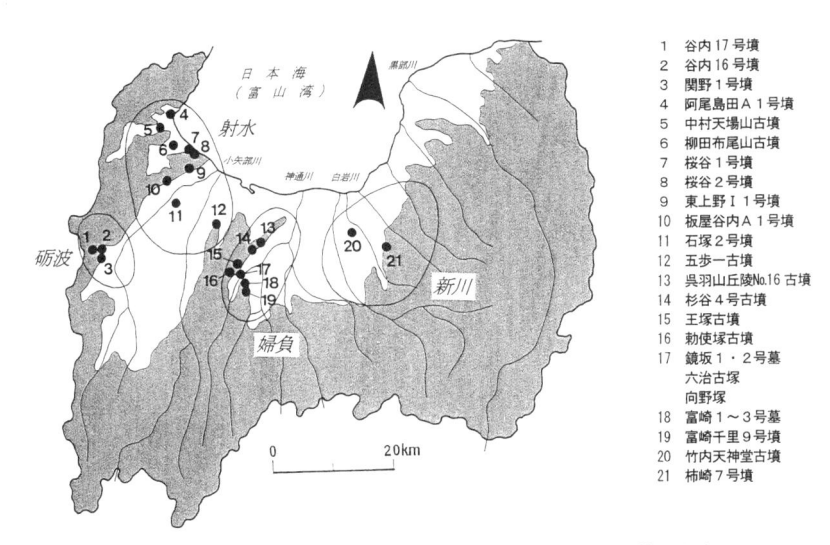

1	谷内17号墳
2	谷内16号墳
3	関野1号墳
4	阿尾島田A1号墳
5	中村天場山古墳
6	柳田布尾山古墳
7	桜谷1号墳
8	桜谷2号墳
9	東上野Ⅰ1号墳
10	板屋谷内A1号墳
11	石塚2号墳
12	五歩一古墳
13	呉羽山丘陵No.16古墳
14	杉谷4号古墳
15	王塚古墳
16	勅使塚古墳
17	鏡坂1・2号墓
	六治古塚
	向野塚
18	富崎1～3号墓
19	富崎千里9号墳
20	竹内天神堂古墳
21	柿崎7号墳

第1図　富山県における弥生終末期～古墳前期の主な墳墓の分布

	砺波地域	射水地域		婦負地域	新川地域
1以前	谷内17号□29	板屋谷内A1号○?51　石塚2号□30		杉谷4号◇25	富崎1～3号◇ 22・17・22　鏡坂1・2号◇ 24・14　六治古塚◇25　向野塚◇25
1	谷内16号●48		五歩一■44	富崎千里9号■34　勅使塚■66	
2	関野1号●65	東上野Ⅰ1号●33　桜谷1号■? 62　桜谷2号●50	中村天場山■32　柳田布尾山■108　阿尾島田A1号●70	王塚■58　呉羽山丘陵 No.16●38	竹内天神堂■38　柿崎7号●33
3					
4					

第1表　富山県における前期古墳の変遷

◇：四隅突出形墳墓　○：前方後円形墳墓　□：前方後方形墳墓　◎：円墳　●：前方後円墳　■：前方後方墳

201

東日本における古墳の出現

谷内17号墳

谷内16号墳

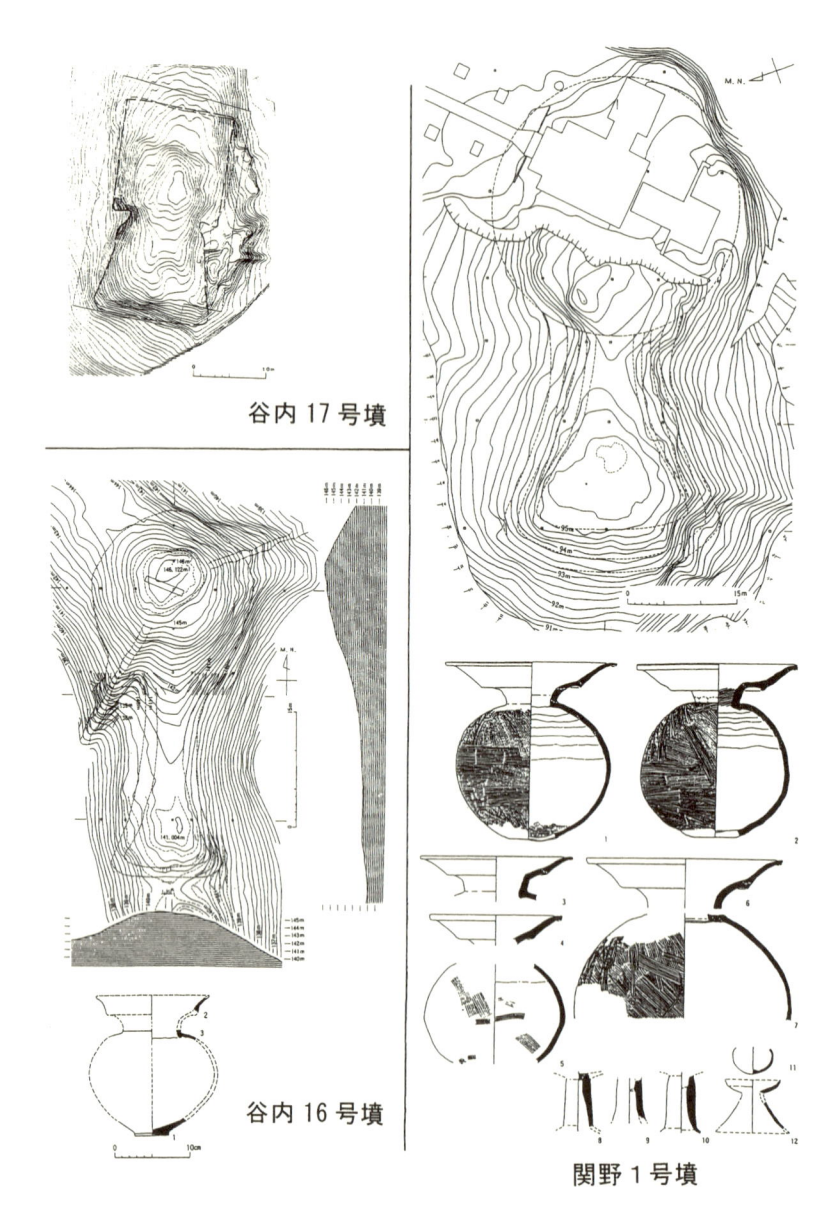

関野1号墳

第2図 富山県の弥生終末期〜古墳前期の墳墓 墳丘測量図・出土遺物〔1〕

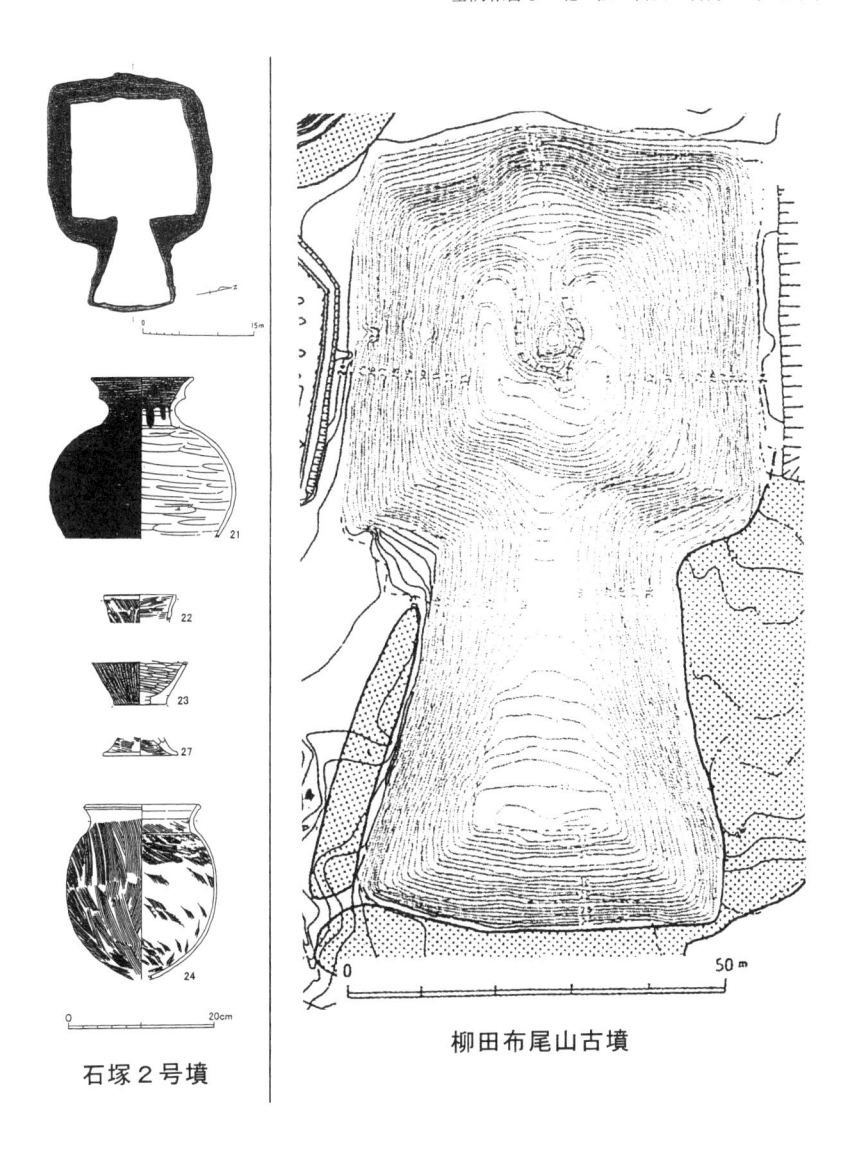

基調報告5　北　陸－富山・新潟－（八重樫）

石塚2号墳

柳田布尾山古墳

第3図　富山県の弥生終末期～古墳前期の墳墓　墳丘測量図・出土遺物〔2〕

203

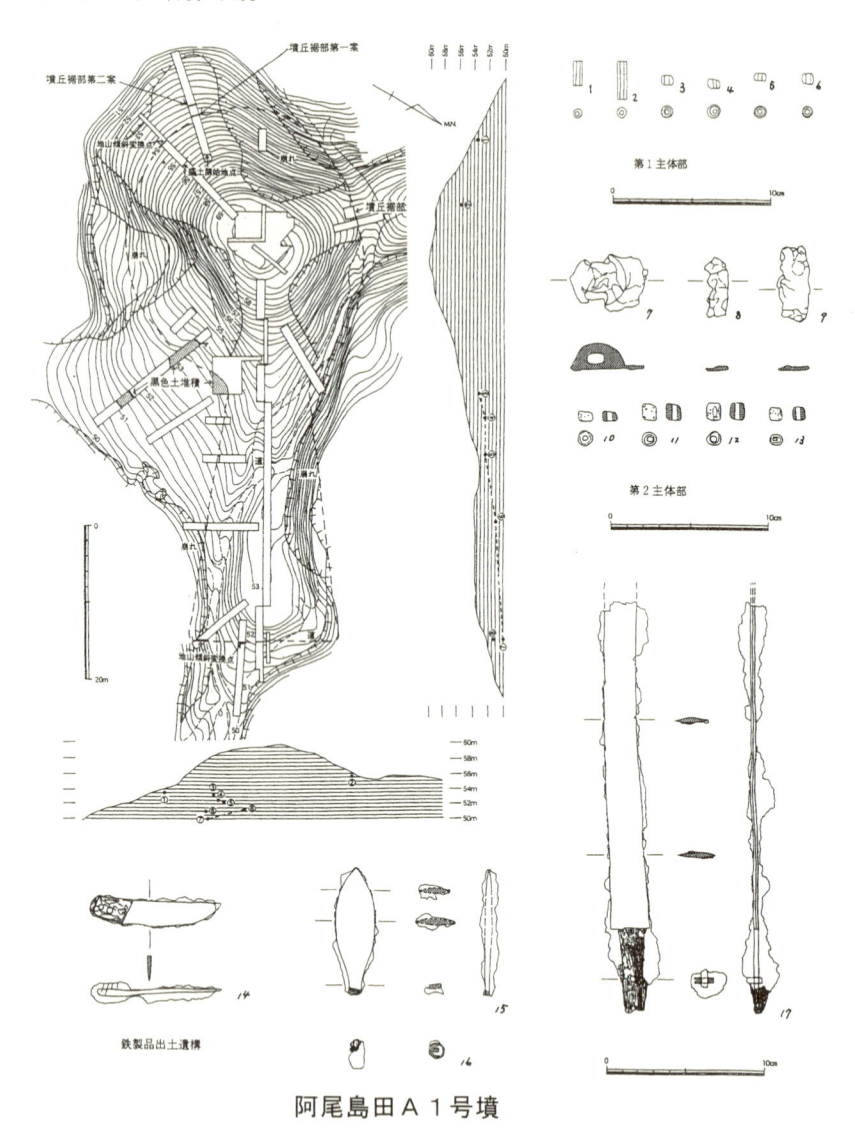

東日本における古墳の出現

阿尾島田Ａ１号墳

第４図　富山県の弥生終末期〜古墳前期の墳墓　墳丘測量図・出土遺物〔３〕

1期以前の弥生後期後半段階の一般的な首長墓は方形周溝墓です。方形台状墓も少数確認されていますが、主流は方形周溝墓と言えるでしょう。そのような状況の中、弥生終末期に四隅突出型墳墓が出現します。推定も含めて、現在までに県内で10基程度の四隅突出型墳墓が確認されており、婦負地域に多く分布しています。山陰地方の四隅突出型墳墓は突出部が「渡り土手」のようになっており、この部分で墳丘の内と外がつながるという墳丘形態ですが、北陸ではこれと少し違う四隅突出型墳墓が認められます。どういうものかと言いますと、周溝が突出部にまでぐるっと巡り、つまり墳丘の内と外が周溝によって完全に区画される四隅突出型墳墓です。このような四隅突出型墳墓は「北陸型四隅突出型墳丘墓」と呼ばれ、山陰地方からもたらされた四隅突出型墳墓が北陸の内部で型式変化を遂げた結果生まれたものとして評価されています(古川1994)。

「北陸型四隅突出型墳丘墓」が築造される時期は、北陸の土器様式でいうと月影式の時期にあたります。月影式は、他地域の影響をあまり受容せずに北陸の内部でのみ成熟をとげたと評価される土器型式であり(田嶋1986)、このような素地のもとで北陸特有の墳墓形態として「北陸型四隅突出型墳丘墓」が誕生し発展していったと考えられています。

前方後方形墳墓の出現

四隅突出型墳墓に続いて登場するのが前方後方形周溝墓です。確認例が少ないのですが、射水地域の高岡市石塚2号墳(第3図)と、婦負地域の婦中町向野塚(第5図)があります。石塚2号墳は全長が30m、周溝は全周しますが、溝幅が一定でなかったり、浅かったりで少し未熟な印象を受けます。盛土はありません。向野塚は全長が25.2m、調査の結果、前方部の全体と後方部の一部に周溝が巡ることがわかっています。後方部には盛り土があった可能性も指摘されています。石塚2号墳・向野塚ともに、弥生終末期から古墳時代初頭の土器が共伴します。

次に、定型化した古墳が出現する1期以降の様相ですが、出現当初の古墳は片寄った分布を示します。具体的には、前方後円墳は主に県西部の砺波地

域に、前方後方墳は県央部の射水・婦負地域に集中します。砺波地域は富山県内で最も畿内に近い地域、また、北陸道の西の入り口にあたる場所でもありますので、富山に達した畿内勢力はまず始めにこの地域を基盤として、後に県内全体に勢力を拡大していったと考えられています。2期以降になると前方後円墳・後方墳ともに分布範囲が拡散しますが、この砺波地域だけは例外で、その時期にも前方後方墳は採用せず、終始、前方後円墳のみを築造し続ける地域であります。砺波地域の主な墳墓例をあげますと、1期は県内最古の前方後円墳である小矢部市谷地16号墳(第2図)の出現に始まり、2期以降に後続する前方後円墳の小矢部市関野1号墳(第2図)が築造されています。

一方、県内で最も古い前方後方墳ですが、婦負地域の1期にある婦中町富崎千里9号墳(第5図)や婦中町勅使塚古墳(第6図)がそれにあたります。勅使塚古墳は全長が66m、後方部に主体部があり、「新潟シンポ」編年7期に相当する土器が出土しています。

なお、富山はもともと前方後方墳が優勢な地域として知られています。事実、数や規模ともに前方後方墳が前方後円墳に勝っており、県内最大の古墳が、全長108mの前方後方墳の氷見市柳田布尾山古墳(第3図)であることも、これを証明しています。ちなみに最大の前方後円墳はといいますと、この柳田布尾山古墳に近接する氷見市阿尾島田Ａ1号墳(第4図)で全長は約70mです。

四隅突出型墳墓から前方後円墳への展開

以上、弥生後期後半から古墳前期の代表的な墳墓例を見てきました。ここで四隅突出型墳墓と古墳の関係について少し触れたいと思います。1期以前に四隅突出型墳墓や前方後方墳墓が築造される婦負地域では、1期以降にいち早く前方後方墳が出現します。高橋浩二氏は四隅突出型墳墓の存在から、当時の婦負地域が山陰地方と密接な関係にあった可能性を指摘し、しかし、だからと言って当時の婦負地域に富山全体を掌握するような勢力が君臨していたとは言い切れないとしています。この時期は全県的に墳墓の種類が豊富

基調報告5　北　陸−富山・新潟−（八重樫）

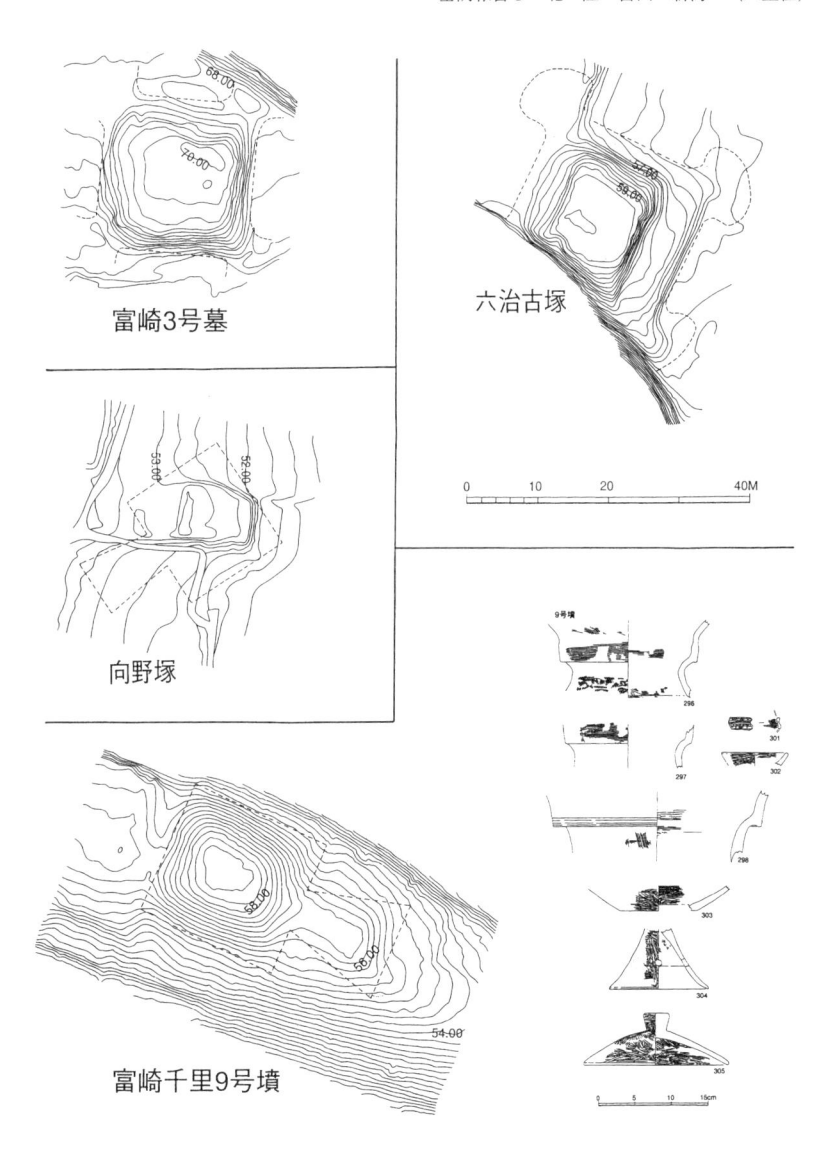

第5図　富山県の弥生終末期〜古墳前期の墳墓　墳丘測量図・出土遺物〔4〕

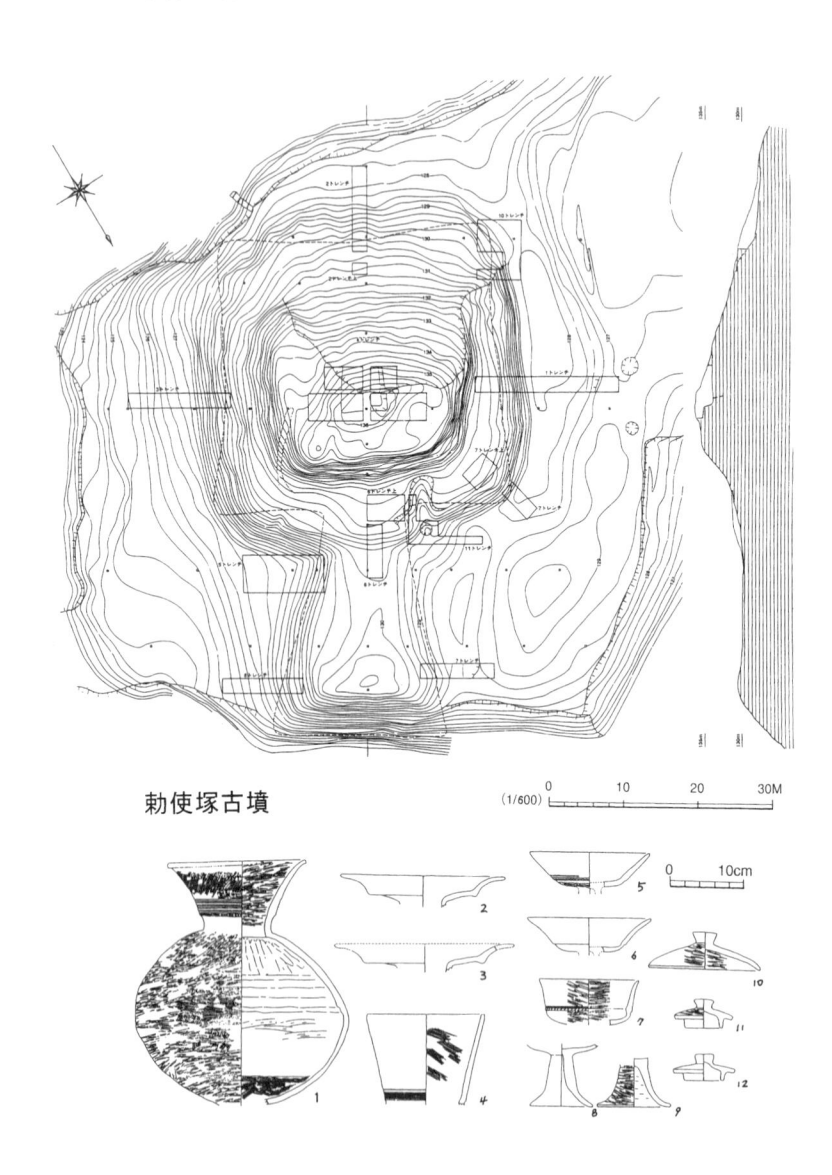

東日本における古墳の出現

勅使塚古墳

第6図　富山県の弥生終末期〜古墳前期の墳墓　墳丘測量図・出土遺物〔5〕

基調報告5　北　陸－富山・新潟－（八重樫）

富山県婦中町　千坊塚遺跡群分布図

王塚古墳

第7図　富山県の弥生終末期～古墳前期の墳墓　墳丘測量図・出土遺物〔6〕

209

になり、県内各地で四隅突出型墳墓を含めた様々な形態の墳墓が築かれます。しかし、形態は違えどもそれぞれの規模には差異が認められないことから、高橋氏はこの時期には地域ごとのまとまりが固く地域色が強くなる反面、地域間を越えて君臨するような王権の体制はまだ確立していないと指摘します。その後、古墳の出現により、地域の枠を越えた権力の序列化が一気に進み、畿内に近い砺波地域では前方後円墳が築かれ、ここを中心に富山全土を対象とした政治体制が生まれます(高橋1995)。

ということになると、四隅突出型墳墓と古墳は全くつながらないということになりますが、ただし、当初の古墳の波及には在地勢力が多いに利用されたと考えられますので、婦負地域で古墳築造のベースになったのが四隅突出型墳墓を築いた在地勢力であったことは間違いないでしょう。

最後に富山のこの時期の集落の動向ですが、弥生終末期に成立した集落が古墳時代の前期初頭まで継続する傾向が認められます。ただ、1期になると集落の再編が行われるようで、集落数が激減します。発掘調査件数の多さにも関わらず1期から4期に相当する集落があまり見つかっていないのは、おそらくこの時期、散らばっていた小集落が拠点的な集落に集約されることで、集落数そのものが少なくなるためと考えられます。

新潟県の古墳出現期

次に新潟の事例です。新潟県は越後地域と佐渡地域とに分けられますが、今回紹介する事例の多くは越後地域に分布しています。今回の変遷表の地域区分は平野単位にしました。地図向かって一番左下、1・2と番号があるのが高田平野、その右上の3の場所が柏崎平野、さらに右上の信濃川と阿賀野川の流域に広がるのが新潟平野です。出現期の古墳は、主に信濃川の中・下流流域の丘陵上に多く分布します(第8図)。

順を追って見ていきますと、1期以前、弥生後期後半以降の墳墓の確認例は少ないというのが現状です。確認されているもののほとんどは周溝墓です。新潟平野の信濃川左岸、新潟市緒立C遺跡では円形周溝墓が確認されていますが、時期の確定が難しい遺跡です。弥生終末期には、新潟平野の信濃

基調報告5　北　陸－富山・新潟－（八重樫）

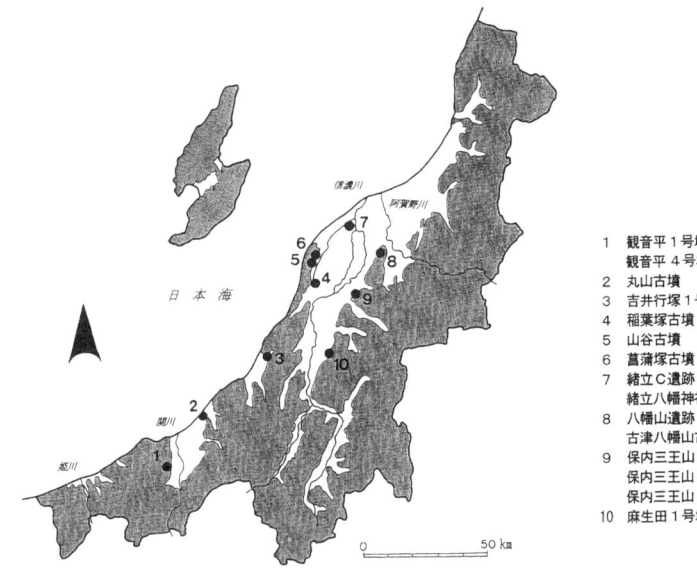

	1	観音平1号墳
		観音平4号墳
	2	丸山古墳
	3	吉井行塚1号墳
	4	稲葉塚古墳
	5	山谷古墳
	6	菖蒲塚古墳
	7	緒立C遺跡
		緒立八幡神社古墳
	8	八幡山遺跡
		古津八幡山古墳
	9	保内三王山1号墳
		保内三王山4号墳
		保内三王山11号墳
	10	麻生田1号墳

第8図　新潟県における弥生終末期～古墳前期の主な墳墓の分布

| | 高田平野 | 柏崎平野 | 新潟平野 ||
			信濃川左岸	信濃川右岸
1以前			緒立C（○）13	八幡山□13
1			稲葉塚●26	緒立八幡神社◎35
2	観音平1号●27	丸山⊠20	山谷■37	保内三王山4号■16
3	観音平4号●33	吉井行塚1号●32	菖蒲塚●54	麻生田1号◎16　古津八幡山◎55　保内三王山11号◎22
4				保内三王山1号●38

第2表　新潟県における前期古墳の変遷

（○）：前方後円形墳墓　□：前方後方形墳墓　◎：円墳　⊠：方墳　●：前方後円墳　■：前方後方墳

211

東日本における古墳の出現

八幡山遺跡

保内三王山4号墳

保内三王山11号墳

古津八幡山古墳

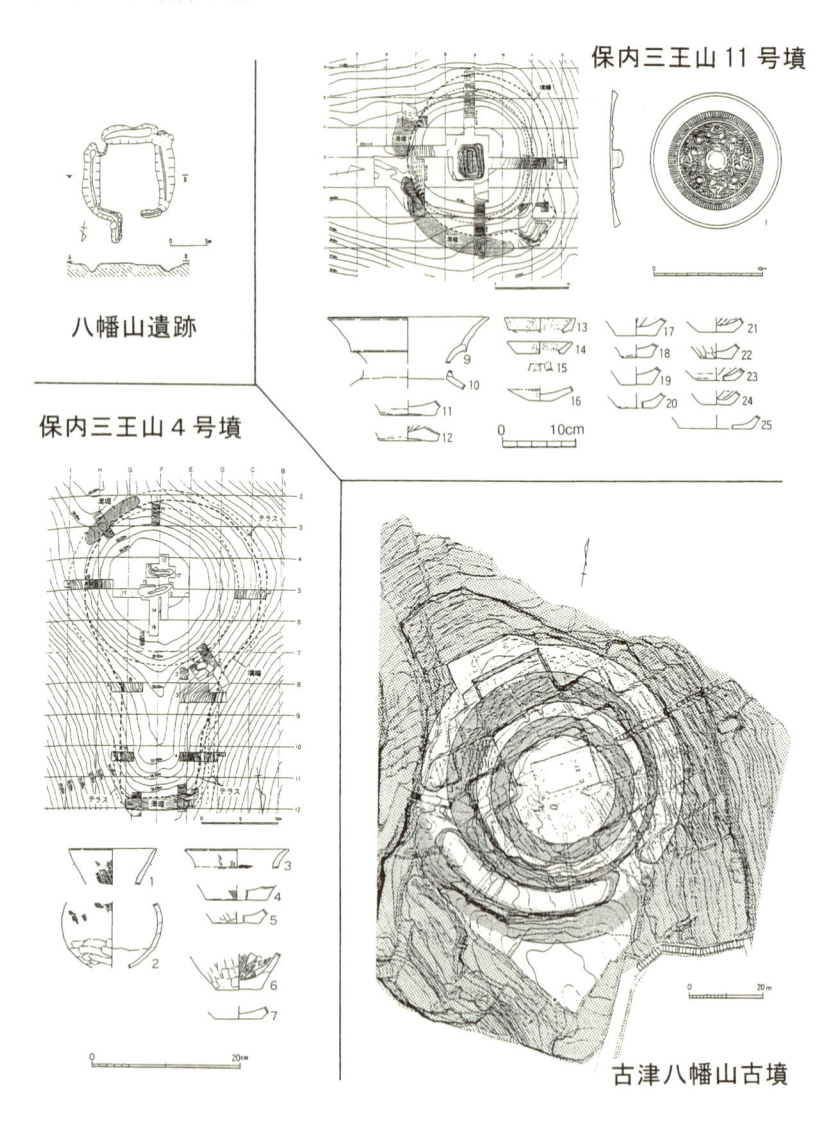

第9図　新潟県の弥生終末期〜古墳前期の墳墓　墳丘測量図・出土遺物〔1〕

212

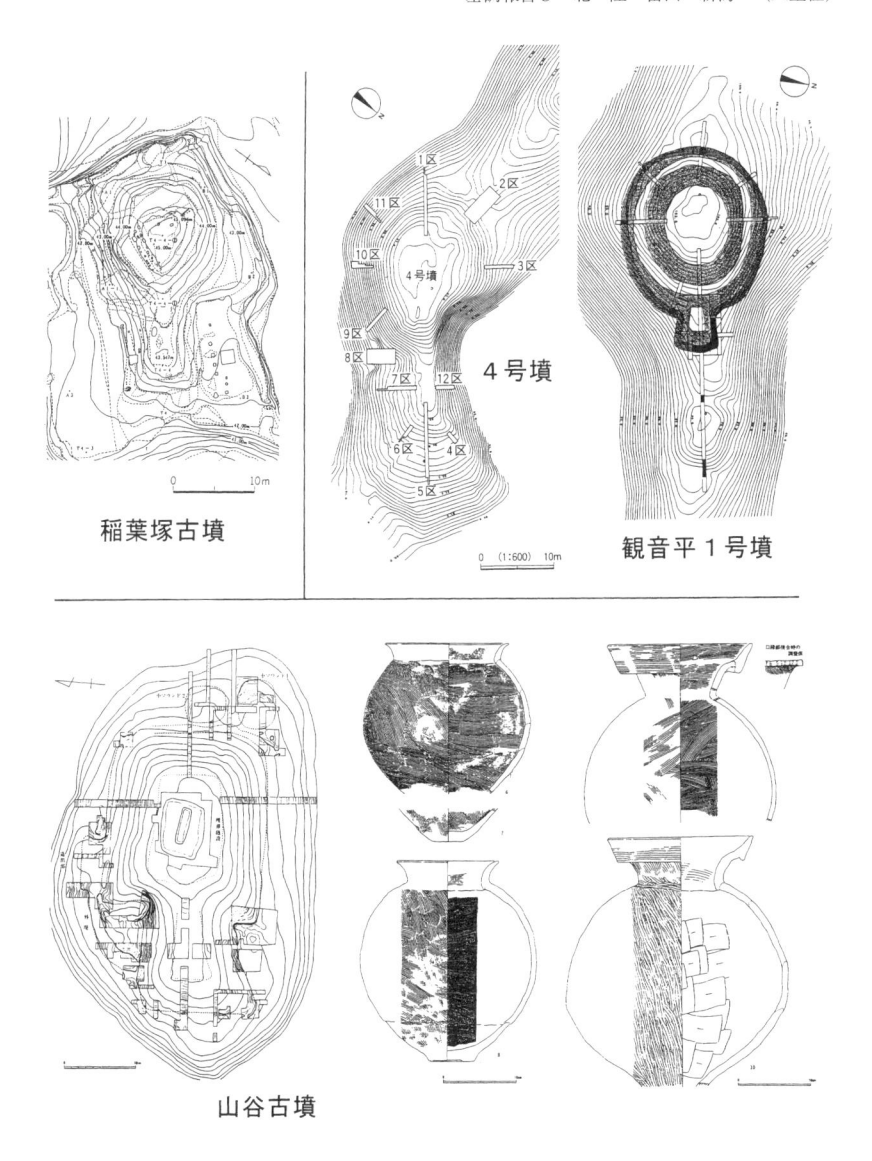

基調報告5 北 陸－富山・新潟－（八重樫）

稲葉塚古墳

4号墳

観音平1号墳

山谷古墳

第10図 新潟県の弥生終末期～古墳前期の墳墓 墳丘測量図・出土遺物〔2〕

東日本における古墳の出現

　川右岸にある新津市八幡山遺跡(第9図)で方形周溝墓に混じって前方後方形墳墓が出現しています。この前方後方形墳墓は全長が12.7mで、周溝は後方部の一部で途切れています。なお今回は資料を掲載できませんでしたが、2003年に発掘調査が行われた信濃川左岸の寺泊町屋舗塚遺跡では、弥生後期の方形台状墓が確認されています。県内で発掘調査が行われた方形台状墓としては、1999年の長岡市藤ヶ森遺跡に次ぐものですが、主体部にまで調査が及んだのはこの屋舗塚遺跡が初例となり、調査当時、関係者の注目を集めました(P.216 コラム4「新潟県の方形台状墓」参照)。

　続く1期以降には、新潟でも各地で古墳が出現します。県内最古の古墳といわれるのが信濃川左岸の弥彦村稲葉塚古墳(第10図)です。全長が26.3m、前方部がバチ形に開くことから、京都府椿井大塚山古墳との類似が指摘される古墳です。信濃川左岸ではこの稲葉塚古墳に後続して2期に巻町山谷古墳(第10図)、3期に巻町菖蒲塚古墳が築かれます。

　一方、新潟の古墳を考える上で忘れてならないのが円墳の存在です。変遷表に示したように、新潟では前期古墳に対する円墳の比率が高く、またその規模は前方後円墳、後方墳をしのぐものがあります。新潟平野の信濃川右岸に位置する新津市古津八幡山古墳(第9図)は全長55m、造出付きの大型円墳で、県内最大の古墳でもあります。

　最後に集落の動向ですが、1期以前から2期前後までは継続して営まれる集落が多いようです。しかし3期以降、集落の確認例は大きく減りますので、おそらくこの時期に集落の再編が行われ、小集落が拠点的集落に吸収集約されていったのではないかと思われます。

　時間の関係で、かなり省略をさせていただきましたが、これで北陸の紹介を終わります。ありがとうございました。

（やえがし　ゆみこ／寺泊町教育委員会）

〔図の出典〕掲載順
辻谷真夕　1995『平成6年度 小矢部市埋蔵文化財調査概報』小矢部市教育委員会

宇野隆夫他　1988『谷内16号墳』小矢部市教育委員会・小矢部市古墳発掘調査団
秋山進午他　1987『関野古墳群』小矢部市教育委員会・小矢部市古墳発掘調査団・富山大学人文学部考古学研究室
山口辰一　1992『市内遺跡調査概報』高岡市教育委員会
大野　究　2000『柳田布尾山古墳』氷見市教育委員会
黒崎　直他　2003『氷見市阿尾島田Ａ１号墳第４次発掘調査現地説明会資料』富山大学人文学部考古学研究室
大野英子　2002『千坊山遺跡群試掘調査報告書』婦中町教育委員会
㈶富山県文化振興財団埋蔵文化財調査事務所　1999『勅使塚古墳発掘調査レポート』
秋山進午他　1990『越中王塚・勅使塚古墳測量調査報告』富山大学人文学部考古学研究室
新津市史編さん委員会　1993『新津市史』通史編・上巻　新津市
甘粕　健他　1992『古津八幡山古墳Ⅰ』新津市教育委員会・新潟大学考古学研究室
甘粕　健他　1989『保内三王山古墳群測量・発掘調査報告書』三条市教育委員会・新潟大学考古学研究室
甘粕　健他　1993「新潟県弥彦村稲葉塚古墳測量調査報告」『磐越地方における古墳文化形成過程の研究』、稲葉塚古墳測量調査団
佐藤　慎他　2002『斐太歴史の里確認調査概要報告書』新井市教育委員会・斐太歴史の里調査団
佐藤　慎他　2003『斐太歴史の里確認調査概要報告書』Ⅱ　新井市教育委員会・斐太歴史の里調査団
甘粕　健他　1993『越後山谷古墳』巻町教育委員会・新潟大学考古学研究室

Column 4

新潟県の方形台状墓
～寺泊町屋舗塚遺跡の調査から～

八重樫　由美子

　屋舗塚遺跡は新潟県寺泊町に所在する弥生時代後期の方形台状墓である。2002年3月、開発行為に伴う発掘調査が行われ、新潟県で初めての方形台状墓の全面的な調査として関係者の注目を集めた。

　屋舗塚遺跡は、日本海の海岸線から約6km内陸の丘陵の頂点上に立地する（第1図）。標高は62.8m（西側の谷との比高約43.0m）で、東方の約1.2km先に信濃川と越後平野が広がる。当初は中世の塚と考えられていたが、確認調査の結果、方形台状墓であることが判明した。調査当時、既に開発により周囲の丘陵の大部分は削平されており、確認できた方形台状墓は今回発掘の対象となった1基と、同じ尾根上の東へ約50m離れた所にある塚（おそらく方形台状墓と思われる）が1基のみであった。なお、後者は開発予定地に含まれていなかったため発掘調査は実施されていない。

　調査の結果、方形台状墓は墳丘の中央に長方形の墓壙を1つ持ち、周溝が墓壙の四辺を囲む形で配置されていることがわかった（第3図）。ただし、周溝は墓壙をぐるりと一周するのではなく、それぞれが四隅で切れている。周溝の端を基準とした墳丘の直径は一辺約10.5m、高さ約1.2mで、墳頂部にのみ若干の盛り土が施されていたが、その他の部分は丘陵の頂点という立地を利用し、地山の削り出しにより成形されていた。

　墓壙は全長4.1m、幅1.9m、深さ1.0mと、非常に大きく、また深く掘り込まれたものだった（第2図）。墓壙の底面の中央に、棺を据えるためと思われる隅丸長方形の浅い掘り込みがあり、横断面の観察からここに安置埋葬された棺は刳抜き式木棺であったと考えられる。棺跡からの推定で、棺は全長2.5m、幅0.45～0.60mで、頭位にあたる南東部がやや広くなる。墓壙内の遺物として、棺内の南東部寄りで緑色凝灰岩製管玉が2点出土した（第4図－3・4）。また、墓壙の底面直上で複数の土器片が棺の両脇に並べられた状態で出土した（第4図－1・2）。これらは焼成や胎土から、いずれも同一個体と思われ、墓壙内での破砕土器供献行為の痕跡と考えられた。墓壙の真上の墳丘上では、墳頂部での葬送儀礼に使われたと考えられる大型器台ないし高杯の破片が

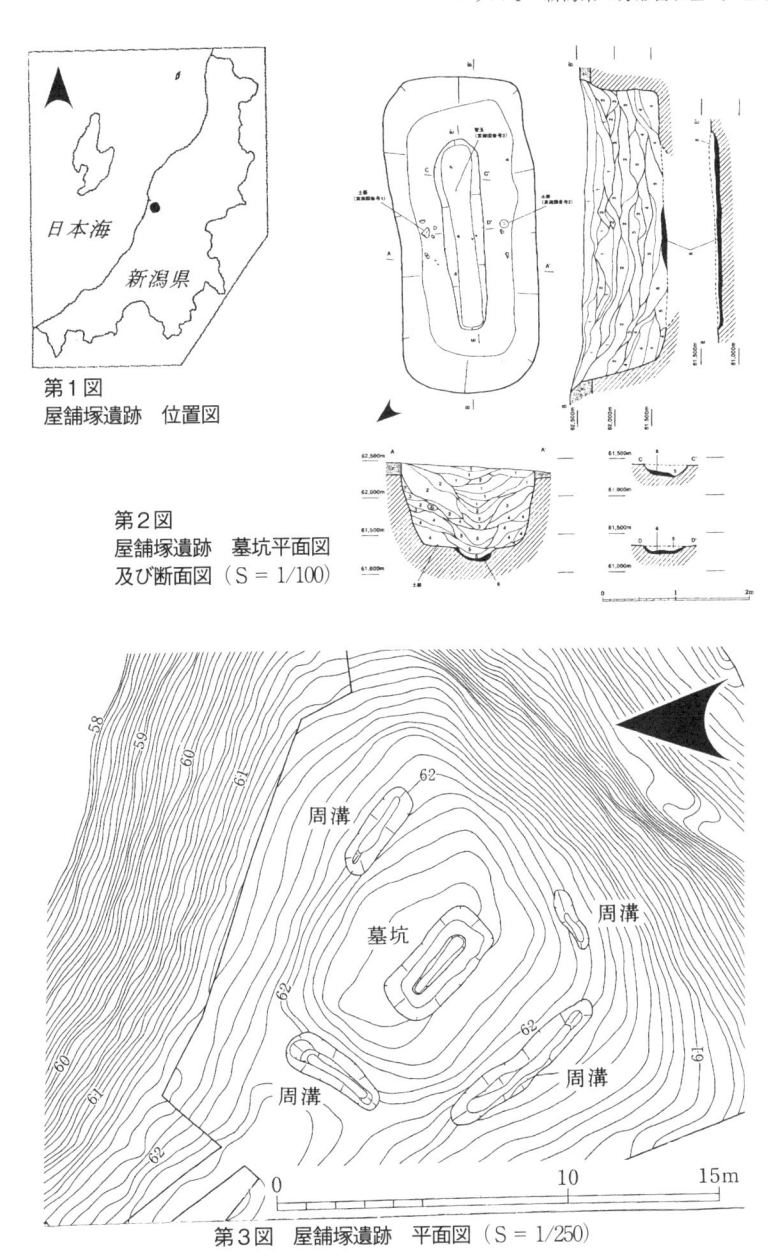

コラム4　新潟県の方形台状墓（八重樫）

第1図
屋舗塚遺跡　位置図

第2図
屋舗塚遺跡　墓坑平面図
及び断面図（S = 1/100）

第3図　屋舗塚遺跡　平面図（S = 1/250）

東日本における古墳の出現

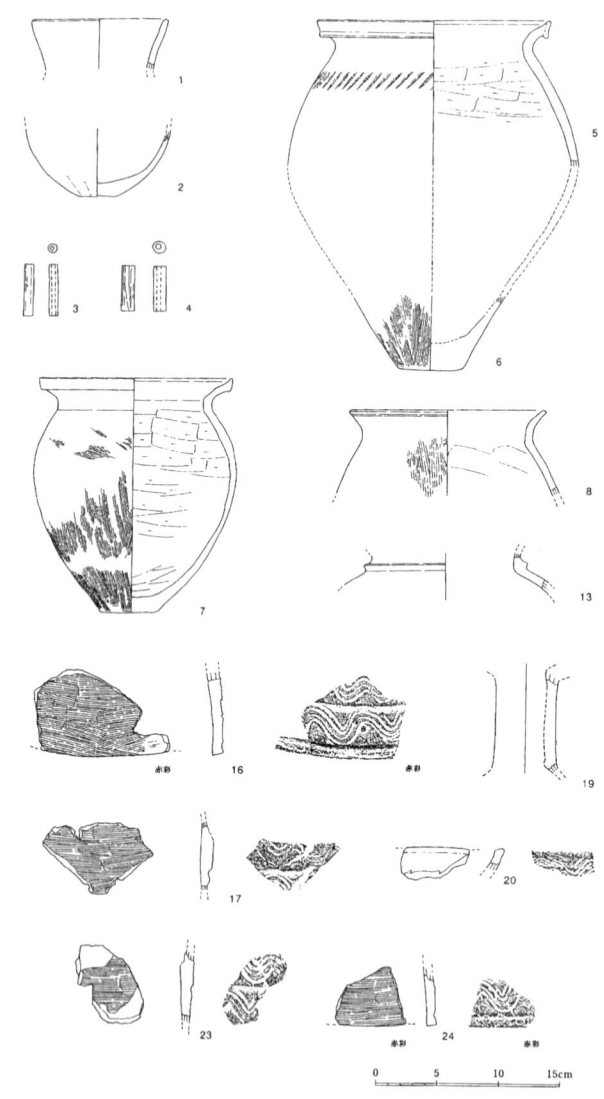

第4図 屋舗塚遺跡 遺物実測図（3・4のみ S = 1/2、他は 1/6）
　　　1～4 墓壙、5～7・13・16・17 周溝、19・20・23・24 墳丘上面
〔引用文献〕
八重樫由美子 2004『屋舗塚遺跡発掘調査報告書』寺泊町教育委員会

コラム4　新潟県の方形台状墓（八重樫）

出土した（第4図-19・20・23・24）。外面に竹管文と波状文が施され赤彩されたこの土器は北陸地方での類例に乏しく、丹後地方や出雲地方で弥生時代後期に作られる大型の特殊器台等に近い特徴を持っている。

　墓壙を囲む周溝は、同時に周囲の尾根を断ち切るという役割も果たしており、そのことを証明するように尾根筋に面した北西辺、南西辺、北東辺の周溝は特にしっかりと深く掘り込まれる。周溝からは新潟シンポ編年1〜2期に相当する北陸系の甕や壺（第4図-5〜7・13）と、墳頂部で出土したのと同じ大形器台ないし高杯の破片（第4図-16・17）が出土した。

　以上のように、屋舗塚遺跡の特徴には、外来系の要素の多さがあげられる。屋舗塚の深くて大きな墓壙は、同時期の新潟の他の墳墓では例を見ないものである。北陸地方では石川県金沢市七ツ塚墳墓群の方形台状墓C3号墓壙や福井県鯖江市王山墳墓群4・9号墓主体部等で近い事例が確認されているが、墳頂部から1mもの深さにまで垂直に掘り込む形態は、丹後地方や出雲地方の事例により近いと感じる。また、墓壙内で確認された破砕土器供献行為は、主に弥生時代後期の丹後・但馬地方といった北近畿で盛行する土器供献儀礼であり、北陸地方では福井県清水町小羽山墳墓群の四隅突出型墳墓等で確認されているが、それ以東の石川・富山・新潟ではこれまで知られていなかった。また、墳丘上から出土した大型器台ないし高杯は、丹後地方や出雲地方の影響が強く見られる。その地方からの搬入品か、またはその地方の土器作りを体得した人物が新潟で製作したものかは不明であるが、在地（新潟）の人間がにわかに模倣したとはやや考えにくい精製品であることは確かだ。さらに、周溝で出土した北陸系の土器とは胎土も焼成も異なるため、屋舗塚での土器製作には系統の異なった複数の製作者が携わっていたことが想定される。

　もっとも、新潟では方形台状墓そのものが他地域からもたらされた墳墓形態であるため、そこで行われる葬送儀礼や供献された土器等に外来的な要素が見え隠れすることは、むしろ自然であろう。しかし不思議なことに、新潟県内ではこの屋舗塚遺跡の墳墓形態や葬送儀礼を継承したと思われる墳墓が全く確認されていない。現状では、これほど強く外来系の要素を取り入れた墳墓として築かれながら、まわりにほとんど影響を与えないまま静かに土中に埋もれていったとしか考えられないのである。

　いずれにせよ、弥生時代後期の新潟の地に、遥か遠く離れた丹後地方の文化の一滴が落とされたことは間違いないのだろう。この事例は、また、私たちに文化の伝播ルートとしての日本海航路の重要性を改めて認識させることとなった。

（やえがし　ゆみこ／寺泊町教育委員会）

資料報告6　東　北　南　部

黒田　篤史

はじめに

　岩手県宮守村教育委員会の黒田と申します。宮守村は東北北部ですが、今日は東北南部についてお話します。

　まず、今回の対象範囲について述べます。東北南部といっても相当広い地域になっており、今回は前期古墳が集中している地域に限り報告したいと思います。まず、福島県域では、会津盆地・郡山盆地・浜通り地域、山形県域では米沢盆地・山形盆地、宮城県域では、阿武隈川下流地域・大崎平野・仙台平野という各地域になります。資料ではこれら全地域について取り上げていますが、時間の関係もありますので、会津盆地・浜通り地域・山形盆

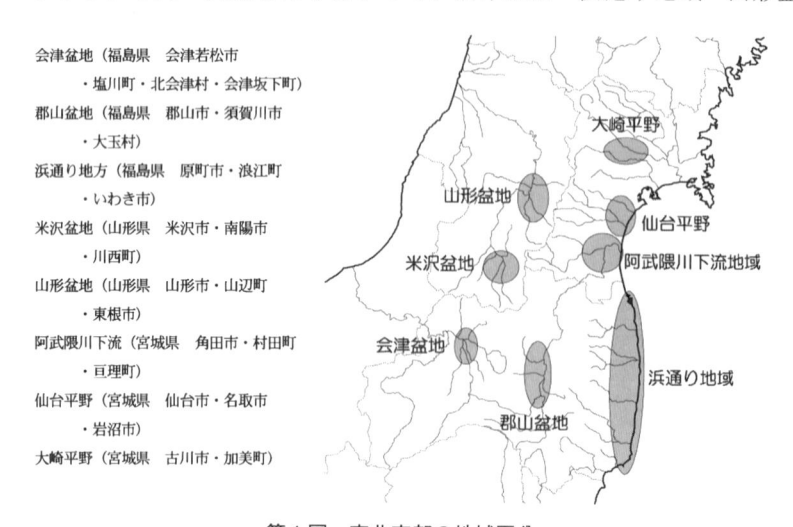

```
会津盆地（福島県　会津若松市
　　　　・塩川町・北会津村・会津坂下町）
郡山盆地（福島県　郡山市・須賀川市
　　　　・大玉村）
浜通り地方（福島県　原町市・浪江町
　　　　・いわき市）
米沢盆地（山形県　米沢市・南陽市
　　　　・川西町）
山形盆地（山形県　山形市・山辺町
　　　　・東根市）
阿武隈川下流（宮城県　角田市・村田町
　　　　・亘理町）
仙台平野（宮城県　仙台市・名取市
　　　　・岩沼市）
大崎平野（宮城県　古川市・加美町）
```

第1図　東北南部の地域区分

資料報告6　東北南部（黒田）

第1表　東北南部の集成編年1～2期（1期以前も含む）の主要古墳・墳丘墓一覧

名　称	地域	時期	墳形	墳長(m)	規模	時期推定材料	文献
屋敷3号墓	会津盆地	土器3～4	方	10.0	小	土器	木本他1991
舘ノ内1号墓	会津盆地	土器4～5	四隅	9.0	小	土器	和田1998
舘ノ内2号墓	会津盆地	土器4～5	四隅	7.6	小	土器	同上
稲荷塚1号墓	会津盆地	土器5・6	方	9.3	小	土器	吉田1995
稲荷塚2号墓	会津盆地	土器5・6	後方	12.5	小	土器	同上
男壇2号墓	会津盆地	土器5・6	後方	24.5	小	土器	和田他1992
男壇3号墓	会津盆地	土器5・6	後方	15.2	小	土器	同上
宮東4号墓	会津盆地	土器5・6	円	16.3	小	土器	同上
稲荷塚3号墓	会津盆地	1	後方	13.3	小	土器	吉田1995
杵ガ森古墳	会津盆地	1	後円	45.6	中	墳形	同上
臼ガ森古墳	会津盆地	1	後円	50.0	中		
宮東1号墓	会津盆地	1	後方	31.1	小	土器	和田他1992
田村山古墳	会津盆地	1	後円	26.0<	不明	副葬品	生江他1981
飯盛山古墳	会津盆地	1	後円	60.0	中	墳形・立地	
森北1号墳	会津盆地	2	後方	41.4	中	土器	
男壇1号墳	会津盆地	2	方	22.7	小	土器	
稲荷塚6号墓	会津盆地	2	後方	23.6	小	土器	
出崎山1号墳	会津盆地	2	後方	25.0	小	墳形・立地	
堂ヶ作山古墳	会津盆地	2	後円	84.0	大	墳形・立地	
十九壇3号墳	会津盆地	2	後方	23.8	小	土器	
傾城壇古墳	郡山盆地	1	後円	42.0	中	墳形	
仲ノ平6号墳	郡山盆地	2	後方	26.0	小	墳形・土器	
山中日照田4号墓	郡山盆地	2	方	7.0	小	土器	
本屋敷1号墳	浜通り	2	後方	36.0	中	土器	
寶領塚古墳	米沢盆地	1	後方	70.0	中	土器	
天神森古墳	米沢盆地	2	後方	73.5	中	土器	
蒲生田山3号墳	米沢盆地	2	後方	29.0	小	土器	
千塚山古墳	阿武隈下流	1	後円	85.0	大	墳形	
中在家3号墓	仙台平野	土器5・6	方	8.7	小	土器	
戸ノ内古墳	仙台平野	1	方	17.0	小	土器	
観音塚古墳	仙台平野	1	後方	63.0	中	墳形・立地	
宮山古墳	仙台平野	1～2	後方	73.0	中	墳形・立地	
薬師堂古墳	仙台平野	2	後円	67.0	中	墳形・立地	
安久東古墳	仙台平野	2	後方	15.5	小	土器	
かめ塚古墳	仙台平野	2	後円	39.5	中	墳形	
京銭塚古墳	大崎平野	2	後方	66.0	中	墳形	

※35m以下の前方後円(方)墳は小規模墳、80m以上は大規模墳、それ以外は中規模墳と区分する。(藤沢2002)

地・仙台平野を中心にご紹介させていただきます(第1図)。

　第2図が主要古墳の分布図です。会津盆地に集中していることがおわかりいただけると思います。特に『集成』編年の1期以前では、会津盆地のみという感じになっております。ただし1～2期段階になると、ほぼ東北南部全域に広がりを確認できるようになります。

221

東日本における古墳出現期

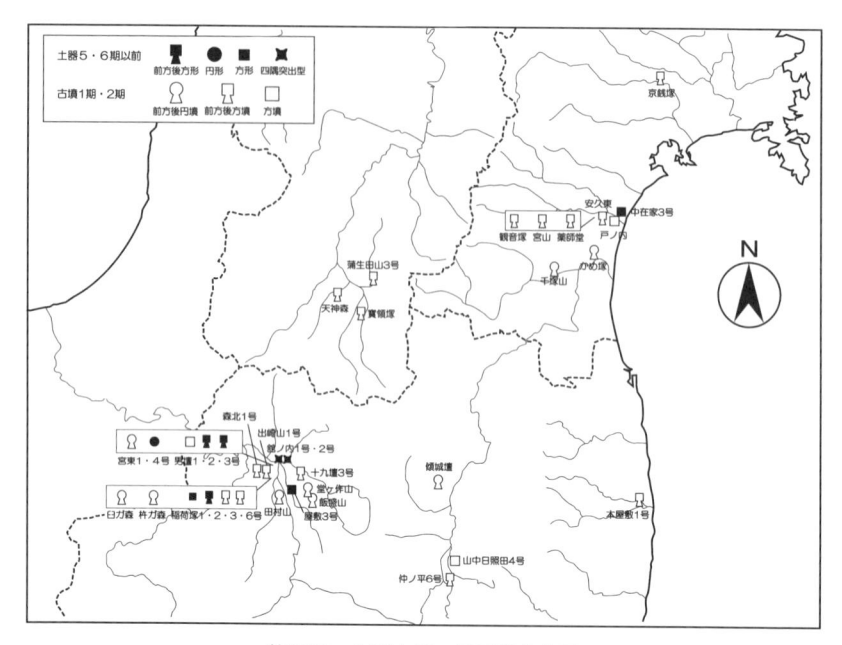

第2図 主要古墳・墳丘墓分布図

　まず東北南部における特徴として、弥生後期段階の「墳丘墓的なもの」を一切持たない点をあげることができます。また、土器を見てみましても縄目の施された天王山式土器を使っている文化でして、他の地域とはちょっと異なる伝統を持っています。

　今回の報告では、他の地域から影響を受け、周溝墓が会津盆地で出現し、古墳を受け入れるための下地ができる段階を第1波、畿内を中心とした地域に古墳が出現し、それと同時に廻間式の第Ⅱ次拡散期、こういうものの強い動きがあり、東北南部でも古墳が出現した段階を第2波と表現します。

東北南部における「第1の波」

　それでは第1波、第2波の具体的な事例について見ていきます。

　まず福島県会津盆地にあります屋敷遺跡では、墳長10m程度の方形周溝墓が調査されています。出土している土器はおよそ「新潟シンポ」編年4期前

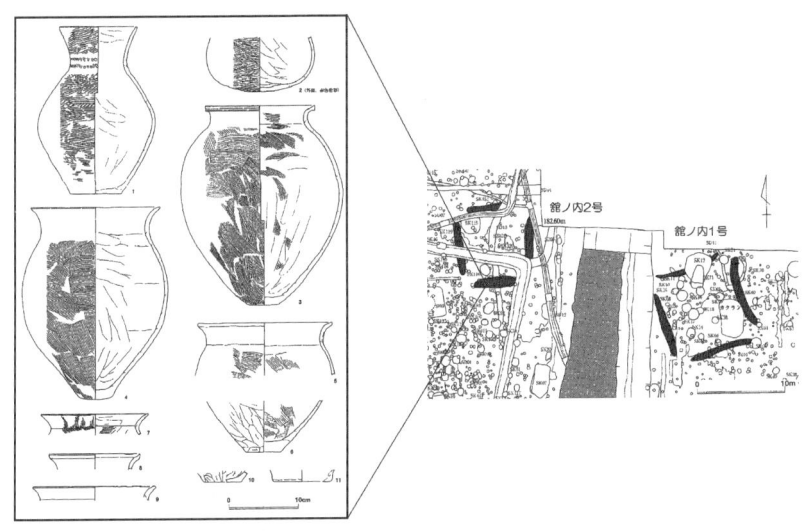

第3図　福島県塩川町舘ノ内遺跡（和田 1998より一部改変）

後で、かなり古い段階です。出土した甕形土器などから、北陸の強い影響を受けていると想定されます。

　次に塩川町舘ノ内遺跡です。これも会津盆地の北東部にあたります。先ほど八重樫さんのお話にも出てきました四隅突出墓がこの遺跡でも2基確認されており、東北の会津盆地にも波及しています。形態は富山とはちょっと違うようで、古い特徴を残しているようです。出土土器には北陸地方の特徴をもつ甕が大半で、その中に在地系土器がポツンとあります(第3図)。

　このような「北陸地方からの波」というのは、会津地方にとどまりません。墳墓の事例ではありませんが、福島の浜通り地方の本屋敷古墳の下層住居跡から北陸系甕が出ています。北陸系の波及は、会津盆地から太平洋側の浜通りまで及んでいることがわかります。やはり在地のものが客体的に混ざっています。

　次に最近の発掘資料で、山形市馬洗場B遺跡で内行花文鏡の破鏡が出ています(第4図)。これは集落遺跡の事例で、住居の覆土から出土していま

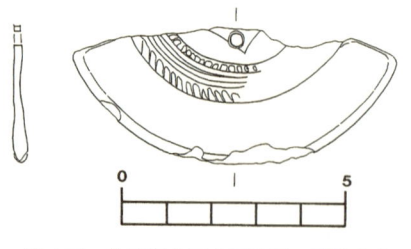

第4図　山形県山形市馬洗場B遺跡出土
　　　　内行花文鏡（高橋2003より一部改変）

す。この遺跡の資料を見せてもらう機会がありましたが、集落の古い部分には、能登甕など北陸系土器が含まれるようで、後半期はいわゆる東北地方の塩釜式(しおがま)が主体となるようです。破鏡は集落の古い段階に属するようで、広義の「北陸系の波」によるものと予測し、第1波の影響による事例として紹介しました。

東北南部における「第2の波」

　次は第2波となりますが、東北南部において最初の定型化した古墳として、会津盆地西部にある会津坂下町杵ガ森古墳があります（第5図）。墳長は45.6m、墳形は前方後円形です。澤田秀実氏によりますと杵ガ森古墳は、箸墓古墳の6分の1相似形とされており（澤田1995）、いわゆる畿内の古墳の影響が強いと思います。このような古墳は間接的であれ直接的であれ、畿内の影響のもとに出現したと想定しています。この杵ガ森古墳については、伴う土器が明確でなく、主体部も検出されていませんので、副葬品の内容もわかっていません。あくまでも、墳形からの推定であることを断っておきます。

　会津若松市の西隣りにある北会津村にある田村山(たむらやま)古墳は、墳丘の残りが悪く不明瞭ですが、前方後円墳といわれています。この古墳は、過去に地元の人たちの手によって鏡が2面掘り出されています（第6図）。甲鏡・乙鏡というふうに名付けられていますが、2面とも背面の紋様に朱が残っています。甲鏡の方は、元々は完形だったと考えられますが、掘り出した時に農具か何かが当たり、割れてしまったようです。乙鏡は元々こういう形で出土したようです。乙鏡は破断面が丸くなっていて、破鏡であると断定できます。いずれも摩滅が激しく、文様が不明瞭ですが、両面とも内行花文鏡であることは間違いありません。特徴から甲鏡の方が新しい要素を持っていると思われます。橿原考古学研究所の清水康二氏の編年を参考にすると、この甲鏡の内行

資料報告6　東北南部（黒田）

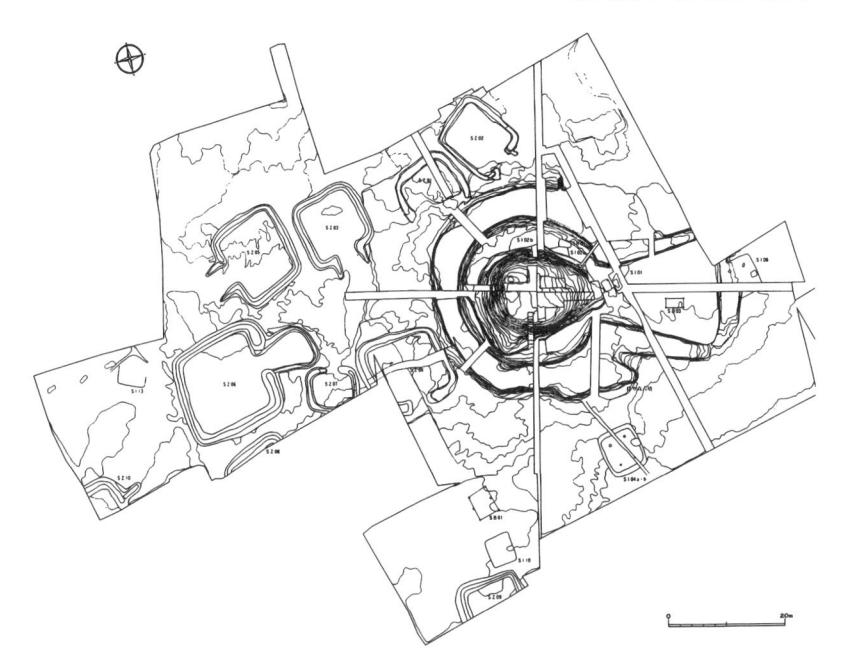

第5図　福島県会津坂下町杵ガ森古墳・稲荷塚古墳（吉田1995より）

花文鏡は遅くとも前期中葉と想定されます(清水1994)。破鏡の存在から、あまり新しく位置づけることもできないと思いますので、その前後の時期としておきたいと思います。また墳丘の裾から東海系のパレス壺と思われる破片が、まとまって出ています。これらの土器なども考え合わせると、この田村山古墳は『集成』編年の1期に遡る可能性が指摘されるのではないかと思います。

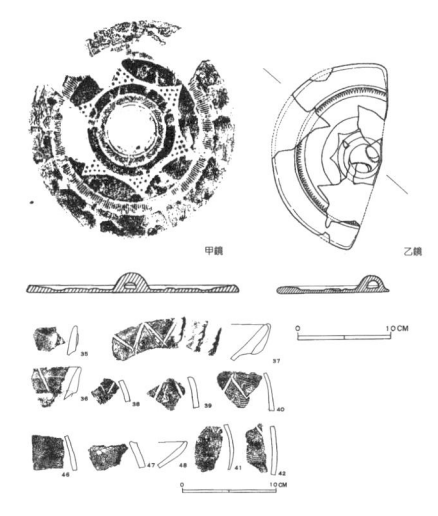

第6図　福島県北会津村田村山古墳出土遺物
（生江・中村・穴沢1981より）

東日本における古墳出現期

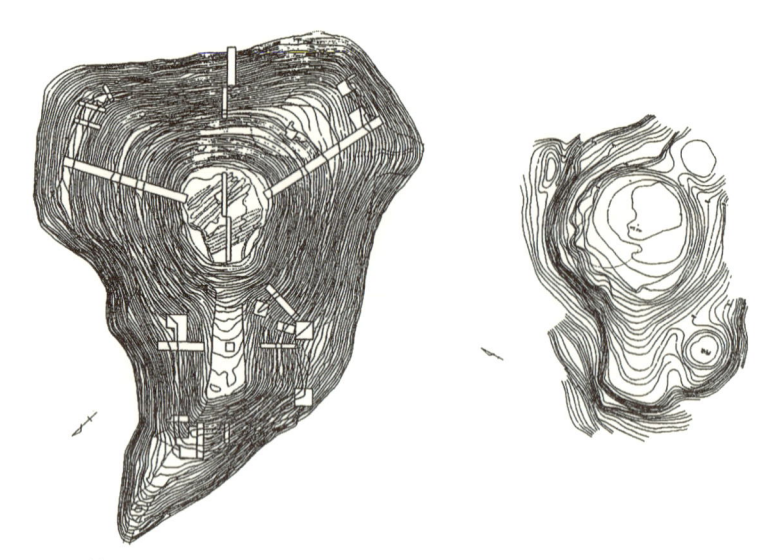

第7図　福島県会津若松市堂ヶ作山古墳（左）・飯盛山古墳（右）
（甘粕他 1996より）　　（藤沢 2002より）

第8図　福島県大玉村傾城壇古墳と採集土器（辻 1992より再トレース）

資料報告6　東北南部（黒田）

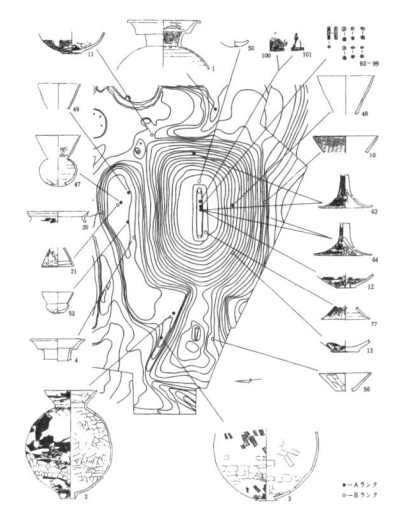

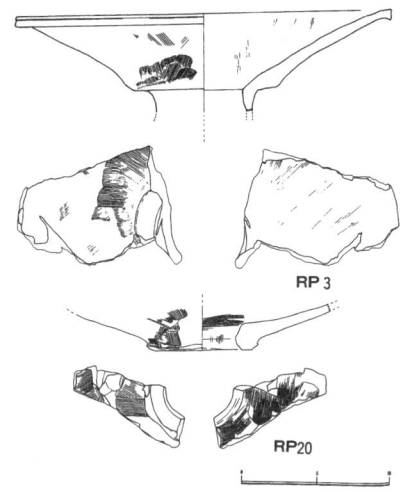

第9図　福島県浪江町本屋敷1号墳
（伊藤1985より）

第10図　山形県南陽市天神森古墳出土土器
（藤田1984より）

　本屋敷古墳群は、「北陸からの第1波」から「第2波」への移行期に関係するものとして取り上げたいと思います(第9図)。本屋敷1号墳は、全長36mの前方後方墳で、浜通り地方では最も古い古墳だと考えられます。出土した土器には、北陸の影響が全く見られず、前代とがらっと塗り変わってしまったという状況が見て取れます。S字甕などが含まれており、東海を起源とする影響が顕著です。
　次に宮城県域について紹介します。仙台平野低地部の中在家南遺跡などでは、関東南部の伝統的な壺が出土しています。今まであまり注目されていませんでしたが、「新潟シンポ編年」5・6期まで遡るのではないかというのが、中在家南3号墳です(第12図)。遺構の残りは非常に悪く、墳丘は削平され、周溝のみが発見されています。出土している壺の類例を少し探してみましたが、千葉県市原市加茂C1号墳のものに似ています。また海老名市秋葉山3号墳の壺にも類似したタイプのものが含まれます。このようなものは、この後の塩釜式ではほとんど見られず、古い要素ではないかと推定されま

227

東日本における古墳出現期

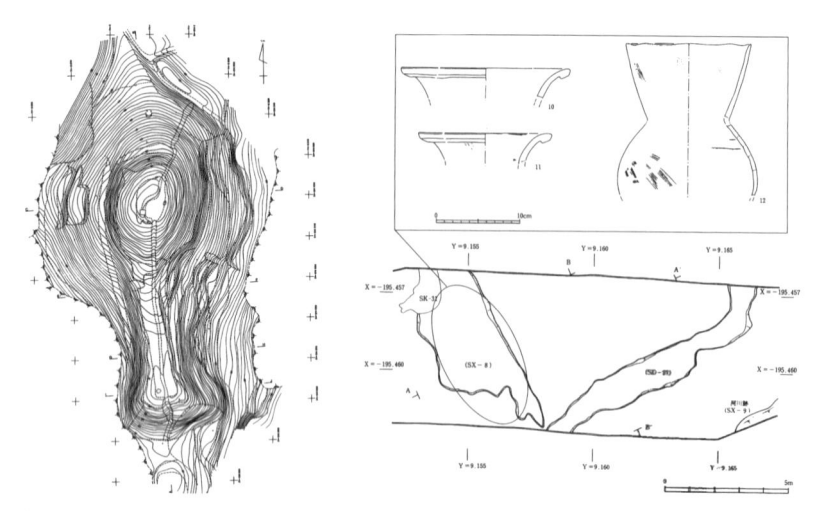

第11図　宮城県村田町千塚山古墳
（藤沢他 1992より）

第12図　宮城県仙台市中在家3号墓
（工藤 1996より）

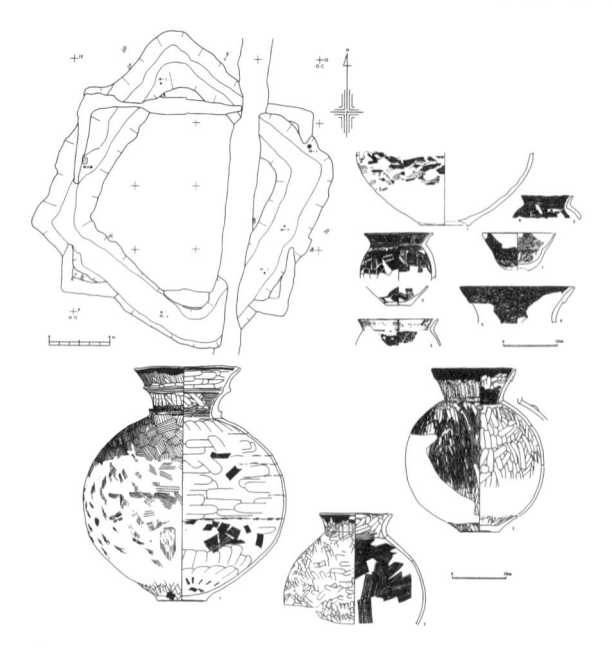

第13図　宮城県仙台市戸ノ内古墳（主浜・渡部 1984より）

す。

　この中在家南遺跡から300m位の所にあります、押口遺跡は、東海系の装飾壺の破片が出ています。この段階に仙台平野にも集落が展開し、今後時期が古い方形周溝墓なども発見されることが期待されます。戸ノ内遺跡も仙台平野の低地部にあるものです。土器から判断して『集成』編年の１期に遡る可能性のある古式の方墳と判断されます(第13図)。

　ま　と　め

　簡単にまとめます。第14図に概要をまとめておきました。東北地方の伝統文化の上に、外の地域から新たな文化が加わります。それを第１波と理解しています。それは定型化した古墳が出現する以前の段階で、低墳丘の周溝墓などが出現すると思われます。そして第２波が、東北地方における古墳時代の到来といってよいと思います。この西からの大きな波により古墳ができて

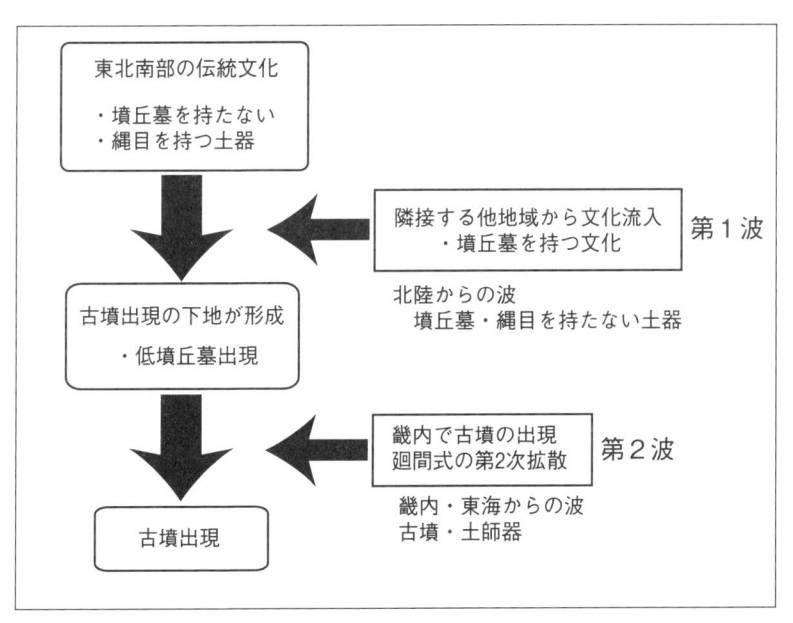

第14図　東北南部の古墳出現プロセス

東日本における古墳出現期

第2表 古墳・墳丘墓の変遷

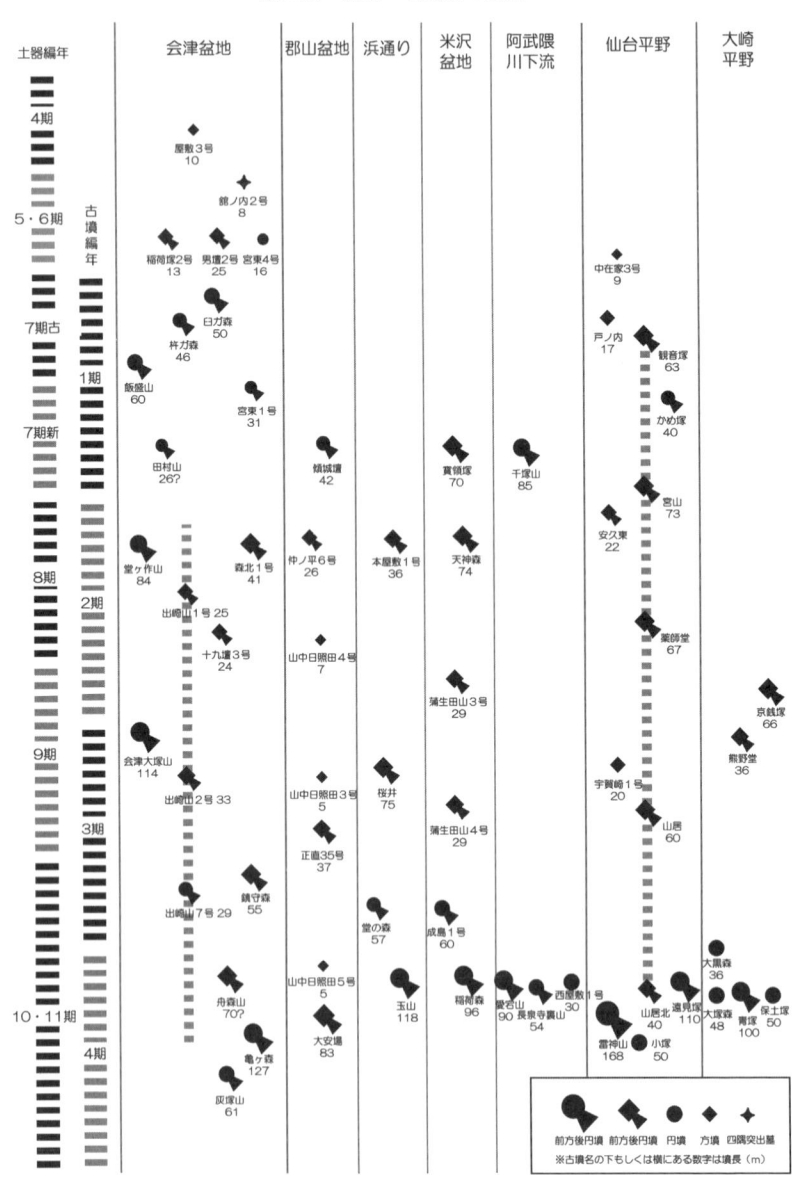

土器編年	古墳編年	会津盆地	郡山盆地	浜通り	米沢盆地	阿武隈川下流	仙台平野	大崎平野
4期		屋敷3号 10						
5・6期		龍ノ内2号 8 稲荷塚2号 13　男壇2号 25　宮東4号 16					中在家3号 9	
7期古	1期	臼ガ森 50 杵ガ森 46 飯盛山 60	宮東1号 31				戸ノ内 17　観音塚 63 かめ塚 40	
7期新		田村山 26?	煙城壇 42		宝領塚 70	千塚山 85	宮山 73 安久東 22	
8期	2期	堂ヶ作山 84 出崎山1号 25 十九壇3号 24	森北1号 41 仲ノ平6号 26 山中日照田4号 7	本屋敷1号 36	天神森 74		薬師堂 67	
9期	3期	会津大塚山 114 出崎山2号 33 出崎山7号 29　鎮守森 55	山中日照田3号 5 正直35号 37	桜井 75 蒲生田山3号 29 蒲生田山4号 29		宇賀崎1号 20	山居 60	京銭塚 66 熊野壇 36
10・11期	4期	舟森山 70? 亀ヶ森 127 灰塚山 61	山中日照田5号 5 大安場 83	堂の森 57 玉山 118	成島1号 60 稲荷森 96	愛宕山 90　西屋敷1号 30 長泉寺裏山 54	山居北 40　遠見塚 110 雷神山 168　小塚 50	大黒森 36 大塚森 48　青塚 100　保土塚 50

前方後円墳　前方後円墳　円墳　方墳　四隅突出墓
※古墳名の下もしくは横にある数字は墳長（m）

きます。東北南部では、このように2段階の過程を経て、古墳が出現すると考えています。以上で報告を終わります。

(くろだ　あつし／岩手県宮守村教育委員会)

〔図の出典〕掲載順

和田　聡　1998『舘ノ内遺跡—塩川町文化財調査報告書』第4集　塩川町教育委員会

高橋　敏　2003「最北の破鏡—鏡片分布からみた古墳出現期の動態(予察)—」『研究紀要』創刊号　㈶山形県埋蔵文化財センター

吉田博行　1995『杵ガ森古墳・稲荷塚遺跡発掘調査報告書—会津坂下町文化財調査報告書』第33集　会津坂下町教育委員会

生江芳徳・中村五郎・穴沢咊光　1981『会津田村山古墳』田村山古墳周溝調査報告刊行会

甘粕　健　1996『堂ヶ作山古墳Ⅲ—会津若松市文化財調査報告第50集』堂ヶ作山古墳調査団・会津若松市教育委員会

藤沢　敦　2002「東北南部」『日本考古学協会2002年度橿原大会研究発表会資料』日本考古学協会2002年度橿原大会実行委員会

辻　秀人　1992『図説　福島の古墳』福島県立博物館

伊藤玄三　1985『本屋敷古墳群の研究』法政大学

藤田宥宣他　1984『天神森古墳—川西町埋蔵文化財調査報告書』第6集　川西町教育委員会

藤沢　敦他　1992『千塚山古墳測量調査報告書—村田町文化財調査報告書』第11集　村田町教育委員会・千塚山古墳測量調査団

工藤哲司　1996『中在家南遺跡ほか—仙台市文化財調査報告書』第213集　仙台市教育委員会

主浜光朗・渡部弘美　1984『戸ノ内遺跡発掘調査報告書—仙台市文化財調査報告書』第70集　仙台市教育委員会

Column 5

北縁の前期古墳
～大塚森（夷森）古墳の調査成果概要～

大谷　基

　大塚森(夷森)古墳は、宮城県北部の加美町(旧宮崎町)小泉字小池裏、鳴瀬川支流である田川北岸、標高49mの丘陵上に所在する。その規模は直径46.7m・高さ7.8mの

第1図　大塚森古墳全景　(南西から)

コラム5　北縁の前期古墳（大谷）

大型円墳で、幅約20〜21m・深さ1.6〜1.7mの周濠を巡らす。平成6（1994）年度から旧宮崎町教育委員会・東北学院大学辻ゼミナールによって9次にわたる発掘調査が行われた。墳丘構造や埋葬施設などが明らかにされ、出土土器群から4世紀末の築造と考えられている。

墳丘構造

　墳丘は2つのテラス（平坦面）をもつ三段築成である。墳丘上段斜面の下部と中段斜面の下部には河原石を用いて葺石が施される。葺石は斜面全体には及ばず、鉢巻状を呈する。周濠はほぼ全周するが、墳丘南西側の一部を掘り残し、地山削り出しの『陸橋』を形成する。陸橋が墳丘に取り付く位置から墳頂に向かう新旧関係のある溝状の遺構を検出した。古い溝状遺構は墓壙に切られており全形は不明だが、陸橋から墳頂を結ぶ通路と見られる。これは墓壙が掘り込まれる段階では埋め戻されており、墳丘構築に関わる通路か、墳丘構築後、墓壙掘り込み以前段階の祭祀に関わる遺構である可能性がある。新しい溝状遺構は墓壙と一連の掘り込みで、墓道の底面の高さや埋土が墓壙と一致しており、墓壙に至る通路すなわち墓道であろう。墓道は、墓壙と同時に埋め戻されており、その上には葺石が築かれてその存在は完成後には視認できない。

埋葬施設

　長辺12.4m・短辺8.5m、深さ1.7mの墓壙内に主軸を揃えた東西2基の粘土槨が確認された。墓壙は、南西側が大きく開口し、墓道に接続する。粘土槨の残存状況は良好で、木棺は完全に腐朽するが粘土床や被覆粘土痕跡から形状が復元できる。
東槨：棺床には白色粘土が用いられ、断面形状は緩くU字状に窪む。被覆粘土は灰白色のやや粘性のある粘土が使われ、棺の上面から側面を覆う。特に棺床中央部には崩落した被覆粘土が少ないことから棺蓋上面はほとんど被覆されなかったと思われる。また、粘土床の南端下層には河原石を充填した排水遺構が認められるが、墓壙外へ続く排水溝は取り付いていない。

　この槨には外法7.9m・幅約1mの長大な木棺が埋納される。棺の断面形状は半円形よりは楕円形に近いと考えられる。棺の北端には突出部があることが粘土痕跡から理解されるが、縄掛用の孔の痕跡はなく、その用途は判然としない。遺物は、崩落粘土上面からガラス小玉2点と粒状の水銀朱が出土するが、棺内部からは少量の水銀朱粒が出土するのみである。
西槨：棺床や被覆粘土には、東棺と同じ粘土が用いられ、被覆粘土の状況も同様である。しかし、床の断面形状は大きく異なっており、床は板状で棺を設置後に棺身側面

が被覆されるものである。粘土床の南端下層には墓壙底を掘り込んだ土坑に河原石を充填した排水遺構が認められるが、こちらも墓壙外へ続く排水溝は取り付いていない。
　この槨には外法約7.7m、幅約0.8mの東棺より一回り小さい木棺が埋納される。断面形状は逆台形で棺端部は緩やかに立ち上がり、原木を刳り残した端部と考えられる。このことから、棺は通常の割竹型とは異なる形状と推察される。また、棺中央やや南寄りの左右に突出部を持つことが粘土槨に残された痕跡からわかる。遺物は、棺床中央部から被葬者の腕にまかれた腕飾り・手玉と考えるガラス小玉50点と管玉1点が出土した。他に被葬者の頭上に置かれた靫の残片や鉄鏃の口巻部、水銀朱粒が出土した。靫は彫刻された木質部分や布部分からなり、黒漆や赤色顔料が塗布される。

第2図　東西粘土槨（北東から・墓道未発掘）

槨の構築手順：東西両槨の構築手順は以下のように考えられた。まず、西槨の粘土床を墓壙底面に板状に敷設、棺身を安置、遺体を埋葬する。その後、墓壙底部全体を西棺側面の被覆粘土の高さまで埋め戻す。東槨の粘土床はその埋土を再度掘り込み、棺身を包むようにU字状に敷設される。東棺の埋葬を終えた後に蓋を被せ、東棺の上面を粘土で被覆した後、西棺の上を粘土で被覆する。このように両床の基底部構造は異なるが、東西の被覆粘土の状況から、最終的に上面が被覆される時期はほぼ同時期と考えられる。また、墓壙が墳頂まで埋め戻される過程において、西棺の南西側では河原石を円形に配する儀礼を行った痕跡を確認している。

出土土器

　墳丘上段テラスの崩壊土中から多くの赤彩の二重口縁壺が出土した。いずれも焼成

前に穿孔されており、墳頂平坦面に立て並べられたと見られる。大きさは口径27cmから39cmと様々で、外面は無文・ハケ調整の壺が主体を占めるが、中には口縁部に刻み目のある棒状浮文を貼り付ける壺も認められる。また、墳頂部で確認された棺の腐朽による陥没坑内の黒色土層から小型丸底鉢を含む小型土器の細片が多く出土した。他にも浮文をもつ小型壺片などもある。いずれも細片で、墳頂で行われた儀式にともない、使用の後に破砕、遺棄された土器群と考えられる。いずれも古墳時代前期後半に位置づけられ、古墳築造の時期を示している。

第3図　出土土器（二重口縁壺）

まとめ

　調査の結果、大塚森古墳は古墳時代前期後半の大型円墳で、三段築成の墳丘に葺石をもち、墳頂には二重口縁壺を配列すること、埋葬施設として長大な木棺を納める2基の粘土槨であることなどが判明した。このような様相は、まさに古墳時代前期の大和王権の葬送の原則に則ったものと言えよう。古墳時代前期における最北端の古墳の1つである大塚森古墳の実態がこのようなものであることは、この地の勢力が大和王権という広域の政治的なネットワークに参加していることを示している。また、この地は4世紀の古墳や集落の北限地域であり、大塚森古墳の被葬者は、北部地域との物資の交流に携わっていた可能性も指摘できるだろう。

　最後にコラムの執筆に際し、辻秀人先生、辻ゼミナールから成果のご教授並びに写真の提供をいただきました。記して感謝いたします。

（おおたに　もとい／古川市教育委員会）

資料報告7　関東平野　南部－川崎地域を中心に－

吉野　真由美

はじめに

　川崎市市民ミュージアムの吉野と申します。事例報告の最後に、会場となりました当ミュージアムのある川崎市地域を中心として報告をさせていただきます。何年も川崎市に勤めていながら、近隣を含めた南武蔵の古墳の全体像について、自分の中できちっと整理ができていませんので、狭い地域に限った事例報告に終始してしまうと思います。どうかご了承ください。
　当地域の前期古墳の様相については、当館学芸員の浜田晋介さんの、多くの研究があります。これらを参考にさせていただいています。
　まず神奈川県内の古墳分布については、大きく3地域にまとまりを認めることができます。県中央の相模川流域、そして三浦半島、この川崎・横浜を中心とした地域となります。
　今回、報告の対象とする範囲の古墳分布については、第1図に示してあります。このエリアは古代律令制下では、その大部分が武蔵国橘樹郡に属しています。ここで取り上げるのは、この橘樹郡とその南側に隣接する都筑郡となります。都筑郡は、現在の横浜市青葉区・都筑区・緑区・旭区・保土谷区といった広い地域を含んでいますが、橘樹郡との境界線は鶴見川の支流になります早淵川と考えられます。そうすると都筑郡域の古墳分布も、橘樹郡寄りに偏在する傾向がうかがえるといえるかもしれません。

大型前方後円墳の調査

　当地域は前方後円墳の発掘調査が、戦前から行われた地域として知られています。しかし、その前段階の様相は、あまり明確ではなく、突如として畿

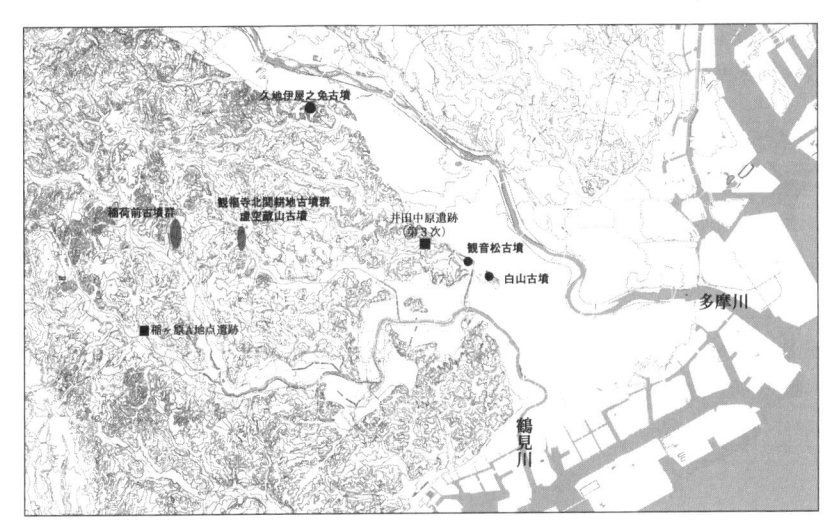

資料報告 7　関東平野　南部 – 川崎地域を中心に – （吉野）

第 1 図　遺跡の位置

	遺跡名	所在地	墳形	規模(m)	主体部	出土遺物
橘樹郡	井田中原第三次	川崎市中原区	前方後方形周溝墓	27.5	不明	土器（周溝）
	白山古墳	川崎市中原区	前方後円墳	87	木炭槨	三角縁神獣鏡・倣製内行花文鏡・鉄刀・鉄剣・鉄鏃・鉄鎌・玉類ほか
					粘土槨（北）	珠文鏡・乳文鏡・玉類
					南粘土槨（南）	玉類
					粘土槨（前方部）	櫛歯文鏡・玉類
	観音松古墳	横浜市港北区	前方後円墳	70～90	粘土槨	船載内行花文鏡・銅鏃・玉類ほか
	久地伊屋ノ免古墳	川崎市高津区	円墳	17	類粘土槨（第1）	鉄鏃・玉類・土器
					類粘土槨（第2）	
都筑郡	稲ケ原A地点	横浜市青葉区	前方後方形周溝墓	24	不明	土器（周溝）
	稲荷前16号	横浜市青葉区	前方後方形周溝墓？	38	不明	土器（周溝）
	稲荷前6号	横浜市青葉区	前方後円墳	32	不明	
	稲荷前1号	横浜市青葉区	前方後円墳	46	粘土槨	玉類
	虚空蔵山古墳	横浜市青葉区	円墳	35	類粘土槨（第1）	鉄剣・鉄鏃・玉類
					木棺直葬	玉類
	観福寺北1号墳	横浜市青葉区	方墳	13×12		土器（周溝）
	観福寺北2号墳	横浜市青葉区	方墳	12		鉄斧・短剣・鉇、土器（周溝）
	観福寺北3号墳	横浜市青葉区	方墳	13		鎌、土器（周溝）
	観福寺北5号墳	横浜市青葉区	方墳	12	不明	土器
	観福寺裏古墳	横浜市青葉区	円墳	20	不明	土器

第 1 表　遺跡一覧表

東日本における古墳の出現

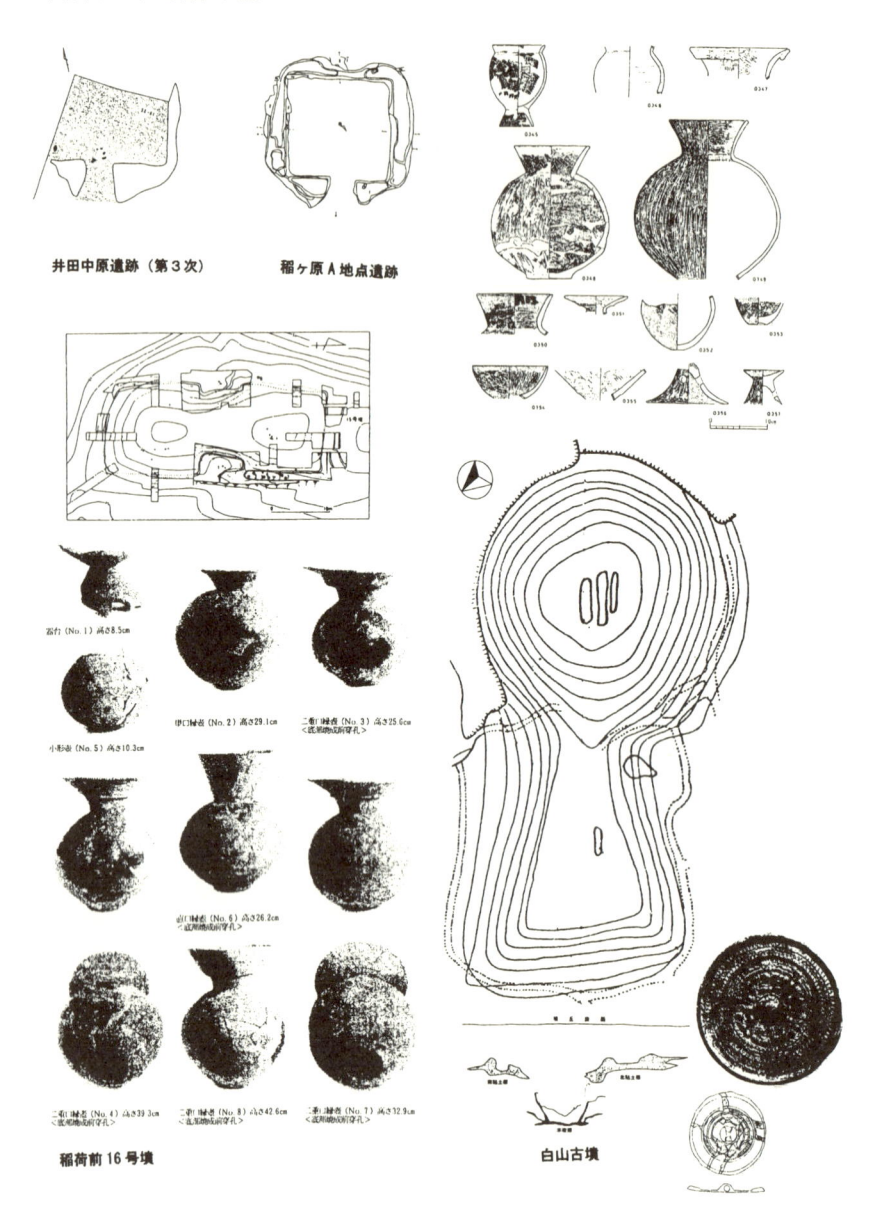

第2図　前方後円形周溝墓と前方後円墳(墳丘＝1/1350)

238

資料報告7　関東平野　南部－川崎地域を中心に－（吉野）

内的な前方後円墳が登場する地域ではないかとも言われたりしてきました。近年、前方後円墳が出現する直前の様相について調査例が増え、少しずつ明らかになってきました。レジュメと順番が逆になりましたけれども、最初に定型化した前方後円墳について説明します。

　定型化した前方後円墳としては、鶴見川支流の矢上川沿い、南加瀬の白山古墳がよく知られいてます。残念ながら現在では隠滅し、見ることはできません。戦前の1937(昭和12)年に行われた発掘調査で、4基の主体部が発見されていますが、中心は後円部中央の木炭槨と推定されます。同時期の大形前方後円墳として白山古墳の西側、矢上川を挟んだ位置に観音松古墳が調査されています。調査報告が未刊行で、不明な点もありますが、大きさは70～90m程度と考えられます。主体部は粘土槨で、内行花文鏡・銅鏃・玉類等が出土しています。

　両者の築造された時期については、粘土槨は竪穴式石室に後続するものと編年されており、『集成』編年の3期以降と考えられます。しかし白山古墳では、後円部に複数の埋葬主体が並列して築かれています。主体部の断面図を見ると中央の木炭槨が先行し、粘土槨とは時間差があるようです(第2図)。木炭槨からは、椿井大塚山古墳等と同型鏡として著名な三角縁神獣鏡とか、小形の内行花文鏡が出土していますが、これらは、本館の常設展示室にそのレプリカが展示してありますので、ご入場のうえ非とも実見していただければと思います…。

　これらの副葬品の組合せから、両古墳は2期には遡らず、3期以降に位置づけられると考えています。木炭槨が3期前半、粘土槨はそれに続くものと理解しています。そして同じ粘土槨を持つ観音松古墳は同じく3期後半で、このように継続的に引き継がれていると考えられます。

　これらの古墳が含まれる日吉加瀬古墳群ですが、後続する首長墓としての前方後円墳は確認できません。今回、詳しく触れませんが、多摩川の対岸、東京都大田区に蓬莱山古墳という大きい前方後円墳がありまして、こちらも粘土槨が確認されていて、ほぼ同時期の3期と考えられています。この多摩川台古墳群では、近接して亀甲山古墳と新居里古墳といった大形前方後円墳

が継続的に築造されています。

その他に都筑郡の前方後円墳として、白山・観音松古墳に比べると規模が小さくなりますが、横浜市青葉区の稲荷前古墳群の6号墳が注目されます。こちらについては6号墳の墳丘の形がバチ形に開く形状から『集成』編年の3期以前、粘土槨を持つ1号墳がこれに続く3期に位置づけられると考えています。

出現期の低墳丘墓の事例

順番が戻りますが、最近事例が増えてきました前方後方形周溝墓について触れたいと思います。1つ目は稲荷前古墳群の南側に位置します横浜市青葉区の稲ヶ原遺跡A地点、もう1つは川崎市井田中原遺跡の1999年の第3次調査で確認されているものです（第2図）。どちらも墳形は、方台部にバチ状の短い突出部が付くもので、田中新史さんの分類だとBⅡ型に相当すると思います（田中 1977）。規模は稲ヶ原の方が全長24m、井田中原の方は調査区の関係で全体が明らかではありませんが、ほぼ同規模であると推定されます。

両者とも周溝から土器が出ていますが、稲ヶ原A地点では小形器台とか小形平底坩とから、比田井克仁（2001）さんの編年の2段階、『集成』編年の3期位が下限となると考えています。

井田中原遺跡の例については、報告書は近日刊行ということで、資料集には土器の実測図を掲載していませんが、会場入り口のホワイエ右側に現物資料の土器を展示してあります。こちらをご覧いただき、土器に詳しい方から、色々とご教示いただきたいと思っています。ほぼ完形の壺と甕の他、台付甕の脚部などがありますが、全部並べておきました。口縁に棒状浮文が付く壺など古い要素もうかがわれますので、稲ヶ原遺跡A地点とほぼ同時期か、やや先行するかもしれないと思っています。また海老名市秋葉山3号墳の時期に近いのかなとも思っています。

その他にも、前方後方形の墓としては、横浜市青葉区稲荷前古墳群16号墳があります。これも正式報告書は未刊行ですが、かねてより特殊な前方後方墳と理解されてきました。しかし、くびれ部の形状や規模などから、最近で

は前方後方形周溝墓と方形周溝墓が連続する事例ではないかと指摘されています(浜田 2000a)。この指摘をされた浜田さんによれば、北側が方形の墳墓、南側が前方後方形の墳墓ではないかと推定されています。出土土器のほとんどがこの北側の周溝から出ていますが、左上に図示した器台は前方後方形周溝墓と推定した南側の周溝から出土しており、注意する必要があります。隣接する稲荷前6号墳(前方後円墳)に先行するとして、稲荷前16号墳も『集成』編年の3期以前と考えられます。

中小規模の方墳・円墳の存在について

また小規模な円墳や方墳の存在も注目されます。代表的な例を第3図に載せてあります。円墳として川崎市高津区久地伊屋之面古墳、横浜市青葉区の虚空蔵山古墳などがあげられます。

伊屋之面古墳は墳径16～17m、主体部は2基検出されています。構造は粘土槨に類似した施設で、割竹形木棺の両サイドを粘土で押さえる形状を呈しています。この主体部から特殊な突帯を持つ壺が出土しています。また墳丘の下層に方形周溝墓が造られていたということが発掘調査で明らかになっています。これらの出土した土器を参考すると、古墳の築造の上限については、先ほどの比田井編年のⅠ段階、『集成』編年では2期に遡らないだろうと推定されます。

虚空蔵山古墳の方も類似した2基の埋葬主体が確認されています。第1主体部から鉄剣・ヤリガンナ・銅鏃が出ております。この虚空蔵山古墳に隣接して、観福寺裏古墳・観福寺北遺跡の関耕地古墳群などで、前期の方墳群が確認されています。これらの規模ですが、いずれも12～23m程度で、主体部が関耕地1号・2号・3号墳において確認されてます。2号墳の方では鉄剣・鉄斧・ヤリガンナが出土しています。3号墳では、墳丘のやや東側の墓壙から、柄の付いた鎌が出土しています。これらの方墳群の周溝から出土した高杯や小形坩の様相から、比田井さんの第Ⅱ段階、『集成』編年で3期前後に該当すると考えております。

またここでは、資料を載せていませんが、南西約3kmと近接して、稲荷

東日本における古墳の出現

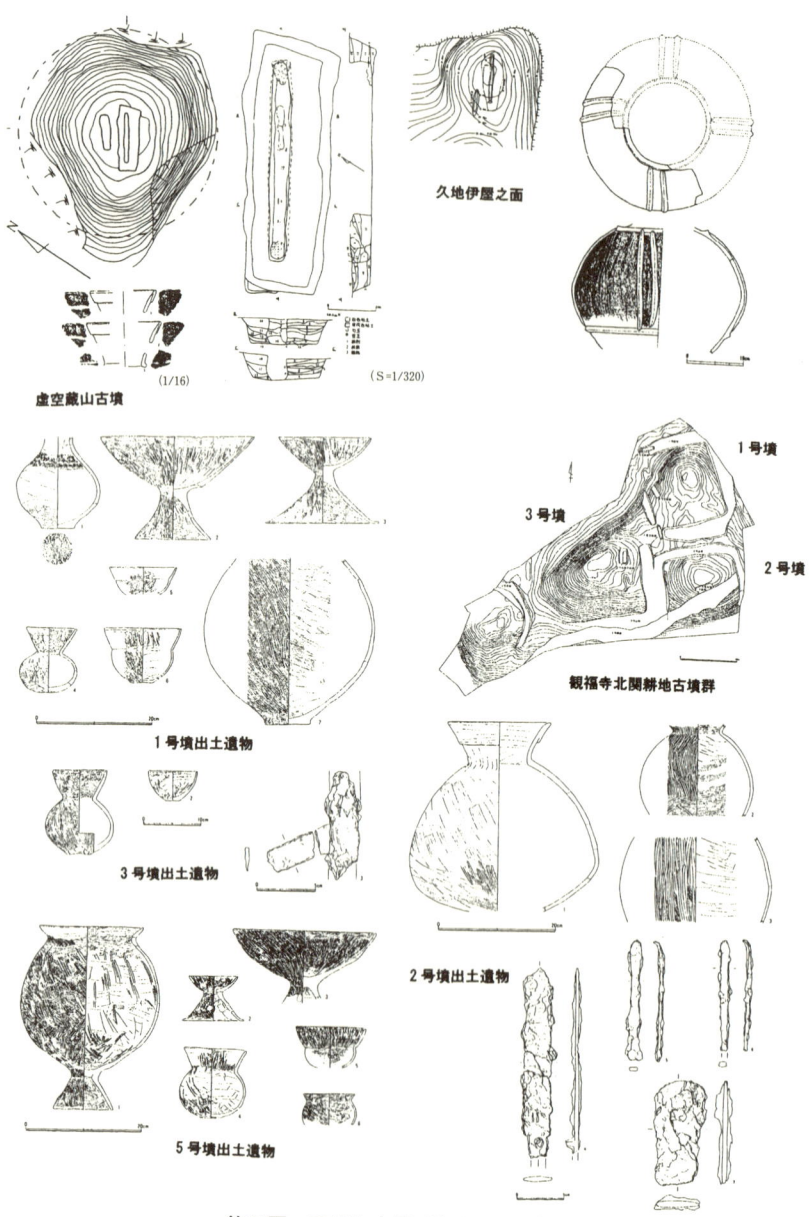

久地伊屋之面

虚空蔵山古墳 (1/16) (S=1/320)

1号墳
3号墳
2号墳

観福寺北関耕地古墳群

1号墳出土遺物

3号墳出土遺物

2号墳出土遺物

5号墳出土遺物

第3図　円墳と方墳（墳丘＝1/1350）

242

前古墳群と同一丘陵にある寺下遺跡でも方墳が確認されています。規模は約20m程度で、主体部は不明ということです(渡辺2003)。墳丘・周溝から土器が出ていますが、小型器台、高杯の形状からほぼ観福寺北・関耕地古墳群の方墳群とほぼ同時期ではないかと思われます。

まとめ

　当地域におきましては、ほぼ同時期の『集成』編年の3期に、複数の定型化した前方後円墳が出現し、その同時期を中心に円墳・方墳といった様々な形態の墳墓が併存する様相が窺われます。

　前方後方形周溝墓と定型化した古墳の関係は、本地域の資料からだけでは、断定することはできませんが、墳丘規模や副葬品の内容を見ると、両者が単純につながっているようには感じられません。しかし白山古墳と井田中原遺跡とは、矢上川沿いに僅か3km位の距離しかなく、近接しているので注目されます。

　また先行する弥生後期の方形周溝墓との関係も考えなくてはなりませんが、あまり良い資料に恵まれず、直接つながる弥生後期の墳墓は確認できません。ただ集落遺跡は、白山の周辺や加瀬台古墳群の方でも確認されていますし、井田中原遺跡の近くには神庭遺跡などのような拠点的集落が確認されています。

　このように当地域は都心に近く、開発が早い時期に行われ、古墳を初めとして多くの遺跡が早々と失われてしまったという条件下で、制約が多くあります。十分な説明をするためには、材料が不足しています。ただしそのような中でも、井田中原遺跡のような新事例が徐々に増えています。定型化された前方後円墳だけに目を向けるのではなく、同時併存する小さな方墳や円墳のようなものにも、もっと目を向けていく必要があるのではないかと思います。

　以上で簡単ですが、終わらせていただきます。ありがとうございました。

(よしの　まゆみ／川崎市市民ミュージアム)

〔図の出典〕掲載順
第2図：柴田常恵・森貞成　1953『日吉加瀬古墳』三田史学会

浜田晋介　1996「古代橘樹郡の古墳の基礎的研究」『加瀬台古墳群の研究Ⅰ』川崎市市民ミュージアム考古学叢書2、川崎市市民ミュージアム

浜田晋介　2000「前期前方後円墳と円墳—川崎・横浜市域を例として—」川崎氏市民ミュージアム紀要第13集、川崎市市民ミュージアム

平子順一・橋本昌幸　1992『稲ヶ原遺跡A地点』横浜市ふるさと財団

第3図：伊東秀吉・持田春吉・村田文夫　1987『川崎市高津区久地伊屋之免遺跡』高津図書館友の会郷土史研究部

近藤真佐夫　1990『横浜市緑区虚空蔵山遺跡』日本窯業史研究所

平子順一・鹿島保宏　1989『観福寺北遺跡・新羽貝塚』横浜市埋蔵文化財調査委員会

Column 6

埼玉県の出現期古墳―そして三ノ耕地遺跡―

石　坂　俊　郎

　ここでは、埼玉県内における古墳出現期の概況と、後段において当該期の状況を詳細に示す遺跡として近年注目を集めている吉見町三ノ耕地遺跡を紹介する。

　限られた枠内でのことなので、既知の遺構平面図、地図、また引用文献の提示は割愛し、記述を優先した。古墳案内としてはすこぶる不親切なものとなってしまったことをお許し願いたい。

地域ごとの状況

　埼玉県内の前期古墳では、1930年に粘土槨から多数の玉類を主体とする副葬品が出土した桶川市熊野神社古墳（円・38m）が古くから著名である。また比較的早くに知られた例として、川口市高稲荷古墳（前方後円・75m）がある。粘土槨（床）を持つとされるが、60年代に発掘調査を経て消滅した。詳細不明であることが惜しまれる。これらは県東部大宮台地縁辺に立地するが、80年代以降、発掘調査の成果が累積した今日では、古墳出現の視野は県北部から西部の丘陵・台地地帯が中心で、大宮台地一帯は、方形周溝墓と報告された遺構は散見されるが、むしろ希薄な観がある。

　これから出現期古墳の分布地帯について小地域ごとに状況を見ていくが、首長墓の主体は前方後方墳である。以下、前方後方墳については墳形の表記を省略する。

　県北部、利根川と荒川に挟まれた児玉・櫛引台地地域では、児玉町鷺山古墳（墳長60m／前方部長22m、以下数字のみ）が地域の盟主的存在である。小丘陵頂部を単独で占め、前方部は撥形に開く。その北北東700mの丘陵上に位置する美里町塚本山古墳群33号墓（18.5／5.3）は墳墓群の一であるが、前方部が周溝外に連結し、赤塚次郎分類B2型にあたる（赤塚 1992）。これらの南方に広がる低地には、東海系櫛描文壺を伴う美里町村後遺跡「方形周溝墓」(23.5／9.2)、パレス壺を伴う美里町南志度川遺跡4号墳（26.1／10.7）、方墳が周囲に密集する岡部町石蒔B遺跡8号墳（22.9／7.6）が点々と並ぶ。石蒔B遺跡では、墓域の区画溝をはさみ、やはり前方後方墳を含む別の群が一部検出されており、広範囲な展開が窺える。

東日本における古墳の出現

　南に下り県西部荒川右岸の比企地域では、市ノ川、都幾川などの河川が、丘陵域から平野部に流入する付近に注目される古墳が点在する。吉見丘陵南縁の尾根上に立地する吉見町山の根古墳（54.8／21.2）は、鷺山古墳、後述する諏訪山29号墳とともに県内最古級の古墳として注目されてきた。眼下の自然堤防上に三ノ耕地遺跡が発見された今日、これまで範囲確認調査にとどまっているが、その位置づけをあらためて吟味する段階にある。市ノ川右岸の半島状台地の先端には、東松山市根岸稲荷神社古墳（25以上／5以上）がある。全容は不明確だが、範囲確認調査で吉ケ谷型装飾壺が出土し、出現期古墳として脚光を浴びた。実測図によると、土器は供献用に底部穿孔されているようだ。ほど近い同市下道添遺跡2号墳（22／7.5）は、前方部が調査区外であるが、南周溝幅の広がりから前方後方形が想定されている。方墳群の一角である。有段口縁壺を含む壺主体のセットが出土している。そこから1km余り北の同市天神山古墳（57／約20）は、有段口縁壺片が出土しており、4世紀後半に含まれるらしい。時期はここでの本題よりやや降るが、前方後方墳としては県内最大級である。一方、都幾川をはさみ対岸の台地縁部には、同市諏訪山29号墳（推定53／24）がある。焼成前底部穿孔された有段口縁壺と大廓型大型壺などが出土している。
　なお、これらのエリアと児玉エリアの中間にあたる江南町塩古墳群Ⅰ支群1号墳（35.3／14.3）、同Ⅰ支群2号墳（30／12.4）は谷地に面した低位丘陵斜面部に立地し、先述の諸墳とは状況を異にしている。
　入間川以南の武蔵野台地地域では、上福岡市権現山2号墳（32／12）を含む権現山古墳群がある。荒川低地に面した新河岸川右岸台地上にあり、北に向かって眼下の低地への眺望が開けている。2号墳は、前方部前面を狭い周溝が巡り、赤塚分類B3型である。現状で2m余の高まりを遺す後方部のみを比較しても、平面規模は他の11基の方墳を凌いでおり、立地は分布域の最高所を占めている。周溝から網目文をもつ装飾複合口縁壺と開脚高杯が出土している。一帯は早くから都市化が進んでおり、その中にあってこれらが群として面的に保存されてきたのは幸いである。02年に県史跡に指定されている。

三ノ耕地遺跡

　再び目を北へ転じ、吉見町三ノ耕地遺跡を紹介する。
　遺跡は、吉見丘陵南部の自然堤防上に立地し、標高15mである。県営ほ場整備事業に伴い96～98年にかけて約12000㎡が発掘調査され、各時代にわたる多数の遺構が検出された（第1図左）。弥生時代後期から古墳時代前期初頭に含まれるのは、目下のところ前方後方墳3基、方墳18基、竪穴住居跡14軒、溝数条で、端的にいえばここで

コラム6　埼玉県の出現期古墳（石坂）

の話題を体現したような遺跡である。なお、墳墓はいずれも主体部を失っている。これらは、堤防状の地形に規制されて南北に細長く連なる。景観の中心は北に寄った2基の前方後方墳で、向きをほぼ同じくし、周溝はごく近接している。その一部接している付近に多量の破砕土器が集積しており、帰属を含め遺構との関連が注目される。

　北側の1号墳（48.8／22）は、主軸方向N－34°－E、全周する盾形の周溝を含む全長69m、後方部長26.8m・幅24.6m、前方部前端幅18mである。表土除去前、後方部上には塚上の高まりが遺存し、調査の結果主体部は遺存しなかったが、本来高塚状の墳丘を有していたことが確認された。また周溝外縁には、西半を中心に1段低いテラスが巡っている。2号墳（30／11.2）は、主軸方向N－39°－E、全周する略方形の周溝を含む全長40m、後方部長18.8m・幅19m、前方部前端幅10mである。調査区南端の3号墳（推定24～25／推定9～10）は、1・2号墳と逆に前方部が北を向き、主軸方向N－130°－wである。前方部前端付近は調査区外なため全景は不明だが、周溝が前端に向かうにつれて先細りになっており、赤塚分類B2・3型にあたるとみられる。後方部長14.5m・幅17mである（3号墳の数値はいずれも1／500平面図から筆者計測）。なお3号墳東隣の帆立貝形墳は後期古墳である。

　方墳群の分布は、1～3号墳との位置関係から見ると①1号墳北側、②1・2号墳西側、③2・3号墳の間のうち北半（第1次調査区分）④同南半（第2次調査区分）、⑤3号墳東側から南側、に分けられる。④は重複が顕著で、新旧関係が整理されれば系列が細別され、あるものは③に連なるだろう。ところで比企地域は弥生時代後期吉ケ谷式土器様式圏に含まれるが、圏内の方形周溝墓は中期同様周溝角が途絶する「四隅切れ」の形態である点が特徴的である。この遺制は古墳出現期まで継続することが坂戸市中耕遺跡で示されたが、三ノ耕地遺跡には四隅切れ形態の墳墓は認められず、そこに前方後方墳出現を伴う画期の反映が認められる。規模は、墳丘部が10m超、5～6m、その中間の3者があるようだが、いずれにしろ1～3号墳との隔絶は顕著である。①は1号墳周溝に沿って配列されており、これに後出するとみられるが、相対的に大型墳が集中している点が1号墳との関連を伺わせる。

　その他の遺構では、竪穴住居跡は北半を中心に散在するが、集落は古墳群に先行するという。溝は西側に集中するが、墓域の区画溝、あるいは先行集落に関連するものの存在が考えられる。また、保存されるため一部の調査にとどまったが、自然堤防に沿う東側旧河川流路からは、多量の土器とともに鋤・鍬・竪杵などの木製品が出土しており、古墳造営との関連が注意される。

　ところで1号墳の北方400mの丘陵尾根状には、先述した山の根古墳がある。立地、墳形、土器いずれからも三ノ耕地1～3号墳とは一連の関係が想定できる。そこ

247

東日本における古墳の出現

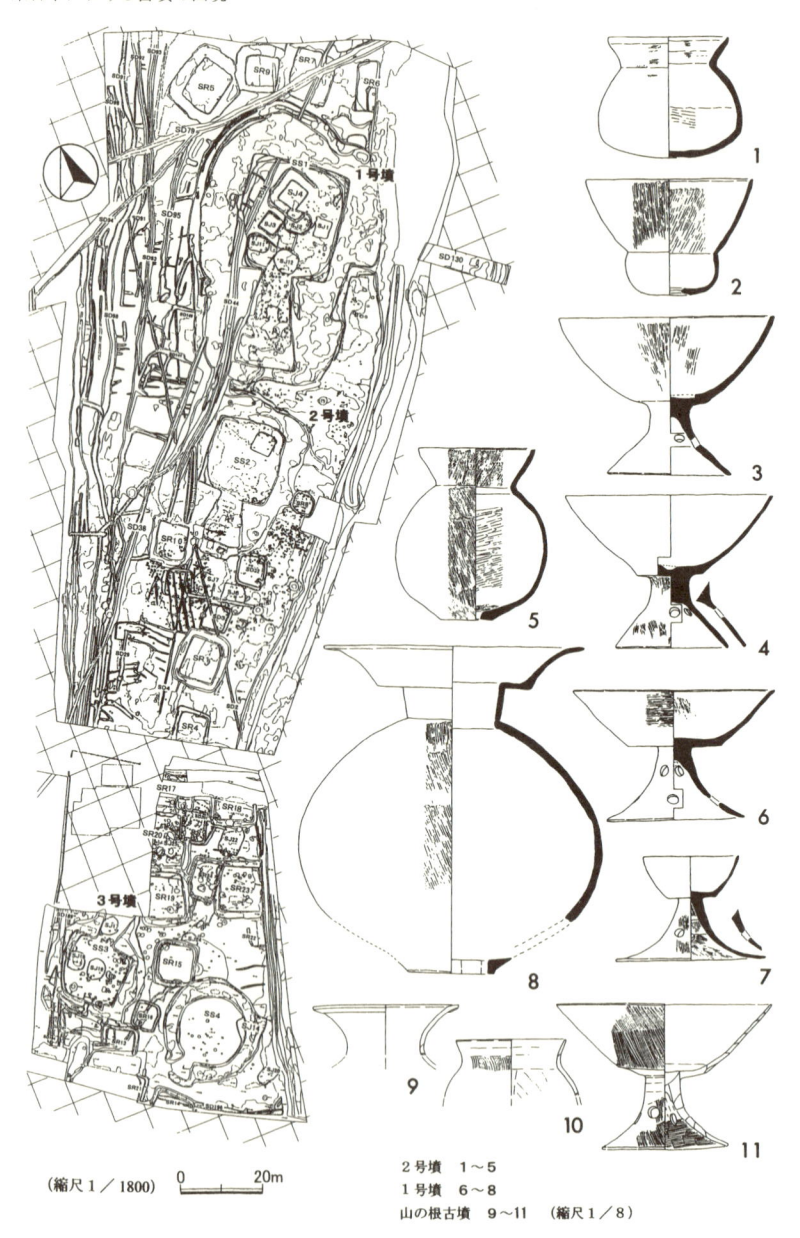

2号墳　1〜5
1号墳　6〜8
山の根古墳　9〜11　（縮尺1／8）

（縮尺1／1800）

第1図　三ノ耕地遺跡（左）と1・2号墳出土土器

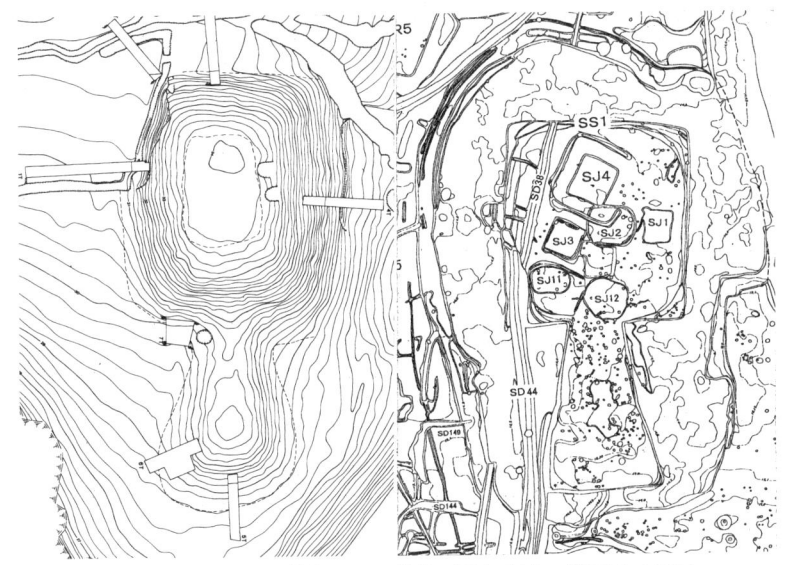

コラム6　埼玉県の出現期古墳（石坂）

第2図　山の根古墳（左）と三ノ耕地1号墳（右）　（縮尺1/1000）

でこの4基について、順列を念頭に平面図から伺えるところを整理しておきたい。

(1)　1号墳と2号墳は主軸を概ね共有し近接する。そして破砕土器を遺した墓前儀式がこれらに絡むらしい。以上から、両者の連続性に異論は出ないだろう。規模は1号墳が優位で、前方部が顕著に発達している。また、後方部の面積比は1.8倍である。時期尚早だが土器を比較すると、1号墳の高杯は、杯部が深い2号墳のそれに比べ新相を示している（第1図6と3・4）。

(2)　位置、規模からみて山の根古墳に最も近いのは1号墳である。前者は主軸方向が尾根状の立地に規制されているため、その相違は無視する。規模は山の根古墳が墳長で6m長く、後方部の面積比は1号墳の1.3倍である。前方部の平面形はほぼ同規模である。すなわち山の根古墳は、1号墳に比べ後方部が発達し、規模において優位といえる（第2図）。範囲確認調査で有稜高杯が出土しているが、実見しておらず深入りは控える（第1図11）。

(3)　3号墳は、1・2号墳に対し前方部が逆向きで、位置も非連続的である。全景は不明だが、周溝の状況から見て前方部は10m程で、全長は約25mと推定される。後方部は幅が長さを凌ぐ点で他の3基と異なる。2号墳との比較では、後者

249

が3号墳に対し墳長で5m程長く、後方部の面積比は1.4倍で、前方部は長さで1～2m弱長いとみられる。前述したが平面形態は赤塚分類B2・3型にあたるとみられ、C型の1・2号墳より古相を示している。

　以上をまとめると、最南に位置し規模が最小の3号墳を嚆矢とし、規模を拡大させながら2号墳、1号墳と北上し、山の根古墳において丘陵尾根に上る、という物語が紡ぎ出される。さらに後方部について、平面形を長さ／幅で指数化すると、3号墳0.9、2号墳1.0、1号墳1.1、山の根古墳1.3で、順に主軸方向へ「面長化」するように見える。平面図に魅せられて以上推測を重ねたが、いずれ出土遺物が判定を下すだろう。なお、本稿で紹介した実測図では赤色塗彩の表現は省略しているが、赤彩はさかんに行われている。

　古墳を含む当該期の遺構からは豊富な土器が出土している。総体としては大量といえるだろう。吉ケ谷系、南関東系、東海系など、瞥見しただけでも内容は多彩である。精査が進めば、さらに多方向からの影響が見えてくるだろう。特筆されるのは東海系の影響で、有稜高杯の他、パレス壺も複数の古墳に認められる。先行集落、古墳群とその変遷、そしていずれかに伴うとみられる溝、これらの遺構の新旧関係を確認しつつ共伴遺物の整理と分析が進められれば、県内における古墳出現期の要衝である当地域の該期土器編年は、縦にも横にも稠密に整備されるものと期待できる。そこには、土器に吉ケ谷式の伝統が色濃く残る中、東海系の強い影響を背景に前方後方墳が出現するという、3世紀代に遡る古墳出現期の事情が映し出されるものと思われる。そして、この階梯の次段において、西方2.5kmの台地上に、五領式土器の標識遺跡としての五領遺跡が出現する。五領遺跡の分析は風化することのない宿題であり、三ノ耕地遺跡の成果が明らかにされることにより、その作業にはずみがつくことが望まれる。

　本稿を作成するにあたり、調査担当者である弓明義氏と吉見町教育委員会からは、整理途上の土器の観察と図化、実測図の掲載について許諾と協力をいただいたばかりでなく、調査の所見について多くの教示を頂戴した。また、遺跡図版は、教育委員会作成1／500全体図を用いている。末筆ながら記して感謝します。

（いしざか　としろう／埼玉県立歴史資料館）

Column 7

廻間Ⅱ式の時代

赤　塚　次　郎

新たな幻想

　古墳時代とは何なのか、それを考える最も基本的な素材として前方後円墳が存在する。

　列島内に広く点在する多くの前方後円墳は、その大きさや副葬品、さらには内部構造などの属性的な研究が先行し、やがてある種の幻想を生み出した。それは古墳文化の全てはヤマトから出発し、例外なく一様に広がっていく。そして波紋のように急速に拡大するとともに、何の抵抗もなく全ての地域社会がそれを受け入れた。単純で一元的な方向性が確立したかに見える。地域に存在する巨大な前方後円墳や副葬品だけを見ていれば、なるほどこうした見解も納得がいく。

　しかし近年の考古学成果からは少し異なる方向が見え隠れする。集落遺跡やそこから出土する膨大な土器や木製品などの緻密な研究において、興味深い成果が見られる。さらにこれまでほとんど顧みることがなかった小規模な古墳から、驚くべき内容の出土品や時代性が浮き彫りになってきたのだ。それは新たな幻想のはじまりかもしれない。

東海系

　弥生時代後期から古墳時代にかけて、東日本はどのような状況にあるのか。結論を急げば、そこに存在するのは弥生時代から続く多様な地域社会が、まだまだ形を変化させながらも存続する。風俗風習を一にする、独自の宇宙観を所有する部族社会が存在したと考えている。その地域社会が、どこからともなく沸き上がる「新しい文化」への方向性を感じながら、時にその方向性に共鳴する。あるいは風のように押し流す。またはしなやかに受け入れる。

　シナリオは1つではない。こうした古墳文化共鳴の多様性こそが東日本社会の特徴だと考えたい。

　そこで、人々は新しい世の中の動向に耳を傾け、冷静に伝統的文化と向き合うこと

251

になる。その結果は一様ではなく、偏差に満ちている。
　廻間Ⅱ式期を中心に巻き起こった土器拡散現象がある。より広域的な流動化・浮遊化の流れがはじまる。東海系という名で呼ばれる遺物群によって、中部・関東地域が多大な影響を受けたことは間違いない。しかしそれがすべて東海系文化によって巻き起こされた変化と理解するのは明らかに間違いだ。
　彼らはその地域社会を変革するために動いたのではない。結果としてある種の共同性を創造する動きに参画したのだと考えている。変化の決定権はあくまで伝統的な地域社会にあった。

墳丘墓

　ここでは従来の土器編年による暦年代を、約50年ほど遡られて考えたい。すると廻間Ⅱ式期の開始は、おおむね200年前後になる。廻間Ⅲ式が3世紀中頃からはじまり、廻間Ⅱ式期とはまさに邪馬台国の女王が登場する時代ということになる。これらの点が容認されるとすれば、すでに廻間Ⅱ式期になると60mクラスの前方後円（後方）墳が各地で確認でき、3世紀前半期には、比較的大型の多様な墳丘墓が各地で造営された時代という捉え方が必要になってくる。
　著名な古墳としては千葉県の高部30号墳・32号墳や神門古墳群、長野県の弘法山古墳など、東日本における比較的大型の初原的な前方後方墳が、おおむね廻間Ⅱ式期に所属していることから、3世紀前半期こそ、まさに本格的な古墳造営開始期である。邪馬台国が倭人社会の代表として中国王朝と外交関係にあるころ、東日本社会にも部族長クラスが前方後方墳を主要な墳形として、高い封土を有する墳丘墓を造営していた。
　邪馬台国時代の東国には、すでに先進的な文物や新しい価値観などの情報が、多様なルートにより受容され普遍化しはじめていたと考えておく必要がある。

東海系のトレース

　東海系土器の第1次拡散期と呼んだ時期が、予想に反して古く遡り、2世紀後葉から3世紀初頭となる。この時期に伊勢湾から東海系文化が主に東日本各地へ広がっていく現象が見られる。
　さらに同時に西日本においても各地の土器様式に型式的な画期や外来系土器の参入などが見られ、複雑な土器の動きが認められる。この点は多くの研究者が指摘している所でもある。
　総じて東海系土器の広域的な発進が端緒になり、急速に流動化した列島内の土器様

式、つまり地域社会が存在する。そこでこうした考古学的な現象を、魏志倭人伝が伝える「國々」誕生への具体的な出来事を映し出していると想定できる可能性が出てきた。そして重要な点は、その現象は西日本だけではなく、東日本を巻き込んだ広い範囲と考える必要がある。東海系のトレースに共鳴した地域社会が、自らの存在を確認すべく、伝統的地域社会の広域的復権へ動き出したのではなかろうか。さらに近畿に限定すれば、庄内式中頃の動きの中に、卑弥呼共立に向けて動き出した地域社会の葛藤が投影されている可能性がある。

共同性の創造に向けて

　西暦200年前後に勃発した東海系トレースの直接的な起因は、おそらく伊勢湾沿岸部の部族社会内部によるものと想定している。結果的にこの現象を契機に中部・関東各地には東海系文化が広がり、中にはそのデザインそのものを主体的に受容する所さえ存在した。こうした現象が、彼の地の古墳時代への扉を開かせたとする見解が早くから指摘されてきた。しかし予想に反して古く遡ることになり、ここではその時期は3世紀初頭を降ることはないということになる。以上の編年観に基づけば、東海・北陸以東の東日本においてもすでに2世紀には地域型墳丘墓の時代が到来し、個性的な土器様式が盛行していることは明らかだ。個性的で独自の文化が1つの地域社会を形作っていた。

　決して金太郎飴的な等質的な景観が列島内に存在しているわけではない。そしてそこに存在した多様な地域社会が、次なる新しい時代への胎動を自ら感じ取り、判断しているように思える。東海系のトレースはその方向性に1つの契機をもたらしたにすぎない。伝統的地域社会が次なる目標を明確化し、そのための理念を高らかに謳う。その目標の合理性が地域社会に受け入れられる場合もある。現実は風土に根差した風俗性との葛藤にあり、その温度差は極めて大きく偏差に満ちている。「東海系」は古くからの交易ルートに導かれて、地域社会が決断した様々な共同性の新たな創造に参画していったものと考えたい。

　ヤマト発の古墳文化という目標があって、その合理性に賛同して変革していったわけではない。ましてや力をもたない集団が圧倒的な力の前にもろくも崩れ去っていくような激変などどこにも見られない。古墳時代前半は、列島各地に存在した伝統的な地域社会が織りなす多様な文化を基盤にして、ある種の共同性の創造に複数の地域社会が参画したところからはじまる。したがって前方後円墳はヤマトから拡散したのではなく、すでに普遍化された地域型墳丘墓から、その地域が時間をかけ選択し収斂した結果にすぎないものであると考えている。

(あかつか　じろう／愛知県埋蔵文化財センター)

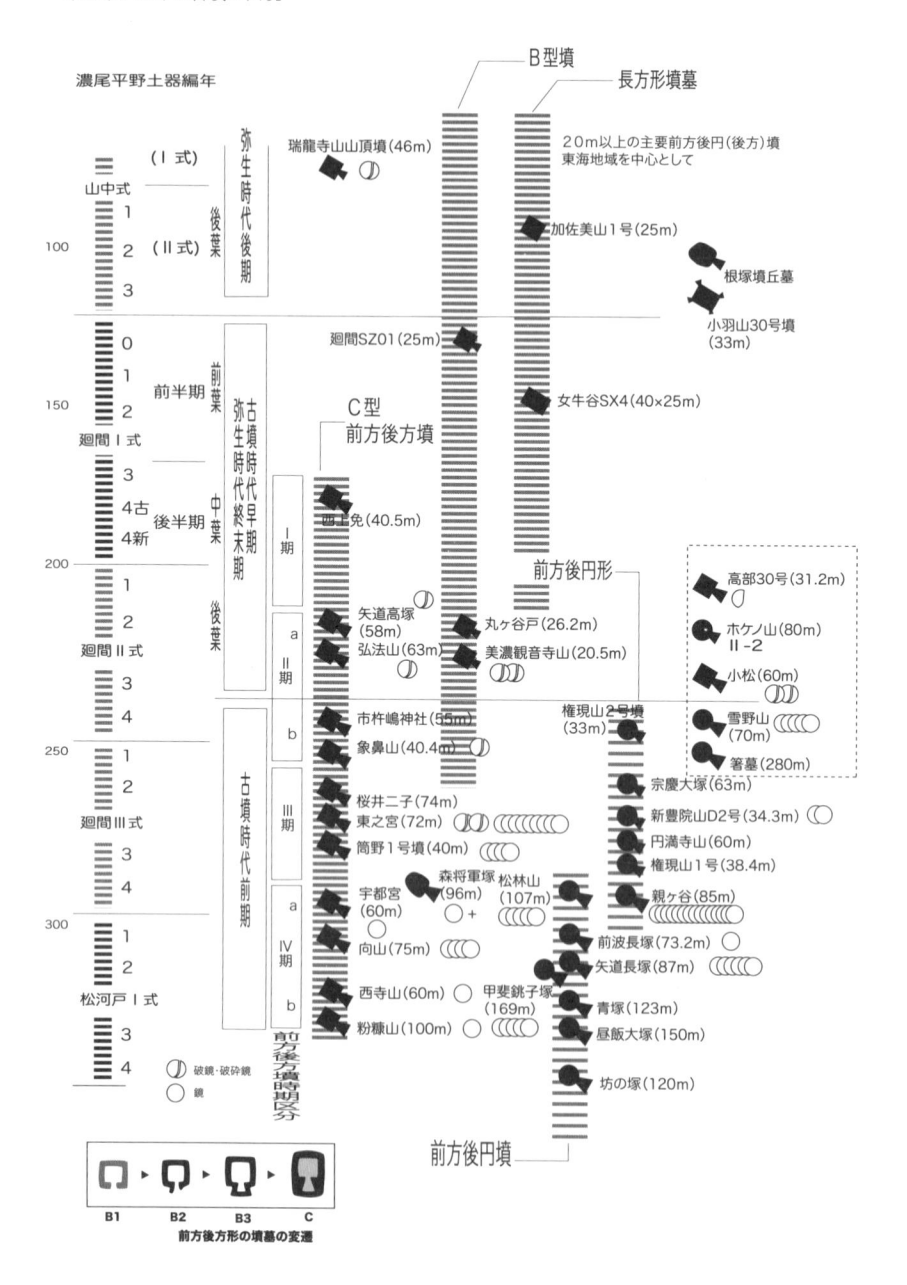

東日本における古墳の出現

II

総合討議
東日本における古墳出現について

パネラー（写真前列左から）
山口正憲／青山博樹／青木一男／田中　裕／古屋紀之
酒巻忠史／今尾文昭／日高　慎／今平利幸／深澤敦仁
八重樫由美子／黒田篤史／吉野真由美
（後列）司会　立花　実／西川修一

総合討議

東日本における古墳出現について

司会・立花:それでは討論を始めたいと思います。昨日、今日と、各地域の出現期古墳について報告をしていただきましたが、まず「弥生時代の墓」との継続性について、補足を含め、各地域担当の方に説明していただきます。では山口さんからお願いします。

弥生時代終末の墓制との継続性
山口:前代の墓制との繋がりについてですね。平塚市真土大塚山古墳や同市塚越古墳がある金目川水系については、平塚市真田・北金目遺跡群などが典型的な例になると思いますが、大規模な集落と方形周溝墓群が営まれています。このようなエリアでは、弥生後期の方形周溝墓から、前方後方形の周溝墓、そして前方後円墳という形で、スムーズな発展をたどれると思います。

これに対して、相模川中流域左岸の海老名市秋葉山古墳群では、前代の墓制との関係というのは、あまり明瞭ではありません。方形周溝墓群や集落が確認されていない地域に「突発的」にといいますか、前方後円形の墳墓が造られたようです。このように相模においては、地域によって二通りの古墳出現過程がうかがわれるのではないかと思います。

山口正憲

青木：昨日、田中裕さんから刃関双孔鉄剣(はまちそうこう)についてご説明がありました。ちなみに平塚市王子ノ台5号方形周溝墓(P.100 第1図)で出土していますが、信州の箱清水様式圏、長野市篠ノ井遺跡のSDZ7号墓でも同様な刃関双孔鉄剣と鉄釧が出土しています(P.87 第4図)。

王子ノ台は方形周溝墓ですが、信州では円形周溝墓です。土器様相も墳墓型式も大きく違います。昨日、田中さんから古墳が出現する前段階、東日本の1つの鉄剣のタイプであろうと紹介されましたが、弥生終末期の地域を超えた東日本レベルの共通性を示すものとして、興味深いと考えています。

箱清水様式圏に伴う鉄製品が、単に土器様式圏の範囲にとどまらず、東日本レベルの広い地域と密接に繋がっていることを示す「格好の材料」という印象を持っています。

青木一男

酒巻：先ほどの報告では、編年表について触れられなかったので、補足させていただきます(P.151 第2表)。養老川水系の市原地域については、公表資料が少ないこともあり、諏訪台A8号墳から諏訪台A7号墳までの前後関係は、田中新史さんが刊行した『市原台の光芒』(田中 2000)という本に、おおむね依拠しました。

それから高部古墳については、小沢 洋さんの指摘にもありますが(小沢1996)、高部30号墳・32号墳とも、前方部には、ほとんど盛り土がありません。このような形態のものは古相を呈するものではないかと思います(P.143 第2図)。

それに比して、『集成』編年2期とした鳥越古墳(P.146 第4図)ですが、後方部にちゃんとした盛土が認められますので、次段階になるだろうと思います。また駒久保6号墳と10号墳ですが、これらについては前方部・後方部と

もに、きちんとした墳丘を有しています。

平面的には、同じような前方後方墳ですが、君津地方に限ってみればこのように墳丘形態で前後関係が指摘できるのではないかと推定し、並べてあります。また駒久保6号墳と10号墳を切って5号墳という円墳が造られています。この段階を前方後円墳の築造が開始される時期と考えて、編年を組み立てました。

酒巻忠史

前時代の墓制からの継続性ですが、この地域は調査例が多いこともあり、方形周溝墓は、弥生時代中期から、まんべんなく見つかっています。高部古墳群と鳥越古墳のある地域Eですが、資料として木更津市請西遺跡群の方形周溝墓と集落の調査区全体図を提示してあります(当日配布資料)。右上の庚申塚078号・野焼A001号墳、これが明らかに弥生時代後期に属する大形方形周溝墓です。庚申塚078号のほうは25m四方の規模、野焼A001号については17×18mの規模を持っています。その他にもいくつか類似した規模となる例があります。

今のところ、このような大きな周溝墓は、君津地方の中でもこの遺跡にしかありません。こういった大きな方形周溝墓が、やがて高部などの系譜に繋がっていくのではないかと考えています。

日高：茨城県においては、弥生時代後期には壺棺墓が主な墓制ですが、ただし集落数のわりには、墓の数があまりにも少なく、しかも散在状態で、各遺跡で1〜2個といった状態です。果たしてこの壺棺が弥生時代後期の一般的な墓制であったか、大いに疑問です。では、それ以外のお墓の形があったかといいますと、いくつか土壙墓が見つかっていますが、それも散発的で一般的なものではありません。

日高　慎

方形周溝墓は、既に述べたように古墳時代になってから出現してきますが、その方形周溝墓に関しましても、今のところ一番古く位置づけられるのが『集成』編年の1期ころと考えています。具体的には、姥神遺跡・泊崎遺跡などの方形周溝墓です。南関東系の土器を伴う集落がこの時期に出現しますので、このような変化と関係する事象ではないかと思われます。これについては、塩谷 修さんも同様のことをおっしゃっています（塩谷 1997）。

　このように、前方後円墳あるいは前方後方墳の出現については、他の地域よりやや遅れると言わざるを得ないと思います。端的に言いますと、『集成』編年の1期の墓制がよくわからない状況にあるとも換言できます。

　前代との繋がりの有無について、なかなかお話ができないというのが、茨城の状況です。

　集落に関しては弥生時代後期に、霞ヶ浦周辺に原田遺跡群という大規模な集落が成立します。大規模な集落群ですが、環壕集落ではありません。小さな支谷の奥の方、せばまった所に大規模な集落が営まれています。弥生時代後期の上稲吉式の集落ですが、ムラの周辺に先ほど申し上げたような古い方形周溝墓が営まれているかというと、そうではありません。今のところ、新しいエリアに方形周溝墓が入ってくるという理解をしています。

　いっぽう3期以降には、各所に前方後円墳が乱立するように成立しますが、この段階には首長系譜が追えるようになります。つまり茨城県の場合、どうも1期、2期の状況は、あまりはっきりしない状況にあります。

司会・立花：方形周溝墓を受容した「弥生の土壌」と、「古墳の受容」は重なってこないということですか。

日高：はい、重なってこないようです。新しい墓制が「外からの波」として入ってくるんだと思います。また方形周溝墓が最初に入ってくる波と、前方後円墳がもたらされた波とは、別々のようです。さらに入ってくる先も、前段階の方形周溝墓が造られた地域とは重ならないようです。

今平：弥生時代の墓制との関係ですが、茨城と栃木は十王台式と二軒屋式という親縁関係を持った土器を使っており、墓制についても同じような状況にあります。土壙墓あるいは土器棺墓がありますが、調査例が少なく、詳しくわかりません。

　弥生時代後期との関係については、先ほどの発表では大きくA・B・Cと3つの地域に分けて触れました。このうちまずA地域(渡良瀬川流域)では、調査例が少なく、弥生時代後期の集落はほとんど見つかっていません。そういうエリアに、ある段階、弥生終末か古墳初頭の段階か確実にわかりませんが、たぶん庄内併行期に入っていると思いますが、吉ヶ谷式土器の拡散が認められます。埼玉、あるいは群馬の方から流入が認められます。先ほど紹介した菅田西根5号墓などは、このような動静を受けて築造されたと考えています。

　次にB地域(鬼怒川流域)は、二軒屋式土器が使われていた地域ですが、伝統的な様相を強く保持する傾向がある地域と理解しています。そのうちのアという地域(現在の小山市周辺)で、最初に築かれた牧ノ内17号墓という低墳丘の方形周溝墓は、南関東からの人の移動を受けて造られたのではないかと考えています。このアの地域は、『集成』編年2期にかけてもずっと「四角い墓」だけで、前方後方墳が造られません。古い段階に方形墳を導入しながら、大きな古墳を造らないで前期が終わってしまう地域です。いっぽうB―イの地域(現在の宇都宮市～南河内町)は、二軒屋式の拠点的な地域ですが、

今平利幸

古い段階から前方後方墳が造られている様相がうかがえます。それも2代、3代と継続して造られています。余談ですが、この地域は古墳時代中期になると、笹塚古墳や塚山古墳など約100mの大型前方後円墳が造られる地域となります。

　Cの地域(那珂川流域)ですが、弥生時代後期の集落がほとんどわかりません。吉ヶ谷の拡散と時期を同じくして、十王台式土器が拡散してきて、その流れを受けて駒形大塚などが造られていくと理解しています。こちらも2代から3代継続して前方後方墳が造られる地域です。

深澤：司会の方のご質問は、先に説明した点と重複しますので、少し補足させてください。

　「古墳の編年位置づけ」をご覧ください(P. 184 第3表・第4表)。第3表の中で、佐波南部の『集成』編年1期に「川井稲荷山」と表記してありますが、これは芝根7号墳のことです。この古墳は橋本博文さんが「纒向型前方後円墳」の一例として挙げている注目すべき古墳ですが(橋本 1996)、私も位置づけに苦慮しています。資料集の本文と表で名前が異なっていますが、同一古墳ということで、ご理解ください。

　また本日の発表で、1から11まで地域を細分しましたが、そのうち地域1(群馬地域)・2(佐波南部地域)と地域5(新田南部地域)・6(新田北部地域)を、それぞれ「大形の前方後円墳を築造する地域」としました。そして、地域1を「段階的波及によって成熟した地域」、地域2は「集中的波及によって成熟した地域」といういふうに分けて評価しました。しかしこの2つの地域は、ひょっとすると大形前方後円墳成立の直前においては、1つの地域であった可能性もありま

深澤敦仁

す。よって、その可能性を補足しておきます。
　それと好対照なのは地域9(北群馬地域)です。地域9は弥生の樽3期の段階では、鉄器の保有率も高く、成熟した文化の地域なのに、それがＳ字甕Ⅰ期～Ⅱ期の段階になると、急速に衰退していきます。これらは、時代の変わり目の「光と影」のような関係にあると思います。

司会・立花：いま説明された地域9というのは、有馬遺跡がある地域ですね。弥生時代後期に鉄製品をたくさん持っていますが、古墳時代前期になると集落などを含め、古墳時代前期になると鉄の保有量などもずいぶん減ってくるのでしょうか。

深澤：そうですね、まったくなくなってしまうわけではありません。しかし、少なくとも樽3期の段階であれだけのボリュームを持っていたものが、そのまま継続するような様相は呈していません。あるかないかと言われれば、あるのですが…非常に薄い状況になります。ただし、この地域は、火山灰で覆われている地域ですので、これから大集落が出てこないとも限りません。しかし今までの調査の中では認められません。この地域は、前段階が華やかだっただけに、極端な状況であると感じています。

八重樫：富山県婦中町の千坊塚遺跡群の地図をご覧ください(P.209 第7図)。様々な種類の墳墓がありますが、時期を追って見ていきますと、真ん中の六治古塚という四隅突出型墳墓は『集成』編年1期以前のものです。続いて、同じく1期以前にその横の向野塚という前方後方形墳墓が築かれ、1期になると勅使塚古墳が、2期に王塚古墳という前方後円墳が築かれます。
　勅使塚や王塚古墳は、丘陵尾根上に立地し、その東南側の平地部には、弥生末から古墳前期の集落域が4地点ほどありますが、勅使塚の出現以前と以後では、集落域も変化するようです。すなわち定型化した古墳を築く文化が入ってくると同時に集落の再編が行われている、と解釈できます。
　新潟県では、私が調査に関わった寺泊町屋舗塚遺跡を紹介します。今回の

東日本における古墳の出現

資料集には載せておりませんが、日本海に近い丘陵に立地する遺跡です（P.216 コラム4「新潟県の方形台状墓」参照）。ここは前期の前方後方墳である大久保古墳群に近接する場所で、調査の結果、弥生後期の方形台状墓が発見されました。新潟では、弥生後期の方形台状墓はほとんど確認されておらず、特に主体部の内容が明らかになったのは、県下ではこの屋鋪塚が初めてです。墓坑内での破砕土器供献行為も確認されており、古墳出現以前の西日本との文化交流を示す遺跡として注目されます。

八重樫由美子

黒田：まず先ほどの発表について補足させてください。弥生時代の東北地方には、弥生時代の伝統的な墳墓はないというような誤解を招くような言い方をしてしまいました。

　私が言いたかったのは、区画された墓や墳丘を持つ墓、あと周溝墓のようなものが「ない」と言ったのでして、伝統の中に墓がないという意味ではありません。実際、天王山式の遺跡から、土壙墓などが検出されております。しかし前代に、古墳に続くような「墳丘を持つお墓」は確認できません。

　また先ほどは、第1波とした段階、「伝統的なものが継続しない」ところへの外部からの影響によって周溝墓が出てくるとし、第2波で古

黒田篤史

墳が成立するとしました。ほとんど継続性はなく、断絶していると評価できます。ここでは「受け手側の問題」について言及しませんでしたが、「駆逐される」わけではなく、受け手側の「選択」に関わっていたのではないかと考えています。うまくまとまりませんが、前代の弥生後期との墓制の繋がりは、ほとんどないとご理解ください。

吉野：先ほど井田中原遺跡の前方後方形周溝墓を紹介しました。近隣には、弥生後期の集落が数多くありますが、方形周溝墓とセットになって様相が明らかになっている例はありません。近隣には神庭遺跡という学史的に有名な大集落がありますが、未報告で内容は不明です。現在、当市民ミュージアムで整理中ですので、報告書刊行が期待されます。

吉野真由美

司会・立花：こうしてみますと、弥生後期の「土壌」の上に成り立っている出現期古墳もあるし、まだ別の情報の上に新たに出現してくる地域もあるようです。単純に2つに色分けしてしまうべきではなく、もっと複雑な事情があると思います。ただし、黒田さんの示されたモデルのように、大きく分けて考えてみると、前段階からの継続性がないところの方が、より突発的といいますか、隔絶性が高いように思いますが、いかがでしょうか…。

　この点について近畿地方ではどうなのか、また「その背後にある意味」も含めて、今尾さんお願いします。

近畿地方における弥生時代との継続性

今尾：弥生時代からの継続という点は、大和川流域の奈良盆地や河内平野では不明瞭なのが現実です。近畿中部を対象とする場合も、墳丘をほとんど持

たず、前提となる墳丘墓もみられないなか出現した高槻市安満宮山古墳を擁した淀川流域を同様に評価できるかという問題があります。ここは描くとして、奈良盆地では1970年以降、80年代にかけて、弥生後期の方形台状墓や円形墓など墳丘墓の様相を探求しようという時期がありました。その頃、「3世紀の九州と近畿」というシンポジウムを私どもで開催しました(1983年11月6日開催、奈良県立橿原考古学研究所附属博物館編1986)。弥生時代末の墳丘墓として馬見丘陵の広陵町黒石10号墓、宇陀盆地の菟田野町見田大沢4号墳、榛原町大王山9号墳、キトラ山台状墓などがあがっています。しかし、これらは磯城地域の前期古墳とは、墳丘の盛土量や平面規模においてかけ離れております。その後の調査の進展にもかかわらず突如として、古墳前期初葉(『集成』1期、纒向3式期─2式期に遡上する可能性は排除しない)に磯城地域に前方後円墳が出現する状況は変わっていません。

ただ調査の積み重ねにより、磯城地域の古墳群は纒向遺跡の経営後半に造営開始されたという点は確実となってきました。当然のことのようですが、重要です。纒向石塚古墳の墳丘盛土内からは、庄内式甕の小片2点(纒向2式期か)が検出されていますが、造営時点に混じったとすれば一番古いかもしれません。周濠下層出土には纒向3式(新)、後円部側周濠にとりつく導水路に小型精製品─纒向4式が出土しています。ついては纒向遺跡が形成されてから少々、時間を経て築造されたとみるのが穏当だと考えます。新しい古墳は東田大塚古墳で、墳丘下に纒向3式期の土坑、周濠内からは纒向4式の土器が見つかっています。今のところ纒向古墳群は3時期位に分けられるのではないかと考えます。①比較的早く築かれた1群(石塚古墳・矢塚古墳・勝山古墳)─『集成』1期前半、②比較的新しく築かれた1群(ホケノ山古墳・箸墓古墳)─『集成』1期後半、③より新しく築かれた東田

今尾文昭

大塚古墳─『集成』2期とします(P.38第2表)。とはいえ、やはり「突如」です。

昨日も触れましたが、纒向古墳群東田支群ではなく箸中支群のホケノ山古墳周囲の小円墳群は、詳細不明ですがより先行する時期の古墳が含まれている可能性は否定しません。また、学史に即した呼称として私が使う大和古墳群に重複して存在する成願寺遺跡には弥生後期の土器もあり、纒向遺跡とは形成過程を違えた大集落になる可能性があります。ここでは、ヒエ塚古墳の外堤相当区画の直下の溝、ノムギ古墳の周濠内から纒向3式期後半の土器がまとまって出土しており、『集成』1期後半ないしはさらに遡上する前方後円墳、前方後方墳が存在した可能性が高まっております。纒向古墳群に併行する古墳の営みがあるということです。以前に予察しておりましたが、現実のものと捉えてよい段階にきました(今尾1999)。それでも「突如」です。私の編年表(P.38第2表)で1期前半を空けておりますのは大和古墳群に「より古い古墳」が出てくる可能性を見込んでのことです。集落経営があり、首長の「執政」があり、その後に葬られるという意味も込めております。

また大和古墳群萱生支群では、前方後方墳の系列をたどることができます。ノムギ古墳─下池山古墳・波多子塚古墳─フサギ塚古墳・(マバカ西古墳)という累世的営みがあります。昨年のノムギ古墳の調査で明確となりました。「何かしらの意味」があるハズです。

司会・立花：個人的な興味もありますが、近畿地方といえば弥生時代中期に方形周溝墓群が展開するとのイメージがあります。それが後期になると、一体いくつ周溝墓があるんだろうかという印象に変わります。その中で集団墓というと、特定家族墓や有力家族墓であり、弥生中期とあまり変わらなくなってしまいます

立花　実

が、それでいいのでしょうか。それが墳丘墓の段階では、かなり社会的に限られた階層の墓に変わってくるように思えます。このような変遷に関して、弥生時代後期の段階の墓制の理解について、教えていただけますか。

今尾：困りましたね。前方後円墳につながる弥生後期の墓がない点は先ほどのとおり。奈良盆地東南部以外の庄内式期の様子を少し説明しますと、葛城（かつらぎ）地域の當麻町（たいま）（現葛城市）太田遺跡で直径30m位の墳丘墓があります。太田川を隔てた東側に5基前後の方形周溝墓がありますが、一辺15m程度です。橿原市曲川遺跡でも方形周溝墓がありますが、一辺10m程度です。藤原宮隣接地には円形周溝墓がありました。長径13m、短径11.5m、弥生末と報告されています。河内では前方後方型周溝墓の例が、増えてきましたが大きなものではありません。盆地部分で高さが多少ある墳丘を持つのは、先ほどの太田遺跡の溝4002で囲まれたものと、報告者の推定では墳長68mとされ宮山型特殊器台を備えた橿原市弁天塚古墳があがる程度かと思います。

　「突如」を考えるに、墳丘規模の面だけではなく首長墓―王墓が累世的に築かれているかという視点と、階層的な構造が読み取れるかという視点を加えることが重要です。前方後円墳、前方後方墳という墳形の違いのほか、大和・柳本古墳群では、墳丘規模においてA・B・C・Dの4ランクほどに分かれると思います(P.38 第2表)。当初段階からランクが存在したか。たとえばホケノ山古墳と箸墓古墳の関係を時期差と断定するのではなく、階層表現を指向した1群であるという視点からの追究も必要です。近畿中部に、この2つの要素（累世的、階層的）を備えた弥生墳丘墓は思い浮かびません。

司会・立花：やはりヤマトでも、突如できあがってくるようです。受容する側の関東・東北地方ですが、その受容の仕方にも、いくつものパターンがあるようです。これについて、何もない所に成立するのと、あるいはもともと弥生時代の「土壌」があった所に継続的に造られてくるのでは、どのように異なった解釈ができるのでしょうか。難しい話で簡単に結論が出るものではないとは思いますが、自分の地域に限ってで結構です、意見のある方お願い

します。

東日本における弥生墓制との伝統と隔絶性の意義

深澤：群馬では、「閑散地域」に成立したといいましたが、それは結果としてそうなったのであると考えています。おそらく早くに前方後円墳や前方後方墳を造っていった人々、つまり群馬でいうと石田川式土器を持った人々は、いわゆる「低地志向」だったようです。これに対し、在来の伝統的な樽式土器を保持していた集団、あるいは赤井土(あかいど)式系の集団でもそうですが、基本的に低地開発を志向しない人々だったのではないでしょうか。この差異が結果として、「閑散地域」に入っていったように見えるのだと思います。

司会・立花：開発の仕方、志向性が違うということですね。結論や正しい答えを急ぐわけではありません。他の方はどうですか、ご意見ありませんか。

田中：弥生後期の方形周溝墓が「分布する地域」と、「しない地域」という点で、茨城県・栃木県域にはあまり入っていないという話がありましたが、その境目はどの辺にあるのかという点について、ひとこと触れさせてください。

　結論的にはそれは千葉県北部です。先の酒巻さんの報告にもありましたが、千葉県においては、大多数の前期古墳や集落遺跡は、東京湾側に集中しています。旧国の上総地域に集中していると言えます。これに対して県北部・北総地域は、誰も住んでいなかったわけではなく、多くの弥生時代の集落遺跡があります。

　しかし、この地域は方形周溝墓をあまり受け入れず、茨城とよく似た状況です。これを水系

田中　裕

でみますと、利根川や印旛沼水系を越えないといった状態です。あたかも印旛沼水系が「防波堤」になっているかのような状況でして、方形周溝墓がギリギリ「あるか・ないか」というエリアになっています。

　このエリアは、弥生時代後期には独特の土器を持っており、印旛・手賀沼式とか臼井南式とか呼ばれています。南の要素、北の要素が折衷された土器様相を呈する特徴的な土器様式です。この地域は、方形周溝墓を敢えて受け入れないのかわかりませんが、頻繁に南の方と交流を重ねていることも事実です。あまり方形周溝墓は造られない地域ですが、その後、前期古墳は造られています。ただし南の方ほど大形古墳は造られない傾向があります。

今尾：ちょっと論点がずれるかもしれませんが、質問させてください。
　先ほども申し上げましたが、私は「古墳とはきわめて政治的な意図が強い」ものと理解しています。奈良盆地の磯城地域では、墳丘に「社会性や政治性が表象」されていると考えています。東日本に古墳が受け入れられる場合、政治性を具備して新規に入ってくるのか、あるいは、文化的要素が強いものとして入ってくるのかという視点がやはり必要ではないでしょうか。東日本各域と近畿では同様に「政治的かどうか」ということの検討もありますが…。そのあたり、従前の「弥生時代の土壌」があるところと、新たに古墳が出現するところとの違いに現れてくるようなことになれば、興味深いと思いますが…。いかがでしょうか。

司会・立花：今尾さんからお話がありましたように、「政治性と文化性」あるいは「隔絶性と伝統性」と言ってもいいのかもしれませんが、地域ごとの事情により在り方が違ってくるのではないかと思います。
　ところで文化性あるいは政治性に関して、検討する足がかりになるか難しいかもしれませんが、本シンポジウムでは基調報告として「墳丘」・「副葬品」・「土器と祭祀」と、それぞれ独自のセクションを受け持ち検討していただきました。それをかみ合わせた形で、議論をしていただければ、ありがたいと思います。では、青木さんから、何かご意見をお願いします。

青木：私は墳丘について中央高地の事例を題材にお話させていただきました。中央高地の場合、まず松本市弘法山古墳が古い段階に出現してきます。昨日、弥生時代後期の中央高地は、天竜川流域の座光寺原・中島式の土器様式圏と、千曲川流域北側の箱清水式土器様式圏に大別されることを説明しましたが、弘法山古墳が出現する松本盆地の南部は、ちょうど中間地点にあります。周辺は弥生時代後期の集落が、北の長野地域や、南の飯田地域に比べて希薄な地域です。田川という小さな川がありますが、その流域で「柴宮銅鐸」という三遠式銅鐸の埋納が発見されています。これら柴宮銅鐸や弘法山古墳は、時期は違いますが、「突如出てくる」という感じを持っています。

ところで、低墳丘の前方後方形周溝墓と言われるようなものが、各地域ではどのように出現してくるのか、各地の様子が聞きたいと思います。

司会・立花：では、前方後方形の低墳丘墓の入り方に絞って、各地域の状況をご説明ください。先ほどの逆からお願いします。既に一度ご説明いただいていますので、出現時期と継続性などの在地での在り方について説明してください。青木さん、これでよいですか？　では、お願いします。

各地の前方後方形低墳丘墓の様相

吉野：先ほど申し上げたように、川崎地域では井田中原遺跡と横浜市稲ヶ原A遺跡は同じような時期のものと考えています。ただし場所もちょっと離れていますし…在地での継続性については資料不足の感を免れません。感覚的には井田中原の方がやや先行するのではと思っていますが、土器については皆さんの方がお詳しいと思いますので、むしろご教示願いたいところです。

黒田：東北南部では低墳丘を持つ墳墓は、会津盆地の会津坂下町で出ています。時期はおよそ「新潟シンポ」編年5・6期あたりだと思います。4期には会津若松市屋敷遺跡3号墓が出てくると思いますが、確実なのは5・6期になってからと評価しています。そして、前方後方形の低墳丘墓は、その後

東日本における古墳の出現

の段階から各地で認められます。

　ただ先ほど、「古墳には政治性がある」というお話がありましたが、私としては、『集成』編年1期以前の低墳丘のものと、その後では意味あいが違うと思っています。『集成』編年1期以降は低墳丘墓、もしくは小規模な古墳も「階層制の中にある古墳」と言って良いと思いますが、それ以前は、少し意味あいが違うと思います。前方後方形など平面形は類似していますが、階層的という観点では意味あいが違うと考えています。

八重樫：富山では婦負地域の婦中町千坊塚遺跡群で、「新潟シンポ」編年の4期頃に向野塚(むかいのづか)(P.207第5図)という前方後方形墳墓が出現します。流れとしては、四隅突出型墳墓の中に、前方後方形墳墓が出現し、次の段階には前方後方墳に移行していくという具合になります。

　四隅突出型墳墓は日本海沿岸で、独自に発展をとげた墳丘形態だと理解していますが、前方後方形墳墓には、それを消滅させるだけの「何らかの力」があったのだという印象を持ちます。

　新潟では、新潟平野の信濃川右岸に位置する新津市八幡山(はちまんやま)遺跡(P.212第9

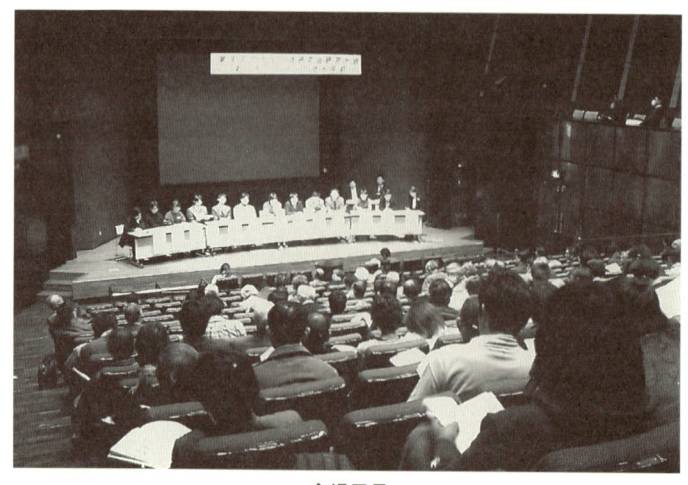

会場風景

総合討議　東日本における古墳出現について

図上段）で前方後方形墳墓が1基確認されています。ここでは方形周溝墓と混在しており、その後どのように継続するかはわかりません。ただし『集成』編年3期頃に、近隣で造り出し付き円墳の古津八幡山古墳が築かれています。

深澤：群馬県で最初に築かれた前方後方形周溝墓は、熊野堂遺跡1号墓です（P.189第8図）。その時期はS字甕編年のⅠ期ないしⅡ期の早い段階と考えております（P.182第2図）。「新潟シンポ」や『集成』編年との関係は表に示したとおりです（P.184第3・4表）。

　どの地域に入ってきたかですが、まさに樽式土器が隆盛を極めた地域に入ってきます（P.181第1図―1）。ただし入り方は、古墳だけがポンと入ってきたわけではなく、周囲の遺跡からはS字甕分類（赤塚1990）でのA類とかB類の古い段階のものが出土していることから、ある程度は集団的な入り方を示していると理解しています。そういった中で築かれた墳墓と考えています。

今平：栃木では、低墳丘の前方後方形周溝墓はあまりありません。強いて言えば足利市菅田西根5号墓が、B1型（赤塚1992）に当たると思います。時期は「新潟シンポ」編年の6期頃と想定されます。資料が少なく、あまり申し上げることはありません。

日高：茨城も栃木と同様です。茨城の場合は痕跡すらないというのが実情です。水戸市二の沢B古墳群では、近接して前方後方墳が3基造られています（P.163第11図）。時期はやや下り、『集成』編年の2期ころと想定されます。他に、円形の周溝墓1基と方形周溝墓などが群在して墓域を形成しています。今のところ、茨城県内では唯一例です。

　方形周溝墓群としては、土浦市原田北遺跡などがありますが、前方後方形周溝墓などを含みません。そういう意味では、他の地域とは少し違うと思います。このように現状では、『集成』1期あるいは1期以前の周溝をもった低墳丘の墳墓は、わからない状況にあります。

ただし、今回は掲示していませんが、二の沢B古墳群の周溝からは十王台系土器も相当数出土しています。十王台式期の集落が、この周辺や台地を一段上がった所に展開していますので、流れ込みによるものかもしれませんが、十王台式土器と土師器が混在して、墳墓の祭祀として使用されていた可能性があります。十王台式土器がここまで残るのかなあ…残ってもよいかもしれないというのが現状です。

酒巻：『集成』編年の1期段階の前方後方墳として高部の2墳、それから地域Gの袖ヶ浦市滝の口向台8号墳・山王辺田2号墳、これは山谷古墳という前方後円墳を伴います。それと前方後円墳としては、市原市神門古墳群があります(P.148 第5図など)。

先ほど説明したルートにより、古墳の繋がりを説明してみたいと思います。このルートで結ばれた地域をまとまりのある地域としてみた場合、1期の古い前方後方墳が造られた場所が、地域E・地域G・地域Hという小櫃川に面した3ヶ所で確認されます。地域Gの滝の口向台8号墳と、地域Hの山王辺田2号墳は、両方とも手焙形土器を伴っています(P.145 第3図、P.146 第4図)。滝の口向台8号墳は調査が行われていませんが、古手の手焙形土器が採集されています。これを比べた場合、滝の口の方が古いと認めると、地域Hでは滝の口向台8号墳→山王辺田2号墳という順で、小櫃川中流域の両岸で古手の前方後方墳が造られています。

現状から判断すると、市原台の方は神門古墳群などの前方後円形、それから南側の君津では前方後方形と、うまく分かれます。その中間である小櫃川北岸の地域Hに、山谷古墳(後円墳)と山王辺田2号墳(後方墳)と両方の墳形が、ほぼ同時期に併存するとも理解することが可能です。

調査されず湮滅した遺跡もありますので、小糸川流域や市原台に1期段階の前方後方墳がなかったとは断定できませんが、現段階でわかっている材料だけを用いると、このように解釈することもできるのではないでしょうか。

山口：相模湾岸の前方後方形低墳丘墓としては、平塚市真田北金目遺跡群7

号方形周溝墓(P.64第4図)とか、金目川水系になりますが、平塚市豊田本郷遺跡の前方後方形周溝墓などがあります。いずれも20m程度で方形周溝墓の一画の中に築かれています。問題になりますのが、海老名市秋葉山4号墳です。くびれ部を中心に発掘調査を実施していますが、墳裾から墳丘まで削り出しで構築しており、墳裾から立ち上がって数十cmで平坦面に至るというもので、他の1～3号墳と比較すると、かなり低墳丘です。規模は約37mありますので、先ほどの金目川水系の前方後方形周溝墓とは、かなり違います。低墳丘とはいえ、規模的には同じものと理解することはできないと思っています。

司会・立花：今各地の様相を聞きましたが、これを受けて、青木さんにお願いします。

青木：お聞きした各地の状況から、およそ青山さんの編年の5・6期、群馬の場合はそれよりやや早いわけですが…、定型化した前方後円墳が出現する前夜に、前方後方墳が先行して出てくると理解してよいと思います。
　ところで、松本市弘法山古墳の場合、墳頂で壺・高杯などの多量の土器が出土していますが、墳頂での土器を用いた祭祀などの様相を含めて、お聞きしたいのですが。

墳丘での祭祀の画期について

司会・立花：それでは、もう一回りともいきませんので、古屋さんにまとめていただきたいと思います。

古屋：今尾さんの方から、墳墓の各要素は政治的な意図をもって東に来ているのか、あるいは文化的に波及してくるのかという問題提起がありましたが、非常に重要な視点だと思います。私も土器を使用した祭祀を研究しながら、常々どっちなんだろうと考えをめぐらせています。それについて、先ほどの発表で、大きく2つの流れがあるというふうに申しましたが、その2形

態について、図を用いて少し補足させていただきます(P. 120 第7図)。

まず、西日本の弥生墳丘墓に広く認められる、主体部上に土器を置く系列の祭祀ですが、右上の「弥生時代後期」の図をご覧ください。▲印が「主体部上土器配置」です。西日本の部分はカットされていますが、西日本では山陰・吉備・丹後あたりに、たくさんドットが落とせます。

東日本では福井県にドットが密集してます。福井のあたりが、西日本的な弥生墳丘墓文化圏の東端とみて差し支えないだろうと思っています。私はここが、弥生後期段階において、主体部上に土器を置く祭祀の「東日本における窓口」であろう考えています。

次段階の「庄内〜布留0式併行期」では、福井から東方へ徐々に伸びてきているように見受けられます。すると「主体部上に土器を置く」という、西日本的な弥生墳丘墓の風習や祭祀行為は、畿内を介さずに文化伝播的に東日本に来ているのかなと推定されます。

先ほどは具体例を詳しく見る時間がありませんでしたので、ちょっと北陸地方の事例を編年的に整理したいと思います(P. 121 第8図など)。まず弥生後期の鯖江市王山(おうやま)3号墓周溝出土土器群は、西日本の主体部上の土器と同様の器種構成で、高杯を中心とした供膳具です。次の福井市原目山(はらめやま)1号墓主体部の土器は、地元の土器型式で月影式段階で、「新潟シンポ」編年だと2〜4段階、畿内の庄内式の前半段階になると思います。この段階では、まだ基本的な様相は変わっていません。土器も従来からの北陸の様相を踏襲しています。

次の段階は、北陸では白江式(しらえ)といいますが、これが「新潟シンポ」編年では5・6期、庄内式の後半になってくると思いますが、東海系土器が大量に流入し、北陸の土器様式はガラッと変化してきます。その時期の墳墓としては、加賀市小菅波(こすげなみ)4号墳がありますが、この中には畿内系加飾壺などが入ってきまして、前段階の原目山1号墳と全く様相が変わっています。

その次の段階は北陸では法仏式(ほうぶつ)、「新潟シンポ」編年では7期になります。この段階のものとして、主体部上、あるいはくびれ部から土器が出土した七尾市国分尼塚1号墳がありますが、土器底に穿孔したり、多様な東海系

器種が入ってきたりして、前代とは全く様相が変わっています。この段階には関東でも、東海系加飾壺・手焙形土器、それから東海系高杯というように、配置される土器が一気に変わってきます。このような急激な変化を文化伝播と捉えていいのか…。このような現象が一斉に起こるということは、どこかに中心があって一斉に変わっているのではないのかという印象があります。特に畿内系加飾壺は、遠く九州にまで行っていますので、やはり何か中心がないと、こういう一斉の波及は起こらないのではと思います。

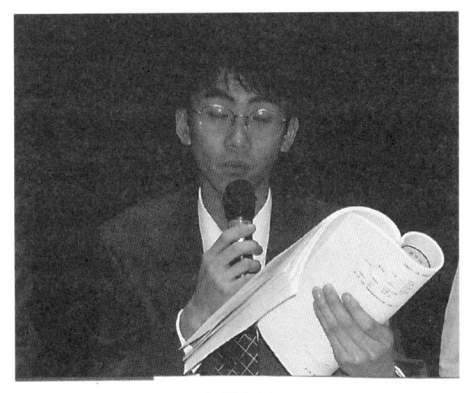

古屋紀之

しかし、東海西部地方でも、それから畿内の奈良盆地でも、こういうセットで主体部上に土器を配置している例は、まだ発見されていません。その辺りについて、今尾さんに、後ほど「これから出ると思いますか？…」と聞いてみたいところですが、今のところ、どちらとも言えないのではないかなと思っています。

2つ目の囲繞（いにょう）配列に関してですが、これは桜井市ホケノ山古墳の主体部が発掘された段階で、これは「畿内発の祭祀」と考えてよいと思うようになりました。ホケノ山古墳の土器は、主体部から打ち欠き穿孔の加飾壺が何個体も出土していますが、その出かたは、一定間隔をおいて方形に並んでいるようでして、主体部上に並べたものが落下したという評価をされています。これは主体部を方形に取り囲んでおり、しかも庄内式を構成する加飾壺なので囲繞配列の初源的なものとして考えてよいと思います。

これが東日本に波及すると、前方後方墳にも、前方後円墳にも、同様に囲繞配列が行われます。ただし、それは壺の囲繞配列に限ってで、実は円筒埴輪の囲繞配列というのは、東日本の前方後方墳では行われません。1例だけ福島県会津盆地の田中舟森山（ふなもりやま）古墳、これは前方後方墳ではないかといわれて

277

いる古墳ですが、どうも円筒埴輪があるようです。他にはまったくありません。いわば、円筒埴輪の囲繞配列と前方後方墳というのは、まるで「水と油の関係」で、親縁性のない要素です。

　以上、土器と埴輪を使用した祭祀と墳墓の政治性の関わりについて、述べさせていただきました。ところですみません、田中 裕さんにお聞きしたいのですが、副葬品でも同様なものがあるのでしょうか。つまり前方後方墳と前方後円墳で、どちらかには絶対入らないようなものはありますか？　あるいは多いとかでも結構ですが…。

副葬品の様相と画期について

田中：出現期古墳ということでしたら、やはり神門古墳群と高部古墳群の副葬品と墳形の組合せが注目されますが…。すみません、その前にちょっと弥生時代の鉄剣などの分布傾向について、補足させてください。

　分布図を見てください(P.100 第2図)。これは京都府の野島 永(ひさし)さん、高野陽子さんが作成した図ですが、三角印が鉄剣、それとグルグル巻きにした螺旋状(らせん)の鉄釧(てつくしろ)(腕輪)、さらに小形円環の分布を落としてあります。

　先ほど、「政治的か、文化的か」ということが話題となっていました。また私は、方形周溝墓の分布は利根川を越えないという点を強調しました。それを思い出しながら、この図を見ていただくと、その東限が見事に整合しているとわかります。この分布の東限は方形に限らず、円形周溝墓の分布圏とも一致しています。小形円環については、青銅製品はこの図に点が落ちていませんが、墓ではなく住居跡からですが、千葉市草刈遺跡などでは20点以上が出土しており、東日本の太平洋沿岸から東京湾にかけての各地で多数出土しています。「指輪」のようですが、足指輪か指輪か、垂飾品かわかりません。このように、東日本各地に豊富に金属製品が出回っている様相が浮かび上がってきます。このような状況は、やはり「文化的な要素」もあるとは思いますが、ある意味では「交通」といえるでしょうか、「流通ネットワーク」といいましょうか、そういうものが想定されます。特定の地域圏を越境した流通が想定されるものとして、注目したいと思います。

総合討議　東日本における古墳出現について

　このような段階の後に登場してくるのが、高部古墳群や神門古墳群などですが、その間に鉄剣の鹿角装や刃関双孔鉄剣は、全くなくなってしまい、出現期以降の古墳からは、ほとんど出土しません。少数ながら例外があり、豊島直博さんによると、京都北谷1号墳と山口県国森古墳にあるとされていますが、私は国森古墳の方はまだ確認していません。さらに厚木市吾妻坂古墳にもありますが、これはご存じのとおり中期古墳でして、全くの例外としか言いようがありません…。この種の鉄剣の断絶は、ものすごくはっきりとしたコントラストを示しています。このような現象は、単なる「文化的」な現象とは、ちょっと理解しがたい変化と感じています。

　これらの諸点をふまえた上で、高部古墳群を見てみたいと思います。私の図より、酒巻さんの図の方が見やすいので、そちらをご覧ください(P.143 第2図)。高部古墳群では、鏡が出土していますが、東日本では希少例です。それと鉄槍、あるいは鉄剣かもしれませんが、呑口の拵えを持つものが出土しています。袖ヶ浦市愛宕4号墳のように、その前段階の方形周溝墓からは

会場風景

279

東日本における古墳の出現

多量の玉類が出土することが往々にしてありますが、高部古墳群では、いっさい玉は出土していません。これについては、伝統性の弱さを感じます。

　また土器について、32号墳の高杯は、東海西部のものに極めて類似しています(P.143第2図12～17)。特に12と13については、私も詳しく観察しましたが、脚の透かし孔のあけ方が、千葉で通有に見受けられるものではなく、粘土がある程度まで乾いてから内部に剥がれを生じる激しさで、突いて抜くというあけ方です。地元のものは、粘土が柔らかいうちに開けているようで、粘土が少しはみ出すようになっているものが大半です。これはまさしく東海西部の穴のあけ方だと思います。胎土も他の土器とは、全く違うように見えますし、形態も細部にわたり廻間遺跡等のものに酷似しています。これらは東海西部のモノで間違いないだろうと考えています。12～14と15～17は、編年的な位置づけが前後するとも言われていますが、赤塚編年(1990)によれば、廻間Ⅱ式の古いところを中心として、12～14は廻間Ⅰ式まで遡る要素を含んでいると判断されます。このように非常に東海色の強く、かつ古いと考えられるものが墳頂から出土しています。

　ところで、前方後方形という墳形要素も含め、東海色が強い中で、鏡の存在はちょっと異質ではという評価もできます。鏡という副葬品の種類としても、副葬のされ方にしても、「西側の様相」を強く感じさせるものですし、鏡種は西日本勢力の管理下にある可能性が指摘されています。ですから強力な東海的な諸要素に対し、鏡を持っているという点は、複雑に「交錯した様相」であると考えられます。

　逆に神門古墳群は、前方後円形ですが、副葬品は鉄鏃や剣などの武器類の組合せで、鏡は出土していません(P.148第5図)。もし鏡が「西側の管理下」におかれたものだとすると、それを所持していないということは、ちょっとアンバランスな感じがします。しかし、出ている土器類は、高部に比べると畿内的なものも含んでいますが、やはり多くは東海系土器です。そうしますと、前方後円形を呈しているにもかかわらず、やはり東海色が濃厚ということになります。また鏃の位置づけですが、神門3号墳の柳葉形鉄鏃は後のヤマト王権が重視した精製鏃の最初のセットになる鏃と考えられます。このよ

うな要素は、やはりヤマトに近いと感じます。このように、やはり「交錯した状況」がみてとれると思います。

　ちなみに、併行関係について申し上げておきますが、私は神門3号墳と高部30号墳が近い時期だろうと考えており、長野県松本市の弘法山古墳とも精製鏃群を含む古いセットを持つという点で共通するものと考えています。畿内等との併行関係については、相当の研究史の積み重ねがありますので、それを参考にしていただきたいと思います。

　古屋さんの質問に対して、明確に答えたとはいえませんが、副葬品からは、前方後円墳・前方後方墳の系統は排他的ではなく、「交錯した様相」がうかがわれると考えています。

司会・立花：土器の系譜と、墳形や副葬品、あるいは墳丘での祭祀の在り方というのは、多様な系譜性を承けており、必ずしもきれいに整合している状況ではないということが強調されました。

　…だいぶ時間も経過しましたので、少しテーマをずらしていきたいと思います。ここで進行役を交代します。

本シンポジウムの基本合意について

司会・西川：昨日、小林先生の講演からスタートし、古墳の要件について示唆に富むお話がありました。その後は、個別資料や地域の様相を見てきましたが、いろいろな要素が複雑に錯綜していることが鮮明化してきたかなと思います。

　企画した側から幾つかの点について弁明しておきます。「何をもって古墳とするか？」という問題について、パネラーの皆さんいずれも、全く言及していませんが、このシンポではこの点について、結論めいたことは言わないことをパネラーの「共通理解」としています。実は前もって行ったミニシンポジウムで、編年研究の細部についても論議するのはやめようということで合意しています。

　さらに会場には、「あのAMS年代」について言及がないのは、何故かとい

東日本における古墳の出現

西川修一

うお気持ちを持っていらっしゃる方もいると思います。しかし、研究動向が固まっていない段階であり、議論が多岐にわたるのを避ける目的もあり、今回はやめましょうと「逃げ」を打っています。この論議は、別の機会にやればよいと思っています。

編年の問題については、取り扱わないと決めておきながら、司会がふるのも何ですが、近畿地方の年代観については少し議論したいと思います。今尾さんから、まず所見をいただきたいと思います。感想でも結構ですが…。

西日本の土器編年との整合性について

今尾：近畿の土器編年については、私より詳しい方が会場にいらっしゃいますので、後ほど発言していただいたら良いと思います。感想めいたことですが述べさせてください。

　近畿の方から、東日本の方を見た時…私は必ずしも大和中心主義者ではありませんので…必ずしも「ヤマトが何でも古い」とは思っていません。例えば青木一男さんが取り上げた弥生後期の木島平村の根塚墳丘墓ですが、既に「正円丘の獲得」を成し遂げている可能性があります。しかし西日本の同時期の墳墓では、未だ達成していないと思います。例えば倉敷市の楯築墳丘墓も楕円形で、両側に造り出しが付くものです。おそらく赤穂市有年原・田中遺跡の墳丘墓あたりが正円丘に近づいた最も古い段階だと思います。古墳では、纒向型前方後円墳には求められず、箸墓古墳に初めて正円丘の後円部を獲得したようです。中山大塚古墳は同時期だと思いますが正円丘ではありません。

　申し上げたいことの要点は、なんでも「畿内」に起源を求めるのは、いろいろと問題があるという点です。

　土器のほうに参ります。昨日、青山さんは対照表を出されています(P.76

総合討議　東日本における古墳出現について

第1表)が、『集成』編年1期や、土器編年の布留0式あたりの併行関係について、素朴な疑問があります。

　自分が発掘調査したモノがわかりやすいので、奈良盆地西南部の太田遺跡の土器変遷を用いて説明したいと思います。遺跡の位置は、小池香津江さんが作成した「奈良盆地の庄内甕分布の地域偏差」に関する分布図(P.49第8図)に示されているように、「大和型庄内甕」を作らない地域に該当します。小池さんが指摘するように、奈良盆地であまねく庄内甕を生産していたわけではありません(小池1994など)。

　私はこの太田遺跡の出土品整理を通じて、1・2・3という型式変遷を想定しました(右図)。太田1というのは、未だ庄内式土器の影響が入っていない纒向1式併行と考えて良いと思います。太田1式の枠内に甕を載せておりますが、これはV様式系のタタキ甕です。太田2式に庄内式土器の影響が見受けられます。太田2bというのは、土壙36の資料から抽出した資料です。これらは、長径5.4m・深さ1.2mの楕円形土壙の中から、取り上げ番号で243番まで付けましたから、多量の土器がぎっしりと一括投棄さ

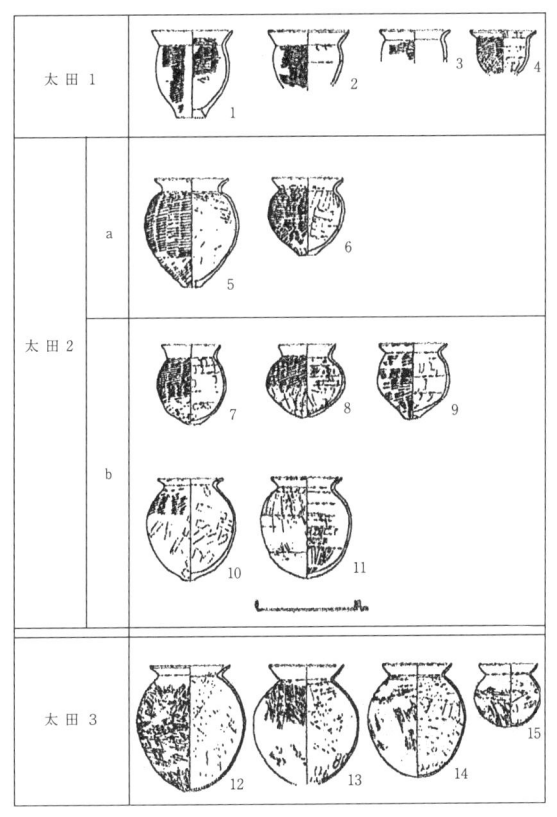

太田遺跡における推定在地産甕の変遷（今尾1995）

283

れた資料です。Ｖ様式系甕が主体とはいえ、尖り底気味の長胴甕や、内面にまずケズリを入れ、その後ナデたような甕も含まれています。しかし、底部をよく見るとやはり平底です。これが太田遺跡での、「庄内甕に近づいた在地産甕」です。

　問題は右側の甕(前頁図－11)です。これは体部は倒卵形、底は丸底でかつ長胴です、技法は外面タタキの後に縦方向の丁寧なナデを施しています。これの特徴を寺沢 薫さんのいう「布留形甕とこれに伴う布留形影響甕の出現」(寺沢1986)ととらえるならば、太田２ｂは布留０式併行だということになります。Ｖ様式系タタキ甕をも含めて布留０式であるとすることができます。纒向編年との関係は、太田１が纒向１式、太田２ａが纒向２式、纒向３式をひっくるめて太田２ｂと言えるでしょう。太田３式は布留式併行期です。私は先ほどの「長胴系の布留式傾向甕」を「太田甕」と呼んでいます。こういう甕が纒向遺跡から西に約15kmの同じ奈良盆地にあります。

　しかし、このような併行関係の比較は、同じ奈良盆地の遺跡間だからできるのであり、東日本という広範囲のエリアに直ちに汎用できるでしょうか。同じ奈良盆地ですら多様な土器様相をどのようにまとめ、時間を与えるかはなお問題です。解決済みではありません。

　青山さんの表に戻りますが、「新潟シンポ」編年７期に「布留甕」と書いてあります。これを寺沢さんの提言に基づき「布留形甕とこれに伴う布留形影響甕の出現」という意味で「布留０式」とするならば、果たして東日本各地で「布留形影響甕」が認定できるのか？　もしそうでないのなら、何をもって「布留０式」を認定しているのかという疑問を抱きます。

　実は寺沢さんにより「布留０式が設定」された段階に、河内の庄内甕を詳しく検討されていた米田敏幸さん(八尾市教育委員会)による批判がありました(米田1986)。庄内式の早い段階には、既に「布留式傾向甕」は出現するのであり、それを基準にすると「布留０式と庄内式の後半部分は重なってしまうのではないか？」という指摘で、寺沢さんとの論争が展開されました。決着がつかないまま今に至っています。現在こういう「混乱」のもと…「混乱」なんて言うと怒られてしまいますが、布留０式が「拡大解釈」される傾向の

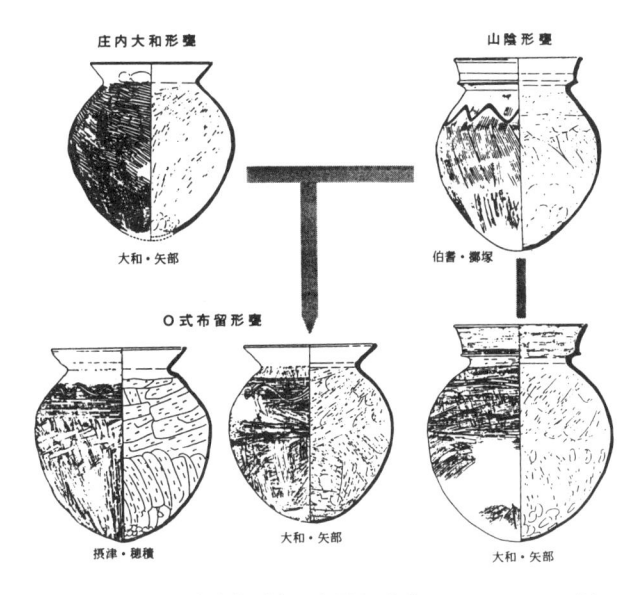

総合討議　東日本における古墳出現について

寺沢氏による０式布留形甕の主要な系譜（寺沢1986より転載）

もとになっているところを米田さんは指摘したのではないかと思います。

　しかし、この議論は「布留０式という概念」の影響力の大きさを考えると、避けて通るわけにはいかないと思います。例えば、千葉県の高部古墳群と纒向グループの「ある古墳」と、どっちが古いのか、あるいは同時期なのかという認定をする時、必ず経なければならない手続きであると思います。

　東日本の方は、どのように「布留０式併行」であると認識していくのか、繰り返し問われるかと思います。また東日本の土器編年には東海の編年が大きく影響していると思います。纒向遺跡の土器に南関東系土器は、ほとんど入っていませんが、東海系土器は大量に存在しておりますから、引き続き比較検討が可能だと思います。そういう手続きをにらみながら近畿中部と東日本を対象化すべきで、安易に広域な政治支配領域を土器情報を用いて設定するのは問題だと思います。

司会・西川：青山さんの表では、「布留甕」と記されていますが、これのも

とになっている編年は、北陸南部の漆町編年(田嶋 1986)です。加賀は伝統的に「近畿の文化圏」に非常に近い所です。布留式土器が東日本で、広範に出土するわけではありません。

　私も布留式の甕などの近畿系土器を集成したことがありますが、東日本では「布留0式甕」や「布留式傾向甕」と確証をもっていえる資料はありません(西川 1991a)。今尾さんのご指摘は、これに通じると思います。

　「新潟シンポ」編年と『集成』編年、さらに土器型式の認定など、こういったものについて結論は今日は出ないと思いますし、出す必要もないと思っています。ただし、問題点をあぶり出すことが重要だと思います。昨日の懇親会から、意見をお持ちの天理市の青木さん、会場からストレートな意見をいただけませんでしょうか…。

青木：天理市教育委員会の青木勘時（かんじ）です。昨晩は懇親会の席で、いろいろと青山さんに文句をつけ、失礼しました。断っておきますが、私は温厚な今尾さんと違い過激派でして、「大和中心主義者」です…。「新潟シンポ」編年に今さらとやかく言っても始まりませんので、建設的な意見として聞いていた

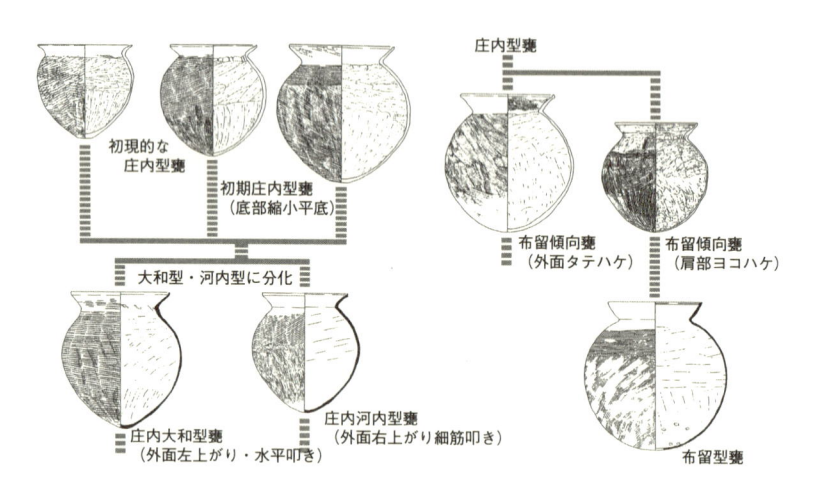

古墳出現期における甕形土器の諸形態　S＝1／12　（青木勘時作成）

だきたいと思います。

　東日本各地の土器に、全体としては東海の影響の方が濃密とは思いますが、直接・間接的に畿内の影響が及んでいることは事実です。しかし、畿内的な布留甕については、誤ったイメージが流布しているような気がします。「布留傾向甕」という用語や、寺沢さんのいうところの「布留式傾向甕」は、実際のところ東日本ではごく稀な存在だと思います。新しい時期の定型化した布留甕などは、例えば木更津市手古塚古墳にポツンと出ているなどど、いくつかは関東にもあると思います。やはり、それほど多くないのは、事実でしょう。

　そして土器の新古を並べていった時、全体的に「何となく古すぎるのでは？」と感じます。広域編年としてよく使われている「新潟シンポ」編年にケンカを売っているわけではありませんので、この辺で止めておきますけれども…。まず寺沢さんの矢部編年などとの「横並び」を考えず、隣り合った地域とか、その小地域単位での編年的序列をきっちりと固め、「前方後円が出現する段階の土器はこういう様相」とはっきりと提示した方がわかりやすいのではないかという印象を持っています。

　余談ですが、大和と東海に限らず、隣り合っている大和・河内といっても、その併行関係には、まだまだ検討の余地があると思います。例えば東海と畿内の場合、赤塚さんの編年（赤塚1990など）で大枠は押さえられていると思いますが、微妙に認識が違うといったレベルの食い違いはあるのではと思います。

　近江とか伊勢湾沿岸といった中間の地域、さらに奈良県東縁の宇陀地域など、そうした地域を介して二次的にもたらされている土器も多数あると思います。もしくは、畿内の土器の要素のみ波及・定着している現象も、弥生後期の

青木勘時

後半・山中式段階からあります。こういった検討は、来週また東海で開かれるシンポジウムで論議されると思いますが…（第11回東海考古学フォーラム三重大会「伊勢湾岸における弥生時代後期を巡る諸問題 山中式の成立と解体」2004.3）。要するに、大和と隣り合った地域である東海や、河内であっても、検討の余地が残されているのが実情であるにもかかわらず、「不動の定説のごとく使われる編年」ではないと考えています。

　奈良県の研究者として、しっかりとしたものが提示できるようにと努力していますので、また参考にしていただければと思います。

本シンポジウムの土器編年観について

司会・西川：ありがとうございます。昨夜とだいぶ論調が違いましたが…。会場には、土器がご専門ではない方も大勢いらっしゃいます。企画者側から、ちょっと補足させてください。

　まず、問題になっている青山さんの作成した表をご覧ください（P.76 第1表）。このあと青山さんにも発言していただきますが、この表は、実は渋る青山さんを無理やり説きふせ、もっとシンプルでわかりやすいものを作って欲しいとお願いした結果できたものです。さらに「当日は土器の議論はしないから…」ということで作ってもらいましたので、表に議論が集中すると、まるで「騙し討ち」にしたかのようになってしまいます…。

　ここでは、今尾さんや、青木勘時さんから出たような問題点があるということを、共通理解としておきたいと思います。青山さんが、安易に編年軸を用い、解決済みとしているかのような誤解がないようにお願いします。

　青山さん、これらのことについて、ご発言ください。

青山：皆さんがご指摘のとおり、土器の併行関係について、微妙な意見の食い違いがあることは認識しています。このズレがなぜ生じてくるのかということについて、1つ申し上げます。

　まず、東日本で「布留0式」をどうやって認定しているのかという点です。石川県を除いては、東日本では布留甕の出土量は、ほとんどありませ

総合討議　東日本における古墳出現について

ん。だから何が「布留0式」に併行するかはダイレクトにはわかりません。「布留0式」との併行関係は、東日本に広範に認められる東海系土器にたよっています。東日本の中では、それをメルクマールに併行関係を想定せざるを得ません。その東海の土器編年と、畿内の土器編年の併行関係に関する検討は赤塚次郎さんらがやってこられたわけですが、今回はその見

青山博樹

解に従っています(赤塚1990など)。「新潟シンポ」編年7期と、布留0式＝『集成』編年1期が併行するという点が、新潟シンポの理解だったと思います。

　しかし、今回いろいろご意見をいただいて、細部にわたっては再検討が必要であると痛感しました。このあたりの併行関係が違ってくると、東日本の古墳の築造の動向も少し考え直さなくてはならないでしょう。このような点が、今後の課題ではないかと思っています。

司会・西川：ありがとうございました。先ほども触れましたが、だいぶ前に東日本で近畿系の土器を集成したことがあります(西川1992など)。なかには読んでいただいた方もいらっしゃるかもしれませんが、東日本出土の近畿系の甕を検討しているにもかかわらず、文中に型式名を一個所も書いていません。論文を書きながら、実はこれでもいろいろ調べたんです。私の能力にもよるのかもしれませんが、西日本の論文を読んでも、個々の甕を型式同定できるような基準をうまく読み取れませんでした。本日改めて、今尾さんや青木さんからご指摘があり、ある一個体をもってして庄内とか布留の何式だということが、いかに難しいかを再認識しました。そういった問題点があぶり出されたんではないかと思います。

289

東日本における古墳の出現

　この問題に関して、もう少し続けたいのですが、遠く九州の福岡県から久住さんがいらしていますので、ご意見をうかがいたいと思います。

久住：福岡市教育委員会の久住猛雄(くずみたけお)と申します。先ほど青木勘時さんは、やや遠慮してお話されたように感じますので、もう少し突っ込んだ意見を言わせていただきます。

　第1点目ですが、青山さんの編年表では「7期＝布留0式」としていますが、漆町編年では、近畿の布留0式に類似した甕を、纒向遺跡の辻土壙4下層資料の布留0式と併行させています。しかし私は、漆町7群の土器を詳細に検討すると、小型丸底土器や山陰系土器の形態などは、近畿に持っていったら布留1式に下る資料が含まれていると考えます。

　寺沢さんの「布留0式土器拡散論」(寺沢1987)という有名な論文があり、皆さん大きな影響を受けていると思います。しかしながら、北部九州では、「布留0みたいな甕」が布留1式併行期になっても作られているという事実

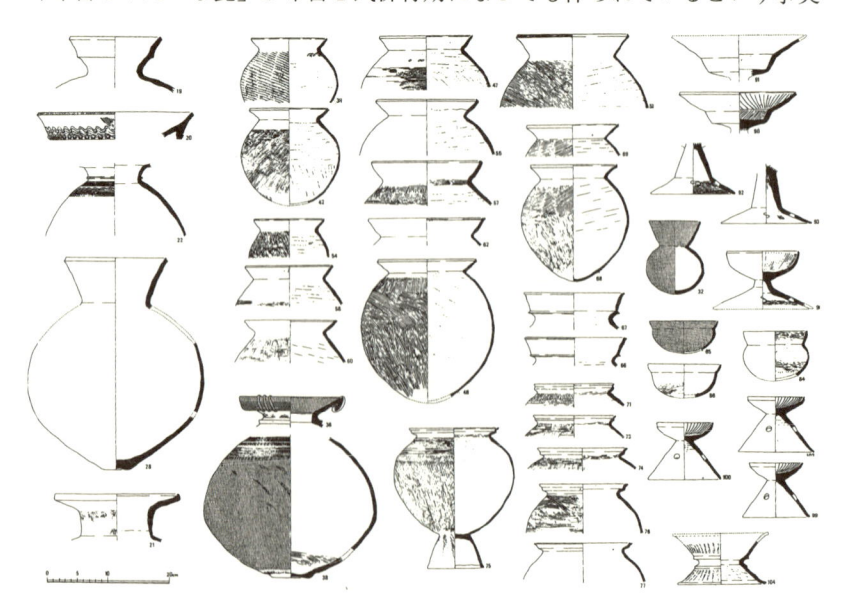

纒向遺跡辻土坑4下層出土土器（石野・関川 1976 より抜粋）（S＝1/12）

290

があります(久住1999)。その辺は再検討が必要ではないかと思います。

第2点目ですが、S字甕C類が布留0式併行からあるとなってますが、S字甕C類は、近畿での確実な共伴資料としては、布留1式以降しかないと思います。またS字甕B類についても、畿内でも布留1式の前半段階まで、確実に残ります。福岡市でも、私の編年のⅡB＝布留1式の前半併行ですが、堅粕遺跡群第8次調査溝63ではS字甕B類のみ、何点も出ています(大庭1999)。

第3点目は、5期と6期について、今回青山さんは、一緒にしています。白江式の新しい段階については、福井県の堀大介さんが最近、6期(漆6群＝白江式2～3相当)が布留0と併行するということを詳細に検討しています(堀2003)ので、この辺も再検討が必要かと思います。

このように、西日本の研究状況に即して判断すると、今日の発表の皆さん、全員とはいいませんが、少し古い方にシフトしているのではないかと感じます。

最後に、副葬品については、福岡の津古生掛古墳(宮田他1988)から、神門4号墳によく似た鉄鏃(類銅鏃：有稜系定角式鉄鏃)が出ています。しかし今回の編年ですと、神門4号墳の方が古くなってしまうのではないでしょうか？この鉄鏃の成立する背景(村上2003)などを考えると、東日本で一番先に出現するのは、なかなか肯首できないと思います。いずれにしても、重要な問題を孕んでいますので、近畿と東海、あるいは近畿と北陸の併行関係について、各自が持ち帰り、再検討する必要を感じます。

田中：私も津古生掛古墳は、神門4号墳に併行すると考えています。

司会・西川：他に青木一男さん、どうですか？　弘法山古墳などの位置づけなどに関して、何かご意見ありませんか。酒巻さんも神門とか高部の位置づけについて重要な問題が触れられていましたが…。

　この場では、特にないようなので…、ではまた改めて検討されればということで、各自が帰って考えましょう。

　今回は土器編年のことは、あまり掘り下げない。あくまでも「前方後円墳の研究会」ですので、欠山式とか山中式とか、土器研究にシフトしないようにと、周りから釘をさされています…。問題点が明らかになったということで良しとしたいと思います。

　繰り返しますが、今回は各パネラーの方に、土器編年に立ち止まらずに共通編年、つまり青山さんに作ってもらった編年観に基づき、シンプルに話をしてくださいと、お願いしてあります。発表者の皆さんが、併行関係や編年観について、全く問題がないと認識しているわけではありませんし、東日本の研究者が、みんな共通の編年観を持っているわけでもありません。誤解のないようにお願いします。

　今回はその論議は取り上げなかったということで、「同じ物差し」で各地の事例を考えることを目的にしました。

　つきましては、会場からAMS年代についてご質問が出ています。科学的な手法による年代測定については、私自身が正確に理解しているわけではありませんが、先ほども触れたとおり、事前の検討会でも議論するか取り上げました。ご指摘のとおり、最近の研究進展が著しいことも周知のとおりですし、シンポジウムも何回も開かれております。参加された人も多いと思います。

　しかし、年代論まで射程に入れると、議論が多岐にわたりますし、それだけで終わってしまうと思います。よって、先ほどお断りしたように、この場では取り上げないことをご承知いただきたいと思います。この研究が将来有望であると痛感していますし、私たちがその成果を無視しているわけでもあ

りません。しっかりと理解した上で、考古資料とつきあわせていくという作業が、考古学研究者に要求されていると思います。ただし失敗を繰り返さないため、無批判に採用することは、避けたいと思っています。大切なのは年代測定の結果を用いて考古資料を編年するのではなく、考古資料自体の厳密な比較研究や編年研究ではないでしょうか。

ちなみに「古墳・土器編年と実年代観」については、また別の機会に議論できたらよいと思います(編者注：P. 251の赤塚氏のコラム7にて、新しい年代観に関するコメントが述べられている)。

さて、前方後円墳と前方後円墳という墳形のデザインについてもご質問が出ています。会場に澤田さんがいらっしゃいます。前方後円墳の墳形の設計について、前方後方墳にも「スタンダードがあるのか」ということも含めて、ひとことお願いします。

出現期古墳の墳丘企画について

澤田：岡山のくらしき作陽大学の澤田秀実です。前方後円墳に関しては、皆さんご存知のとおり、築造企画があり、300m前後の大王墓級の古墳から、相似形の企画が各地に波及しているのではないかという仮説があり、現在資料を収集し、検討している最中です。見通しとしては、前期前半の箸墓段階から、前方後円墳の終焉まで、一部の古墳は一定の企画に基づいて築造されていると思います。

これに対して前方後方墳は、相似形の墳墓がつかみにくいのが実情です。相似形のものもごく少数ありますが、多くのものは類型化しにくいものと認識しています。

その理由は、明確に答えられ

澤田秀実

東日本における古墳の出現

ませんが、畿内の大王墓から二次的、三次的に地方で模倣して古墳が造られていく過程で、当初の築造企画自体から離れていくという現象も背景にあるのではないかと思います。

　今日の土木建設事業にたとえてみます。「ゼネコン」が大王墓を造っているとして、その技術者が地方に赴き、地元の「下請け業者」と協力して、前方後円墳を造ります。ところが地方で、100m級の前方後円墳を造った後、「ゼネコン」の技術者は引き上げてしまいます。地元の「下請け業者」だけが在地に残り、さらに、その地方の「孫請け業者」とともに古墳を造っていくとします。すると元の企画や技術が十分に再現できず形がどんどん変わっていくのではないかと思います。このようなことから、前方後方墳の墳丘形態が多様なのは、各地域によって同じものをモデルにしても造られ方が異ってくるからではないかと推定しています。答えになったかどうかは、わかり

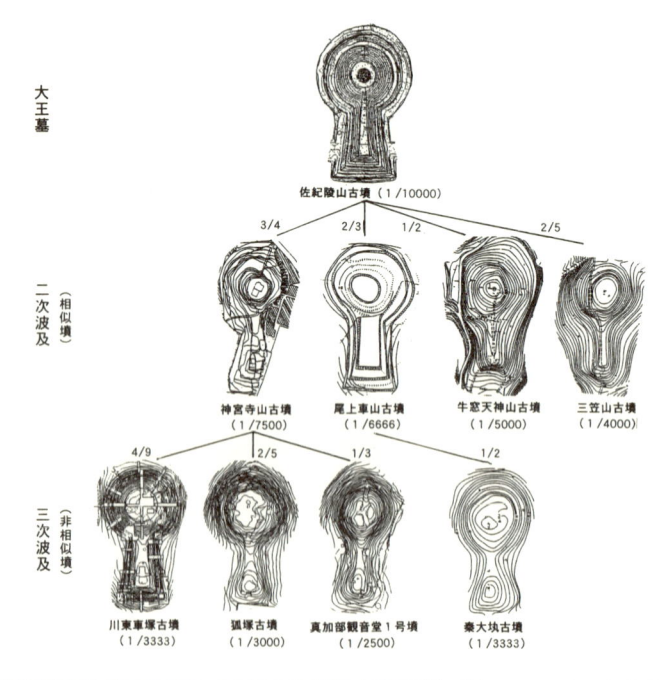

築造企画の波及モデル（吉備の佐紀陵山類型墳）（澤田 2004 より一部改変）

294

ませんが…。

司会・西川：ありがとうございました。ちなみに澤田さんの研究によると、前方後円と前方後方といった違いに、「格付け」のようなものが反映しているとお考えですか。

澤田：はい、相似形の古墳にも、丸と四角の違いはありますが、前方部形態だけ見ると大王墓と重なり、よく似ているものがあります。なかには、まったく重なるものもあります。したがって「丸を四角に置き換えた」というものが、少なからずあるとみています。

　ちなみに、前方後方形の起源については、いろいろ議論がなされていることはご存じのとおりです。ただし基本的に300m前後の大王墓クラスのものは、「四角い墓」はありません。つまり前方後方墳ではありません。そこに格差というか、身分的な秩序が反映していると理解しています。

　ただし、そうでないものもあると思います。格差だけでは、とらえきれないものもあるようです。私は、その両方があるとみています。

司会・西川：ありがとうございました。時間も押し迫ってまいりました。パネラーの方々、長時間ありがとうございました。

　今回は私ども西相模考古学研究会が共催という形で開催していますが、出現期の古墳や土器のご研究を詳しく進めている比田井さんに、西相模考古学研究会を代表して、今回のシンポジウムの到達点について、まとめていただき、総括としたいと思います。よろしくお願いします。

総括―東日本における古墳出現期の二相

比田井：東京の中野区歴史民俗博物館の比田井克仁です。パネラーの方々、2日間ご苦労様でした。昨日と今日、非常に濃厚な話でしたので、短時間でまとめるのは無理がありますが、要点をまとめさせていただきます。

　まず、昨日は「古墳の属性」にかかわる問題が取り上げられました。

東日本における古墳の出現

　墳丘での祭祀については、弥生後期に埋葬主体部上における土器の祭祀が出現し、これが庄内式併行期には、囲繞…周りを囲う、墳頂を囲うスタイルが加わるとされました。そして布留式併行期の前半、方形に囲むようになるという変遷が確認されました。

　また副葬品の問題では、刃関双孔鉄剣(はまちそうこう)と呑口式鉄剣(のみくち)、これが新旧の大きな画期をなしており、メルクマールになるのではないかと思われました。そして、弥生と古墳というような大画期と整合する可能性が指摘されています。それから精製鏃の一群、たとえば神門古墳群から出ているような鑿頭式(のみがしら)・定角式(じょうかく)、それから柳葉式(やないぎ)といった定型化した精製鏃群の出現、これも大きな画期となる可能性があります。

　それから昨日と本日にわたり、弥生時代末から古墳時代初頭にかけての継続性の問題について、様々な発言がありました。

　私は東日本のこの時代を考える際、弥生から古墳にかけての土器の変化の在り方は、基本的に2つに大別できると思っています(比田井 2002)。方形周溝墓や、高塚古墳の受け入れかたも、これに即して、大きく異なっているようです。各パネラーの発表や討論でも、その点は追認できたのではないかと思います。

　例えば中部高地の箱清水式から、古墳時代の土師器へシフトしていく過程は、弥生土器の型式変化のみでは追うことができません。つまり「パラパラマンガ」のように移り変わって行きません。この地域について、円丘から方形に変わる事象が事例報告されました。背景に東海地方の強いインパクトがあることが説かれています。

　それから北陸地方は、月影式から布留式に大きく変化するという不思議な地域ですが、こちらも四隅突出から前方後方墳に大きくシフトしています。また、それから東北地方も、天王山式とか北海道の後北C^{2}式(こうほく)など独特の土器型式が、突然に関東と同じような土器様相になります。北陸・東北南部の場合も、第1波と第2波があると説明されました。東北南部では、第1波が会津盆地に入ってくる。これが新潟のほうの人々の動き。第2波、これはおそらく中通り、浜通りと北上していく前方後円墳を造る流れだと思います

が、そういう流れを認めることができそうです。

常陸も同じように十王台式・上稲吉式と多彩な土器型式があります。下野も同様ですね、二軒屋式、吉ヶ谷式・赤井戸式と個性的な土器様式が花開いています。これらの地域でも、やはりそのまま弥生土器が型式変化して、古墳時代の土器に変わっていきません。常陸の場合は、土器棺墓があるという報告でしたが、下野では明確ではありません。両地域とも突然、方形周溝墓が出現し、しかるのち前方後方墳・前方後円墳が展開していきます。

比田井克仁

それから上野、これも樽式という、これまた弥生の文化は、そのまま継承しません。深澤さんからは、「段階的な波及」と「集中的な波及」といった類型が提案されました。「段階的な波及」は、樽式の文化の中に東海系の人達が入り込み、前方後方墳に変化をするというご指摘でした。「集中的波及」は、あまり人がいなかった所に東海の人たちが入り、大前方後円墳ができるという、興味深いご説明がなされました。

いま申し上げた中部高地・北陸・東北南部・常陸・下野・上野らの地域は、弥生から古墳へ「継続的にシフトしない地域」です。これに対して、東京湾岸と相模湾岸、これらの地域は、古墳時代初頭の土器と弥生後期の土器は非常に類縁性が強く、ともすれば判断できないほど、スムーズな型式変化を遂げます。

東京湾から相模湾沿岸は、話題となりました神門古墳群・高部古墳群、相模では秋葉山３号墳、こういった古い段階の墳墓が出現する地域です。このエリアでは、もともとの弥生後期の土器は、東海地方から太平洋沿岸を通じて共通したものです。細かく見れば違いますが、基本的には共通した様式圏

297

内に入っています。これらは、共にスムーズな変化をとげるという大様式圏を形成しています。このように当該期の東日本は、大きく2つの様相に大別できるといった結論が導き出されるのではないかと思います。

そして、このような中、神門古墳群や秋葉山古墳群、これは方形周溝墓の流れでは理解できないほど突発的に成立してくるようです。この背景にあるものの意味の解明こそ、私たちの共通の課題であろうと思っています。

パネラーの皆さんの発表には、その他にも重要な提言が数多く盛り込まれていましたが、要点をまとめてみました。

司会・西川：どうもありがとうございました。時間が短くて申し訳ありません。まだまだいろいろ話し足りないこと、会場にも質問したいという方もいらっしゃると思いますが、時間がまいりました。以上をもちまして、討論を終わらせていただきます。

最後になりますが、閉会に当たり、代表幹事のひとり杉山晋作さんから、挨拶をお願いします。

閉会の挨拶にかえて

杉山：パネラーの皆さん、それからお世話いただきました実行委員会の皆さん、ご苦労様でした。感想を交え、ひとこと挨拶させていただきます。

同じようなテーマでのシンポジウムは、過去にも何回かありました。そのうち、私が関係したものとして、二十数年前の日本考古学協会の栃木大会（1981年10月25日開催、久保他 1988）と、10年ちょっと前の同じく日本考古学協会新潟大会（1993年10月16〜17日開催、甘粕他 1994）のシンポジウムがあります。その後、今回のシンポジウムまでに何が変わったのかと、昨日から色々と考えながら拝聴していました。

成果の1つは、過去のシンポジウムで言及されていた現象が、かなり細かい地域レベルで議論できるようになった点でしょう。その地域ごとの変遷は、各発表者により述べられたとおりでして、東日本という広域を一括して論じられていた諸点が、各地域で敷衍化して見られるとわかってきました。

もう1つは、前方後方形の墓が先行して出現し、そのあと典型的というか、後円部平面形を正円形とする前方後円墳が出てきたことがより明確化した点でしょう。典型的前方後円墳の出現までに、大きく2段階あると明確に言えるようになってきました。大きく、この2点だろうと思います。

杉山晋作

つぎに、このあと数年後、どのような点を問題として、何を考えなければいけないかでしょう。各地域において前方後方形墳墓が造られる段階でも、規模の違いは厳然として存在します。その規模の差を、階層差として評価して良いか、在地のレベルで検討する必要があると思います。例えば関東とか、より狭い地域の中で、古墳に葬られた人々が築き上げていたネットワークとは、どのようなものであったのか問い直さなければなりません。

赤塚次郎さんらは、前方後方形墳墓の広がりを「狗奴国」の問題と絡めて取り上げていますが、仮に前方後方形墳墓の中心地を尾張に求めた場合、関東の前方後方形墳墓の規模の違いは「対 濃尾平野」との関係で考えなければいけなくなります。そんなことはないとおっしゃる方もいると思いますが、定型化した前方後円墳の場合、奈良盆地に300mクラスの前方後円墳があるので、関東にある100m規模のものは、それより下位に置かれたと理解することと、どこに違いが存在するのでしょうか。

定型化した前方後円墳が出てくる前の段階にも、このような階層的な構造があったのか問題になると思います。つまり日本列島の広い地域を「統合する」、または「連携する」ような「組織体」が、典型的な前方後円墳段階から始まるのか、それとももう少し前に遡るのか、これから問われてくる問題でしょう。

今後も、本研究会などで皆さんと一緒に勉強していきたいと思います。

司会・西川：それでは、以上をもって第9回東北関東前方後円墳研究会の研究大会を終わりにします。発表者の皆さん、会場の準備などで多大なご協力いただきました浜田晋介さんをはじめとした川崎市市民ミュージアムの皆さん、そして会場の皆さん、どうもありがとうございました。

〔図の出典〕掲載順
今尾文昭　1995「太田遺跡における庄内～布留式併行期の土器様相予察」『太田遺跡第1次調査発掘調査概報』奈良県遺跡調査概報1994年度　奈良県立橿原考古学研究所
寺沢　薫　1986「畿内古式土師器の編年と二、三の問題」『矢部遺跡』奈良県史跡名勝天然記念物調査報告第49冊　奈良県立橿原考古学研究所
石野博信・関川尚功　1976『纒向』桜井市教育委員会
澤田秀実　2004「墳丘形態からみた川東車塚古墳の編年的位置づけ」『川東車塚古墳の研究』美作地方における前方後円墳秩序の構造的研究Ⅱ、吉備人出版

司会・進行　浜田晋介・立花・西川

Column 8

畿内「布留0式」土器と東国の出現期古墳

青木勘時

　東海以遠の東国における出現期古墳の築造時期について、畿内の古墳出現期土器型式との併行による位置付けが当然の如く提示されている。例えば、房総(市原・君津地域)の神門・高部古墳群や相模湾岸の秋葉山古墳群などの当該地域の出現期古墳では「庄内式」併行や「布留0式」併行と何のためらいもなく築造時期の言及に冠されるのが通例となっている。各地域の出現段階(あるいは出現期)古墳の相対的な時間的位置付けに異論を唱えるわけではなく、ここで問題としたいのはその際に頻繁かつ無批判に援用される畿内土器編年の内容的理解、あるいは時間的整合性がはるか遠隔地の東国においても適応し得るものかといった疑念であり、時期決定の根拠として地域最古の古墳と明言し、畿内中枢圏の出現期〜初期古墳との同時期性を強調してしまう危うさに批判を向けねばならないと考える。

　ここでは、畿内「布留0式」とその設定を特徴とする矢部編年(寺沢1986)について、大和地域における土器様相の実態的な側面より言及し、遠隔地での当該編年の援用に対しての批判的な立場を明らかにしておきたい。

「布留0式」土器の概念と設定意義

　布留0式とは、寺沢薫氏の矢部編年(寺沢1986)で提唱された庄内式期末〜布留式期初頭の土器様式であり、畿内の初期王権と他地域との関係、あるいはその不均等性を探る小様式として唱えられた。この様式を象徴する重要な要素として、①布留形甕とこれに伴う布留形影響甕の出現、②小型精製土器(小型器台＋小型丸底鉢＋小型丸底壺)の完備を挙げ、これら属性が布留式初現を示すものと規定し、基準資料として大和・纒向遺跡辻土坑4下層土器群を例示している。そして、「甕における布留形甕＋庄内形甕＋弥生形甕と布留式影響庄内形甕・弥生形甕の共存は混交資料として理解されることが少なくないが、同様相の土器群は本例に限らず類例を増しつつあり多くの遺跡で資料的に最も恵まれているという事実がすべてを証明している(大和に限らず、河内、摂津にも良好な資料が整い、少なくとも畿内中枢部においては様式的に成立し得る

内容を示す)。それらが過渡期における混在であっても、地域的にも時間的にも混在することに様式としての普遍性が得られる限りその設定は有効である」と説く。では、その主張について大和地域内部においても異論がないものかどうか、次項から検討を加えることにしたい。

大和における布留0式様式内容の比較から

　すべての器種組成においての言及は紙幅の都合上叶わないが、ここで寺沢氏が布留0式の重要要素として掲げた布留形甕・布留形影響甕の出現と小型精製土器三種の在り方について、基準資料とされる纒向遺跡辻土坑4下層土器群と矢部遺跡の布留0式土器群とされる遺構出土資料との比較から検討しておきたい。

　辻土坑4下層土器群は纒向編年(関川 1976)で纒向3式後半に位置付けられる布留式成立前段階に該当する土器群である。甕形土器では纒向3式以降に減少傾向を示す弥生後期型甕は全く見られず、大半はハケ調整を基調とする布留式傾向甕で占められ、庄内大和型甕も含まれる。小型精製土器では布留式初頭までに形態的統一性が認められる中実皿形受部の小型器台と口縁が短く屈曲外反した丸底鉢が目立ち、胎土も精良なものに限定される。

　これに対し、矢部遺跡で同じく布留0式に比定される土器群では甕形土器に弥生後期型甕の中・大型品、庄内型甕あるいは布留式傾向甕の影響による弥生後期式変容型甕、庄内型甕、布留式傾向甕が併存し、小型精製土器では器台、丸底鉢ともに形態的な統一に乏しい。また、視点を変えて筆者が重視する高杯や小型丸底鉢、小型器台の状況を見た場合に、布留式に継続する要素となる外面の細密なヨコミガキ調整や杯部、皿形受部、口縁部等の内面の暗文ミガキも矢部遺跡ではあまり見られず、前代からのタテミガキによる精製土器類の調整が目立つのも器種組成ともに異なる点として指摘できよう。

　なお、盆地中央部の矢部遺跡と東南部の纒向遺跡では布留0式として同時期幅に比定される土器群間に大幅な器種組成と個別器種の内容的相違(異同)が認められ、共通の指標となるのは寺沢氏が布留0式の重要要素として挙げた特定器種の土器形態保有の条件を満たすことのみに限定される結果となる。この観点では現状の土器資料で「布留0式」と規定する「布留式における最初で最古の細別様式」としての設定に幾つか問題点が残る。具体的には、前段階の土器群に部分的浸透が見られる布留式継続要素の萌芽期から次段階(布留1式)以降の布留型甕と布留式の定型化、確立段階における布留式傾向甕(あるいは0式布留型甕)、有段屈曲鉢を伴わない小型精製土器群の存続までの時間幅が布留0式として扱われ、大和東南部の纒向編年に照合した場合に

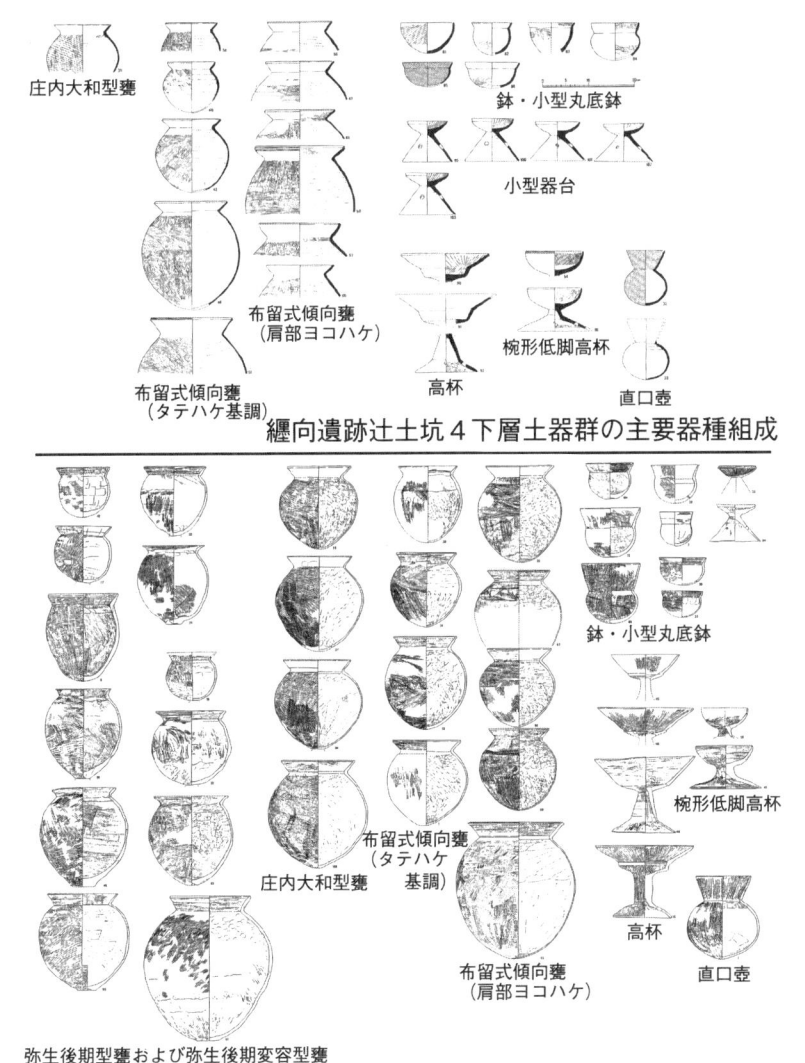

コラム8　畿内「布留0式」土器と東国の出現期古墳（青木）

庄内大和型甕

鉢・小型丸底鉢

小型器台

布留式傾向甕
（肩部ヨコハケ）

椀形低脚高杯

布留式傾向甕
（タテハケ基調）

高杯　　　　直口壺

纒向遺跡辻土坑4下層土器群の主要器種組成

鉢・小型丸底鉢

布留式傾向甕
（タテハケ
基調）

庄内大和型甕

椀形低脚高杯

高杯

布留式傾向甕
（肩部ヨコハケ）

直口壺

弥生後期型甕および弥生後期変容型甕

矢部遺跡各遺構の布留0式土器群
（SD301・溝301・土坑304・305・310出土土器より集約した器種組成と内容）

布留0式土器における小地域間の異同　S＝1／16
（青木勘時作成）

纒向3式全般がすなわち布留0式として曲解、拡大解釈されることもある。
 つまり、奈良盆地内外を問わず土器様相に見える地域特性等の多様性を同一視点により排除しつつ、小地域間格差までをも等閑視してすべて布留0式の範疇として捉える危険性を含み得るのである。この点については以前にも関川尚功氏により批判、指摘がされている（関川 1988）。小稿でも比較した纒向、矢部両遺跡の布留0式土器群のみに留まらず、唐古・鍵遺跡や多遺跡など盆地内各地の同時期資料の例示から矢部編年の問題点を指摘し、「大和各地の土器を混在使用し、性格を異にする各遺跡間の小地域性を無視した結果から現実には存在し得ない編年」として痛烈な批判を浴びせている。ぜひとも参照されたい。

庄内・布留式土器と東国の出現期古墳年代

 東国の出現期古墳年代の提示において、畿内系要素の直接的影響が明確な事例を除き、畿内の土器編年を指標とした時期決定は不適切と思われる。多くの場合、在来系土器を主体に東海系要素が伴うのが通例となり、間接的併行関係により導き出されるのであろうが、その根拠となる要素の出現、当地への波及にかかる時期幅や変容形態の扱いについては問題視されず、同時期性のみ強調されるのも事実である。前項の布留0式認定の問題も含め、東海・北陸系土器の編年援用についてもより慎重でありたい。まずは在来要素の整理から隣接地域との検討を経て遠隔地を目指す作業手順が不可欠であろう。
 紙数も少ないため、ここでは畿内からの提言のみに留めておきたい。

（あおき　かんじ／天理市教育委員会）

〔参考文献〕
　寺沢　薫　1986「畿内古式土師器の編年と二、三の問題」『矢部遺跡』奈良県立橿原考古学研究所
　関川尚功　1976「畿内地方の古式土師器」『纒向』桜井市教育委員会
　関川尚功　1988「弥生土器から土師器へ」『季刊考古学』第24号　雄山閣

東日本における古墳出現期に対する「評価」について
－あとがきにかえて－

西川　修一

　神奈川県において1990年代の末以降、逗子市・葉山町長柄・桜山第1・2号墳や、海老名市秋葉山古墳群の調査に代表されるように、出現期から前期古墳に関して大きな成果が上がってきている。
　特に秋葉山3号墳が出現期に遡る前方後円形の高塚墳であると確認された点は、関東地方における弥生終末期から古墳出現期にかけての様相に、新たな視点を提示するものであろう。またシンポジウム終了後、秋葉山5号墳が低平な前方後方形であり、その時期も3号墳と相前後する時期に遡ることが確認された(向原ほか2004)。県下における出現期～前期古墳研究の活況は、まさに目を見張るものがある。
　本シンポジウムは、このような気運のもと開催された。

　ところで、東日本における古墳出現期の様相については、かつては西日本に比して「著しく劣り」「後進的である」という評価がアプリオリに下されてきた研究史がある。それは議論の余地もない「所与の答え」として用意されていた。しかし、「東国」(東日本)は本当に「征圧された」のだろうか…。改めて問い直してみる必要があろう。
　新資料の増加や土器編年の整備は、むしろ東日本の古墳出現期の「豊かな新たな像」を結実しつつある。また筆者は、昨今有力視されている狗奴国＝東日本領域説だけでは、東日本における古墳出現期を充分に説明していないと考えている。むしろ安直に狗奴国／邪馬台国論に結びつけることなく、その様相の多様性を在地側から評価することが優先されるべきであると考える(西川2002a)。

このような地平に立つ時、邪馬台／狗奴国論とは、異なった眺望が開けてはこないだろうか。むしろ、東日本各地の当該期は、一括りにできるほどの様相にはない。しかし、いまだに「見えない呪縛」は、根強く私たちを捉えて離さない。ヤマトタケル伝承、ヤマト政権(王権)の東征、邪馬台国 v.s 狗奴国の抗争…このような文脈から、思考回路を解き放ち、改めて「東日本の古墳出現期の実像」の見直す必要がある。実は背後に横たわる「東国征伐史観」という地下水脈こそが克服されるべきであろう。
　このような視点に立つ筆者がコーディネートの一部を任された本シンポジウムは、最新の資料を「特定の結論」に縛られず、「実態の再吟味」をすることを中心テーマとした。
　討論の中でも触れたが、「古墳とは、墳丘墓とは何か？」という「定義」について、時代区分論、土器編年の併行関係論の詳細、実年代や暦年代論など、いずれも重要な課題ではあるが、敢えて論及しない方針を取った。それは前述のような「志向」によることが大きいが、時間的な関係から議論が多岐にわたるのを避けるという理由もあった。このようなシンポジウムの基本方針に対する批判があるとするなら、それは筆者個人に責があるものである。
　しかし、本書を通読すれば、上記のような諸課題について、直接的ではないにしろ、2日間の研究発表や討議を通じて、そこかしこで言及されており、多様な方向性が示されていることが確認されよう。
　また2日間の議論で足りなかったテーマ、手薄となった地域について、最新の新資料などについて、各氏諸賢から8本に及ぶ「コラム」を寄せていただき、補うことができた。小編のコラムとはいえ、いずれも力作揃いである。
　全体を通じたまとめは、討論の最後に比田井克仁氏と杉山晋作氏らにより、要領を得た総括が行われているので繰り返さないが、敢えて筆者の「興味」を差し挟むと、太平洋岸と日本海側での展開の違い、関東内部では旧利根川-鬼怒川ラインを挟んだ東西の際だった様相の違い、そして南関東系の東北日本への展開…これら明らかにされた豊かな内容は、今後の研究課題で

あろう。
　本シンポジウムの資料提示や議論が、今後の東日本の出現期古墳を考える上で、一定の成果をおさめていると自負している。

　今回の共催を引き受けた西相模考古学研究会の会員の多くは、長柄・桜山第1・2号墳の調査や、秋葉山古墳群の調査に公私ともに関わっている。今回の研究会が端緒となり、県下の出現期の様相をはじめ、東日本全体の実像が明らかになることを期待している。
　また長柄・桜山第1・2号墳に続き、秋葉山古墳群もその重要性が広く認知され、保存・活用の措置が施されることを強く祈念している。

　最後ではあるが、会場を提供していただいた川崎市市民ミュージアムをはじめ、各種の役割を分担していただいた青山学院大学考古学研究室の方々、西相模考古学研究会の会員のほか、多くの諸兄のご協力に感謝する。また企画・編集に的確な助言を与えてくれた立花　実氏、本シリーズ1を編集した伊丹　徹氏からも有形無形の支援を得ている。
　また実務的な編集作業のアシストをお願いした山本智恵子さんの貢献は計り知れない。彼女の支援がなければ、本書を世に問うことは不可能であったと思われる。六一書房の八木環一社長には、いろいろ無理をお願いした。あわせて感謝する。

　本書が21世紀当初の東日本の出現期古墳研究の「ひとつの到達点」として、今後の研究の基礎となることを祈念している。

引用・参考文献

青山博樹　1997「東北年部における古墳編年と土器対応についての予察」『福島考古』第38号　福島県考古学会
赤塚次郎　1990「Ⅴ　考察」『廻間遺跡』愛知県埋蔵文化財センター調査報告書第10集　(財)愛知県埋蔵文化財センター
赤塚次郎　1992「東海系のトレース」『古代文化』第44号巻第6号　古代学協会
甘粕　健　1986「古墳文化の形成」『新潟県史』通史編1　新潟県
甘粕　健　1992「越後」『前方後円墳集成』東北・関東編　山川出版社
甘粕　健他　1993『東日本における古墳出現過程の再検討』日本考古学協会新潟大会実行委員会
甘粕　健他　1994『東日本の古墳の出現』山川出版社
飯塚武司　1999a、b「東日本における古墳出現期の木工集団（上）（下）」『古代文化』第51巻5号・6号　古代学協会
石野博信　2004「大和箸中山古墳への道」　石野博信編『初期古墳と大和の考古学』学生社
石野博信　1996「纒向編年への所見と外来系土器」『纒向（補遺編）』奈良県立橿原考古学研究所附属博物館
伊丹徹・立花実編　2002『弥生時代のヒトの移動～相模湾から考える～』考古学リーダー1　六一書房
今尾文昭　1999「諸王の割拠」　和田萃編『古代を考える　山辺の道』吉川弘文館
大庭康時　1999『堅粕3』福岡市埋蔵文化財調査報告書第590集
大村　直　1984「石鏃・銅鏃・鉄鏃」『史館』17　史館同人
オオヤマト古墳群シンポジウム実行委員会編　2004『オオヤマト古墳群と古代王権』青木書店
小久貫隆史・高梨友子　2001『東関東自動車道（千葉・富津線）埋蔵文化財調査報告書8』袖ヶ浦市椿古墳群　(財)千葉県文化財センター
小沢　洋　1996「上総・下総の前方後円墳」『第1回東北・関東前方後円墳研究会　東北・関東における前方後円墳の編年と画期　発表要旨資料』
押方みはる　1998「東相模の古墳」『考古学入門講座　神奈川の古墳―その出現と展開―発表要旨』神奈川県考古学会
押方みはる　2000「相模川流域の出現期古墳について」『公開セミナーかながわの出現期古墳を探る 発表要旨』(財)かながわ考古学財団
押方みはる　2002「第Ⅴ章第3節（1）祭祀について」『秋葉山古墳群1・2・3号墳発掘調査報告書』海老名市教育委員会
金子浩昌　1994「新保田中村前遺跡出土の骨角製品」『新保田中村前遺跡Ⅳ』第4分冊　(財)群馬県埋蔵文化財調査事業団
河上邦彦他　1996『中山大塚古墳』奈良県立橿原考古学研究所調査報告第82冊　奈良県立橿原考古学研究所
川西宏幸　1978・79「円筒埴輪総論」『考古学雑誌』第64巻2・4号初出（のち1988『古墳時代政治史序説』塙書房に所収）
川西宏幸　1989「古墳時代前史考―原畿内政権の提唱―」『古文化論叢』21　九州古文化研

引用・参考文献

究会
川西宏幸　1990「儀仗の矢鏃―古墳時代開始論として―」『考古学雑誌』第76巻2号
菊地芳朗　1994『会津大塚山古墳の時代』福島県立博物館
菊地芳朗　1996「前期古墳出土刀剣の系譜」『雪野山古墳の研究』考察編　八日市市教育委員会
岸本雅敏　1992「越中」『前方後円墳集成』中部編　山川出版社
久住猛雄　1999「北部九州における庄内式併行期の土器様相」『庄内式土器研究』ⅩⅨ　庄内式土器研究会
久保哲三他　1988『シンポジウム　関東における古墳出現期の諸問題』学生社
小池香津江　1994「古墳出現期・大和の地域構造に関する予察」『文化財学論集』文化財学論集刊行会
小池香津江　2003『古墳出土土器が語るもの』奈良県立橿原考古学研究所附属博物館特別陳列図録第4冊
小竹弘則　2001「Ⅳ　調査のまとめ」『お旗塚古墳』氏家町教育委員会
小林三郎　1972「古墳出土の土師器」『土師式土器集成』本編2　東京堂出版
小森哲也　1998「方形周溝墓か方墳か」『峰考古』第13号　宇都宮大学考古学研究会
近藤義郎　1983『前方後円墳の時代』岩波書店
近藤義郎　1992『前方後円墳集成』近畿編　山川出版社
近藤義郎　2003「象徴化の話（続・々）」『季刊　古代史の海』第32号　季刊「古代史の海」の会
㈶市原市文化財センター　1989『市原市文化財センター年報　昭和62年度』
坂井秀弥　1990「新潟県の円墳」『古代学研究』第123号　古代学研究会
佐藤明人　1990『有馬遺跡Ⅱ』関越自動車道（新潟線）地域埋蔵文化財発掘調査報告書第32集　群馬県教育委員会・㈶群馬県埋蔵文化財調査事業団
澤田秀実　2004「墳丘形態からみた川東車塚古墳の編年的位置づけ」『川東車塚古墳の研究』美作地方における前方後円墳秩序の構造的研究Ⅱ　吉備出版
塩谷　修　1983「古墳出土の土師器に関する一試論―関東地方の古式土師器を中心として」『古墳文化の新視角』雄山閣出版
塩谷　修　1985「茨城県地方における方形周溝墓の出現とその性格」『史学研究集録』第10号　国学院大学日本史専攻大学院会
塩谷　修　1989「霞ヶ浦沿岸における弥生時代土器棺墓の一例」『土浦市立博物館紀要』第1号
塩谷　修　1990「関東地方における古墳出現の背景―とくに古墳祭祀の系譜について ―」『土浦市立博物館紀要』第2号
塩谷　修　1996「茨城県の方形周溝墓」『関東の方形周溝墓』同成社
塩谷　修　1997「討論　茨城」『土器が語る―関東古墳時代の黎明―』第一法規出版
清水康二　1994「倣製内行花文鏡類の編年」『橿原考古学研究所論集』第11　吉川弘文館
白井久美子　1992「草刈遺跡の鉄器二題」『研究連絡誌』36　㈶千葉県文化財センター
白石太一郎　1989「巨大古墳の造営」　白石太一郎編『古代を考える 古墳』吉川弘文館
白石太一郎編　2003『千葉県の歴史』資料編 考古2（弥生・古墳時代）　千葉県

東日本における古墳の出現

関川尚功　1976「土器の移動に関する問題」『纒向』桜井市教育委員会
高橋浩二　1995「越中における古墳出現期の様相」『大鏡』第17号　富山考古学会
高橋浩二　2002「能越地域における古墳の展開」『富山市日本海文化研究所紀要』第16号　富山市日本海文化研究所
田口一郎　1981『元島名将軍塚古墳』高崎市教育委員会
田口一郎　1987「パレス・スタイル壺の末裔たち」『欠山式土器とその前後　研究・報告編』愛知考古学談話会
田口一郎　2000「北関東西部におけるＳ字口縁甕の波及と定着」『第７回東海考古学フォーラム　Ｓ字甕を考える』東海考古学フォーラム
田口一郎　2002「金属器・玉類副葬の北関東弥生墳墓」『月刊考古学ジャーナル』491 ニューサイエンス社
田嶋明人　1986『漆町遺跡Ⅰ』石川県立埋蔵文化財センター
立花　実　2001a「鉄製品」『シンポジウム弥生後期のヒトの移動〜相模湾から広がる世界〜』資料集　西相模考古学研究会
立花　実　2001b「相模国の様相（１）」『相模国の古墳—相模川流域の古墳時代 —』平塚市博物館
立花　実　2002「土器から見る古墳時代のはじまり〜秋葉山古墳群をめぐる土器と墓〜」『シンポジウム墳丘墓から古墳へ〜秋葉山古墳群の築造　発表要旨』海老名市教育委員会
伊達宗泰　1975「古墳群設定への一試案」『橿原考古学研究所論集』吉川弘文館
田中新史　1977「市原市神門４号墳の出現とその系譜」『古代』第63号　早稲田大学考古学会
田中新史　2000『上総市原台の光芒—市原古墳群と上総国分寺台遺跡調査団—』市原古墳群刊行会
田中　裕　2000「編年的研究にみる前期古墳の展開」『千葉県文化財センター研究紀要』21 ㈶千葉県文化財センター
辻　秀人　1999「大塚森（夷森）古墳の発掘調査成果」『東北学院大学論集　歴史学・地理学』第32号　東北学院大学学術研究会
辻　秀人他　1998　「大塚森（夷森）古墳第５・６次調査成果について」『平成９年度宮城県遺跡調査成果発表会発表要旨』宮城県史跡整備市町村協議会
寺沢　薫　1986「畿内古式土師器の編年と二、三の問題」『矢部遺跡』奈良県史跡名勝天然記念物調査報告第49冊　奈良県立橿原考古学研究所
寺沢　薫　1987「布留０式土器拡散論」『考古学と地域文化』同志社大学考古学シリーズⅢ
寺沢　薫　2000『王権誕生』講談社
東京外かく環状道路練馬地区遺跡調査会　1995『丸山東遺跡』Ⅲ
豊島直博　2003a「弥生時代の鹿角装鉄剣」『東国史論』18　群馬考古学会
豊島直博　2003b「ヤリの出現」『古代武器研究』４　古代武器研究会
富山考古学会　1999『富山考古学会創立50周年記念シンポジウム　富山平野の出現期古墳』
直木孝次郎　1970「『やまと』の範囲について」『日本古文化論攷』吉川弘文館（のち1975『飛鳥奈良時代の研究』塙書房に所収）
奈良県立橿原考古学研究所附属博物館編　1986『三世紀の九州と近畿』河出書房新社

引用・参考文献

西川修一　1991a「関東のタタキ甕」『神奈川考古』第27号　神奈川考古同人会
西川修一　1991b「弥生の路・古墳の路—神奈川の場合—」『古代』第92号　早稲田大学考古学会
西川修一　1992「関東における畿内系の甕について」『庄内式土器研究』II　庄内式土器研究会
西川修一　1998「平塚市塚越古墳」『考古学入門講座神奈川の古墳—その出現と展開—』神奈川県考古学会
西川修一　2001「相模国の萌芽」『相武国の古墳—相模川流域の古墳時代—』平塚市博物館
西川修一　2002a「南関東における古墳出現過程の評価」『月刊文化財』11月号（通巻470号）　第一法規出版
西川修一　2002b「関東地方の古墳出現期の様相」『シンポジウム墳丘墓から古墳へ～秋葉山古墳群の築造～　発表要旨』海老名市教育委員会
西原崇浩　2002『高部古墳群I—前期古墳の調査—』千束台遺跡発掘調査報告書IV　木更津市教育委員会
野島永・高野陽子　2002「近畿地方北部における古墳成立期の墳墓（3）」『京都府埋蔵文化財情報』83　㈶京都府埋蔵文化財調査研究センター
橋本博文・加部二生　1994「上野」『前方後円墳集成』東北・関東編　山川出版社
橋本博文　1996「いわゆる纒向型前方後円墳の再検討」『考古学と遺跡の保護』甘粕健先生退官記念論集刊行会
服部実喜　1997「平塚市塚越古墳」『神奈川県埋蔵文化財調査報告』39　神奈川県教育委員会
浜田晋介　1998「川崎の古墳」『考古学入門講座神奈川の古墳—その出現と展開—　発表要旨』神奈川県考古学会
浜田晋介　2000a「前期前方後円墳と円墳—川崎・横浜市域を例として—」『川崎市市民ミュージアム紀要』第13集
浜田晋介　2000b「横浜川崎市域の出現期古墳について」『平成11年度発掘調査成果発表会・公開セミナーかながわの出現期古墳を探る　発表要旨』㈶かながわ考古学財団
坂　靖・相見　梓　2003「ヒエ塚古墳外堤」『奈良県遺跡調査概報2002年度（第1分冊）』奈良県立橿原考古学研究所
樋口隆康　1999『椿井大塚山古墳発掘調査報告書　昭和28年』山城町
比田井克仁　2001「第2節　古墳時代前期の土器様相の展開」『関東における古墳出現期の変革』雄山閣
比田井克仁　2002「関東・東北地方南部の土器」『考古資料大観』2　土器II　小学館
日高　慎・田中　裕　1996「上出島2号墳出土遺物の再検討」『岩井市の遺跡』II　岩井市史編さん委員会
広井　造　1995「越後における前方後方形墳墓の出現」『新潟考古』第6号　新潟県考古研究会
広瀬和雄　1987「大王墓の系譜とその特質（上）」『考古学研究』第34巻3号　考古学研究会
広瀬和雄　1991「前方後円墳の畿内編年」『前方後円墳集成』中国・四国編　山川出版社
古川　登　1994「北陸型四隅突出型墳丘墓について」『大鏡』第16号　富山考古学会
古屋紀之　1998「墳墓における土器配置の系譜と意義—東日本における古墳時代の開始—」

311

『駿台史学』第104号　駿台史学会
古屋紀之　2002「古墳出現前後の葬送祭祀―土器・埴輪配置から把握される葬送祭祀の系譜整理―」『日本考古学』第14号　日本考古学協会
古屋紀之　2004「北陸における古墳出現前後の墳墓の変遷―東西墳墓の土器配置系譜整理の一環として―」『駿台史学』第120号　駿台史学会
古屋紀之　2004「底部穿孔壺による囲繞配列の展開と特質―関東・東北の古墳時代前期の墳墓を中心に―」『土曜考古』第28号　土曜考古学研究会
堀　大介　2003「月影式の成立と終焉」『古墳出現期の土師器と実年代』シンポジウム資料集　(財)大阪文化財センター
松浦宥一郎・田中　裕　2003「牛久古墳群」『千葉県の歴史』資料編　考古2（弥生・古墳時代）　千葉県
松木武彦　1991「前期古墳副葬鏃の成立と展開」『考古学研究』第37巻4号　考古学研究会
松木武彦　1996「前期古墳副葬鏃群の成立過程と構成―雪野山古墳出土鉄・銅鏃の検討によせて―」『雪野山古墳の研究』考察編　八日市市教育委員会
宮島秀夫　1995「銅釧・鉄剣出土の方形周溝墓―観音寺遺跡4号方形周溝墓―」『比企丘陵』創刊号　比企丘陵文化研究会
宮田浩之他　1988『津古生掛遺跡』Ⅱ　小郡市文化財調査報告書第44集
宮原俊一他　2000『王子ノ台遺跡』第Ⅲ巻　弥生・古墳時代編　東海大学校地内遺跡調査団
向原崇英他　2004『秋葉山古墳群第3・4号墳発掘調査報告書―第10～12次調査―』海老名市教育委員会
村上恭通　2003「古墳出現期における鉄器生産の諸問題」『東アジアの古代文化』114号
柳沼賢治他　1997『大安場古墳群』第1次発掘調査報告書　郡山市教育委員会
柳沼賢治他　1998『大安場古墳群』第2次発掘調査報告書　郡山市教育委員会
柳田博之他　1994『井沼方遺跡発掘調査報告書（第12次）』浦和市遺跡調査会報告書第185集　浦和市遺跡調査会
吉川真司　2004「オオヤマト地域の古代」オオヤマト古墳群シンポジウム実行委員会編『オオヤマト古墳群と古代王権』青木書店
吉田博之他　1999『森北古墳群』創価大学・河沼郡会津坂下町教育委員会
米田敏幸　1986「書評　橿原考古学研究所編『矢部遺跡』」『古代学研究』112　古代学研究会
若狭　徹　1990「群馬県における弥生土器の崩壊過程」『群馬考古学手帳』1　群馬土器観会
若狭　徹　2000「S字口縁甕波及期の様式変革と集団動態―群馬県地域の場合―」『第7回東海考古学フォーラム』東海考古学フォーラム
和田晴吾　1987「古墳時代の時期区分をめぐって」『考古学研究』第34巻2号　考古学研究会
渡辺貞幸　1997「弥生墳丘墓の祭祀と古墳の祭祀」『古代出雲文化展』展示図録　島根県教育委員会・朝日新聞
渡辺　務　2003「寺下遺跡」『日本窯業史研究所報告』第60冊

考古学リーダー4
東日本における古墳の出現

2005年5月10日　初版発行

編　　　集	東北・関東前方後円墳研究会
編 集 者	西　川　修　一
発 行 者	八　木　環　一
発 行 所	有限会社　六一書房　http://www.book61.co.jp/

〒101-0064　東京都千代田区猿楽町1-7-1 高橋ビル1階
電話 03-5281-6161　FAX 03-5281-6160　振替 00160-7-35346

印刷・製本　有限会社 平電子印刷所

ISBN4-947743-28-X C3321　　　　　　　　　　　Printed in Japan

『考古学リーダー』発刊にあたって

　六一書房を始めて18年が経った。安斎正人先生にお願いして『無文字社会の考古学』の新装版を出させていただいてから7年になった。これが最初の出版であった。

　思えば六一書房の仕事は文字通り、「隙間産業」であったかも知れない。最初から商業ベースに乗らない本や資料集ばかりを集め、それを売ることに固執した。今、研究者が何を求め、我々に何を要求しているのかを常に考えた。「本を売るのではない、情報を売るのだ。そうすれば本は売れる。」と口ぐせのように言ってきた。

　六一書房に頼めばこの本を探してくれるかも知れないと、問い合わせが入るようになった。必死で探した。それが情報源となり、時にはそのなかからベストセラーも生まれた。研究会や学会の方からも声がかかるようになった。循環路ができ、毛細血管のような情報回路が出来てきた。

　本を売ることに少しだけ余裕が出来てきたら、本を作りたくなった。そしてふだん自分達が売っている本を自分で作ってもいいじゃないかと考えてみた。時には著者に迷惑をかけながらも、本を出してみた。数えたら、もう10冊を越えていた。

　今回、本書の出版準備を進めていくなかで、シンポジウムを本にまとめあげていただいた西相模考古学研究会の伊丹さんと立花さんの情熱に感心しているうちに『叢書』を作りたいという以前からの思いが頭に浮かんできた。最前線で活動している研究者の情熱を伝えてこそ、生きた情報であり、今までそうした本を一生懸命売ってきたのだから、今度はそういう『叢書』を作ろうと思った。伊丹さんに相談したら、思いを理解していただき、『考古学リーダー』という命名までしていただいた。

　世に良書を問うというのは出版する者の責務であるが、独自な視点を堅持してゆきたいと思う。多くの方々の助言、苦言を受けながら頑張ってゆきたい。皆さんにおもしろい、元気のでる企画をお持ちいただけたら幸せである。

2002年11月

　　　　　　　　　　　　　　　　　　　　　　六一書房　　八木　環一

考古学リーダー1
弥生時代のヒトの移動
～相模湾から考える～

西相模考古学研究会編

2002年12月25日発行／Ａ5判／209頁／本体2800円十税

※シンポジウム『弥生後期のヒトの移動－相模湾から広がる世界－』開催記録
小田原市教育委員会・西相模考古学研究会共催　2001年11月17・18日

―― 目　次 ――

シンポジウム当日編
地域の様相1　　相模川東岸　　　　　　　　池田　　治
地域の様相2　　相模川西岸　　　　　　　　立花　　実
用語説明　　　　　　　　　　　　　　　　大島　慎一
地域の様相1　　相模湾沿岸3　　　　　　　河合　英夫
地域の様相1　　東京湾北西岸　　　　　　　及川　良彦
地域の様相2　　駿河　　　　　　　　　　　篠原　和大
地域の様相2　　遠江　　　　　　　　　　　鈴木　敏則
地域の様相2　　甲斐　　　　　　　　　　　中山　誠二
地域を越えた様相　関東　　　　　　　　　　安藤　広道
地域を越えた様相　東日本　　　　　　　　　岡本　孝之
総合討議　　　　　　比田井克仁・西川修一・パネラー
シンポジウム後日編
ヒトの移動へ向う前に考えること　　　　　　加納　俊介
引き戻されて　　　　　　　　　　　　　　　伊丹　　徹
シンポジウムの教訓　　　　　　　　　　　　立花　　実

=== 推薦します ===
　弥生時代後期の相模は激動の地である。人間集団の移動や移住、モノや情報の伝達はどうであったのか。またどう読み取るか。
　こうした問題について、考古誌『西相模考古』でおなじみの面々が存分に語り合うシンポジウムの記録である。この一冊で、当日の舌戦と愉快な空気をよく味わえた次第である。

明治大学教授　石川日出志

Archaeological L & Reader　Vol.1

六一書房

考古学リーダー2

戦国の終焉
~よみがえる 天正の世の いくさびと~

千田嘉博 監修
木舟城シンポジウム実行委員会 編
2004年2月16日発行／Ａ5判／197頁／本体2500円＋税

木舟城シンポジウム開催記録
木舟城シンポジウム実行委員会・福岡町教育委員会主催　2002年11月30日

―― 目　次 ――

第Ⅰ部　概説
　木舟城の時代　　　　　　　　　　　　　　　　　　栗山　雅夫
第Ⅱ部　基調講演
　戦国の城を読む　　　　　　　　　　　　　　　　　千田　嘉博
第Ⅲ部　事例報告「その時、木舟城は…」
　戦国の城と城下町の解明　　　　　　　　　　　　　高岡　徹
　木舟城のすがた　　　　　　　　　　　　　　　　　栗山　雅夫
　木舟城の城下町　　　　　　　　　　　　　　　　　酒井　重洋
　天正大地震と長浜城下町　　　　　　　　　　　　　西原　雄大
　木舟城の地震考古学　　　　　　　　　　　　　　　寒川　旭
　越前一乗谷　　　　　　　　　　　　　　　　　　　岩田　隆
第Ⅳ部　結語「シンポジウムから見える木舟城」
　戦国城下町研究の幕開け　　　　　　　　　　　　　高岡　徹
　地道な調査を重ね知名向上を願う　　　　　　　　　栗山　雅夫
　木舟を知って遺跡保護　　　　　　　　　　　　　　酒井　重洋
　協力して大きな成果をあげましょう　　　　　　　　西原　雄大
　地震研究のシンボル・木舟城　　　　　　　　　　　寒川　旭
　激動の13年　　　　　　　　　　　　　　　　　　　岩田　隆
　これからが楽しみな木舟城　　　　　　　　　　　　千田　嘉博
第Ⅴ部　「木舟シンポの意義」

――― 推薦します ―――

　本書は、北陸・富山県のある小さな町、福岡町から全国発信する大きな企画、木舟城シンポジウムを収録したものである。考古学・城郭史・地震研究の研究者が集まった学際的研究としてももちろん評価できるが、このシンポジウムの対象を、歴史に興味を持ちはじめた中高生などの初心者から研究者さらには上級者まで観客にしたいと欲張り、それを実現した点も高く評価できる。いかに多様な読者に高度な学術研究を理解させるかということに最大限の努力の跡が見える。「21世紀の城郭シンポジウムはこれだ！」といった第一印象である。

中央大学文学部教授　前川　要

Archaeological L & Reader Vol. 2

六一書房

考古学リーダー3
近現代考古学の射程
～今なぜ近現代を語るのか～

メタ・アーケオロジー研究会 編

2005年2月25日発行／Ａ5判／247頁／本体3000円＋税

シンポジウム「近現代考古学の射程―今なぜ近現代を語るのか―」開催記録
メタ・アーケオロジー研究会主催　2004年2月14・15日

———— 目　次 ————

第Ⅰ部　シンポジウムの概要
第Ⅱ部　近現代考古学の射程
　1．都市
　　考古学からみた江戸から東京　　　　　　　　　　　小林　　克
　　都市空間としての都市の時空　　　　　　　　　　　津村　宏臣
　　避暑・保養の普及と物質文化　　　　　　　　　　　桜井　準也
　　都市近郊漁村における村落生活　　　　　　　　　　渡辺　直哉
　　考古学からみた近現代農村とその変容　　　　　　　永田　史子
　2．国家
　　日系移民にとっての「近代化」と物質文化　　　　　朽木　　量
　　旧日本植民地の物質文化研究とはどのようなものか？　角南聡一郎
　3．制度
　　「兵営」の考古学　　　　　　　　　　　　　　　　浅川　範之
　　物質文化にみる「お役所」意識の変容　　　　　　　小川　　望
　　〈モノ―教具〉からみる「近代化」教育　　　　　　大里　知子
　4．身体
　　衛生博覧会と人体模型そして生人形　　　　　　　　浮ヶ谷幸代
　　胞衣の行方　　　　　　　　　　　　　　　　　　　野尻かおる
　　身体の近代と考古学　　　　　　　　　　　　　　　光本　　順
　5．技術
　　近現代における土器生産　　　　　　　　　　　　　小林　謙一
　　「江戸―東京」における家畜利用　　　　　　　　　姉崎　智子
第Ⅲ部　近現代考古学の諸相
　　近現代考古学調査の可能性　　　　　　　　　　　　角南聡一郎
　　近現代考古学と現代社会　　　　　　　　　　　　　桜井　準也
　　歴史考古学とアメリカ文化の記憶　　　　　　　　　鈴木　　透
　　社会科学と物質文化研究　　　　　　　　　　　　　朽木　　量

=== 推薦します ===

「近現代考古学」は、文字通り私たちが生きている「現在」につながる考古学である。わが国の「近現代考古学」が追究するべき課題のひとつは、物質文化からみた日本の「近代化」の様相を解明することであろう。日本の「近代化」のプロセスは単なる「西洋化」ではなく、他方で、近代以前に遡る日本文化の伝統と変容に関わる複雑な様相を呈している。すなわち、日本の「近代化」の様相は、今の私たち自身の存在と深く関わっているのである。本書は、そうした「近現代考古学」の世界にはじめて果敢に切り込んだ、意欲あふれるシンポジウムの記録である。

早稲田大学教授　谷川　章雄

Archaeological L & Reader Vol. 3

六一書房

六一書房　既刊図書

ロシア極東の民族考古学 ―温帯森林猟漁民の居住と生業―
　　　　　　　　　　　　　大貫静夫・佐藤宏之 編　　B５判上製　　9,000円（本体）＋税

海と考古学　　　海交史研究会考古学論集刊行会 編　　B５判　　　8,000円（本体）＋税

縄紋社会研究の新視点 ―炭素14年代測定の利用―
　　　　　　　　　　　　　小林謙一　　　　　　　A５判上製　　4,500円（本体）＋税

敷石住居址の研究　　　　　山本暉久　　　　　　　B５判上製　　8,800円（本体）＋税

縄文式階層化社会　　　　　渡辺　仁　　　　　　　四六判　　　　2,500円（本体）＋税

本州島東北部の弥生社会誌　高瀬克範　　　　　　　A５判上製　　8,500円（本体）＋税

古墳築造の研究 ―墳丘からみた古墳の地域性―
　　　　　　　　　　　　　青木　敬　　　　　　　A４判上製　　6,000円（本体）＋税

古代東国の考古学的研究　　高橋一夫　　　　　　　B５判上製　　10,000円（本体）＋税

手焙形土器の研究　　　　　高橋一夫　　　　　　　B５判　　　　3,000円（本体）＋税

百済国家形成過程の研究　漢城百済の考古学
　　　　　　朴淳發 著　木下亘・山本孝文 訳　　　A５変形上製　8,000円（本体）＋税

アラフ遺跡調査研究Ⅰ ―沖縄県宮古島アラフ遺跡発掘調査報告―
　　　　　　　　　　　アラフ遺跡発掘調査団 編　　A４判　　　　2,000円（本体）＋税

ソ満国境　関東軍国境要塞遺跡群の研究
　　　　　　　　関東軍国境要塞遺跡研究会・菊池実 編　A４判　　3,500円（本体）＋税

慶應義塾大学民族学考古学専攻設立25周年記念論集
時空をこえた対話 ―三田の考古学―
　　　　慶應義塾大学文学部 民族学考古学研究室 編　B５判上製函入　10,000円（本体）＋税

富山大学考古学研究室論集　蜃気楼 ―秋山進午先生古稀記念―
　　　　　　　秋山進午先生古稀記念論集刊行会 編　B５判上製函入　10,000円（本体）＋税

関西縄文時代の集落・墓地と生業　関西縄文論集１
　　　　　　　　　　　　関西縄文文化研究会 編　　A４判　　　　4,700円（本体）＋税

縄文土器論集 ―縄文セミナーの会10周年記念論集―
　　　　　　　　　　　　縄文セミナーの会 編　　　B５判上製函入　7,500円（本体）＋税

直良さんの明石時代 ―手紙で綴る―　春成秀爾 編　　A５判上製　2,857円（本体）＋税

日本および東アジアの化石鹿　直良信夫 著　春成秀爾 編
　　　　　直良信夫論文集刊行会　発売：六一書房　　B５判上製　5,500円（本体）＋税

貿易陶磁研究　第１号～第５号　復刻合本
　　　　　　　　　　　　日本貿易陶磁研究会 編　　B５判　　　　8,000円（本体）＋税

六一書房